B T S

RM

–

김남준

진

Jin

-

김석진

슈가
SUGA
-
민윤기

제이홉
j-hope
-
정호석

지민

Jimin

-

박지민

뷔
V
-
김태형

정국

Jung Kook

-

전정국

- Dopo la data di pubblicazione del libro, alcuni QR code potrebbero non essere più disponibili per circostanze riguardanti il canale YouTube.
- Date e orari inseriti sono quelli coreani, nel caso di altri Paesi o regioni sono espressi quelli locali.
- L'età delle persone è espressa con il sistema internazionale.

BEYOND THE STORY

IL RACCONTO DI 10 ANNI DI BTS

Myeongseok Kang
BTS

Traduzione dal coreano di
Simona Alias, Lea Giulia Elia e Giuliana Parziale

MONDADORI

INDICE

CAPITOLO 1

SEOUL

SEOUL

1

13-20 | Big Hit Entertainment | La tana del rap | Stagione 2 | Ciascuno al proprio posto | Cos'è un dormitorio per trainee | Scuola di hip hop | La guerra della danza dei coltelli | Scontro fra visioni del mondo | Voi che ne pensate?

CAPITOLO 2

WHY WE EXIST

PERCHÉ NOI ESISTIAMO

47

Sopravvivremo | Big picture | Limiti | E confini | Teamwork! | 13 giugno 2013 | Emarginati | Tristi re degli esordienti | Insulto | La forza di qualcuno | "Amaro", di nuovo | American Hustle Life | Ora sei in pericolo | Pessimo tempismo | 200% | Un giorno del dicembre 2014

CAPITOLO 3

LOVE, HATE, ARMY

AMORE, ODIO, ARMY

127

Born singer | Produzione artigianale | Regole infrante e nuove regole | Il momento che arriva una volta sola nella vita | Aspettative | Un urlo di gioia all'una di notte | L'effetto della vittoria sui giovani | L'era dei contenuti autoprodotti | L'altro lato di *THE MOST BEAUTIFUL MOMENT IN LIFE* | Idol e fan | RUN | La maledizione di chi ha già esordito | Crescita | Quel nome, BTS | FIRE! | Ancora un nuovo inizio

CAPITOLO 4

INSIDE OUT

DENTRO E FUORI

205

Friends | New wave | Concept album | Sette storie, un medley | Un altro livello | All we want is love | E poi, ai miei amici

CAPITOLO 5

A FLIGHT THAT NEVER LANDS
UN VOLO CHE NON ATTERRA MAI
267

20 maggio 2018 | Bohemian Rhapsody | Esitazione e paura | La gioia dell'amore | Avere i biglietti | Caos e paura | "REAL" LOVE | Farlo o non farlo | Magic Shop | Il nostro gruppo | I'm Fine | Il mio, il tuo, l'idol di tutti | SPEAK YOURSELF, trovate la vostra voce

CAPITOLO 6

THE WORLD OF BTS
IL MONDO DEI BTS
355

ARMY Time | Tu | Dall'Arabia Saudita agli Stati Uniti | Ti ascolto | Sarò sincero | Surfin' USA | MAP OF THE "STADIUM" | La storia di tutti | Vita, arte, sonno | Un mese | Il ritratto di una giovane superstar | 7 | ON, e...

CAPITOLO 7

WE ARE

NOI SIAMO

431

"Tagliato via" | 200417 RM | Una raccolta di mattine | Fly To My Room | Be Dynamite | Cantare in inglese | Fuochi d'artificio in un mondo silenzioso | Persone che pregano | Trovare la speranza | Morbido come il burro, duro come i BTS | BTS UNiverse | Artista dell'anno | Grammy Awards | INTRO: We're Now Going to Progress to Some Steps

TIMELINE

520

BEYOND THE STORY

CAPITOLO 1

SEOUL

SEOUL

SEOUL

13-20

Corea del Sud, Seoul: l'incrocio presso la stazione di Sinsa nel distretto di Gangnam è uno dei luoghi più trafficati della Corea. Le persone che da Gangbuk percorrono in auto il ponte Hannam, sul fiume Han, per dirigersi verso Gangnam, attraversano questo incrocio per poi proseguire verso altre zone del distretto, come Nonhyeon, Cheongdam o Apgujeong. Quando il traffico è molto congestionato, non si ha altra scelta che stare a guardare le luci dei semafori agli incroci per decine di minuti e aspettare che le macchine davanti sfilino via rapidamente. Per arrivare invece soltanto alla stazione di Sinsa è più veloce prendere la metropolitana.

Se la destinazione si trova nei dintorni dell'uscita numero 1 della stazione di Sinsa, però, il discorso è un po' diverso. Per esempio se si deve andare al Cheonggu Building, ora quartier generale della HYBE, società figlia della Big Hit Entertainment che aveva lì la sede nel 2010. Occupa i civici 13-20 del vicolo 16 di viale Dosan, eppure per chi si reca a Gangnam o alla stazione di Sinsa per la prima volta non è semplice trovarlo. Se si cerca l'indirizzo con uno smartphone, l'app dice che la distanza di questo edificio dall'uscita numero 1 della stazione di Sinsa è di 568 metri. Quel che non dice l'app, però, è che il Cheonggu Building si trova più o meno alla fine di una salita ripida. E neppure che, una volta arrivati in cima, per raggiungere l'ingresso è necessario svoltare in diverse vie. A meno che non si salga in auto seguendo il navigatore, può essere un po' difficile trovarlo e ci si può perfino perdere.

——Mi sentivo perduto.

È andata proprio così a Jung Hoseok, che tre anni dopo avrebbe debuttato come j-hope nei BTS. Nell'aprile del 2010, quando stava seguendo delle lezioni private nella sua città natale, Gwangju, firmò un contratto con la Big Hit Entertainment come trainee. Nel momento in cui la società gli chiese di trasferirsi nel dormitorio della Big Hit Entertainment, vicino al Cheonggu Building, si spostò nella capitale. Era il 24 dicembre 2010.

———Ero molto spaventato. Era la vigilia di Natale e le persone per strada erano allegre, solo io mi sentivo smarrito.

Prima di quel giorno non aveva mai preso la metro a Seoul né visto la stazione di Sinsa alla vigilia di Natale. C'era parecchia gente in giro, ed era intimidito sia dal dormitorio, stranamente difficile da trovare, sia dalla stazione affollata.

———Continuavo a pensare: "Wow, roba da matti!", quindi alla fine chiamai il responsabile che seguiva i futuri esordienti. «Come ci arrivo?»

Una volta conclusa la telefonata con lo staff, j-hope, ripetendosi: "Prosegui dritto, ecco, in qualche modo ci arrivi", giunse al dormitorio. Il suo primo dormitorio, che non vedeva l'ora di scoprire, tanto che i ricordi di quel giorno – così come l'immagine dell'ingresso, molto diverso da come l'aveva immaginato – sono ancora vividi più di dieci anni dopo.

———SUGA era in mutande *(ride)*. Nel lavello c'erano gli avanzi dello stinco di maiale brasato, il pavimento era coperto da qualcosa che sembrava biancheria e tutti giravano in mutande. "Quindi questo sarebbe un dormitorio?" mi domandai.

Big Hit Entertainment

Circa un mese e mezzo prima, all'inizio di novembre, Min Yoongi, che avrebbe poi debuttato come SUGA dei BTS, era arrivato all'uscita 1 della stazione di Sinsa e si era messo a cercare il dormitorio, proprio come avrebbe fatto in seguito j-hope.

———Mi avevano accompagnato i miei genitori. Vicino al Cheonggu Building, nel seminterrato di un ristorante di *udon*, c'era una sala prove. Rimasi lì finché Pdogg venne a prendermi. I miei poi mi dissero che sembrava mi stessero trascinando chissà dove *(ride)*.

SUGA al tempo aveva solo diciassette anni. Era un po' troppo piccolo per decidere di trasferirsi a Seoul da Daegu, dove aveva sempre vissuto, con l'intenzione di fare musica. Ma in Corea esistono limiti concreti alla possibilità di crescere come artista di musica pop in città diverse da Seoul.

———Ho lavorato in una crew a Daegu e anche in uno studio. Il ventaglio di possibilità, però, era molto ristretto: venivano organizzati eventi solo di tanto in tanto e quando si teneva un'esibizione non era previsto un compenso, ma semplicemente ci venivano dati i biglietti per l'evento. Anche se non lavoravo per i soldi, speravo almeno di ricevere il rimborso per un pasto, tuttavia spesso non accadeva nemmeno quello.

Quando entrò nella Big Hit Entertainment, SUGA veniva già retribuito come artista a Daegu. Aveva seguito dei corsi di MIDI presso una scuola di musica, era entrato in contatto con autori di canzoni e aveva svolto diversi lavori in vari studi. A quel tempo a Daegu non c'erano licei che insegnassero musica mainstream e quindi per un periodo studiò musica classica, in previsione di un futuro esame d'ammissione presso qualche accademia. Inoltre, mentre studiava musica con vari professionisti, compose brani di generi diversi, da canzoni scolastiche a componimenti di musica Trot, un genere musicale popolare coreano nato durante l'occupazione giapponese e tuttora molto amato in Corea. Non era però facile, lontano da Seoul, soddisfare la sete di un adolescente che sognava di diventare un musicista professionista, soprattutto se appassionato di hip hop.

———Al tempo l'hip hop non era popolare a Daegu. In quel periodo, quando rappavo la gente mi prendeva in giro e mi chiamava "guerriero hip hop"; con gli amici con cui facevo musica ci esibivamo nei parchi facendo il *cypher*[1] e venivano al massimo una ventina di persone a vederci. La prima volta erano in due.

La scelta di SUGA di andare a Seoul è stata per lui una decisione sensata. Sia SUGA sia j-hope erano entrati nella Big Hit Entertainment attraverso un sistema di provini. j-hope, che sognava da sempre di debuttare come cantante e aveva fatto provini per varie agenzie, venne a conoscenza di quello organizzata dalla Big Hit Entertainment grazie alla scuola dove studiava danza.

Quando negli anni Duemila i gruppi di idol iniziarono a essere molto popolari anche fuori dalla Corea, il numero di adolescenti che sognavano di diventare delle star aumentò; le più famose accademie di danza locali, quindi, oltre a insegnare danza introducevano gli studenti più promettenti a varie agenzie di spettacolo di Seoul. Il posto in cui j-hope studiò prima di entrare nel dormitorio si inseriva proprio in questo scenario.

———Il provino si svolse con il team sviluppo per esordienti della Big Hit che venne a Gwangju di persona. Mi esibii ballando e, dopo aver superato l'esame, per circa otto mesi ricevetti una formazione in una scuola nella mia città. Nel frattempo, una volta al mese giravo un video in cui ballavo e cantavo e lo inviavo all'agenzia.

1 Il *cypher*, termine inglese, indica una modalità di ballo hip hop in cui i partecipanti si dispongono in piedi a cerchio e a turno vanno a esibirsi al centro ballando break dance.

Intanto SUGA, che già era un compositore di brani professionista, scoprì che una certa persona lavorava alla Big Hit Entertainment.

——Mi era sempre piaciuto il compositore e produttore Bang Si-Hyuk. A quel tempo adoravo il brano *Like the First Time* delle T-ara e sapevo che lo aveva scritto Bang. Anche se all'epoca non appariva ancora in TV, era già noto come compositore nel settore.

Per degli adolescenti che non erano a conoscenza dei meccanismi del mondo dello spettacolo, partecipare a un provino con un'agenzia raccomandata da una scuola di cui ci si fida, come nel caso di j-hope, o presentarsi a un provino perché si stima un compositore che lavora per quell'agenzia, come nel caso di SUGA, è stata la scelta migliore.

A parte oggi, dopo l'incredibile successo dei BTS, già nel 2010 molti aspiranti musicisti sognavano la Big Hit Entertainment. Quando vi entrarono j-hope e SUGA, l'agenzia fondata dall'attuale presidente della HYBE, Bang Si-Hyuk, aveva già portato al successo artisti come gli 8Eight, Lim Jeong Hee e i 2AM. In particolare, il brano dei 2AM *Can't Let You Go Even if I Die*, scritto proprio da Bang Si-Hyuk, ebbe un successo tale da trasformarli in una boy band popolarissima.

Dando uno sguardo al panorama musicale coreano del tempo, non si poteva dire che la Big Hit Entertainment fosse una piccola agenzia. Sotto le sue ali c'erano già diversi artisti famosi e il suo direttore e produttore era in grado di sfornare continuamente nuove hit.

All'epoca, tuttavia, la squadra che la Big Hit Entertainment stava tentando di creare formando trainee – tra cui SUGA e j-hope –, i futuri BTS, si stava dimostrando una nuova sfida per Bang Si-Hyuk.

La produzione di gruppi di idol nell'industria musicale pop coreana è simile alla produzione di film blockbuster nell'industria cinematografica di Hollywood. Vengono mobilitate tutte le risorse necessarie per la produzione, dal capitale alla pianificazione di strategie, dalle pubbliche relazioni al marketing, fino al consolidamento della reputazione dell'agenzia che crea il gruppo di idol. Considerato che ogni dieci anni debuttano almeno cinque boy band e cinque girl group, si comprende il grande numero di gruppi di idol che raggiungono il successo. Per questo motivo, nel 2010, la maggior parte di questi gruppi appartenevano a tre grandi agenzie: la SM, la YG e la JYP. Proprio come i principali studi di Hollywood, queste potevano fare affidamento su grandi capitali e know-how nell'industria.

Com'è noto, i 2AM erano della Big Hit Entertainment. Ma, prima che debuttassero, a gestire la formazione e il lancio del gruppo era stata la JYP Entertainment, che li coproduceva. E naturalmente l'intero processo prevedeva costi molto alti, incomparabili con quelli necessari per il debutto di un cantante solista. Per creare un gruppo di idol che canta e balla simultaneamente sul palco, ai trainee devono essere insegnati sia canto sia danza. Servono quindi sale prove in cui decine di persone possano imparare a ballare e a cantare. È inoltre necessario avere un dormitorio per i trainee come SUGA e j-hope, che hanno lasciato le città d'origine, e per quelli che hanno più probabilità di debuttare, e che quindi devono trascorrere insieme più tempo possibile anche a fare prove. Per organizzare il debutto di un gruppo di idol non sono necessari solamente gli uffici dell'agenzia, ma anche gli spazi per portare avanti tutte queste attività.

È in un contesto come questo che alla vigilia di Natale j-hope non ha potuto fare a meno di sentirsi disorientato quando è entrato nel dormitorio. Dal punto di vista dell'industria musicale pop, la Big Hit Entertainment all'epoca era un'agenzia di cui j-hope poteva fidarsi per firmare un contratto da trainee, ma era poco più che una startup per quanto riguardava la formazione di gruppi di idol. Gli uffici di direzione e lo studio per la produzione musicale erano vicini, al secondo piano dell'edificio. Bang Si-Hyuk si occupava dell'amministrazione e della produzione musicale in una stanza talmente piccola che se ci entravano tre persone una doveva sedersi sul pavimento perché non c'era posto. Il dormitorio e le sale prove per il gruppo di idol erano invece state affittate nei dintorni del Cheonggu Building.

Naturalmente, come nel caso degli uffici, le dimensioni erano quelle minime indispensabili a garantire le attività. Confrontando il video[•] delle prove della coreografia di Jung Kook all'inizio di febbraio 2013, prima del debutto dei BTS, con quello[••] della coreografia nella sala prove dell'attuale edificio della HYBE, si vede una notevole differenza. Chiaramente la Big Hit Entertainment all'epoca aveva già delle strutture impensabili per la portata dell'agenzia. Tuttavia, in confronto a ciò di cui disponevano le tre più grandi, era praticamente nulla.

In compenso, rispetto alle sue dimensioni, il numero delle persone che ci lavoravano era alto. A cominciare dai trainee. I ragazzi che venivano formati per diventare futuri componenti dei BTS erano all'incirca una quindicina. A un certo punto le trainee che aspiravano a far parte delle GLAM, un girl group che debuttò un anno prima dei BTS, erano più di venti. Inoltre nella Big Hit Entertainment c'erano il produttore e content creator dei BTS, Bang Si-Hyuk, il produttore Pdogg e il coreografo Son Seong Deuk.

La prima impressione dei due adolescenti giunti a Seoul da Daegu e Gwangju, però, fu che c'erano dei loro coetanei con cui poter discutere

• ••

di tanti argomenti in comune. SUGA ricorda così il primo giorno al Cheonggu Building:

———Quando andai nello studio di registrazione c'erano RM, Supreme Boi e altri trainee, e ci divertimmo a parlare di musica.

La tana del rap

RM[2], il leader dei BTS, descrive Ilsan, il luogo dove ha trascorso la propria adolescenza, nella provincia di Gyeonggi, come "una città in cui tutto è soddisfacente".

———Poiché è una città che è stata pianificata molto bene, l'abbondanza di spazi verdi ha un impatto emotivo positivo.

A Ilsan esistono aree di sosta lungo le strade, dove gli abitanti possono facilmente fermarsi. C'è un parco con un lago, e la zona residenziale, con i suoi palazzi, è separata rispetto al vasto distretto commerciale, di cui "La Festa" e il "Western Dom" sono luoghi emblematici. È una città pianificata affinché tutte le strutture necessarie ai suoi abitanti siano ben organizzate. Nei giorni feriali c'è una piacevole tranquillità, mentre dal venerdì sera e per l'intero fine settimana la gente si riversa nel distretto commerciale per divertirsi.

Dice RM:

———È ancora oggi un luogo tranquillo. Anche se non mancano il grigiore tipico della città e le espressioni annoiate delle persone, non ci sono edifici alti e grosse aziende e quindi è facile vedere il cielo.

2 Il nome d'arte usato da RM a partire dal 2012, prima del debutto dei BTS, era Rap Monster, e venne modificato in RM il 13 novembre 2017. Ha rivelato di aver preso questa decisione per perseguire uno spettro musicale più ampio.

Inoltre l'ambiente concilia lo studio. Sebbene non sia campagna, a me dà proprio quella sensazione.

Ilsan, una città vicina a Seoul che però non ne ha né le vaste dimensioni né l'affollamento e la complessità, è uno dei contesti in cui ha luogo l'avvicinamento di RM all'hip hop. Fin dal primo anno di scuola elementare, grazie a internet, venne in contatto con il rap e con il rapper Nas; guardando su YouTube interviste e documentari riguardanti vari rapper entrò in contatto anche con l'hip hop e allo stesso tempo poté imparare da solo un po' di inglese.

Offline, però, la vita da studente delle medie di Kim Namjoon era distante dall'hip hop. All'incirca la stessa distanza che intercorre tra Ilsan e l'Università Hongik, nel quartiere di Hongdae, a Seoul.

——Se c'era un vantaggio nel fare hip hop a Ilsan era la sua vicinanza a Hongdae. Basta prendere un autobus che porta a Sinchon e da lì a Hongdae ci vuole un attimo. Sognavo di esibirmi lì in club come Drug o Geek Live House, che ora non esistono più, e poi in locali più grandi come il Rollinghall[3], che può ospitare fino a cinquecento spettatori.

Il viaggio in autobus da Ilsan a Hongdae durava circa un'ora. A quel tempo, mentre a Ilsan durante il fine settimana una famiglia trascorreva il tempo a passeggiare intorno al lago, i rapper, gli aspiranti rapper e il loro pubblico si radunavano nei tanti club di Hongdae e Sinchon.

Nel 2009 RM decise di diventare un rapper professionista dopo aver fatto un provino presso la Big Deal Records, una delle etichette più rappresentative nel panorama hip hop. Non si sarebbe più trattato di

3 Il 5 dicembre 2022, qualche giorno dopo la pubblicazione del suo primo album solista, *Indigo*, avvenuta il 2 dicembre 2022, RM ha tenuto un piccolo concerto davanti a duecento fan al Rollinghall.

fare avanti e indietro tra Ilsan e Hongdae in autobus; avrebbe significato essere catapultato in un mondo che aveva conosciuto online e che era completamente diverso da quella città a cui era così legato da dichiarare: "Essere nato a Ilsan è un privilegio". Inoltre, il luogo a cui infine approdò non era Hongdae, ma Gangnam. RM ricorda:

———Ho superato il primo turno dei provini e al secondo mi sono trovato a esibirmi con artisti che avevano già debuttato, ma ho dimenticato dei versi. Pensavo che non ce l'avrei fatta.

Per una coincidenza, quel giorno al provino c'era un amico di Sleepy, un rapper del duo hip hop Untouchable; fece sapere a RM che Sleepy era interessato al suo lavoro, e così li mise in contatto.

———Sleepy gli disse che mi aveva visto a un provino. Doveva aver pensato che fossi bravo, perché gli parlò di me e lui venne a cercarmi. Quindi diedi il mio numero al suo amico chiedendogli di intercedere per me. In questo modo Sleepy e io finimmo per iniziare a scambiarci messaggi. Sleepy e Pdogg erano amici da molto tempo e quando Pdogg gli chiese se non avesse amici rapper giovani, lui gli fece il mio nome.

Prima del debutto, RM pubblicò sul blog dei BTS[4] il brano *A Common Trainee's Christmas* in cui rappa dicendo così: "Un campagnolo di Ilsan che è rientrato nell'1% dei migliori ai test nazionali / All'improv-

4 I BTS crearono il loro blog ufficiale e il profilo Twitter ufficiale nel dicembre 2012, circa sei mesi prima del debutto.

viso durante gli esami di metà anno riceve una telefonata inaspettata"; la telefonata in questione è quella di Sleepy, che gli chiese: «Tu lo conosci Bang Si-Hyuk?».

All'epoca, RM era una matricola delle superiori e rientrava nell'1% dei migliori studenti alla simulazione dei test nazionali. SUGA iniziò a comporre canzoni all'età di dodici anni e alle superiori era già un musicista professionista. E gli altri trainee del dormitorio parteciparono ai provini della Big Hit Entertainment come rapper e appassionati di hip hop. Date queste premesse, il dormitorio non poteva che essere una frenesia di musica, soprattutto hip hop e rap. j-hope ne parla così:

———Era una tana del rap, una tana del rap.

Al momento del provino j-hope non era proprio capace di rappare. Nella prova di rap cantò *Black Happiness* di Yoon Mi-rae, ma temeva che sarebbe stato escluso a causa delle sue scarse capacità. Per j-hope, ciò che avveniva nel dormitorio deve essere stato quasi uno shock culturale. Racconta:

———Wow... non appena entrato nel dormitorio mi sono trovato davanti dei ragazzi che all'improvviso si mettevano a fare freestyle. E io non sapevo fare niente! Ogni fine settimana in casa discografica si giravano video in cui si rappava, ma anche una volta tornati nel dormitorio si continuava con le rime e si faceva rap.

Nel dormitorio si ascoltava costantemente musica hip hop e canzoni popolari come quelle di Wiz Khalifa venivano intonate fino all'alba. L'atmosfera di quel luogo, dove gli adolescenti erano immersi nell'hip hop per lavoro, hobby e in ogni aspetto della vita, rivestì un ruolo importante nella formazione dell'identità dei BTS. Ricorda j-hope a proposito dell'hip hop e del legame unico tra i membri del gruppo:

———In quell'ambiente era impossibile non rappare. Tutti tra l'altro erano molto gentili con me; così, facendo domande qua e là e un po' di ricerca sul rap, imparai davvero tanto.

Un dormitorio pieno di rap, beat e hip hop fece sì che j-hope, che non aveva familiarità con il rap, si appassionasse presto all'hip hop e creasse così nuovi legami con i coetanei. Era uno spazio in cui convivevano diversi trainee che da ballerini si erano messi a fare rap. j-hope si riferisce a questo periodo come alla "Stagione 1".

E quando arrivò Jung Kook iniziò la "Stagione 2" del dormitorio[5].

Stagione 2

Man mano che il debutto dei BTS iniziava a prendere forma, la Big Hit Entertainment divise i trainee in due gruppi. Da un lato quelli con la probabilità più alta di debuttare, dall'altro quelli il cui debutto non era ancora stato deciso. RM, SUGA e j-hope appartenevano al primo gruppo.

——— "Ah, anch'io voglio far parte di quel gruppo" pensai. Perché sono venuto qui dopo aver visto Rap Monster.

È famoso l'aneddoto per cui Jung Kook fu scritturato dalla Big Hit Entertainment mentre faceva un provino per il programma "Superstar K3" trasmesso su Mnet nel 2011. Tuttavia il processo che portò lo studente di scuola media Jeon Jung Kook, che viveva a Busan, a decidere di andare al Cheonggu Building a Seoul fu un po' più complesso. Alle

5 Ci si riferisce all'ordine in cui i ragazzi arrivarono nel dormitorio: prima RM, poi SUGA, j-hope, Jung Kook, V, Jimin e Jin. L'ordine con cui entrarono a far parte della Big Hit Entertainment come trainee fu invece: j-hope, RM, SUGA, Jin, Jung Kook, V e Jimin. RM fu il primo a essere confermato come debuttante nei BTS.

audizioni per "Superstar K3" vennero subito riconosciute le sue potenzialità, tanto che i rappresentanti di sette agenzie diverse gli consegnarono il proprio biglietto da visita.

———Nessuno si offrì di scritturarmi. Ricordo però che un'agenzia mi chiese di fare un provino in una stanza d'hotel vicino a dove si tenevano i provini di "Superstar K3". Volevano girare un video mentre cantavo.

La prima occasione per la Big Hit Entertainment di scritturare Jung Kook venne con "Star Audition: The Great Birth" trasmesso dalla MBC, un programma rivale di "Superstar K3". Bang Si-Hyuk compariva nel ruolo di mentore per i partecipanti. Dice Jung Kook:

———Secondo mio padre Bang Si-Hyuk era famoso, quindi mi suggerì di provare a entrare nella sua azienda.

Così come RM era entrato in contatto con musicisti hip hop attraverso internet, Jung Kook conobbe la Big Hit Entertainment e i trainee rapper che si preparavano per il debutto tramite ricerche online e trovò su YouTube un video di RM, o Rap Monster, che si esibiva. Continua Jung Kook:

———RM era bravo a rappare e sapeva bene l'inglese. "Andrò lì" mi dissi.

Tuttavia, quando fece domanda per "Superstar K3", Jung Kook non era certo di voler diventare un cantante.

———Educazione fisica, arte, musica... Insomma, ero bravo negli sport e nelle varie discipline artistiche, così mi dissi: "Be', potrei avere del talento in questo campo". Presi in considerazione l'idea di dedicarmi allo sport o all'arte, ma poi pensai di poter fare il cantante ed essere conosciuto da tante persone e così mi iscrissi. Non presi alla leggera il provino, ma non ero nemmeno angosciato da domande come: "Se non la passo, come farò?".

Per Jung Kook l'incontro con Rap Monster, che aveva conosciuto online, e con gli altri rapper che vivevano nel dormitorio rappresentò l'ingresso in un mondo nuovo. Dal primo momento in cui si unì agli altri, nel giugno 2011, ebbe l'impressione di aver trovato tanti nuovi fratelli maggiori. Ricorda così quel giorno:

———j-hope tornava tardi nel dormitorio, tirava fuori dal frigo un pasto pronto e lo mangiava, chiedendomi: «Ne vuoi un po'?».

E iniziarono a portarselo dietro ovunque come un fratellino più piccolo. Racconta sorridendo:

———Una volta mi fecero uno scherzo. Mi dissero che quando qualcuno si trasferisce nel dormitorio deve pagare la granita a tutti *(ride)*. Così la comprai e la mangiammo insieme.

I tre "fratelli maggiori" che per realizzare il proprio sogno avevano partecipato ai provini. Il più giovane che si era presentato ai provini di un programma ed era diventato un trainee pieno di ammirazione per i più grandi. Questo lieve gap generazionale avrebbe portato un cambiamento non solo nella vita di Jung Kook, ma anche nel mondo dei trainee rapper.

La "Stagione 2" del dormitorio di cui parlava j-hope è stata il preludio alla cosiddetta "Stagione idol". Come conseguenza dell'immersione nell'hip hop e della costruzione del legame tra i membri dei futuri BTS, gli idol iniziarono ad acquisire un'altra identità.

Ciascuno al proprio posto

Il percorso che portò V dalla sua città, Daegu, al Cheonggu Building nell'autunno del 2011 è stato piuttosto accidentato.

——Quella volta venni fregato da un tassista. Mio padre e io prendemmo un taxi che ci fece pagare 38.000 won, circa 27,5 euro, per portarci dal terminal dei pullman fino alla stazione di Sinsa. Ricordo chiaramente che attraversammo tre gallerie[6]. Quando arrivammo il tassista ci disse: «Da queste parti bisogna stare attenti, alcuni ti spingono a salire su vetture lussuose e si fanno pagare molto di più».

Quando V entrò nel dormitorio per la prima volta, quel giorno, gli si aprì un mondo sconosciuto che lo intimoriva. Ricorda:

——Jung Kook non era presente perché era a lezione, ma c'erano j-hope, RM e SUGA.

V sentì che non avrebbe cambiato idea a proposito di ciò che aveva ipotizzato prima dell'arrivo a Seoul. Continua:

——Non pensavo che sarei finito in gruppo con quei ragazzi. "Quei tre amano la musica e fanno hip hop, immagino che semplicemente vivremo insieme per un po'."

Dopo aver studiato danza per sei mesi soltanto, Kim Taehyung, uno studente al primo anno delle superiori conosciuto in seguito con il nome d'arte V, diventò un trainee alla Big Hit Entertainment. Sognava di stare su un palco fin dal giorno in cui aveva cantato durante un talent show alla scuola elementare, e aveva studiato con costanza il sassofono dal primo anno delle medie con l'intento di accedere a un liceo musicale. Studiava danza finalizzata a programmi televisivi presso un'accademia privata da circa sei mesi quando, come accaduto a j-hope, il team sviluppo esordienti della Big Hit Entertainment si presentò alla

6 I due luoghi distano poco più di 2 chilometri e il percorso non prevede l'attraversamento di alcuna galleria. Inoltre la tariffa stimata per il medesimo viaggio nel 2023, più di dieci anni dopo, è di circa 6000 won, circa 4 euro.

sua scuola di danza a Daegu. V non aveva nessuna intenzione di partecipare ai provini.

———Ero sorpreso dalla presenza dei rappresentanti di una casa discografica di Seoul, quindi andai a dare un'occhiata. Solo quelli che frequentavano la scuola da due-tre anni partecipavano al provino, ma alla fine quelli del team sviluppo esordienti, indicandomi, dissero: «Possiamo vedere anche lui?». E così fui scritturato.

Quando V entrò nel dormitorio, la Big Hit Entertainment aveva fornito uno studio a RM, SUGA e j-hope. Già da prima del debutto loro tre avevano un livello di professionalità tale che postavano canzoni sul blog dei BTS e discutevano di rap, composizione e danza. In realtà SUGA non vedeva l'ora di debuttare. Racconta:

———Mio padre detestava proprio chi faceva musica. Però... una volta che superai il provino e apparvi sui manifesti, ne fu molto orgoglioso e se ne vantò con vicini e conoscenti. Così pensai che dovevo debuttare a ogni costo. Anche se poi fosse finita male, dovevo almeno provarci.

Jung Kook e V, invece, iniziarono a prendere seriamente lezioni di canto e di danza solo quando si trasferirono nel dormitorio, nel 2011. Per V, in quel momento, RM, SUGA e j-hope erano già degli artisti. Ricorda:

———Loro tre erano davvero bravi a fare musica, lavoravano sodo e sembravano ormai dei professionisti. Per questo ero già soddisfatto anche solo di essere diventato un trainee.

A lui, che aveva appena iniziato la sua vita da trainee, il debutto sembrava ancora lontano.

Ma quando circa sei mesi dopo, nel maggio del 2012, Jimin arrivò

Non pensavo che sarei finito in gruppo con quei ragazzi. “Quei tre amano la musica e fanno hip hop, immagino che semplicemente vivremo insieme per un po’.”

—V

a Seoul da Busan, tutti i ragazzi che incontrò entrando nel dormitorio sembravano pronti per debuttare. Jimin ricorda così quel momento:

——Ero molto timido e nervoso… tremavo davvero. Appena arrivato al dormitorio vidi che all'ingresso c'erano tantissime scarpe… tanto che arrivavano perfino all'interno. Ma trovavo figo perfino quello. Gli altri uscirono dalle loro stanze e pur essendo trainee mi sembrò di trovarmi davanti a delle celebrità, soprattutto RM. V sembrava un idol, era bellissimo, indossava un cappello da baseball rosso.

Compagni più grandi che fanno hip hop e coetanei belli come idol. L'immagine dei trainee riflessa negli occhi di Jimin testimonia l'atmosfera del dormitorio mentre stava per cominciare la "Stagione idol". Rapper che vivono e muoiono per l'hip hop, ballerini che diventano dipendenti dal rap sotto l'influenza di quei rapper, un vocalist che ha appena imparato a ballare, il più piccolo del gruppo che ha potenziale sia nel canto sia nel ballo. Per Jimin era difficile immaginare tutti quei talenti singoli riuniti in un team. A proposito di questo dice:

——Credevo che loro avrebbero debuttato prima come gruppo hip hop.

Tuttavia, il fatto stesso che Jimin fosse giunto in quel dormitorio faceva presagire un cambio di direzione nel gruppo. Se avessero debuttato come idol group, Jimin sarebbe potuto essere uno dei ballerini principali insieme a j-hope, portando allo stesso tempo nel gruppo uno stile diverso rispetto a lui.

Jimin aveva trascorso la sua adolescenza ballando, prima di andare a Seoul. Racconta:

——C'era un corso di break dance nel doposcuola a cui partecipavano diversi ragazzi, che mi chiesero: «Ehi, vuoi provare insieme a noi?». «Proviamoci» dissi io. Ci trovavamo per esercitarci di sabato, quando non c'era scuola, e poi ci esibivamo davvero... Fu allora che sentii un brivido. Fu allora che mi innamorai della danza.

Il criterio di scelta della scuola superiore per Jimin era che fosse "un posto dove si potesse imparare a ballare", si diplomò in danza moderna al liceo artistico di Busan perché voleva conoscere un nuovo tipo di ballo. Spiegò ai genitori le sue intenzioni: sarebbe andato a Seoul dopo aver sostenuto un provino mentre studiava danza a Busan. Jimin ricorda la sua prima impressione della capitale:

———Pensai: "Seoul è uguale a Busan", "Non è niente di speciale" *(ride)*. Quel giorno mi aveva accompagnato mio padre, perché stavo anche cambiando scuola.

Anche Jimin, come V, ebbe una brutta esperienza all'arrivo[7].

———Dal terminal dei pullman alla Big Hit Entertainment ci vogliono circa 15 minuti, andando veloci, ma ce ne mettemmo più di 30. Non conoscevo le linee della metro e quindi presi un taxi, pagando una tariffa molto alta. Poi tornai a Busan con mio padre e rientrai a Seoul da solo il giorno in cui mi trasferii nel dormitorio. Quella volta mi venne incontro j-hope.

———«Il signor Park Jimin?» *(ride)*

j-hope ricorda il momento in cui incontrò Jimin per la prima volta:

———Sì, credo che il nostro primo incontro sia andato così. «Il signor Jimin? Il signor Park Jimin?» Dopo esserci salutati e presentati, parlammo un po' mentre andavamo al dormitorio. Quando gli chiesi se ballasse, rispose: «Sì, ho fatto popping», «Oh, anche

7 Di recente, grazie alla diffusione delle app per chiamare i taxi, le probabilità di esperienze simili sono diminuite.

io ho fatto street dance», «Sarebbe bello darci una mano a vicenda», cose del genere. In un'atmosfera piuttosto imbarazzata *(ride)*.

È difficile immaginare che un rapper che si esibisce a Hongdae e un ballerino che ha iniziato come breakdancer e si è poi diplomato in danza moderna possano fare musica nello stesso gruppo. Nel 2020, però, otto anni dopo l'ingresso di Jimin nel dormitorio, è uscito il brano *Black Swan*, che combina elementi di rap e danza moderna. Il cosiddetto K-pop, o idol, a volte unisce talenti che si trovano a estremi opposti, come in questo caso, anche perché in un gruppo di idol ci sono di solito vari ruoli: rapper, ballerini, vocalist. E le loro differenti individualità, così come le storie che li hanno condotti fin lì, rappresentano un punto di partenza per la definizione di personaggi diversi; di conseguenza i fan si sentono profondamente coinvolti sia dalle personalità sia dalla musica. Questo ovviamente se si riesce a creare un gruppo ben equilibrato.

In altre parole, un team composto da un rapper underground e da un giovane studente delle medie che ha appena iniziato a prendere lezioni è diventato un gruppo a tutti gli effetti non solo grazie al fatto di vivere fisicamente insieme, ma anche grazie a una specie di alchimia che si è creata tra loro.

Cos'è un dormitorio per trainee

———Mi hanno fregato *(ride)*.

Così dice Jin, ripensando a come venne scritturato dalla Big Hit Entertainment nella primavera del 2011. Questo perché le parole che lo staff che gli fece il provino gli disse in quel momento non vennero confermate dai risultati. Continua Jin:

———Mi convinsero dicendo: «Un sacco di idol hanno cominciato a recitare, quindi un giorno se vorrai anche tu potrai fare l'attore». Quelle parole suonarono plausibili.

Era in effetti considerato naturale, all'epoca, che in ogni gruppo di idol coreano ci fosse almeno uno dei componenti che faceva anche l'attore. Mentre alcuni erano specializzati in ballo e canto, altri, attraverso la recitazione e programmi TV di intrattenimento, piacevano a un pubblico al di fuori del mondo degli idol.

In seguito, però, a partire dai BTS, il mercato idol in Corea crebbe molto e aumentarono pure le esibizioni all'estero, quindi questa tendenza si indebolì rispetto al passato. Jin naturalmente dovette concentrarsi sulla sua attività di cantante, visto che i BTS erano sempre più impegnati nelle tournée negli stadi in giro per il mondo.

Tanti artisti idol, tuttavia, lavorano ancora contemporaneamente come cantanti e attori. In Jin, che aveva appena iniziato il corso di laurea in recitazione all'università, l'interesse per gli idol nacque grazie alla sua curiosità nei confronti delle loro molteplici attività artistiche. Racconta:

———Il fatto è che mi piaceva fare esperienze diverse. Pensavo che se avessi lavorato come idol e come attore avrei potuto provare tante cose diverse.

E ridendo aggiunge:

———Però non è andata proprio così.

Prima di diventare un trainee per la Big Hit Entertainment, Jin conduceva una vita tranquilla. Jin stesso descrive Gwacheon, nella provincia di Gyeonggi, dove ha trascorso la sua infanzia:

———Bastava uscire e andare al parco giochi e gli amici erano lì; se si voleva sentire qualcuno, era sufficiente telefonargli a casa, dicendo: «Buongiorno, sono tizio...». Ero molto amico di tutti i bambini del quartiere e i loro genitori diventavano amici dei miei. Girando per il quartiere si incontrava qualcuno che conoscevi ogni 5 o 10 minuti e ci si fermava a chiacchierare.

Anche dopo essersi trasferito con la famiglia a Seoul, il suo modo di vivere non cambiò. I genitori lo incoraggiarono, quando era alle medie, a sperimentare il lavoro agricolo.

———I miei genitori mi dissero: «Prova a fare esperienze diverse, in modo da capire per cosa sei portato». E mi proposero, visto che i nonni e lo zio erano agricoltori, di fare avanti e indietro per un po' dai loro terreni. Così per circa un mese ho coltivato fragole e meloni. Potai così tante piante di melone che poi per un lungo periodo non riuscii più a mangiarlo *(ride)*.

Jin è il più grande tra i BTS. Quando venne scritturato dalla Big Hit Entertainment aveva diciotto anni e frequentava il primo anno di università. A quell'età la maggior parte degli adolescenti coreani sta iniziando a preoccuparsi del proprio futuro. Così dice Jin in proposito:

———Una volta diventato trainee, durante le ore di prove mi impegnavo tantissimo; ma sinceramente non come se fosse "questione di vita o di morte", come si usa dire.

Il futuro che vagamente immaginava prevedeva che seguisse con impegno le lezioni, debuttasse e poi, a un certo punto, iniziasse in contemporanea una carriera come attore. Così Jin continuava a fare avanti e indietro da casa come trainee.

Tuttavia, nell'estate del 2012 si trasferì nel dormitorio e non poté fare altro che cambiare completamente il suo modo di vivere. Quando entrò nel dormitorio, i ragazzi che avrebbero debuttato come BTS erano già tutti praticamente decisi, dunque il tenore e la frequenza delle lezioni divennero per Jin completamente diversi rispetto a prima. Ricorda così quel momento:

———Allora alla Big Hit Entertainment non dicevano in maniera chiara: "Sarete voi a debuttare". Però tutti gli altri trainee erano andati via, così pensai che questo significasse che avremmo debuttato noi.

Ricorda anche la scena quando entrò nel dormitorio per la prima volta:

———Ah… c'erano vestiti sparsi ovunque, cereali sul pavimento e i piatti ancora da lavare…

Il 27 gennaio 2013, sul blog dei BTS apparve un post dal titolo "Un semplice trainee ha cucinato gli gnocchi di riso in brodo"•. Quella volta Jin preparò una minestra di gnocchi di riso con l'idea di consumare insieme agli altri un pasto decente.

———Per esempio, SUGA mangiava giusto "per sopravvivere". Lo infastidiva il petto di pollo che gli toccava buttare giù per mantenersi in salute e in forma, così lo metteva nel mixer con succo d'uva e banana e se lo beveva tutto d'un fiato dal boccale del frullatore. Lo assaggiai e pensai: "Questa cosa non sembra cibo", quindi cominciai a cucinare il pollo accompagnandolo con una salsa piccante o una salsa per arrosto.

Fino a quando alcuni mesi dopo venne assunto del personale nel dormitorio per le pulizie e la cucina, fu Jin che cercò di organizzare

•

queste faccende in modo da farle insieme agli altri. Come per tante persone, anche per Jin la gestione delle pulizie e il mangiare bene erano una parte importante della vita.

——Trascorsi tre mesi, compresi perché tutti vivevano in quel modo. Nei giorni in cui si faceva molto allenamento, su 24 ore 14 erano dedicate al lavoro.

Scuola di hip hop

Nel film *School of Rock* (2003) il personaggio interpretato da Jack Black, Dewey Finn, è un musicista sconosciuto che sotto falso nome trova lavoro in una scuola elementare privata al posto del suo amico insegnante. Quando si rende conto che gli studenti lì hanno molto talento per la musica, decide di provare a formare una rock band con i bambini. Loro però non sanno nulla del rock, quindi Dewey, volendo trasmettere loro questa passione, anziché seguire il normale programma scolastico si mette a insegnare storia della musica.

Cambiando il genere e sostituendolo con l'hip hop, la "School of hip hop" aprì i battenti nel dormitorio dei BTS. RM compilò una playlist che includeva musica di Drake, Nas, Notorius B.I.G. e Tupac Shakur da far ascoltare a chi aveva meno familiarità con l'hip hop. Lo spiega così:

——Ho creato una lista di circa cinquanta artisti da ascoltare insieme. E per sviluppare un certo senso del rap facevamo il *cypher* e guardavamo dei video.

Il motivo per cui RM decise di diventare il Dewey Finn del dormitorio è che in quel momento la situazione intorno ai ragazzi era terribile, sembrava non avere eguali nell'intera industria degli idol.

La Big Hit Entertainment aveva fatto debuttare il girl group GLAM un anno prima dei BTS, con investimenti massicci e una promozione aggressiva attraverso il documentario *GLAM*, poi rinominato *Real Music Drama* e trasmesso su SBS MTV (ora SBS M); vennero inoltre pubblicati dei teaser trailer di debutto su YouTube.

Purtroppo però le GLAM non ricevettero un riscontro significativo e così la Big Hit Entertainment subì un pesante colpo economico. Quando un'agenzia di medie o piccole dimensioni fallisce con un gruppo di idol, il danno è così grande che è difficile anche da esprimere a parole. SUGA riassume con una frase l'atmosfera dell'azienda a quel tempo:

——Credevo che la società sarebbe fallita.

Secondo RM, però, il problema più grande era che il gruppo, il cui debutto era ormai deciso, non era sicuro di quale direzione prendere, musicalmente parlando. Racconta:

——Bang Si-Hyuk fece ascoltare a me e agli altri trainee artisti come A$AP Rocky e Lil Wayne e ci esercitammo su quelle musiche. I ragazzi che si unirono più tardi conoscevano Bang Si-Hyuk perché aveva fondato la Big Hit, creato gruppi come i 2AM e gli 8Eight e aveva lavorato alla JYP Entertainment. Poiché quello che veniva richiesto loro era hip hop o rap, devono aver vissuto un vero dilemma.

Tutto quello che RM poteva fare era parlare il più possibile con gli altri di hip hop e di come sarebbe stato il gruppo che avrebbe debuttato. La "Scuola di hip hop" di RM, SUGA e j-hope era operativa 24 ore su 24, 7 giorni su 7. A volte, dopo aver finito le prove alle 11 di sera ed essere tornati a casa, continuavano a parlare di musica fino alle 6 del mattino, senza neppure dormire.

Fortunatamente gli studenti di questa scuola si impegnavano moltissimo. V ricorda così quel periodo:

——È capitato che RM, SUGA e j-hope chiamassero noi quattro vocalist e ci dicessero, in modo estremamente serio: «Vorremmo che ascoltaste questi brani», «Vi insegniamo noi». RM realizzava con cura playlist dei capolavori dell'hip hop e te le passava, ma se poi non le sentivi aveva poco senso. La sua dedizione mi commuoveva e quindi pensai che avrei dovuto ascoltarle anche se non mi piacevano.

Le lezioni iniziavano gradualmente a dare i loro frutti. Racconta V:

——Da quel momento sono cresciuto al punto che ora posso dire con orgoglio di essere quello che nel gruppo ascolta più musica. Aver ascoltato tutto quell'hip hop mi ha fatto appassionare al genere. Chiedevo ai membri più "anziani" di me di consigliarmi altra musica, oppure mi mettevo io alla ricerca di nuovi brani.

La reazione di V ha avuto a che fare anche con il modo in cui venivano condotte le lezioni. Jimin ricorda così gli insegnamenti di RM, SUGA e j-hope:

——I compagni più "anziani" dicevano: «Non è fighissimo questo?» e contemporaneamente ci mostravano i gesti degli artisti hip hop mentre si ascoltava il brano. All'inizio era un po' ridicolo e un po' divertente, in seguito capii quanto invece spaccasse. "La musica che fanno loro alla fine è davvero musica" pensai.

E aggiunge:

——È così che ho ereditato "lo spirito dell'hip hop" *(ride).*

La guerra della danza dei coltelli

———Ahhh!

Quando gli viene chiesto del processo di formazione pre-debutto dei BTS, j-hope lancia un urlo scherzoso e racconta:

———Quando alle 10 del mattino suonava la sveglia, prendevamo un'insalata, pane e petto di pollo e andavamo in sala prove. Ci esercitavamo senza sosta, correggendoci a vicenda, tra un "Dannazione" e l'altro, rifacevamo tutto dall'inizio, e ancora tra tanti "Dannaziooone!" continuavamo a esercitarci e si facevano le 10 di sera. Allora rientravamo al dormitorio e andavamo a letto. Questa era la nostra routine.

Come già detto, però, la Big Hit Entertainment aveva molti trainee considerate le dimensioni dell'agenzia. Se un'azienda che è appena entrata nel mondo degli idol ha più di trenta trainee, ovviamente deve fare delle scelte e concentrarsi sui prescelti. La sala prove era sempre affollata e i trainee facevano lezione a turni. Così ricorda Jin:

———Quando andavo in sala prove dopo la scuola, delle quattro sale disponibili in una erano radunati i ragazzi, mentre le altre erano tutte dedicate ai preparativi per il debutto delle GLAM.

Dopo la tiepida reazione del pubblico nei confronti delle GLAM, tutte le risorse dell'azienda si concentrarono sui BTS. Tuttavia la situazione finanziaria a quel punto era compromessa.

Così, una volta scelti i membri del gruppo che avrebbe debuttato, la Big Hit Entertainment sciolse i contratti con tutti gli altri trainee. In questo modo si riuscì a concedere il tempo e lo spazio per far fare pratica ai sette ragazzi che sarebbero diventati i BTS. E le ore di training aumentarono. Moltissimo.

Se nel dormitorio RM, SUGA e j-hope tenevano delle lezioni per i quattro vocalist, in sala prove invece ogni giorno scoppiava una guerra a colpi di danza. Per essere precisi, sarebbe corretto dire che era molto più difficile per i ragazzi familiarizzare con la danza che con l'hip hop.

Per quanto riguarda l'hip hop, RM, SUGA e j-hope condividevano le stesse idee e sentimenti e gli altri ragazzi seguivano diligenti i loro insegnamenti. Per quanto riguarda la danza, gli unici a essere ferrati in quel campo erano j-hope e Jimin. RM e SUGA non avevano nemmeno preso in considerazione il fatto che avrebbero dovuto imparare a ballare. Spiega j-hope:

——SUGA e RM mi dissero che credevano saremmo diventati un gruppo simile ai 1TYM, e che non avremmo dovuto ballare.

I 1TYM di cui parla j-hope erano un gruppo hip hop di cui faceva parte Teddy, produttore di gruppi come BIG BANG, 2NE1 e Blackpink. Divenne popolare tra la fine degli anni Novanta e i primi Duemila, quando l'hip hop iniziò a sfondare in Corea; RM e SUGA erano convinti che i BTS sarebbero stati un popolare team di hip hop concentrato sul rap.

Nei 1TYM, come nei BTS, si dava importanza al canto ma allo stesso tempo c'era spazio per una discreta quantità di coreografie. Tuttavia, una volta che fu deciso il loro debutto, i BTS si concentrarono sull'obiettivo di diventare un "gruppo per performance stra-ordinarie". Jin ricorda come l'atmosfera in sala prove cambiò molto rapidamente:

——Inizialmente la danza aveva un ruolo minore. Ma da un certo momento in poi assunse più importanza e l'allenamento divenne più intenso e frequente. Ci esercitammo molto duramente nei mesi prima del debutto; a volte trascorrevamo dodici ore al giorno a ballare in sala prove.

Per chi sta leggendo questo libro è facile indovinare quale sia il significato di "performance stra-ordinarie". Nel video del brano di debutto *No More Dream*, infatti, i BTS si esibirono in una coreografia in cui Jimin, aiutato da Jung Kook, salta e, come se volasse, poggia in sequenza i piedi sulle spalle dei compagni allineati e girati di schiena, dando l'impressione di correre in aria.

La "performance acrobatica" non è però sufficiente a spiegare la definizione di "performance stra-ordinarie". Jin aggiunge:

——Bang Si-Hyuk esagerava un po' *(ride)*. Guardava al computer i video delle prove di una coreografia, usando la barra spaziatrice per metterli in pausa. Poi, dopo aver osservato ogni angolazione del corpo e perfino di ogni singolo dito delle mani, ci diceva come adattare la nostra posizione a quella degli altri. E così un fotogramma per volta. Quindi in pratica ripetevamo la stessa coreografia per circa due mesi.

Proprio come dice Jin, i BTS provarono la coreografia di *No More Dream* fino a fare in modo di essere completamente sincronizzati tra loro in ogni fotogramma.

Nei quattro anni trascorsi tra i 2AM, le GLAM e la decisione di far debuttare i BTS, la Big Hit Entertainment si era praticamente rimessa in pari con gli ultimi vent'anni dell'industria musicale. La Big Hit Entertainment aveva davvero "studiato", analizzando i fattori che avevano determinato il successo dei gruppi di idol più affermati e consultando regolarmente esperti del settore. In qualche caso offriva un premio in denaro ai dipendenti che presentavano validi progetti per la produzione di artisti di successo.

Ciò di cui Bang Si-Hyuk si rese conto durante questo processo fu che gli idol si muovono in modo completamente diverso rispetto al resto dell'industria musicale. Dopo la conferma del suo esplosivo potere commerciale con il debutto dei Seo Taiji and Boys nel 1992, il settore iniziò a mettere in campo un sistema produttivo di tipo industriale con il debutto degli H.O.T. nel 1996. Quando debuttarono i BTS, l'industria idol aveva circa vent'anni. I fan adolescenti avevano ormai superato la trentina; crescendo, anche gli standard dei contenuti che preferivano si delineavano in modo più chiaro.

La cosiddetta "danza dei coltelli" era uno di questi. I fan volevano che i componenti del loro gruppo preferito dessero vita a momenti memorabili grazie a movimenti di danza perfettamente sincronizzati. Non solo per il semplice piacere visivo, ma anche perché era la prova del lavoro di squadra e dell'impegno del gruppo per sincronizzare la coreografia alla perfezione. Ma Bang Si-Hyuk, che aveva avuto a che fare con la musica hip hop e R&B sin dai tempi in cui era produttore alla JYP Entertainment, un periodo descritto come "prima generazione dell'hip hop coreano", non aveva motivo di prendere in considerazione la coreografia della "danza dei coltelli". Nella danza hip hop si tende a esaltare le caratteristiche individuali di ciascun performer, quindi non era necessario che i movimenti di tutti fossero identici e sincronizzati.

Nel mondo degli idol, però, la "danza dei coltelli" era una specie di legge che definiva il genere stesso. E in questo caso era necessario rispettarla. Ovviamente, come sottolineato anche da Jin, persino in quel mondo i BTS sono diventati però un gruppo "stra-ordinario".

——In origine la coreografia di gruppo era un elemento essenziale per gli idol, ma la nostra danza di gruppo era più intensa.

Assimilare i tratti caratteristici del genere hip hop e del mondo idol e combinarli insieme allo stesso tempo: man mano che questo esercizio acquistava una forma più chiara, i BTS dovettero intensificare l'allenamento prima del debutto. Se di notte RM e SUGA mettevano in piedi la loro "scuola di hip hop", nelle ore diurne teneva banco una specie di "scuola di danza" per i ragazzi che avevano meno familiarità con il ballo, loro due compresi. Le lezioni erano tenute da j-hope, che descrive così quel periodo:

———A parte Jimin e me, nessuno aveva esperienza di ballo prima di diventare trainee. Ho pensato quindi che come prima cosa i miei compagni dovessero trovarlo divertente. Oltre all'orario di lezione, a volte si faceva pratica all'alba. Nella "tana del rap" battendo il ritmo e facendo freestyle avevo capito che il rap era divertente e desideravo che il ballo provocasse lo stesso effetto sugli altri ragazzi. Mettevo su la musica e dicevo loro: «Provate a ballare, provateci e basta».

Per fortuna gli altri accolsero bene la "scuola di danza". Dice ancora j-hope:

———Durante l'allenamento eravamo più in sincronia di quanto avessi immaginato. Tanto che SUGA, scherzando, un giorno disse: «Io non voglio fare rap, voglio ballare». Per quanto difficile da credere, una volta è anche venuto con me a Hongdae per imparare breaking *(ride)*.

Scontro fra visioni del mondo

Persino j-hope, che aveva aperto la sua scuola di danza nella sala prove, circa sei mesi prima del debutto era esausto. Questo è il suo ricordo:

———Credo fosse l'inizio di gennaio 2013. In quel momento avremmo dovuto sentirci motivati al massimo, invece eravamo davvero stanchi. In pratica vivevamo nella sala prove dove filmavamo i video delle coreografie. Quando si entrava in quella sala, tutti ammutolivano e diventavano molto suscettibili...

Per poter diventare un "gruppo per performance stra-ordinarie", i ragazzi si allenavano tantissimo per le coreografie e contemporaneamente prendevano lezioni di danza. Nel frattempo seguivano una dieta per essere in forma sul palco; era così estrema che perfino quando mangiavano petto di pollo, per perdere peso e assumere proteine, dovevano fare attenzione a sale e condimenti.

Ma la sofferenza e le preoccupazioni erano più psicologiche che fisiche. Far parte della Big Hit Entertainment, che al tempo non era conosciuta come la SM Entertainment, a volte portava a ricevere sguardi insopportabili dalle persone, come racconta j-hope:

———La gente che ti chiede di continuo quando debutterai, davvero... per i trainee è come una pugnalata al cuore.

A quell'epoca j-hope era davvero angosciato. La sua strada verso il debutto sembrava costellato da una serie di momenti in cui si era sentito così. Ripercorre il percorso che dalla sua città natale lo portò a Seoul:

———Per via del costo, non potevo frequentare molte lezioni nella scuola dove studiavo. Così assistevo a quelle degli altri ragazzi, seduto sul divano. Poi, finite le lezioni, mi esercitavo da solo nella sala prove. C'erano poi degli amici più grandi che mi hanno insegnato e che in un certo senso sono stati i miei maestri di danza, in particolare Lee Byung-Eun[8], detto Bangster. Mi disse: «Perché non vieni a eser-

8 Oggi lavora alla HYBE come *performance director* (una sorta di coreografo, *NdT*).

citarti con noi nella nostra sala prove?», e così entrai nel gruppo di danza Neuron[9]. Fu allora che venni introdotto alla street dance. In seguito stipulai un contratto con la Big Hit Entertainment come trainee, ma al tempo nell'agenzia non c'era uno spazio in cui io potessi esercitarmi, dunque continuai a prendere lezioni nella scuola di Gwangju. Poi il team sviluppo esordienti mi chiamò, dicendo che era il momento di andare a Seoul.

j-hope, RM e SUGA dovettero aspettare più di due anni prima di debuttare e la Big Hit Entertainment non era in una situazione che le permettesse di gestire le attività con tranquillità dopo il fallimento delle GLAM. Se qualcuno cantava nella sala prove numero 1, lo si udiva fin nella numero 4, dove c'erano altri trainee, tanto lo spazio era ristretto. Questa situazione riempì i ragazzi di ansia e preoccupazione circa la possibilità del loro debutto.

SUGA era, a ragione, il più in ansia di tutti. Si stava preparando per il debutto con i postumi di un incidente stradale che gli aveva procurato un infortunio alla spalla. Spiega:

——Nel 2012, poiché la mia famiglia era in difficoltà e prima che il mio debutto fosse confermato, feci vari lavori part-time. Lavorai insegnando come usare il MIDI, in un mini-market e facendo consegne; proprio durante una consegna in motocicletta avvenne l'incidente.

La voce di SUGA si abbassa di un tono mentre parla di quei momenti:

——La situazione dell'azienda peggiorava, io non sapevo se a causa dell'incidente avrei potuto continuare la mia vita da trainee e questo mi preoccupava moltissimo. Era davvero dura. Avevo la-

9 Nel brano di j-hope *Chicken Noodle Soup* (*Feat.* Becky G) compare il verso "mi sono unito ai Neuron".

sciato casa mia sperando di debuttare ed ero entrato a far parte della casa discografica... ed ero angosciato.

Anche Jimin voleva debuttare a tutti i costi, ma per un motivo diverso da quello di SUGA. Così ricorda quel periodo:

——Alle scuole superiori imparai a ballare davvero bene, eppure abbandonai tutto per trasferirmi a Seoul, ma a nessuno sembrava interessare... Avevo paura che se nel frattempo non avessi superato uno dei test ai quali ci sottoponevano sarei dovuto andarmene. Quindi fu un periodo molto difficile per me.

Dal momento in cui la Big Hit Entertainment scartò tutti i trainee eccetto quelli destinati a diventare i BTS, l'ansia di Jimin di non sapere se e quando avrebbe dovuto lasciare l'agenzia cresceva. Diversamente da RM, SUGA e j-hope, i vocalist, incluso Jimin, non pensavano che avrebbero debuttato come BTS. In più non c'era tempo per seguire per bene le lezioni e, una volta stabilito il suo debutto, la pressione di lavorare ancora più duramente lo colse di sorpresa.

——Volevo capire il motivo per cui mi trovavo lì. Non ero lì perché ero costretto e nemmeno per caso. Quindi volevo piacere anche solo a una persona in più, volevo mostrare che stavo migliorando... Forse dovrei dire che ero impaziente?

L'angoscia di Jimin era seria all'epoca, ma ha generato anche un episodio che a ripensarci ora sembra carino:

——Non sapevo come si dovesse ballare in un gruppo di idol. Mi sono imbattuto per la prima volta in questo tipo di coreografia quando sono diventato un trainee. Quindi, ogni volta che le mosse cambiavano, mi fermavo e le memorizzavo. Avete presente Zolaman, quel personaggio con la grossa testa rotonda e il corpo stilizzato? Ecco, io disegnavo i movimenti uno per uno usando quell'omino per memorizzarli. Tutti ridevano moltissimo.

Intanto Jung Kook, nel bel mezzo della pubertà, era alla ricerca di se stesso mentre affrontava la vita in un dormitorio, per la prima volta lontano da casa, e un'enorme quantità di lezioni pratiche e teoriche.

———La mia personalità cambiò completamente. Mi ritrovai all'improvviso a vivere con degli sconosciuti e diventai timido e chiuso. Evitavo di andare in bagno quando gli altri si stavano facendo la doccia; dormivo nella parte alta del letto a castello, ma in estate faceva così caldo che il sudore scorreva a fiumi e non volevo scendere perché sotto c'erano gli altri che dormivano e non volevo rischiare di svegliarli... Fu allora che mi dissi: "Ah, quindi ora sono una persona riservata".

Ciò che provava era anche il risultato della combinazione tra mondo del K-pop, debutto dei BTS e la situazione della Big Hit Entertainment in quel momento.

Gli idol coreani in genere debuttano tra la fine dell'adolescenza e l'inizio dei vent'anni. Inoltre, molti di loro firmano un contratto con una società di intrattenimento fin da ragazzini e iniziano poi la loro vita da trainee. Jung Kook è un caso un po' precoce: non solo debuttò con i BTS a soli quindici anni, ma entrò anche molto presto nel dormitorio. Inoltre si trovò a debuttare con dei compagni di gruppo più grandi come RM e SUGA, che già facevano parte della scena hip hop e che erano appassionati di quel genere di musica. Così, mentre si concentrava sull'allenamento e sul debutto, allo stesso tempo Jung Kook stava anche scoprendo che tipo di persona fosse, e in un ambiente nuovo.

———Quando si va alle scuole medie di solito ci si rivolge ai compagni degli anni successivi usando un linguaggio formale e gli onorifici; io proprio non avevo assimilato questo concetto. Usavo con disinvoltura il registro informale, non mi preoccupavo delle persone intorno a me; dopo essere entrato nel dormitorio penso di aver realizzato come mi ponevo. Da quel momento ho iniziato a usare un linguaggio rispettoso. Come dire... credo che il mio atteggiamento nei confronti delle persone mancasse di comprensione, cortesia, premura ed empatia. Così guardando gli altri compagni mi dicevo: "Ah, è così che bisogna trattarli", "Quindi anche io devo parlare in questa maniera", e credo di aver imparato a esprimere le mie emozioni in modo naturale osservando loro.

In particolare RM, per cui Jung Kook decise di unirsi alla Big Hit Entertainment, e j-hope e SUGA, i tre che erano entrati per primi nel dormitorio, erano per lui una sorta di esempio, un modello di comportamento. Racconta:

———Loro tre erano a un livello più alto anche rispetto agli altri trainee. Mi dicevo: "Wow, anche io voglio diventare così", "Si vestono proprio in modo figo", e così compravo i loro stessi abiti *(ride)*. Allora, più che pensare che dovevo debuttare a ogni costo, pensavo a queste cose futili.

I tre ragazzi che Jung Kook guardava con ammirazione, però, erano sempre più frustrati per il debutto che tardava ad arrivare. Il giorno in cui sarebbero saliti su un palco sembrava ancora lontano e il gruppo di debutto pareva prendere una forma diversa da quella che avevano pensato. Nel frattempo si trovavano nella posizione di dover insegnare hip hop nel dormitorio e dare una direzione ai compagni più giovani con cui convivevano.

Inoltre RM, che intanto era diventato il leader, aveva anche il compito di ascoltare le indicazioni generali di Bang Si-Hyuk a proposito del gruppo. Ricorda così quel periodo:

———L'agenzia non mi stressava chiedendomi di fare qualcosa. Però mi ricordavano che pure i particolari in apparenza insignificanti possono comportare grandi rischi, quindi mi dicevano frasi come: «Devi essere un buon leader», oppure: «Devi svegliare gli altri quando dormono fino a tardi».

Era come se nel piccolo dormitorio stesse avvenendo uno scontro fra visioni del mondo diverse. Il fatto che i quattro vocalist avrebbero debuttato prima del previsto, senza essere pienamente consapevoli di che cosa avrebbe significato, in quel momento, per RM, SUGA e j-hope poteva costituire un problema.

Dice Jin:

———Non sapevo molto della vita degli idol. Se avessi saputo prima cosa significa essere un idol, sarebbe stato più facile. Da quando abbiamo debuttato sono molto impegnato, ma sono anche felice...

Una volta stabilito il debutto, Jin dovette adattarsi alla vita da trainee, molto diversa da quella di prima. Una volta ne parlò anche con RM. Dichiara:

———Entrambi eravamo d'accordo sul fatto che il gruppo dovesse passare a un livello successivo. Ma la differenza stava nel fatto che io mi chiedevo se fosse possibile cercare la felicità in quel momento e soltanto dopo pensare a cosa sarebbe successo, mentre lui pensava di dover dare tutto in quel momento per poter poi essere felice.

Anche V la pensava in modo differente dai tre compagni rapper.

———Gli altri facevano pratica da anni e all'inizio non pensavo che avrei debuttato dopo solo pochi mesi. Per questo ero sempre puntuale e presente alle mie sessioni di allenamento; ma il resto del tempo lo trascorrevo con i miei amici di scuola.

Dal punto di vista di V il debutto era ancora lontano, e insieme alla vita da trainee voleva creare anche momenti della sua vita da ragazzo.

Ma cambiò tutto dopo che l'agenzia gli disse queste parole: «Devi debuttare. Tu sei uno dei BTS».

Voi che ne pensate?

Più si va indietro nel percorso di debutto dei BTS, più appare sorprendente come alla fine nessuno di loro si sia arreso. Nonostante i sette ragazzi non avessero niente in comune, a partire dalla regione in cui erano cresciuti fino alla visione della vita, ai gusti musicali e al periodo di formazione come trainee, in meno di un anno avrebbero dovuto debuttare facendo lavoro di squadra.

j-hope ne parla con franchezza:

———Inizialmente non ci siamo integrati alla perfezione. L'ambiente in cui avevamo vissuto era troppo diverso, così come gli obiettivi di ciascuno. Qualcuno diceva: «Io diventerò un musicista» e qualcun altro: «A me piace stare sul palco, tutto qui». Era difficile indirizzare i desideri di ognuno verso un obiettivo comune.

Quando fu deciso che avrebbero debuttato come BTS, questo fatto fu per loro l'occasione per avvicinarsi. Ricorda V:

———Anche se spesso litigavo con il mio amico Jimin o con gli altri compagni, impegnandoci davvero tanto e parlando molto, alla fine pian piano abbiamo iniziato a sentire che eravamo una "squadra".

In quel periodo, il fatto che RM preparasse playlist di brani hip hop e j-hope insegnasse danza nasceva dal forte desiderio di debuttare. j-hope spiega l'influenza che l'obiettivo comune aveva su di loro:

———Quando noi sette siamo stati confermati per il debutto l'atmosfera si è distesa. Abbiamo parlato molto di cosa dovevamo fare, di quale coreografia fosse adatta a quale canzone. Abbiamo discusso moltissimo tra noi, dicendoci cose come: «Be', questi sono i miei obiettivi. Voi che ne pensate? Che ne dite di provarci tutti insieme?».

Le loro conversazioni spaziavano dalle questioni più banali agli argomenti più seri. V dice che riuscì ad avvicinarsi agli altri grazie alle cose tipiche della vita quotidiana:

———Tutti dovevamo stare a dieta, ma io e RM non eravamo tanto diligenti. Senza dubbio, sotto questo aspetto, eravamo dei veri "compagni", e infatti spesso andavamo insieme a mangiare qualcosa di buono. Oppure a volte nascondevamo del cibo e poi ce lo dividevamo in segreto...

I modi di V erano utili anche per legare con i compagni più giovani.

———Jimin e io uscivamo di nascosto dal dormitorio, mangiavamo e parlavamo moltissimo. Andavo ai bagni pubblici e alla sauna con Jung Kook e quando nevicava andavamo sulla slitta. Quando il manager arrivava nel dormitorio facevamo finta che non fosse accaduto nulla *(ride)*.

Jin intanto dice che aveva trovato un punto in comune con V per avvicinarsi a lui:

———Quando V, e poi qualche mese dopo anche Jimin, entrarono nell'agenzia, tutti i trainee con cui avevo legato di più erano andati via ed erano rimaste una decina di persone che avevano ancora la possibilità di debuttare... Pensai che sarebbe stato molto triste se qualcun altro fosse andato via e per questo mi chiesi se dovessi sforzarmi di fare amicizia con i ragazzi nuovi. Poi scoprii che anche a V piacevano i vecchi manga e gli anime, quindi tra un: "Ehi, tu l'hai visto questo?" e l'altro diventammo amici.

RM e SUGA insegnavano l'hip hop agli altri, j-hope ballava con loro, Jin preparava da mangiare con gli ingredienti che c'erano nel dormitorio. In questo modo i più "anziani" iniziarono gradualmente a comprendere i più giovani, e i più giovani a imparare da loro.

Jin parla dell'influenza musicale e dall'incoraggiamento da parte degli altri membri del gruppo.

———Pensavo che i più "anziani" fossero un po' "rudi". Non voglio dire che si atteggiassero, il loro modo di fare era più del tipo: "A me semplicemente piace davvero ascoltare musica". SUGA è molto brusco e non le manda a dire, però una volta venne da me e mi disse: «Impegnati molto, perché sarebbe bello se ce la facessi...». Credo che queste cose mi abbiano portato inevitabilmente ad affezionarmi a loro e anche a interessarmi alla loro musica.

Dal canto suo, SUGA imparò a comunicare con il mondo grazie al dialogo con gli altri ragazzi.

———È stato molto difficile ammettere che eravamo persone diverse. In passato ero davvero intransigente, intrappolato in una logica di bianco o nero. Mi è anche capitato di chiedermi: "Ma perché lui la pensa così? Non dovrebbero tutti pensarla in quest'altro modo?". Poi sono andato oltre, mi sono detto: "Lui è diverso

Quando noi sette siamo stati confermati per il debutto l'atmosfera si è distesa.

Abbiamo parlato molto di cosa dovevamo fare, di quale coreografia fosse adatta a quale canzone.

Abbiamo discusso moltissimo tra noi, dicendoci cose come: «Be', questi sono i miei obiettivi. Voi che ne pensate? Che ne dite di provarci tutti insieme?».

—j-hope

da me", ho imparato ad accettare che "quella persona è semplicemente quella persona". Anche se ci è voluto un po' di tempo.

Il motivo per cui nessuno dei BTS al tempo abbandonò il progetto può essere individuato nelle risposte di alcuni dei ragazzi.

Jin illustra così la situazione di quel periodo:

——Credo che il termine corretto sia "adattamento". Dopo essere entrato nel dormitorio pensai: "Ah, d'ora in poi la mia vita sarà così".

SUGA parla del suo orgoglio come musicista.

——Se non fosse stato per la musica, forse avrei abbandonato a metà strada. O se anziché in questo ambiente lo avessi fatto in un altro... Mi sono liberato di tante cose facendo musica. Certo, non so da dove provenisse la sicurezza nel comporre quei brani. Ascoltandoli ora, molti sono imbarazzanti. Eppure c'erano persone appassionate di hip hop che mi dicevano: «Sei il migliore» *(ride)*.

In quanto squadra bisogna ascoltare il leader. Dice RM:

——I membri del gruppo erano gentili, gentilissimi...

Poi continua:

——La musica è l'unica cosa che so fare. Sono entrato nella casa discografica per fare musica e credevo che fosse l'essenza del mio lavoro. E dato che ero lì da più tempo di tutti credevo di avere tanta voce in capitolo. Da quel punto di vista in effetti ero davvero tranquillo come leader. E gli altri mi hanno mostrato molto rispetto. Credo che siano stati bravissimi a riconoscere e rispettare il fatto che fossi più "anziano". E si sono comportati benissimo con me.

In attesa del debutto il tempo trascorreva tra le ore di prove e quelle passate a discutere e a scambiare opinioni per costruire legami solidi.

Così sette persone molto diverse tra loro iniziavano a trasformarsi in una squadra. Proprio come nel testo di *Paldo Gangsan*, il cui video• è stato girato circa quattro mesi dopo il debutto, nella sala prove in cui i BTS continuavano a cantare e ballare senza sosta.

Alla fine tutti questi dialetti sono sempre coreano
E guardiamo in alto allo stesso cielo
Spesso sono un po' imbarazzanti, ma sono tutti fantastici
In fondo comunicano tutti, no?

•

CAPITOLO 2

2 COOL 4 SKOOL

O!RUL8,2?

Skool Luv Affair

DARK&WILD

WHY WE EXIST

PERCHÉ NOI ESISTIAMO

HOOD BY AIR.
HOOD BY AIR.

CLASSICS
HOOD BY AIR

WHY WE EXIST

Sopravvivremo

Debutto BTS: "Il nostro modello di riferimento sono i BIG BANG, sopravvivremo"

Il 12 giugno 2013, il giorno prima del debutto dei BTS, nella colonna delle notizie del sito Naver fu pubblicato un articolo sul loro spettacolo di presentazione che si sarebbe tenuto presso l'Ilchi Art Hall nel quartiere di Cheongdam, a Seoul. Prima che Naver eliminasse la possibilità di lasciare commenti alle news, l'articolo ne aveva già accumulati migliaia e migliaia.

I primi erano del tipo: "Falliranno presto", "Hanno un nome infantile". A mano a mano che i BTS guadagnarono popolarità, però, i commenti del sito divennero più positivi. Una volta diventati famosi in tutto il mondo, quella sezione venne utilizzata sempre più spesso per chiedere di esaudire desideri, come per esempio: "Vi prego, fate che venga ammessa all'università che voglio" . Il loro successo era stato percepito come qualcosa di miracoloso.

Questi cambiamenti rappresentano il passato e il presente dei BTS. Nel passato, appena dopo il debutto, il gruppo venne deriso, e nel presente sta ottenendo un successo incredibile. C'erano sicuramente varie ragioni alla base di quei commenti negativi, ma in definitiva tutte le critiche portavano alla medesima conclusione: per sintetizzare, si diceva che i BTS meritavano di scomparire subito dopo il debutto e, peggio ancora, fallire del tutto.

Sembrava ci fossero mille ragioni per avercela con loro. Per esempio nel 2012, l'anno prima del loro debutto, debuttarono gli EXO con la SM Entertainment. Nei cento giorni che precedettero l'evento, il carattere del gruppo e i singoli componenti vennero presentati in vari modi attraverso ben ventitré video teaser. Nel 2014, l'anno successivo al debutto dei BTS, il gruppo WINNER debuttò con la YG Entertainment, ma si erano già fatti un nome attraverso il programma "WIN: Who Is Next" di Mnet nell'agosto 2013.

La promozione pre-debutto di questi due gruppi era stata ben pianificata per attirare l'attenzione dei fan di idol e le loro case discografiche avevano anche il capitale per realizzarla. Il successo sembrava garantito, e in effetti fu così. Gli EXO si guadagnarono velocemente un grande seguito, come gli H.O.T. e i TVXQ lanciati dalla stessa agenzia in passato. Il brano di debutto dei WINNER, *Empty*, si aggiudicò la prima posizione in tutte le classifiche coreane in tempo reale.

Tutto ciò che, invece, i BTS fecero prima del debutto fu tenere un blog. Nel primo post, il 21 dicembre 2012, RM caricò il suo mixtape[1], *Vote*•, mentre il primo commento fu pubblicato tre giorni dopo, il 24 dicembre. Il quinto commento fu pubblicato il 5 gennaio 2013 e il sesto più di un mese dopo, il 16 febbraio.

Paragonata alla SM Entertainment e alla YG Entertainment, la Big Hit era infinitamente più piccola. E il modello di riferimento per il gruppo che stava per debuttare per quell'agenzia erano i BIG BANG della YG Entertainment. Non c'era nulla di male in queste due cose.

1 Album (o brani) non ufficiali e gratuiti. La parola ha cominciato a circolare all'epoca delle musicassette e ha vari significati che oggi vengono utilizzati di rado. Rispetto ai normali album (o canzoni), attraverso i mixtape gli artisti possono esprimere i loro valori e le loro emozioni più liberamente.

•

Tuttavia, sotto l'articolo che parlava del debutto dei BTS comparvero commenti come: "Non cercate di vendere usando il nome dei BIG BANG". Nell'industria idol coreana, gli idol di piccole agenzie che per attirare l'attenzione citano gruppi famosi di grosse case discografiche come modello di riferimento vengono considerati scorretti e di conseguenza si guadagnano commenti negativi, da cui, non avendo ancora una fanbase alle spalle, non c'è nessuno a difenderli.

Esiste un pregiudizio basato sull'idea che gli idol di piccole agenzie non possano mai in alcun modo raggiungere il successo. Al momento del debutto, i BIG BANG erano un modello di riferimento per molte boy band di piccole case discografiche, compresi i BTS. In quel periodo due componenti dei BIG BANG, G-Dragon e Taeyang, facevano da mentori ai trainee che in seguito sarebbero diventati i WINNER nel programma "WIN: Who Is Next" di Mnet; in questo modo la YG Entertainment faceva conoscere ai fan dei BIG BANG i propri futuri talenti. Inoltre, i gruppi di idol che debuttano per grandi case discografiche possono contare sugli investimenti e sul potere dell'azienda, nonché su una fetta di pubblico preesistente, grazie agli artisti già famosi di scuderia.

Sembrava che i BTS non avrebbero mai potuto colmare questo divario.

Big picture

Nonostante la differenza di investimenti, tuttavia, il blog dei BTS era comunque un modo di farsi promozione prima del debutto, come facevano gli EXO e i WINNER. I BTS pubblicarono i loro brani anche prima del debutto ufficiale, proprio come i trainee della YG Entertainment facevano attraverso "WIN: Who Is Next". Come gli EXO, anche i BTS cominciarono a presentare i propri componenti attraverso singoli teaser. Iniziarono il 12 gennaio 2013 con un video in cui Jimin ballava nella sala prove•. Pubblicavano inoltre dei Log, videodiari in cui per esempio i ragazzi si riprendevano mentre trascorrevano il Natale insieme e condividevano le proprie sensazioni e i propri pensieri.

La sala prove, che appariva minuscola anche se ospitava solo Jimin, e il piccolo studio in cui venivano registrati i Log portavano alla luce la realtà dei BTS e della Big Hit Entertainment. Se non si considera quello sfondo misero, però, il blog conteneva praticamente tutto ciò che i fan volevano sapere su un gruppo di idol. I BTS lo usavano per mostrare la propria abilità nel rappare, cantare e ballare – Jin rivelava la propria personalità pubblicando testi e foto di sé mentre cucinava nel dormitorio – e i vlog erano un modo di esprimersi con sincerità, tutte attività che contribuivano a incrementare un senso di vicinanza con i fan. Racconta Jin:

——Una persona dell'agenzia mi disse che questo genere di cose era molto popolare e suggerì che magari avrei potuto provarci. Pensai che sarebbe potuto essere divertente e così iniziai. Avevo un piccolo computer portatile, ma siccome era la prima volta che ci provavo non fu affatto semplice. Però feci del mio meglio.

Le parole di Jin suggeriscono quale fosse il contesto intorno al blog. I gruppi di idol coreani dell'epoca mostravano il processo di

•

selezione dei componenti attraverso i canali musicali della TV via cavo o partecipavano ai reality show per promuovere il loro debutto. Nel caso dei BTS, invece, erano gli stessi ragazzi a filmare e a caricare su YouTube, e non in TV, il Log in cui parlavano con sincerità di ciò che provavano.

Ovviamente, senza il fallimento delle GLAM, i contenuti caricati sul blog dei BTS sarebbero potuti essere prodotti in condizioni migliori. Tuttavia, la crisi di capitale non è stata l'unica ragione per cui la promozione precedente al debutto dei BTS è avvenuta tramite contenuti autoprodotti. La lezione che la Big Hit Entertainment ricavò dalle vicende delle GLAM fu che prima di far debuttare un nuovo artista era importante farlo conoscere e così costruire e assicurarsi una fanbase che desiderasse ascoltare le sue canzoni.

L'agenzia creò così un canale chiamato BANGTANTV[•] su YouTube, piattaforma che al tempo aveva molti utenti adolescenti, e iniziò a caricarci contenuti, che poi venivano pubblicati come post sul blog dei BTS. Il blog e il profilo Twitter[••], gestiti autonomamente dai trainee che avrebbero presto debuttato come BTS, divennero lo strumento attraverso cui far conoscere vari aspetti relativi ai componenti del gruppo. Intanto, per quanto riguarda le parti gestite direttamente dalla casa discografica, la Big Hit Entertainment preparò contenuti e progetti adatti a ciascuno dei media più usati dai fan coreani di K-pop, come il profilo Twitter ufficiale[•••], il Daum café e Kakao Story. Per esempio, uno degli obiettivi della casa discografica dopo il debutto dei

• •• •••

BTS era quello di ottenere un certo numero di nuovi follower ogni qualvolta il gruppo partecipava a un programma musicale.

Questo nuovo approccio al debutto di un gruppo di idol contribuì alla creazione di un'identità unica per i BTS. I trainee in procinto di debuttare pubblicavano le proprie canzoni, seppure non perfettamente rifinite, si mostravano mentre ballavano nella piccola sala prove ed esprimevano le loro preoccupazioni sul presente facendosi vedere senza trucco.

Nell'industria pop coreana, dove non si riprende nemmeno un angolo del viso senza previo accordo, farsi conoscere in questo modo significava sovvertire le regole del genere. Ma i BTS non erano soltanto idol, erano anche rapper che caricavano i mixtape e a volte youtuber che facevano tutorial di produzione musicale e danza. Jimin ripensa a quando ha condiviso un video in cui provava una coreografia e racconta:

———Non sapevo se fosse (già) stata fatta una cosa del genere o no. Registrai un video per la prima volta e lo caricai con l'intenzione di dire: "Io sono così"... L'opportunità in sé era davvero preziosa.

Le parole di Jimin mostrano l'atteggiamento dei membri dei BTS nei confronti di questa strategia promozionale senza precedenti.

Al tempo questo era il piano più ambizioso che la casa discografica potesse mettere in atto, date le sue dimensioni. Dal canto loro, i ragazzi non rifletterono troppo a fondo sull'opportunità di realizzarlo, ma semplicemente si concentrarono sull'esprimere i propri sentimenti in tutta onestà. A cuore aperto.

Limiti

SUGA ricorda così il periodo in cui stava producendo *No More Dream*•, la title track[2] dell'album di debutto *2 COOL 4 SKOOL*:

——Quando stavo lavorando a quella canzone, mentre ero seduto nella stanza di Pdogg nel Cheonggu Building, pensavo mille volte al giorno: "Ahhh, voglio tornare al dormitorio". Alle 7-8 del mattino si dovrebbe stare in dormitorio e dormire, in teoria… Il ripetersi di quel pensiero era la parte più dura, non gli orari in sé o il dover finire il lavoro entro la giornata.

Tutte le notti tenevo la penna fino all'alba
La mattina quando il sole sorgeva chiudevo gli occhi

Questi versi di *We are bulletproof PT.2*•• erano né più né meno una descrizione della realtà per RM, SUGA e j-hope, che stavano scrivendo l'album *2 COOL 4 SKOOL* in cui è incluso questo brano. Mentre collaboravano alla stesura delle canzoni, provavano tutto il giorno le coreografie di danza di gruppo in stile hip hop, fotogramma per fotogramma. Intanto, se trovavano un po' di tempo, registravano un Log o caricavano altri video e gestivano il blog.

2 Il brano di punta di un album, che verrà lanciato come primo singolo e che ha quindi la funzione di attirare l'attenzione del pubblico verso l'album in questione.

•   ••

Inoltre la title track all'album, *No More Dream*, era attesa come l'ultima prova prima del debutto. Jimin parla della canzone:

———Ora non è faticoso, ma al tempo, la coreografia... era talmente stancante che non riuscivamo a respirare.

Il ballo consisteva in movimenti ampi e spettacolari, che dovevano essere svolti in una sincronia perfetta. Durante l'esibizione, ciascuno doveva eseguire movimenti estremamente precisi, rapidi e decisi, e tutti dovevano saltare alla stessa altezza. Inoltre, come menzionato in precedenza, seguivano una dieta ferrea. Jin descrive così l'umore del gruppo in quel periodo:

———Per *We are bulletproof PT.2* tutti stavamo facendo molto esercizio fisico perché dovevamo mostrare gli addominali e a causa della dieta non potevamo mangiare come volevamo... Eravamo tutti un po' suscettibili.

Mentre in sala prove e nel dormitorio i ragazzi sperimentavano i limiti del loro corpo, nello studio di registrazione RM, SUGA e j-hope testavano quelli dello spirito cimentandosi nella stesura del testo di *No More Dream*. RM dovette scrivere almeno ventinove versioni delle strofe di rap del brano. Dice in proposito:

———Mi è capitato anche di andare al parco di Hakdong, vicino al Cheonggu Building, e di mettermi a urlare. Ero molto frustrato perché il rap non mi veniva proprio.

Il produttore, Bang Si-Hyuk, aveva l'ultima parola a proposito di quale versione del testo sarebbe stata scelta, e al tempo lui e RM avevano opinioni diverse su come scrivere il rap per la title track. Spiega RM:

———Bang Si-Hyuk pensava che si dovessero seguire le tendenze del momento. Ma io ero della generazione cresciuta con NAS ed Eminem, quindi quello era un punto di conflitto. Le discussioni giravano intorno al fatto che io riuscissi ad accettare o meno il cosiddetto trap flow, e per me era difficile farlo. Il grosso problema con l'album di debutto era trovare il modo di riflettere velocemente le nuove tendenze hip hop, ma non riuscivo a trovare un compromesso con lui.

Le persone estranee all'industria del K-pop spesso hanno la falsa percezione che a guidare ogni decisione in materia di musica idol ci sia soltanto la casa discografica. Invece, per quanto l'azienda si occupi di ogni dettaglio della produzione, se le parti coinvolte non possono o non vogliono seguire la stessa direzione difficilmente riuscirà a realizzare ciò che vuole.

L'idea di "dare voce alla realtà degli adolescenti attraverso i testi delle canzoni" è fantastica in teoria; ma qualcuno deve pur occuparsi della scrittura. La risposta di Bang Si-Hyuk a questa domanda fu quella di affidare la scrittura dei testi a quei membri del gruppo che già componevano brani, come RM, SUGA e j-hope, fin dal primo album dei BTS.

Come si può tuttavia intuire dalla differenza di opinioni tra RM e Bang Si-Hyuk, è estremamente difficile produrre un risultato che soddisfi sia la scena hip hop sia l'industria del K-pop. Al contrario, è facile pensare che il tentativo sia destinato a fallire. RM dice che gli ci volle un bel po' di tempo per accettare l'orientamento musicale dell'album di debutto:

——Ascoltai davvero tantissima musica, come se stessi studiando. Continuavo ad ascoltare brani delle ultime tendenze musicali, facevo ricerca. Credo che realisticamente ci sia voluto più di un anno prima che quelle tendenze cominciassero a piacermi davvero e riuscissi ad assimilarle.

Prima del debutto, i componenti dei BTS dovettero sforzarsi in vari modi di andare oltre le proprie esperienze precedenti e i propri valori. Anche il testo del brano *A Typical Trainee's Christmas*[•], che i BTS pubblicarono sul blog il 23 dicembre 2012 e l'11 gennaio 2013, prima di comporre *No More Dream*, riflette bene la loro situazione in quel periodo:

(Anche quest'anno) Ho trascorso la giornata facendo prove
(Piange) Anche se sono ancora un trainee
L'anno prossimo debutterò di sicuro

Allo stesso modo, il post intitolato "A Typical Trainee's Christmas: Review"[••] e pubblicato sempre in quel periodo mostra immagini dei ragazzi che provano le coreografie, registrano brani e la sera festeggiano il Natale con una piccola torta. Quando abbiamo chiesto a Jin, l'autore del post, come avesse superato quel periodo, ha risposto:

——Ero un trainee da quasi due anni, perciò divenne una parte naturale della mia vita. Pensavo che fosse arrivato il mio momento per debuttare come idol, ma non avevo intenzione di cercare un'altra casa discografica, perciò decisi che l'avrei fatto qui *(ride)*. Quindi avrei dovuto ballare così come stavo imparando... Fu così che mi sentii, più o meno.

•

••

E confini

Nel post "A Typical Trainee's Christmas: Review", pubblicato da Jin sul blog, si trovano frasi come: "Pensavo che avremmo avuto le vacanze per Natale, invece siamo finiti tutti insieme allegramente in una sala BTS", "Il capo è troppo cattivo / Non ci lascia mai andare a mangiare fuori. Ho perfino scritto una canzone chiedendogli di farci uscire a cena...".

In qualunque Paese o cultura non è facile per un esordiente che sta per debuttare esprimere in questo modo la propria insoddisfazione all'AD della casa discografica. Questo è ancora più vero per i gruppi di idol coreani, per i quali le case discografiche investono capitali, tempo e risorse organizzative per preparare il loro debutto.

Bang Si-Hyuk però ha lasciato che i membri del gruppo scrivessero i post, pubblicassero mixtape e raccontassero la propria vita quotidiana sul blog, così come che esprimessero apertamente ciò che provavano e pensavano durante la formazione come trainee. Nel momento in cui l'allenamento era diventato parte integrante della loro vita di tutti i giorni, così come era accaduto a Jin, i trainee iniziarono a parlare di se stessi senza alcuna esitazione.

È questo il punto di partenza del gruppo che in futuro diventerà Beyond The Scene[3]. Ricorda Jimin:

——Mentre i compagni più "anziani" scrivevano i testi spesso chie-

3 Nel luglio 2017, circa quattro anni dopo il debutto dei BTS, la Big Hit Entertainment presentò il nuovo logo dei BTS. In aggiunta al nome originario, Bangtan Sonyeondan, letteralmente "gruppo di ragazzi antiproiettile" ovvero "ragazzi che vogliono fermare l'oppressione e il pregiudizio nei confronti degli adolescenti" (reso in inglese con Bulletproof Boy Scouts), è stato introdotto anche Beyond The Scene per indicare "giovani che non si accontentano e puntano costantemente a realizzare i propri sogni".

devano anche la mia opinione, facendomi domande come: «Che ne pensi di questo contenuto?», «Come sono i ragazzi intorno a te?», «Tra i tuoi compagni di scuola ce n'è qualcuno che insegue i suoi sogni?». Ero molto grato per questo.

I testi di RM, SUGA e j-hope per l'album *2 COOL 4 SKOOL* riflettevano infatti le storie dei membri del gruppo. *We are bulletproof PT.2* racconta i dubbi di rapper che dal mondo hip hop sono approdati nel mondo idol e scrivono rap tutta la notte, mentre Jung Kook, che ha trascorso la sua adolescenza in modo molto diverso rispetto agli altri, dice: "Anziché andare a scuola, ho ballato e cantato tutta la notte in sala prove". Quando è stata scritta questa canzone i componenti dei BTS non erano rapper attivi nella scena hip hop e nemmeno idol affermati. Anziché nascondere la realtà dei trainee che non avevano posto né nello swag hip hop né nelle fantasie idol, la mostrarono così com'era attraverso modalità hip hop.

Questa maniera di porsi unica dei BTS li ha distinti fin dal debutto da tutti gli altri gruppi ed è diventato un modo soltanto loro di raccontare le proprie storie. Anziché seguire la grammatica dei generi hip hop o idol, hanno usato quei metodi di espressione per parlare di sé.

Da questo punto di vista, l'album *2 COOL 4 SKOOL* è una testimonianza di come trainee non ancora artisti professionisti, fino al debutto, non possano vivere una vita normale.

L'album comincia con il rap di *Intro : 2 COOL 4 SKOOL* (*Feat.* DJ Friz), che dice: "Raccontiamo la nostra storia per gli adolescenti e i ventenni"; *Skit : Circle Room Talk* parla dei loro sogni d'infanzia; in *Outro : Circle room cypher* i ragazzi raccontano le proprie storie come se stessero facendo un *cypher*, mentre il testo di *Skit : On the start line (Hidden Track)*, contenuta solo nel CD, fa così: "Un trainee

2 COOL 4 SKOOL

THE 1ST SINGLE ALBUM
12.06.2013

TRACK

01 Intro : 2 COOL 4 SKOOL
(Feat. DJ Friz)
02 We are bulletproof PT.2
03 Skit : Circle Room Talk
04 No More Dream
05 Interlude
06 Like
07 Outro : Circle room cypher
08 Skit : On the start line
(Hidden Track)
09 Path (Hidden Track)

VIDEO

DEBUT TRAILER

No More Dream
MV TEASER 1

No More Dream
MV TEASER 2

No More Dream
MV

We are bulletproof PT.2
MV

/ In qualche modo è questo che sono / Ma è qualcosa di inspiegabile / Non appartengo a niente / E per questo non sto facendo niente / Quel tipo di periodo / Un periodo di transizione", per definire la fase che precede il debutto. In particolare, questo brano finisce con il verso:

Perché sono un trainee

Questa frase era in pratica la definizione che i BTS davano di se stessi. Ovvero di trainee all'interno del sistema dell'industria idol, ma trainee che hanno pubblicato il loro album d'esordio con i propri racconti, svelando le proprie vite in stile hip hop.

Fin dall'album di debutto, la musica dei BTS è stata come una cronaca della loro vita e i brani *Intro*, *Interlude*, *Outro* e *Skit* dell'album *2 COOL 4 SKOOL* pongono le basi per un metodo compositivo che si svilupperà nei loro lavori successivi.

A quei tempi solo in pochi conoscevano il gruppo chiamato BTS, ma i BTS stavano già tracciando il loro cammino, che è ancora oggi lo stesso.

Teamwork!

———«Namjoon, come fai ad avere quell'aria da figo?» *(ride)*

Prima del debutto, Jimin ammirava RM tanto da porgli questo genere di domande. Non era soltanto perché RM era il leader del gruppo, o perché aveva tanto talento da comporre canzoni da solo. I sette trainee vivevano insieme nel dormitorio e a poco a poco diventarono amici; nel momento in cui venne deciso chi avrebbe debuttato e in che data, ormai i ragazzi esercitavano una profonda influenza l'uno sull'altro. Jung Kook si spinge fino a dire:

———La mia fortuna più grande finora è stata aver incontrato i miei compagni più "anziani".

Continua:

———Se metto a confronto il ragazzo che andava solo a scuola con quello che è cresciuto con i compagni più grandi qui, riconosco che quest'ultimo ha imparato tanto e ha ricevuto ancora di più. Non so esattamente cosa, ma ho imparato tante cose. Per esempio, all'inizio ero molto possessivo. Odiavo perdere, ero davvero orgoglioso e testardo. Venivo rimproverato molto per questo, ma anche se ancora adesso a volte mi arrabbio ho imparato a considerare il punto di vista degli altri.

Per lui, che durante il periodo da trainee era uno studente di scuola media, l'agenzia era al contempo casa e scuola e gli altri del gruppo erano la sua famiglia e i suoi insegnanti.

Racconta ancora:

———Vivendo insieme è naturale che i miei compagni esercitassero una certa influenza su di me e credo di averlo accettato con tranquillità. Dal loro modo di parlare alla personalità. Ovviamente anche in campo musicale.

Trascorrendo così tanto tempo insieme nel dormitorio e in sala prove si sono influenzati a vicenda e ciò ha creato uno spirito di gruppo esclusivo dei BTS. Quando venne fissato il debutto, l'allenamento proseguì in modo costante e l'atmosfera di incoraggiamento reciproco fece sì che l'intero gruppo si muovesse verso un unico obiettivo. Il testo del brano *Dope*, dall'album *THE MOST BEAUTIFUL MOMENT IN LIFE PT.1*, pubblicato qualche anno dopo, recita "ogni giorno una vita frenetica", un atteggiamento che aveva già iniziato a mettere radici in quel momento. Jung Kook spiega ancora:

——Ci stimolavamo a vicenda, anche tra noi vocalist. Ci si chiedeva come si cantava o si diceva: «Ultimamente mi sto esercitando così» e si discuteva. E quando qualcuno cantava la cover di qualche canzone ci si faceva i complimenti, per esempio si diceva: «Wow, sei migliorato molto nel canto».

A questo proposito, una serie di cambiamenti che i BTS hanno attraversato all'inizio del 2013 hanno rappresentato un importante slancio per la loro carriera. Quando fu deciso il debutto, i membri del gruppo si trovarono di fronte a un obiettivo chiaro e le posizioni che fino ad allora erano state diverse – a causa delle differenze di età, provenienza e formazione musicale – conversero gradualmente verso un unico punto.

V ricorda così la sua vita da trainee:

——Uhm... non ero proprio il tipo che amava esercitarsi. Per questo mi veniva detto di fare più pratica *(ride)*. Poi, quando di punto in bianco entravo nel mood giusto, iniziavo a dire: «Ci esercitiamo un po'?»; e facevo quello che avevo voglia di fare.

Questo però era solo l'approccio di V, che doveva ancora abituarsi a quello che gli stava accadendo, anche perché prima di allora mai avrebbe potuto immaginare un contratto come quello che aveva firmato, né che sarebbe stato scelto per il debutto; stava scaldando i motori. V racconta, deciso:

——Sono stato molto criticato nei miei anni di formazione, ma ne sono orgoglioso, perché si può vedere come io sia cresciuto da allora. Tutte le esperienze che ho vissuto a partire dal debutto sono state positive. Prima di allora ne ho passate davvero tante.

V sorride ai compagni, poi aggiunge con sguardo serio:

———Eravamo come ossessionati dal raggiungere l'obiettivo finale, non sto esagerando. Per quanto tu ti senta scoraggiato, è bellissimo stare insieme a delle persone con cui si condivide un amore crescente per il palcoscenico. "Non importa se cado", ecco il tipo di stato d'animo.

Mentre i membri dei BTS stavano gradualmente superando i loro limiti fisici e mentali attraverso un lavoro di squadra sempre più intenso e serrato, il piano per il debutto messo a punto dalla Big Hit Entertainment progrediva passo dopo passo.

I componenti del gruppo venivano svelati uno per volta attraverso il blog e comunicavano con i fan tramite il Log. A *A Typical Trainee's Christmas* fece seguito il video musicale di *Graduation Song*• con j-hope, Jimin e Jung Kook. Venne caricato sul blog e su YouTube l'8 febbraio 2013.

Il blog dei BTS, lanciato il 21 dicembre 2012 con il mixtape di RM *Vote*, si era trasformato in una sorta di canale utilizzato dai componenti del gruppo per pubblicare la loro quotidianità, foto, musica, coreografie, eccetera. È esattamente ciò che fanno adesso tutti gli artisti sotto contratto con la HYBE nei profili ufficiali sui social media.

Il 22 marzo 2013, circa tre mesi prima di debuttare, venne caricato sul blog un video in cui j-hope, Jimin e Jung Kook provavano insieme una coreografia••. Nell'ultimo contenuto pubblicato prima del debutto, "130517 Bangtan Log"•••, tutti i componenti, a esclusione di V, parteci-

• •• •••

pano al vlog. Anche chi è diventato solo di recente un fan dei BTS può ritrovare i contenuti sul blog e vedere come sono cambiati i componenti del gruppo nel corso della preparazione per il debutto.

Il piano per il debutto dei BTS concepito dalla Big Hit Entertainment non riscosse molto interesse tra gli addetti ai lavori, all'epoca, ma ottenne comunque dei risultati. I primi commenti iniziarono a comparire sul blog e i componenti del gruppo cominciarono a guadagnare un certo seguito. Per questo motivo per il loro primo spettacolo il locale, seppur piccolo, era pieno di fan. Dal momento che il piano per il debutto doveva sottostare a dei limiti di spesa e di capacità organizzativa, la situazione diede origine a un piccolo episodio che solo i membri del gruppo ricordano. Jimin racconta:

——La presenza di V non era ancora stata rivelata. Noi sei, incluso Jung Kook, eravamo già stati presentati, ma l'agenzia ci disse: «V è la nostra arma segreta».

V fece la sua prima apparizione il 3 giugno 2013 con una foto teaser dell'album di debutto dei BTS, la cosiddetta foto concept. Rivelare a sorpresa, solo all'ultimo momento, la presenza di un attraente ragazzo del gruppo dopo averlo tenuto nascosto si è sempre dimostrata una strategia vincente. Gli altri componenti invece contavano già su un piccolo seguito creatosi attraverso l'interazione con il mondo esterno nei mesi antecedenti. Ricorda Jimin:

——Arrivavano lettere e regali da parte dei fan. A ognuno di noi. Solo a V non arrivava nulla.

In questa situazione un trainee adolescente avrebbe potuto sentirsi demoralizzato. Ma gli altri ragazzi si dimostrarono comprensivi nei suoi confronti. Continua Jimin:

——Ricordo che ci radunammo tutti in camera per consolare

Taehyung. Gli dicevamo: «Non farti buttare troppo giù da questa cosa, è che tu non sei ancora stato presentato ufficialmente».

13 giugno 2013

Poco prima del debutto, j-hope subì un infortunio alla coscia destra che provocò una formazione di liquido. Accadde mentre provavano la coreografia di *We are bulletproof PT. 2*•, che dovevano eseguire insieme alla title track *No More Dream* nella loro prima apparizione in TV al programma "M Countdown" su Mnet il 13 giugno[4], giorno del debutto. Nella seconda parte di questa canzone, j-hope si inginocchia sul palco mentre esegue un assolo di danza e in contemporanea piega all'indietro la parte superiore del corpo di modo che la schiena tocchi il pavimento. Esercitandosi ripetutamente in questo movimento, sforzò le gambe in modo eccessivo e si formò del liquido sul lato della coscia, che dovette essere aspirato con una siringa. Non è però stato possibile chiedere a j-hope perché si fosse spinto fino a quel punto, perché mentre ricordava quel momento stava già dicendo:

———Se devo fare qualcosa, lo faccio, costi quel che costi. Non riesco a fare le cose a metà.

---

4 Il giorno successivo all'uscita di *2 COOL 4 SKOOL*, l'album di debutto dei BTS, nonché il giorno in cui si sono esibiti per la prima volta pubblicamente, rappresenta la data del loro debutto, e ogni anno il gruppo festeggia l'anniversario con i fan attraverso un evento chiamato "BTS Festa".

•

Più una casa discografica è piccola, più è lungo, complicato e difficile preparare il debutto del futuro gruppo di idol. Nella maggior parte dei casi, però, quel giorno arriva così velocemente che nessuno ha tempo di sentire il vuoto. E sebbene la prima esibizione pubblica di solito non corrisponda anche all'ultima, per molti gruppi di idol il futuro dipende davvero da quella prima prova sul palcoscenico.

Nell'industria pop coreana, dove la performance e lo stile sono importanti quanto il canto, apparire nei programmi musicali, trasmessi ogni settimana su canali via cavo e in digitale terrestre, è fondamentale. Sono tantissimi gli idol che vogliono partecipare ai programmi, ma il tempo a disposizione è limitato. Se non si riesce ad attirare l'attenzione con la prima esibizione o durante la prima settimana, è difficile che si possa in seguito ottenere una reazione dal pubblico. Non c'è garanzia di poter apparire in un programma musicale la settimana successiva. E poiché il tempo di esecuzione della canzone deve essere ridotto per adattarsi ai tempi televisivi, può capitare di non riuscire a eseguire il brano e la coreografia in modo convincente.

Questo è ovviamente irrilevante per gli artisti famosi, mentre per gli esordienti – anche quelli che hanno alle spalle grosse case discografiche – le esibizioni nei programmi musicali possono decidere le sorti delle loro carriere. Il destino dei BTS, dunque, dipendeva da un momento preciso: la loro prima esibizione. Jin ha un ricordo ancora vivido della tensione che sentì su quel palco:

———Nella coreografia di *No More Dream*• c'è una parte in cui si

•

deve saltare quando si cantano le parole "è una bugia". Diversamente da quando proviamo, però, sul palco indossiamo i body pack del microfono e degli auricolari agganciati ai pantaloni. A causa di quel peso, ogni volta che atterravo i pantaloni scendevano sempre un po' di più. Mi si annebbiò il cervello, ed essendo un esordiente non potevo neppure dire: "Lo faccio un'altra volta!". Pensai di aver rovinato la prima esibizione e così piansi.

Ma il timore di Jin era infondato. Sul palco avevano a disposizione un certo numero di mosse vincenti che catturarono subito l'attenzione. Nella seconda metà di *We are bulletproof PT.2* c'è un intervallo di danza che inizia con j-hope che balla, mentre è sdraiato con la schiena a terra, Jimin lo scavalca con un salto acrobatico; Jimin girandosi lancia il cappello, Jung Kook lo afferra e continua a ballare. Parlando di questa sequenza di danza, j-hope ricorda:

———Durante gli allenamenti il coreografo Son Seong Deuk ci chiese: «Volete far vedere le vostre singole specialità nella seconda parte della canzone?». Quindi sviluppammo tre coreografie indipendenti e restammo in sala prove, stendemmo i materassini e continuammo a esercitarci senza sosta.

Nonostante la fatica fisica, questa incredibile performance, con diverse acrobazie e movimenti davvero impressionanti, suscitò la risposta che avevano sperato. Jung Kook racconta le emozioni di quei momenti:

———In realtà non afferro il cappello al volo. Anche se da dove stava il pubblico sembrava così. In ogni caso, in quel momento le persone che si trovavano lì esclamarono: «Wow!». Mi venne la pelle d'oca.

E j-hope in quel momento si sentì ricompensato di tutti gli sforzi fatti fino a quel momento:

——Prima dell'inizio dell'esibizione si sentiva dire solo: «Ma chi sono quelli?». Dopo aver visto la nostra coreografia però iniziarono ad arrivare reazioni positive. Fu molto emozionante. Pensai che dovevo aver ballato bene.

Non ci fu solo la reazione del pubblico presente. Poco dopo l'esibizione, il responsabile delle operazioni commerciali della Big Hit Entertainment Lenzo Yoon ricevette più di trenta telefonate. Le persone lo chiamavano di continuo per dire che avevano visto e apprezzato la performance e per fare proposte di lavoro.

Nel corso della loro prima performance i BTS scoprirono cosa si provava a stare su un palco. Jung Kook imparò che il palcoscenico lo faceva "tremare, emozionare, essere nervoso e felice". Jimin invece si rese conto dell'esistenza concreta dei fan. Racconta:

——Ricordo ancora quell'unica fila vicino alle telecamere durante la nostra prima esibizione.

L'"unica fila" di cui parla Jimin si riferisce ai fan accorsi per vedere i BTS quel giorno.

I fan che partecipano ai programmi TV musicali possono andare a vedere gli artisti tramite le loro agenzie e il numero di fan che ognuna di esse può radunare varia a seconda della popolarità dei gruppi o dall'apprezzamento di cui godono. I BTS riuscirono a richiamare circa una decina di fan, che occupavano più o meno una fila nello spazio davanti al piccolo palcoscenico. Continua Jimin:

——Eravamo degli sconosciuti, eppure loro sono venuti fin lì perché ci apprezzavano e sono rimasti lì per noi... Per vedere la nostra esibizione si sono alzati presto, hanno dormito poco, hanno aspettato a lungo. E noi avevamo preparato quello spettacolo proprio per mostrarlo a quelle persone.

I preparativi per il debutto avevano condotto a un piccolo lieto fine.

Emarginati

Appena prima del debutto i trainee naturalmente sono sotto gli occhi di tutti.

Il personale della casa discografica segue ogni loro mossa, e anche l'amministratore delegato e i proprietari dell'azienda, in apparenza inavvicinabili, non risparmiano gli incoraggiamenti. Per non parlare del sostegno e delle aspettative di famigliari e amici.

Dopo aver debuttato ed essere apparsi in un programma musicale di un'emittente televisiva, però, la maggior parte di loro capisce che il mondo là fuori non è poi così interessato a loro.

I vari programmi televisivi musicali vengono trasmessi nell'arco di tutta la settimana e vi partecipano circa venti artisti ogni puntata, dagli esordienti agli artisti in attività da decenni. L'artista più popolare tra quelli in scaletta si esibisce al termine della puntata. Durante le riprese, la maggior parte di essi rimane in sala d'attesa insieme a tutti gli altri. In questo frenetico viavai, i nuovi gruppi di idol vengono trattati come tutti gli esordienti, che appartengano a una grossa casa discografica o meno. Possono ritenersi davvero fortunati se nessuno li sente parlare male degli altri per poi diffondere brutte voci su di loro nell'ambiente.

I BTS, poi, erano praticamente emarginati, dato che erano più isolati rispetto agli altri gruppi esordienti. E non solo perché la loro casa

Ricordo ancora quell'unica fila vicino alle telecamere durante la nostra prima esibizione.

—Jimin

discografica era piccola. Jin racconta, a proposito della situazione nella sala d'attesa prima della loro performance:

———Ero molto curioso e quindi chiesi a un altro cantante: «Tu come fai a conoscere così tante persone qui dentro?». «Ah, lui prima era nella mia casa discografica.» «E quello invece?» domandai. «Ah, eravamo entrambi trainee quando ero con la mia precedente casa discografica.» E così praticamente con tutti. Non erano diventati amici dopo il debutto, erano già amici da prima. Invece noi fin da subito eravamo tutti con la stessa casa discografica. Era per questo che restavamo nella sala d'attesa mentre aspettavamo di esibirci.

Così come molti trainee avevano lasciato la Big Hit Entertainment prima che i BTS debuttassero, era comune tra gli idol cambiare casa discografica diverse volte prima di debuttare. Una grossa casa discografica ha un numero di trainee che vanno e vengono proporzionale alle dimensioni dell'azienda, quindi anche il numero di trainee che si conoscono tra di loro aumenta.

Al contrario, tutti i componenti dei BTS avevano fatto la loro prima esperienza all'interno della Big Hit Entertainment e non c'era motivo per interagire con altri trainee. RM e SUGA erano approdati al mondo degli idol dalla scena hip hop e il resto del gruppo ascoltava hip hop nel dormitorio e provava insieme le coreografie nella sala dedicata, quindi i ragazzi non avevano alcun interesse nei confronti del mondo fuori.

Jimin descrive in questo modo l'atmosfera di quando si trovavano a condividere lo stesso spazio con altri artisti nei primi tempi dopo il debutto:

———Ancora adesso non so perché, ma stavamo sempre appiccicati. E credo che fosse difficile per gli altri avvicinarsi a noi. Solo a guardarci si capiva che facevamo hip hop, ce ne stavamo sempre in un angolo ed evitavamo il contatto visivo... *(ride)*

Degli emarginati in sala d'attesa. O, per essere più chiari, "solo sette persone" di cui non importava a nessuno.

Lo sguardo dei BTS iniziò però gradualmente a posarsi sul mondo esterno. Per quanto se ne stessero tra loro, non potevano fare a meno di ascoltare le canzoni del programma. Sullo schermo della sala d'attesa si potevano vedere le esibizioni degli altri artisti sul palco e attraverso gli auricolari che indossavano mentre si preparavano per andare in scena sentivano la diretta audio. Quest'ultima cosa in particolare fu uno shock per i membri dei BTS. Jimin sentì per la prima volta il peso del confronto:

———Emergeva chiaramente la differenza di vocalità fra gli altri artisti e il nostro gruppo. Ero un esordiente e non conoscevo bene la mia voce; non sapevo quale fosse il mio punto di forza e quindi pensavo solo: "Perché non sono capace di fare così?", "Cantano tutti così bene". Mi sentivo un pesce piccolo in un mare grande…

Continua:

———Avrei dovuto esercitarmi nel canto per migliorare le mie capacità in qualche modo, ma non sapevo come farlo; avrei dovuto cantare continuamente e basta. Ogni volta che sbagliavo andavo in bagno a piangere.

Anche V dà un giudizio molto severo di sé al momento del debutto:

———A volte YouTube mi propone uno dei nostri vecchi video, ma non li guardo mai. Non me ne vergogno. Per me sono bei ricordi e ci penso sempre, così quando dopo tanto tempo mi trovo a guardarli mi dico: "Ecco come stavano le cose allora" e poi penso: "Ma perché ho fatto questo?".

Il racconto di V non si ferma qui.

———Ma mi piace anche quella versione di me. Credo di essere la persona che sono oggi perché ho vissuto quell'esperienza.

Come detto da V, gli stimoli del mondo esterno che i BTS ricevettero con il debutto ebbero un impatto significativo su di loro. Jung Kook iniziò a cantare sempre e ovunque, tanto da pensare: "Ogni momento della giornata che passo a cantare è tempo dedicato a fare pratica". Jimin descrive l'umore del gruppo al tempo del debutto in questo modo:

———Non riguardava solo me, ma anche V e Jin: ognuno di noi pensava che le proprie capacità canore fossero scarse. Avevo un complesso di inferiorità e mi dicevo: "Devo migliorare". Se qualcuno degli altri si esercitava nel canto, allora mi esercitavo anche io.

Anche dopo il debutto i componenti del gruppo continuarono a esercitarsi senza sosta. SUGA ricorda ciò che provava al tempo:

———Per tutto il 2013 sembrava fossimo ancora dei trainee. Non pareva proprio che avessimo debuttato. Era rimasto tutto uguale. La differenza stava negli impegni televisivi, ma per il resto non era cambiato nulla. Fu allora che capii che il debutto non era un punto di arrivo. "È tutto come prima" pensai.

Come dice SUGA, il momento che tanto a lungo avevano atteso si rivelò essere soltanto l'inizio. Come sempre, dovettero tornare in sala prove.

Tristi re degli esordienti

Per i BTS l'obiettivo, dichiarato allo spettacolo di esordio, era di "sopravvivere" al 2013. Il primo album *2 COOL 4 SKOOL*, pubblicato nel giugno 2013, e il successivo *O!RUL8,2?*, uscito a settembre 2013, si piazzarono rispettivamente al 65° e al 55° posto nella classifica degli album[5] Gaon Chart[6] per il 2013. Fu il migliore risultato tra i gruppi che avevano debuttato quell'anno.

I BTS inoltre vinsero il premio Best New Artist nei principali premi musicali coreani come i Melon Music Awards (MMA), i Golden Disc Awards, i Seoul Music Awards e i Gaon Chart Music Awards[7], con l'eccezione dei MAMA[8] presentati da Mnet.

Le cerimonie di premiazione a cui parteciparono furono per loro un'occasione di comprendere la realtà. Dice Jin:

——Quando vincemmo il premio per il miglior gruppo esordiente dell'anno ai MMA, ricordo che gli SHINee vinsero il premio più importante, artista dell'anno. A quei tempi chiunque in Corea conosceva gli SHINee, così come tutti conoscevano anche i BEAST o gli INFINITE. Noi, invece... La gente ci chiamava "quelli con quel nome Bangtan non so cosa" in quel periodo.

Alla cerimonia non ricevettero l'attenzione di nessuno. Vennero messi in secondo piano da artisti già popolari e amati dal pubblico e, dato che non erano presenti colleghi provenienti come loro dalla Big Hit Entertainment, non vennero presentati ad altri artisti.

Nessuno si rivolse a loro, e loro non potevano avvicinarsi a nessuno. Semplicemente presenziarono alla cerimonia, salirono sul palco a ritirare il premio e tennero un breve discorso di ringraziamento, poi tornarono al dormitorio.

---

5 Basata sul netto delle spedizioni, calcolata quindi sottraendo i resi.

6 La classifica musicale ufficiale in Corea lanciata dall'Associazione Coreana per i Contenuti Musicali; ha cambiato nome in "Circle Chart" nel luglio 2022 dopo la riorganizzazione.

7 A partire dalla cerimonia di premiazione del 2023, il nome è cambiato in "Circle Chart Music Awards".

8 Mnet Asian Music Awards. Nel 2022 il nome è cambiato in "MAMA Awards".

O!RUL8,2?

THE 1ST MINI ALBUM
11.09.2013

TRACK

01 INTRO : O!RUL8,2?
02 N.O
03 We On
04 Skit : R U Happy Now?
05 If I Ruled The World
06 Coffee
07 BTS Cypher PT.1
08 Attack on Bangtan
09 Paldo Gangsan
10 OUTRO : LUV IN SKOOL

VIDEO

COMEBACK TRAILER

ALBUM PREVIEW

CONCEPT TRAILER

N.O
MV TEASER 2

N.O
MV TEASER 1

N.O
MV

Ripensando al 2013, quando gli album dei BTS si piazzarono al 65° e 55° posto della Gaon Chart, sei album degli EXO erano tra i primi dieci, al 1°, 3°, 4°, 6°, 7° e 10° posto. Questo è il motivo per cui l'unica altra boy band che ha esordito nel 2013 di cui si parla ancora oggi sono i BTS: in un periodo in cui il mercato è dominato quasi per intero da un unico gruppo, per i debuttanti è praticamente impossibile sopravvivere.

Non sarebbe un'esagerazione dire che al tempo l'attenzione del settore era tutta concentrata sugli EXO o su quando i trainee della YG Entertainment, che partecipavano a "WIN: Who Is Next", avrebbero debuttato. Il premio di esordienti dell'anno ai BTS provava solo che erano "sopravvissuti, per ora". Non c'erano garanzie che i BTS sarebbero sopravvissuti anche nel 2014 e nel 2015. Se le icone delle boy band di seconda generazione nel K-pop erano i TVXQ e i BIG BANG, sembrava ormai certo che quelle della terza generazione sarebbero state gli EXO o qualche boy band della YG Entertainment.

Questi sono alcuni dei motivi per cui la reazione al secondo album dei BTS, *O!RUL8,2?*, fu uno shock.

Secondo i dati della Hanteo Chart, che fa riferimento alle vendite degli album sia fisici sia digitali, nel corso della prima settimana di uscita l'album di debutto *2 COOL 4 SKOOL* vendette 772 copie, mentre *O!RUL8,2?* 2679, più del triplo. In genere le vendite del secondo album di un gruppo di idol nella prima settimana riflettono le aspettative dei fan create dall'album precedente, quindi è ragionevole pensare che *2 COOL 4 SKOOL* fosse stato accolto bene. Tuttavia, se si guarda alle vendite nel corso di tutto il 2013, la situazione è molto diversa. Sulla base dei dati della Gaon Chart, *O!RUL8,2?* vendette 34.030 copie, solo 9.589 in più rispetto alle 24.441 del primo album.

Chiaramente non ci si aspettava che il volume delle vendite fosse tre volte maggiore rispetto a *2 COOL 4 SKOOL*, come era accaduto nel corso della prima settimana, però è innegabile che il tasso di crescita fu al di sotto delle aspettative. L'aumento da 20.000 a 30.000 copie non equivaleva certo al passaggio da 200.000 a 300.000, quindi non suscitò un interesse particolare nell'industria musicale.

Nel video "ARMY Corner Store"•, pubblicato nel giugno 2021 per commemorare l'ottavo anniversario del debutto dei BTS, RM descrive i quattro album precedenti alla trilogia *THE MOST BEAUTIFUL MOMENT IN LIFE* come una progressione di "dolce, amaro, dolce, amaro". *O!RUL8,2?* è stato proprio il primo album "amaro".

j-hope ricorda l'imbarazzo di quel momento:

——Credo che fossimo tutti un po' esaltati dalla risposta ricevuta da *No More Dream* e *We are bulletproof PT.2* al nostro debutto. Poi con *N.O*•• dell'album successivo fu come… venire pestati?

Insulto

Sembra incredibile, ma la tiepida risposta all'album *O!RUL8,2?* fu solo il primo di una serie di problemi che i BTS dovettero affrontare in quel periodo.

Ovviamente un album non può sempre essere accolto in maniera "dolce", e i BTS, avendo alle spalle un buon debutto, avevano ancora

•

••

qualche possibilità di sfondare. Sia i BTS sia la Big Hit Entertainment avevano già in mente le mosse successive alla pubblicazione di *O!RUL8,2?*: l'ultimo brano dell'album, *OUTRO : LUV IN SKOOL*, rappresentava infatti una sorta di anteprima di *Skool Luv Affair*, l'album che sarebbe uscito di lì a poco e che, trattando l'amore come tema principale, sarebbe stato una scommessa vera e propria. Dopo l'accoglienza deludente di *N.O*, il brano di punta di *O!RUL8,2?*, il gruppo riuscì a invertire la rotta con il brano *Attack on Bangtan*•.

Attack on Bangtan trasmette la fiducia e l'energia che i membri del gruppo avevano sin dal loro felice debutto, aggiungendo anche un senso di velocità alla carica esplosiva del brano *No More Dream*. Il gruppo, nonostante la delusione recente, reagì continuando ad avanzare con impeto.

Ricorda j-hope che i componenti del gruppo non avevano alcuna intenzione di farsi abbattere.

———In quella situazione non ci era permesso arrenderci. Tutti ci dicevano: «Dopo la fatica per debuttare, adesso intendi mollare?», e: «Dobbiamo farlo». Lo stato d'animo non era dei migliori, ma mentre lavoravamo per *Attack on Bangtan* l'umore iniziò a migliorare.

Anche Jin tranquillizzò il gruppo:

———Tutte le cose procedono per fasi. Ci sono momenti in cui si deve rallentare, e sapevamo che altri prima di noi avevano raggiunto il successo passo dopo passo.

•

I BTS però ricevettero un colpo davvero duro, da dove non se lo sarebbero aspettato, il 21 novembre 2013, nel corso di un podcast presentato dal critico musicale Kim Bong-Hyun, "Kim Bong-Hyun's Hip Hop Invitational".

RM e SUGA erano ospiti per celebrare il primo anniversario del programma ed era presente anche il rapper B-Free. Molte persone sanno già che cosa è successo in quel momento. È sufficiente una ricerca su YouTube per vedere che tipo di conversazione si sia svolta fra i tre, non è necessario riportarla qui. Volendo riassumere, B-Free offese i BTS.

——A ripensarci ora, credo sia qualcosa che ogni persona deve affrontare e superare una volta nella vita.

RM continua a parlare con voce ferma e seria:

——Venire insultati di persona, e da qualcuno del tuo settore... In coreano la parola *moyok,* 모욕, è fin troppo blanda. Non riesco a trovarne una più appropriata di "insulto". A ogni modo, quella volta imparai "come ci si comporta quando stai camminando per strada e qualcuno all'improvviso ti schiaffeggia"...

RM sorride, un po' abbattuto. Gli insulti di B-Free, infatti, sono stati più sorprendenti di uno schiaffo per strada; aveva giudicato l'identità musicale dei BTS senza nemmeno aver ascoltato i loro album.

È difficile immaginare che un idol possa attaccare in maniera così personale altri artisti. Tuttavia, è questa la situazione che dalla prima generazione di K-pop fino a oggi molti gruppi di idol si sono trovati ad affrontare. È il risultato di un diffuso pregiudizio nella società, secondo il quale la musica idol sarebbe qualitativamente inferiore e poco professionale.

Così alcune persone, come B-Free, giudicano l'identità musicale degli idol in pubblico come giudici a un provino, senza neppure averne ascoltato la musica. E senza che nessuno glielo abbia chiesto.

In ogni caso dicendo che siamo per natura
Della merda idol, ci disprezzi

BTS Cypher PT.1•, una traccia di *O!RUL8,2?*, conteneva già la risposta a tutte le critiche prima ancora che RM e SUGA incontrassero B-Free. Il debutto li aveva resi consapevoli dei pensieri del pubblico ed espressero la loro posizione attraverso il *cypher*, una modalità di hip hop. Da un lato rivelano le loro aspirazioni in *We On*, dello stesso album, quando dicono "I fan, il pubblico, gli appassionati / Sì, li sto conquistando". Poi in *INTRO : O!RUL8,2?* si chiedono "Qual era il mio sogno?" e tramite *N.O* rivelano il motivo per cui hanno scelto di far parte dei BTS: "È davvero adesso o mai più / Non abbiamo fatto ancora niente".

La loro musica è la testimonianza di un percorso: non sapevano quali fossero i loro sogni, hanno compreso quali fossero strada facendo e lottato per ottenere ciò che desideravano, sviluppando intanto un punto di vista su come venivano percepiti dal pubblico.

Antipatie e simpatie nei confronti della loro musica sono questioni soggettive. Tuttavia, è innegabile che i BTS abbiano messo in questo album le loro esperienze e i loro sentimenti, senza filtri. Parlano di come

•

sono molto impegnati ma felici in *Skit : R U Happy Now?* e nel brano successivo, *If I Ruled The World*, provano a immaginare, con un po' di umorismo, cosa farebbero se ottenessero un enorme successo. Questi testi riflettono le sensazioni del gruppo dopo averne avuto un assaggio con l'album di debutto.

Se *2 COOL 4 SKOOL* parlava dell'incertezza del periodo di formazione come trainee, *O!RUL8,2?* riflette l'atteggiamento dei BTS mentre hanno i riflettori puntati addosso. È un album che racconta in stile hip hop la vita degli idol, con un metodo narrativo che si rivelerà un tratto unico e caratteristico del gruppo.

Il tema di cui parla *N.O*, il legame tra sogno e realtà, può essere sviluppato utilizzando qualunque genere. I BTS, però, non l'hanno trattato come un argomento qualsiasi, separato rispetto alla loro musica.

Già a partire dal primo album hanno raccontato le loro storie attraverso la musica e dato una forma concreta al loro impegno scrivendo versi come "È davvero adesso o mai più / Non abbiamo fatto ancora niente". Ciò che volevano comunicare, poi, è arrivato al pubblico tramite intense performance sul palco.

Quando SUGA disse nel podcast di Kim Bong-Hyun che volevano diventare un ponte tra il genere idol e l'hip hop diceva la verità. Era il loro scopo fin dall'inizio. In particolare, il brano *Paldo Gangsan*[*], contenuto in *O!RUL8,2?*, racchiude l'identità dei BTS dei primi tempi.

j-hope spiega il contesto in cui è nata questa canzone:

[*]

———Eravamo cresciuti in ambienti così diversi che abbiamo pensato sarebbe stato divertente rappare in dialetto mentre parlavamo delle rispettive città d'origine: "Io sono di Gwangju, tu (SUGA) di Daegu, tu (RM) di Ilsan, nella provincia di Gyeonggi. Proviamo a raccontare delle nostre città e vediamo se viene fuori una canzone".

Come ricorda anche j-hope, è stato possibile scrivere un brano come *Paldo Gangsan* perché i componenti del gruppo arrivavano tutti da fuori Seoul e si erano trasferiti lì per debuttare come gruppo di idol. Ovunque si inizi a fare musica, se i giovani alla fine scelgono di andare a Seoul per perseguire la carriera in quell'ambito dipende dal fatto che in Corea quasi tutte le attività sono concentrate nella capitale. A questo si aggiunge che la specificità dell'industria pop coreana ha dato la possibilità a questi sette giovani uomini di diventare un gruppo e di vivere insieme nel dormitorio.

Nessuno prima dei BTS aveva scelto di raccontare tramite la musica le origini dei componenti del gruppo e la storia di come erano diventati un team. E parlare l'uno dell'altro attraverso la musica è stata un'ottima opportunità per rafforzare ulteriormente il loro legame. Aggiunge j-hope:

———Non so come spiegarlo a parole, ma... Non credo avessimo alcun tipo di pregiudizio riguardo alle nostre origini. Il brano quindi è nato perché riuscivamo a parlare tra noi e ridevamo insieme e condividevamo storie delle nostre città. Credo che il brano sia nato anche dal rispetto che avevamo per le rispettive origini.

Quando fu pubblicato *O!RUL8,2?*, furono in pochi ad apprezzare il modo originale di fare musica dei BTS. Erano isolati nel panorama K-pop, e rapper della scena hip hop come B-Free avevano iniziato a parlare male di loro senza neppure aver ascoltato le loro canzoni. Ma questi atteggiamenti non sembravano costituire un problema. Parlando con RM e SUGA, B-Free aveva offeso il nome del gruppo e il nome d'arte di SUGA, oltre alla loro musica. E quando l'episodio divenne noto, su internet in diversi si dichiararono d'accordo con B-Free attaccando i BTS.

All'epoca era una situazione che dovevano affrontare sia i BTS sia la maggior parte degli idol. Erano anni in cui, solo per il fatto di essere idol, online si veniva derisi per via del proprio nome, del proprio aspetto, di come si parlava e di cosa si faceva, anziché ricevere critiche in ambito musicale.

RM definisce così quel periodo:

——— "Una lotta per il riconoscimento", ecco cos'era. Voler essere riconosciuti, voler provare il proprio valore.

Per RM e gli altri ragazzi del gruppo era inevitabile andare alla ricerca del motivo di tutto questo. RM aggiunge:

——— Più indagavo sulla questione insulti e più mi arrabbiavo. "Ah, devo davvero migliorare" mi dicevo. Ma migliorare in cosa? Avevo appena debuttato e avevo già ricevuto insulti e offese. Così pensai di buttare fuori tutto facendo quello che sapevo fare meglio.

Non ci volle molto perché questo proposito di RM si realizzasse, almeno in parte. Dopo aver visto il video del programma "Kim Bong-Hyun's Hip Hop Invitational", un membro della troupe di Mnet contattò la Big Hit Entertainment e RM il 13 maggio 2014 apparve nel programma "4 Things Show" della stessa rete, un programma di interviste che in ogni puntata analizza un tema da quattro punti di vista diversi e in maniera più articolata e approfondita persino rispetto a molti programmi attuali, figuriamoci di quel periodo.

Per RM fu l'occasione perfetta per riflettere su ciò che era successo e sulla difficoltà di sentirsi un artista con un'identità sia hip hop sia idol.

———Parlarne fu molto importante per me. La ferita era ancora aperta, ma il programma mi aiutò a lenirla... Le cose brutte accadono in modo che poi ce ne siano di belle. Fu allora che pensai: "Be', almeno ora le persone sanno chi siamo".

Le difficoltà non si esaurirono in quel momento e i BTS dovettero affrontare altre sfide. Eppure i membri del gruppo trasformarono i periodi difficili in un'occasione per ravvivare la loro determinazione e aprirsi a nuove opportunità. Erano solo all'inizio della carriera. SUGA liquida così quel periodo:

———Cerco il più possibile di non pensare a quei tempi. Alla fine ce l'abbiamo fatta e la cosa è finita lì.

La forza di qualcuno

Dopo *O!RUL8,2?*, nel febbraio 2014 uscì l'album *Skool Luv Affair*; riprendendo la descrizione che ha fatto RM della sequenza dei primi album dei BTS, "dolce, amaro, dolce, amaro", sarebbe il secondo album "dolce". La risposta del pubblico alla title track *Boy In Luv*[•] fu molto buona, tanto che per la prima volta il gruppo conquistò il primo posto in un programma musicale in TV. Anche la classifica Gaon Chart degli album del 2014 registrò 86.004 vendite, ovvero il 250% in più rispetto all'album precedente.

Se *No More Dream* e *N.O*, le title track dei due album precedenti,

•

parlavano di adolescenti senza sogni, o con sogni che si scontrano con la realtà, *Boy In Luv* affronta il tema dell'amore degli adolescenti, pur mantenendo il tono "duro" dei BTS. Si potrebbe dire che il sentimento implacabile del brano *Attack on Bangtan* sia stato raffinato e inserito in una canzone d'amore in stile BTS. Conservando l'intensità delle loro coreografie, aggiunsero degli elementi più piacevoli e allegri e, indossando delle uniformi scolastiche, si resero più accessibili agli adolescenti che ancora non li conoscevano. Anche il singolo successivo, *Just One Day**, parla di amore giovanile e del "modo in cui amiamo", proprio come dice il testo della prima traccia dell'album, *Intro : Skool Luv Affair.*

A partire da questo album ha inizio un'espansione dell'universo musicale dei BTS. Fino al disco precedente si erano concentrati sul debutto, sul loro rapporto con la musica, sulle proprie storie personali e sulle loro reazioni nei confronti dell'attenzione ricevuta da parte di altri. In questo album cominciano a parlare del mondo esterno, concentrandosi sull'amore. L'amore è interazione con gli altri e così l'interesse per gli altri diventa occasione di parlare del mondo.

Skool Luv Affair contiene anche brani come *Spine Breaker*, che parla in modo diretto delle mode e dei fenomeni sociali che spopolavano tra gli adolescenti, e come *Tomorrow*, che trasforma le situazioni personali dei BTS in messaggio universale. In particolare, quest'ultimo inizia esprimendo il senso di incertezza che SUGA provava da prima del debutto. Versi come "I ventenni disoccupati hanno paura del futuro", "Perché sono sempre nello stesso posto, quando la strada da percorrere è ancora

*

Skool Luv Affair

THE 2ND MINI ALBUM
12.02.2014

TRACK

01 Intro : Skool Luv Affair
02 Boy In Luv
03 Skit : Soulmate
04 Where You From
05 Just One Day
06 Tomorrow
07 BTS Cypher Pt. 2 : Triptych
08 Spine Breaker
09 JUMP
10 Outro : Propose

VIDEO

COMEBACK TRAILER

ALBUM PREVIEW

Boy In Luv
MV TEASER

Boy In Luv
MV

Just One Day
MV TEASER

Just One Day
MV

lunga?" non riguardavano solo i BTS, ma tanti giovani che si trovavano ad affrontare delle difficoltà nel momento in cui si affacciavano alla vita. Ampliando le proprie storie personali fino a comprendere quelle dei loro coetanei, i BTS dicono che la vita non è solo "essere vivi, ma vivere la vita", dando così coraggio a se stessi e al loro pubblico con queste parole:

Quello prima dell'alba è sempre il momento più buio
In futuro non dovrai dimenticare mai chi sei ora

Un incoraggiamento in pieno stile BTS: non necessariamente ottimista, ma nemmeno pessimista e incentrato sulla sfiducia. Se *BTS Cypher Pt. 2 : Triptych*, il secondo *cypher* dopo *BTS Cypher PT.1* dell'album *O!RUL8,2?*, esprime i sentimenti del gruppo una volta superato l'episodio con B-Free, *Tomorrow*, come suggerisce il titolo, rappresenta ciò che i BTS mostreranno da questo momento in poi: il loro futuro. La loro musica, che si esprimerà in modo compiuto con la trilogia *THE MOST BEAUTIFUL MOMENT IN LIFE*, trova in *Skool Luv Affair* le sue fondamenta. Dice RM in proposito:

———A pensarci, ancora adesso, credo che *Tomorrow* sia un brano che è stato scritto grazie a SUGA. Sono suoi i temi e il ritmo. A essere sinceri, in quel periodo eravamo al massimo della stanchezza della "Stagione 1" dei BTS[9].

RM racconta anche come *Tomorrow* fosse una canzone che nasceva dalla situazione dei BTS, che avevano vissuto molte difficoltà. Le scarse vendite di *O!RUL8,2?* e gli insulti di B-Free li avevano messi a dura prova

9 Sebbene non si tratti di una definizione ufficiale, i membri del gruppo spesso ripensano al loro percorso dividendolo in periodi. "Stagione 1" si riferisce all'arco temporale che va dal debutto fino all'uscita dell'album *DARK&WILD* nel 2014.

e avevano bisogno di una svolta. SUGA fu anche colpito da un'appendicite acuta mentre scriveva proprio quel brano. Ricorda così quel periodo:

———Durante la preparazione dell'album, mentre eravamo impegnati in Giappone, subii una perforazione dell'appendice; ritornai in Corea e venni operato. Durante la convalescenza, però, la febbre salì oltre i 40 °C a causa di un'infezione interna e dovetti essere operato di nuovo.

Il disco precedente non aveva avuto il successo che ci si aspettava e, dopo essersi ripreso dai problemi di salute, lo attendeva del lavoro sul nuovo album, le cui sorti erano incerte. *Tomorrow* esprime tutta l'ansia di SUGA in quel momento e al tempo stesso la sua volontà di superarla:

———"Proviamo a vedere la luce, davvero", "Proviamo a fare almeno un concerto" pensammo. Senza questa determinazione, oggi non saremmo quelli che siamo.

E aggiunge:

———Volevo fare della musica come quella che avevo ascoltato io, musica che potesse essere la forza di qualcuno, come *Tomorrow*. Ed è ancora così.

La reazione del pubblico a *Skool Luv Affair* riaccese le speranze di SUGA per il futuro. *Boy In Luv*, come title track, svolse la funzione di far conoscere i BTS a più persone, e *Tomorrow* permise di consolidare la loro identità.

Ora le aspettative e l'interesse del pubblico, così come del gruppo e della Big Hit Entertainment, iniziarono a concentrarsi sull'album successivo, *DARK&WILD*. Con *Skool Luv Affair* avevano raggiunto la nomination per il primo posto nelle classifiche dei programmi musicali in TV, adesso il loro obiettivo era arrivare primi. In un momento in cui il futuro iniziava a sembrare radioso, i BTS erano più determinati che mai. Jimin continuava a impegnarsi per migliorare nel canto, come aveva fatto fin dal debutto. Racconta:

———La gente diceva che la parte vocale dei BTS era carente. Ogni volta che lo sentivo, ne soffrivo.

La parte vocale dei BTS, che usava melodie R&B su basi hip hop, era abbastanza diversa dalle tendenze della musica idol del momento, che invece utilizzava note più alte possibili all'apice del brano. L'uso dei BTS di cavalcare il ritmo con le loro voci sui beat era uno stile insolito nell'industria idol, e l'assenza delle spettacolari note alte che impreziosivano altre canzoni K-pop faceva sembrare che le capacità vocali dei BTS non fossero all'altezza. Ma Jimin continua dicendo che non si è arreso:

———Ne soffrivo, però non crollavo ogni volta.

Soprattutto, il crescente numero di fan divenne il loro sostegno morale. SUGA racconta:

———I fan che vedemmo per la prima volta... Ognuno di loro significava così tanto per noi.

Anche dopo il debutto, SUGA lottava con un problema di identità tra il musicista di hip hop che era stato a inizio carriera e l'attuale status di idol. Faticava ad accettare questa trasformazione. A rendergli più semplice l'ingresso in quel nuovo mondo furono proprio i fan.

———È affascinante che ci siano persone che vengono a vedermi. E quanto siano affezionate. Io non potrei essere un fan di qualcuno in quel modo. A Daegu mi esibivo davanti a due persone, e ora mi trovo davanti a tutti questi fan che sono lì per me. Da ragazzino non avrei mai potuto immaginarlo. E così mi sono detto: "Ho il dovere di fare ciò che vogliono queste persone".

Questa considerazione portò il gruppo ad accettare lo stile di vita da idol. Jimin ricorda cosa provava allora:

——Parlavo tanto con RM. Non eravamo molto famosi, ma non è che potessimo permetterci di sputare per strada senza che ci fossero conseguenze... C'era un crescente senso di responsabilità nel sapere quale era il valore del nostro lavoro.

La strada non era tutta in discesa, ma appariva chiaro che da quel momento la situazione sarebbe pian piano migliorata.

"Amaro", di nuovo

Durante le interviste j-hope mantiene sempre lo stesso tono di voce. Anche parlando dei momenti più difficili per il gruppo, o di quelli di maggior successo, è sempre lucido, si comporta come un osservatore obiettivo.

Tuttavia, talvolta la sua voce fa trapelare l'emozione: per esempio quando ricorda i preparativi per l'esibizione alla cerimonia di premiazione dei MAMA, avvenuta il 3 dicembre 2014.

——Allora eravamo proprio in "modalità battaglia", wow... Tutti provavano come dei pazzi, come se dovessero girare il film *300*. In più, dal momento che il nostro livello era molto simile a quello dei Block B, pensammo che non avremmo potuto assolutamente sfigurare. Jimin e io stringevamo i denti durante le prove delle esibizioni individuali. Volevamo fare un'impressione fantastica, quindi ci impegnammo al massimo.

I Block B, con i quali parteciparono ai MAMA, venivano spesso paragonati ai BTS: anche la loro musica affondava le radici nell'hip hop e il leader del gruppo era un rapper, ZICO. Come i BTS, poi, pubblicavano brani duri e diretti.

A Daegu mi esibivo davanti a due persone, e ora mi trovo davanti a tutti questi fan che sono lì per me. Da ragazzino non avrei mai potuto immaginarlo. E così mi sono detto: "Ho il dovere di fare ciò che vogliono queste persone".

—SUGA

L'enorme carico di prove in vista dei MAMA non dipendeva però soltanto dalla competizione con i Block B. I BTS erano davvero angosciati. Racconta j-hope:

——Le attività di promozione di *Danger* furono durissime. Il *comeback*[10] per l'album *DARK&WILD* ci portò a dover registrare circa venti esibizioni per vari programmi TV musicali e a partecipare a un altro programma in cui avrebbero annunciato il primo posto della classifica. Ci dissero che avremmo dovuto esserci a ogni costo e quindi andammo sul palco per l'esibizione dal vivo, tutti un po' stanchi e confusi. Quando scoprimmo che non eravamo neppure tra i candidati per il primo posto fu uno shock per noi.

Lo shock di j-hope, però, non era dovuto alla posizione in classifica. V prova ad approfondire la situazione:

——Non era un problema che fossero candidati altri gruppi per il primo posto. Significava solo che dovevamo impegnarci di più. Ma negli studi televisivi, dove eravamo sempre stati i primi a salutare, e a salutare tutti, i più grandi così come i più giovani, alcune persone semplicemente ci ignorarono e non ci degnarono di uno sguardo. O ci presero in giro per il fatto di non essere nemmeno candidati al primo posto.

Fu un duro colpo per i BTS. Continua V:

——Dopo il programma salimmo tutti insieme sullo stesso van… Chi piangeva, chi era arrabbiato, chi non riusciva a spiccicare parola. La tristezza e il nodo alla gola erano tali da non poter essere espressi a parole.

10 Termine che in Corea usano per indicare l'uscita di un nuovo singolo o album di un artista, che dà quindi il via a un *comeback*, un "ritorno", in classifica e negli eventi promozionali. (*NdT*)

V spiega che impatto ha avuto questo evento sui BTS:

———Allora ci siamo detti: "Ehi, cerchiamo di fare veramente bene. In modo che nessuno possa più ignorarci". Ora mi chiedo come abbiamo fatto a restare così calmi in quel momento *(ride)*. Dato che riuscimmo a controllarci, trovammo anche una forte determinazione e diventammo ancora più uniti; giurammo che saremmo diventati un gruppo fantastico.

Il motivo per cui i BTS erano così feriti e al tempo stesso nutrivano un forte senso di rivalsa è che il loro primo full-length album, *DARK&WILD*, con *Danger* come title track, aveva una grande importanza per la loro carriera. Sfortunatamente, però, il gruppo finì per passare dei momenti più *dark* e *wild*, cioè più difficili e bui, di quanto esprimesse il titolo stesso dell'album.

Jin descrive così il periodo compreso tra il debutto e l'uscita di *DARK&WILD*:

———A essere sincero non lo ricordo tanto bene. Intanto eravamo sempre molto impegnati. Uscivamo dal dormitorio e andavamo a fare le prove, a registrare, quando era il momento di fare promozione ci recavamo agli studi televisivi o a qualche evento e poi tornavamo in dormitorio e poi di nuovo tutto da capo. Ovviamente lo show di presentazione, la prima esibizione e i firmacopie con i fan li ricordo benissimo, ma a parte quelli... Non ho ricordi vividi delle attività legate a *No More Dream*, *N.O*, *Boy In Luv* e *Danger*.

DARK&WILD nacque nel mezzo di questo programma fittissimo e per i BTS rappresentò una scommessa sul destino del gruppo. La realtà però aveva altri piani. SUGA esprime così la sua delusione di quel momento:

———Avevamo già sopportato così tanto, quindi perché...?

American Hustle Life

Torniamo per un attimo indietro nel tempo, estate 2012, Jung Kook andò negli Stati Uniti per un mese per imparare a ballare. Mancava un anno al debutto dei BTS e lui era ancora un trainee.

Racconta:

——Quando diventai un trainee non ero così determinato e l'agenzia mi disse che non stavo mostrando il mio potenziale. Facevo tutto quello che mi dicevano di fare, avevo talento, ma mancava qualcosa. Forse non ero in grado di esprimermi al meglio per via del mio carattere. Credo mi abbiano mandato in America perché me ne rendessi conto.

Il risultato di questo periodo rispettò le aspettative della Big Hit Entertainment. Jung Kook allora era uno studente delle medie e non aveva un'idea precisa di cosa fosse un cantante, ma una volta tornato dagli Stati Uniti mostrò una nuova immagine di sé. Ricorda così quel periodo:

——È curioso, perché non ho fatto niente di speciale. Non partecipavo a delle classiche lezioni di danza ma frequentavo dei workshop e, non avendo mai fatto esperienze del genere, all'inizio ero un po' dubbioso. Quando ero libero andavo al mare, mangiavo *jjamppong*, poi tornavo al mio alloggio da solo e mangiavo cereali col latte... Per questo quando sono tornato ero ingrassato *(ride)*. Comunque, al mio rientro in Corea, quando mi videro ballare di nuovo, sia la casa discografica sia i compagni mi dissero che ero cambiato molto. Non credo di aver fatto nulla perché accadesse, ma sia il mio carattere sia il mio stile di danza si erano evoluti. Penso di essere migliorato molto, allora.

Il programma di varietà "American Hustle Life"[11] di Mnet che i BTS girarono nel 2014 a Los Angeles dopo la promozione dell'album *Skool Luv Affair* fu quasi un prolungamento dell'esperienza di formazione di Jung Kook negli Stati Uniti: l'idea era che i ragazzi avrebbero imparato qualcosa dalla visita alla patria dell'hip hop, aggiungendo slancio ai buoni risultati ottenuti con l'uscita dell'ultimo album. Non significava andare sul campo per "imparare" l'hip hop; ma così come l'atteggiamento di Jung Kook nei confronti del lavoro era cambiato ed era migliorato attraverso lo studio della danza in America, così sentire la musica e ballare in un ambiente estraneo avrebbe potuto essere un'opportunità di cambiamento anche per gli altri membri del gruppo. Jimin racconta alcuni bei momenti durante la registrazione di "American Hustle Life":

——È stato molto più divertente di quanto potessi immaginare... Non venne mostrato nel programma, ma girammo un video musicale lì e guardandolo pensai che sarei diventato un vero guerriero hip hop *(ride)*. Provai anche a fare una *dance battle*. Quando incontrai Warren G, mi assegnò il compito di scrivere una melodia e un testo; credo sia stata la prima volta che qualcuno mi ha dato un esercizio simile. Anche se eravamo nel mezzo delle riprese, RM e io uscimmo in giardino a discutere. «Di cosa vogliamo scrivere?» «Che melodia componiamo?» È stato un processo creativo divertente. Ho anche ricevuto compiti che riguardavano la coreografia.

Era arrivato il momento per i BTS di produrre un reality show. Il pubblico aveva accolto bene *Skool Luv Affair* e, secondo la casa disco-

11 Venne trasmesso dal 24 luglio all'11 settembre 2014, per un totale di otto puntate.

grafica, la messa in onda di "American Hustle Life" avrebbe coinvolto ancora più fan, facendo esplodere la popolarità del gruppo.

In quel periodo non esisteva l'idea che gli idol incontrassero i fan in tempo reale come sarebbe accaduto in seguito con V LIVE[12]•. Per questo uno dei metodi più efficaci per accrescere la popolarità dei gruppi di idol era realizzare un programma di intrattenimento che ospitasse solo i membri del gruppo. La produzione di un programma di questo tipo era una strategia mediatica che la Big Hit Entertainment era determinata a perseguire per i BTS, sul canale YouTube.

Partecipare a determinati programmi TV è molto utile per ottenere una popolarità immediata. Lo stesso Bang Si-Hyuk era apparso in "Star Audition: The Great Birth" e Jo Kwon, uno dei 2AM, aveva partecipato al programma "We Got Married" della MBC.

Lo scopo di un programma con un solo artista, specialmente un gruppo di idol, è però diverso: attirare coloro che sono interessati al mondo degli idol, soprattutto i fan del gruppo in questione. I programmi in cui appare solo quel gruppo sono il terzo contenuto più atteso dai fan dopo le attività di promozione degli album e i concerti.

Inoltre, per un gruppo in costante crescita come i BTS, gioca un ruolo importante anche nell'aiutare i fan che li hanno conosciuti attra-

12 Piattaforma video gestita da Naver dal 2015 alla fine del 2022 che consentiva a star come gli idol di comunicare con i fan in tempo reale. In seguito alla sospensione del servizio, alcuni contenuti a pagamento sono stati trasferiti su Weverse, piattaforma gestita dalla Weverse Company, una sussidiaria della HYBE.

•

verso un nuovo album a ottenere più informazioni possibili in modo semplice e veloce, e al tempo stesso a provare un senso di familiarità. Un effetto che si manifestò in seguito con "Run BTS!"[13] trasmesso su V LIVE. Il programma "Rookie King: Channel Bangtan"[14], in onda sul canale SBS MTV e girato poco dopo il loro debutto, viene visto ancora oggi dai fan che vogliono sapere di più sugli esordi del gruppo.

"American Hustle Life" era tuttavia ricco di variabili che non si potevano controllare. L'ambiente era molto diverso da quello dei reality coreani, veniva registrato negli Stati Uniti e vi partecipavano non solo i BTS, ma anche leggende della scena hip hop. Inoltre le riprese erano programmate per lo stesso periodo in cui i BTS avrebbero dovuto prepararsi per l'album *DARK&WILD*.

Per i gruppi di idol coreani, in particolare per gli esordienti, l'intervallo tra l'uscita di un album e quello successivo è molto breve; quindi era prevedibile che i tempi di registrazione di "American Hustle Life" e quelli di produzione dell'album si sarebbero accavallati. Tuttavia, un'ulteriore sorprendente variabile trasformò le riprese di "American Hustle Life" in un'esperienza indimenticabile per i BTS, da vari punti di vista.

Ora sei in pericolo

——Fu davvero difficile scrivere la title track. La melodia non veniva proprio, ci riunimmo tutti in America anche con Bang Si-Hyuk... Era quasi una situazione d'emergenza.

13 Il primo episodio fu trasmesso il 1° agosto 2015; attualmente si può vedere sul canale YouTube BANGTANTV o su Weverse.

14 Un reality trasmesso dal 3 settembre al 22 ottobre 2013 per un totale di otto puntate.

Così come ricorda RM, la title track *Danger* per l'album *DARK-&WILD* fu completata dopo un lavoro lungo e faticoso. In *Skool Luv Affair*, l'album precedente, appena *Boy In Luv* fu composta fu subito chiaro che sarebbe stata la title track, e il titolo della bozza fu scelto come definitivo: era un brano perfetto fin da subito. Al contrario, nel caso di *Danger* vennero apportate numerose modifiche prima di arrivare alla versione finale.

Il motivo per cui fu più difficile lavorare a *Danger* che a *Boy In Luv* è legato alla sfida che affrontano tutti i gruppi di idol che intendono fare un salto di livello. Facendo l'esempio dei BTS, il brano *No More Dream* del primo album fu un successo che permise loro di mettere piede nel mercato delle boy band. Ma per passare da gruppo esordiente che inizia a essere notato a una posizione paragonabile a quella di gruppi famosi, come EXO o Infinite, dovevano pubblicare una dietro l'altra delle hit ancora più forti rispetto a *No More Dream*. I gruppi di idol, la cui popolarità è basata sui fan, devono pubblicare una serie di contenuti abbastanza potenti da aumentare considerevolmente le dimensioni del proprio seguito, per continuare a mantenere e rinnovare l'entusiasmo generato dai brani di successo.

Non si tratta solo di realizzare un album migliore del precedente in termini di numeri. Salire di livello è possibile solo quando il pubblico genera costanti reazioni esplosive, ogni volta più di prima. Non è una questione di dati di streaming o di album acquistati, ma di avere le energie per stare dietro a un seguito di fan entusiasti di ogni nuovo contenuto. In breve, i BTS sono diventati ciò che sono oggi grazie a hit come *I NEED U*, *RUN*, *Burning Up (FIRE)*, *Blood Sweat & Tears*, *Spring Day*, *DNA*, *FAKE LOVE*, *IDOL*, seguiti da altri successi che hanno visto il numero di fan crescere visibilmente a ogni nuova uscita.

Il problema è che è molto difficile produrre più di due brani di successo di fila. Se si pubblica una canzone simile a quella prima, la reazione del pubblico sarà quella di considerare prevedibile l'artista in questione. Potrà anche essere un successo dal punto di vista commerciale, ma da parte dei fan non ci sarà lo stesso entusiasmo avuto per il brano precedente. Se invece si propone uno stile innovativo, c'è la possibilità che i fan rimangano delusi perché non hanno avuto ciò che volevano. È un problema che devono affrontare tutti gli artisti quando devono produrre un nuovo brano dopo una hit.

Se i BTS avessero continuato sulla linea di un brano come *Boy In Luv* si sarebbero assicurati una certa stabilità in termini di successo, ma più avanti non ci sarebbero stati pezzi come *I NEED U*. Le canzoni che i BTS promuovevano nei programmi TV prima di *DARK&WILD* – come *No More Dream*, *N.O*, *Attack on Bangtan* e infine *Boy In Luv* – avevano un tono uniforme, ma al tempo stesso erano tutte diverse.

Una volta suscitato interesse con *Boy In Luv*, i BTS avevano bisogno di mostrare la propria identità a più persone in una volta sola con la title track di *DARK&WILD*. Il nome stesso dell'album richiama due caratteristiche dei BTS dell'epoca: il lato duro e quello oscuro. E poiché il gruppo ormai attirava l'attenzione grazie alle sue esibizioni spettacolari, doveva tener fede a questa reputazione e soddisfare le aspettative.

Ciò costrinse i BTS a un programma di impegni serratissimo mentre filmavano "American Hustle Life" negli Stati Uniti. V ricorda la routine quotidiana di quel periodo:

——Mentre registravamo il programma lavoravamo in contemporanea anche all'album. Registrammo i brani in America e provammo lì anche la coreografia di *Danger*. Le riprese finivano alle 8 di sera e poi iniziavamo a provare le coreografie, andando avanti fino all'alba. Dormivamo un po' e il mattino dopo si ricominciava con le riprese; se ci venivano dati dieci minuti di pausa ci sdraiavamo subito sul pavimento e ci addormentavamo all'istante.

Questo programma folle portò anche a episodi incredibili. Continua V:

———Provavamo tutta la notte e tornavamo tutti insieme negli alloggi al sorgere del sole, ricoperti di sudore, tanto che emanavamo vapore. Sentì qualcuno che diceva: «Guardatelo! Gli esce fumo dal corpo!».

RM usa poche parole per descrivere il soggiorno negli Stati Uniti:

———Ero arrivato al punto di spingermi al limite e mi chiedevo: "Ci sarà ancora qualcosa dentro di me? E se sì, cosa sarà?".

Pessimo tempismo

Diversamente da *Boy In Luv*, il nuovo singolo *Danger*• non venne nominato per il primo posto nei programmi musicali in TV. Sulla base della Gaon Chart in totale *DARK&WILD* nel 2014 vendette 100.906 copie, ottenendo quindi il 14° posto. Sono 14.902 copie in più di *Skool Luv Affair*, uscito circa sei mesi prima, un risultato che in pratica equivaleva a una crescita nulla.

Quando quello che sicuramente fu l'album più difficile e su cui si riponevano più aspettative risultò "amaro", i componenti del gruppo

•

entrarono in crisi. Di certo c'entrava anche l'episodio durante quel programma televisivo che li aveva feriti molto. Ed era inoltre il motivo per cui SUGA, frustrato, si chiedeva: «Abbiamo sopportato così tanto, quindi perché...?».

Il risentimento di SUGA diventò poi l'occasione per riversare tutto se stesso nella musica con la trilogia di album *THE MOST BEAUTIFUL MOMENT IN LIFE* che sarebbe uscita in seguito. Ma in quel momento SUGA non poteva sapere come sarebbe stato il futuro dei BTS. Ripensando a quel periodo, racconta:

——La coreografia di *Danger* venne modificata fino all'ultimo minuto, appena prima di girare il video. La provavamo, riposavamo dieci minuti e poi riprendevamo a registrare. Amareggiato, cominciai a pensare: "Credevo ci fosse un Dio, ma allora perché non fa qualcosa per noi, adesso?". Volevo ci dicesse: "Ehi, vi siete impegnati davvero tanto", qualcosa del genere.

V descrive in modo più schietto la situazione dei BTS al tempo:

——Molto semplicemente, eravamo "un gruppo che continuava a esistere grazie agli ARMY". Un gruppo che continuava a esistere perché aveva dei fan e perché i fan lo ascoltavano. Un gruppo che aveva pubblicato l'album grazie a loro.

I BTS si trovavano di nuovo in una situazione incerta e difficile, ma gli scarsi risultati di *DARK&WILD* non rappresentavano la fine dei loro problemi. Se si inserisce la storia dei BTS nello schema poetico classico che consta di "introduzione, sviluppo, svolta, conclusione", quest'ultimo album rappresentava solo la fase introduttiva di ciò che li aspettava in futuro. E il 2014 non aveva ancora esaurito gli imprevisti.

La prima puntata di "American Hustle Life" andò in onda su Mnet il 24 luglio 2014 e *DARK&WILD* uscì il 20 agosto. Tuttavia,

DARK&WILD

THE 1ST FULL-LENGTH ALBUM
20.08.2014

TRACK

01 Intro : What am I to you
02 Danger
03 War of Hormone
04 Hip Hop Phile
05 Let Me Know
06 Rain
07 BTS Cypher PT.3 : KILLER (Feat. Supreme Boi)
08 Interlude : What are you doing now
09 Could you turn off your cell phone
10 Embarrassed
11 24/7 = Heaven
12 Look here
13 So 4 more
14 Outro : Do you think it makes sense?

VIDEO

COMEBACK TRAILER

Danger MV TEASER 1

Danger MV TEASER 2

Danger MV

War of Hormone MV

nel mondo del K-pop l'estate del 2014 viene ricordata con un altro nome: "Show Me The Money 3", un programma talent hip hop di Mnet trasmesso a partire dal 3 luglio. Si può dire senza esagerare che da quella stagione in poi il programma ebbe un tale impatto da cambiare la scena dell'hip hop coreano: da allora, i migliori rapper si sfidano ogni anno a colpi di rap in quello che è diventato un evento seguito sia dai fan dell'hip hop sia dal pubblico di programmi televisivi di intrattenimento. Ironia della sorte, uno dei maggiori artefici del successo di quel programma fu un potenziale idol, Bobby, che poi sarebbe diventato un membro del gruppo iKON. Nel 2013 aveva partecipato al programma "WIN: Who Is Next" guadagnando una certa popolarità, ma era ancora un trainee perché il suo gruppo non aveva vinto il programma. La sua agenzia, la YG Entertainment, fece partecipare a "Show Me The Money 3" sia Bobby sia B.I., anche lui un futuro componente degli iKON; nel corso della trasmissione i due attirarono molto l'attenzione del pubblico e alla fine Bobby vinse la competizione.

Questo risultato ebbe ripercussioni significative sulle scene hip hop e idol. Il fatto che un idol rapper avesse vinto "Show Me The Money 3", un programma in cui comparivano anche molti rapper affermati, aprì la strada agli idol per il riconoscimento delle loro capacità sia nel mondo hip hop sia da parte del grande pubblico. L'anno successivo Mino dei WINNER partecipò a "Show Me The Money 4" e i rapper dei gruppi di idol iniziarono a essere una presenza fissa e attiva nel programma.

Il modello in cui idol rapper sfidavano rapper della scena hip hop suscitò molto interesse e diventò per entrambe le parti un'opportunità di interagire molto più che in passato. Un caso emblematico è quello del brano *Born Hater*, pubblicato da Epik High poco dopo la conclusione di "Show Me The Money 3" con la partecipazione di Beenzino e Verbal Jint, rapper rappresentativi della scena hip hop coreana del tempo, e quella di Bobby, B.I. e Mino.

In quel periodo, "Show Me The Money 3" rappresentò per i BTS un'ulteriore prova da superare nella "lotta per il riconoscimento". Dopo gli insulti di B-Free, i BTS – soprattutto RM e SUGA, che erano stati rapper attivi nella scena hip hop – non potevano fare a meno di sentire il peso di dover dimostrare il proprio valore. Intanto, "Show Me The Money 3" aveva mostrato per la prima volta che alcuni idol potevano essere accettati e riconosciuti come rapper.

Durante "Show Me The Money 3" Bobby pubblicò il brano *YG-GR#Hip Hop*, che insultava tutti i rapper appartenenti a gruppi di idol a eccezione dei pochi che rispettava. In seguito insultò specificamente i BTS e altri idol rapper in *GUARD UP AND BOUNCE* e nel brano *Come Here*, scritto con la sua collaborazione, veniva di fatto citato in modo esplicito Rap Monster, il nome con cui RM era noto al tempo.

L'invettiva di Bobby era ovviamente diversa da quella di B-Free: se quest'ultimo aveva insultato i BTS in modo personale e fuori contesto durante una conversazione, il *diss rap* di Bobby si ascrive alla cultura dell'hip hop. I rapper lo utilizzano per provocarsi a vicenda e il *dissing* viene concepito con l'intenzione di mostrare le reciproche abilità.

Bobby voleva sfidare idol rapper diversi da quelli che stimava e nel testo di *Come Here* dice in modo chiaro che desidera un confronto. RM stesso vide il *diss rap* come una sfida amichevole e rivelò pubblicamente di rispettare Bobby.

Il tempismo del *dissing* di Bobby, tuttavia, non sarebbe potuto essere peggiore per i BTS: in quel momento stavano attraversando una serie di difficoltà e il suo attacco ne aggiunse un'altra al mucchio. Oltretutto

Come Here uscì il 2 dicembre 2014, esattamente il giorno prima della loro partecipazione ai MAMA. I BTS sapevano che avrebbero dovuto dare il meglio di sé: era l'esibizione della vita.

200%

Tra l'uscita di *Come Here* e il momento in cui i BTS sarebbero dovuti salire sul palco dei MAMA, i BTS e tutta la Big Hit Entertainment cercarono solo di non perdere il controllo. Vennero a conoscenza del brano di Bobby mentre erano già a Hong Kong, dove si sarebbero tenuti i MAMA. RM doveva decidere come rispondergli, e in fretta.

———Continuavo a chiedermi se avrei dovuto citare Bobby sul palco. In hotel non riuscii a dormire, era tutto un: "Lo faccio? Non lo faccio? Lo faccio? Non lo faccio?". Ero confuso e non sapevo cosa pensare.

Se RM avesse risposto a Bobby non durante i MAMA, nel corso della prima esibizione dopo l'uscita del brano di *dissing*, ma più tardi, non avrebbe avuto lo stesso impatto. Aveva però meno di un giorno per scrivere nuovi versi di replica, da aggiungere al rap che aveva composto per l'esibizione a due prevista insieme a ZICO dei Block B.

Intanto lo staff della Big Hit Entertainment in Corea e quello in trasferta a Hong Kong discutevano senza sosta delle possibili ripercussioni di una risposta di RM e di come gestirle. Era inevitabile che RM affrontasse Bobby con il rap: viste le conseguenze che questo aveva causato nei fan, era impensabile non rispondere dopo essere stati insultati per tre volte.

Nello stesso tempo, i MAMA rappresentavano per i BTS l'occasione in cui mostrare la loro migliore esibizione, anche per ciò che avevano vissuto in precedenza. RM doveva rispondere, ma facendo in modo che l'attenzione del pubblico si focalizzasse sulla performance dell'intero gruppo.

Oltretutto, nel giorno dei MAMA Mnet annunciò l'esibizione• di BTS e Block B definendoli "la nuova generazione del K-pop", anche se in realtà si trattava piuttosto di una vera e propria "guerra" per diventare la successiva generazione di K-pop: i gruppi avrebbero rappato e ballato a turno, poi ciascuno avrebbe eseguito i propri brani; in breve, era un vero e proprio confronto.

RM racconta ciò che provava in quel momento:

——Volevamo fare un salto in avanti, in qualche modo. In quel periodo ogni giorno dovevamo affrontare tante situazioni sgradevoli, irritanti e meschine, nel mio caso la questione con Bobby. Ero impaziente e non vedevo l'ora di ottenere qualcosa e nel mentre mi trascinavo avanti, ma proprio quando mi sentii sul punto di esplodere fu come se qualcuno avesse scoppiato un palloncino con un ago.

Jimin ricorda così lo stato d'animo prima dell'esibizione ai MAMA:

——Dovevamo vincere a ogni costo. Non volevo rimanere indietro.

Tutte queste situazioni, la coesione e la determinazione del gruppo fecero sì che i BTS riuscissero comunque a immergersi completamente nella preparazione dell'esibizione ai MAMA. Le parole di RM riescono a descrivere il senso di squadra del gruppo:

——Tutti la pensavamo allo stesso modo, non solo io. Se uno degli "anziani" si arrabbiava, anch'io mi arrabbiavo, se uno dei più

•

giovani si arrabbiava, anch'io mi arrabbiavo con lui. Così come ci muovevamo come fossimo un corpo solo, pensavamo anche tutti allo stesso modo.

Secondo Jimin, RM diceva queste parole agli altri prima di salire sul palco:

——— «Non esaltiamoci, noi non siamo ancora niente, niente.» Ce lo ripeteva ogni volta.

Ancora prima di salire sul palco dei MAMA i BTS riuscirono a raggiungere diversi risultati. Uno fu quello di perfezionare al massimo la coreografia di *Danger*.

Danger, tra i brani pubblicati fino a quel momento, era quello con la coreografia più difficile. Implicava un sacco di movimenti che necessitavano di una coordinazione meticolosa in ogni dettaglio e, mentre il brano sembrava mantenere un ritmo costante, discreti cambi di velocità nelle mosse di ciascuno richiedevano agli altri di aggiustare continuamente il proprio ritmo. Il punto di forza era che di tanto in tanto i membri del gruppo si fermavano tutti insieme e davano un senso di unità e sincronia alla coreografia. Durante l'intera canzone, quindi, dovettero mettere alla prova il proprio corpo e controllare la velocità, alternare i movimenti di braccia e gambe e sincronizzare perfino il respiro. Spiega Jimin:

———Paragonata a *Boy In Luv*, la coreografia di *Danger* era molto più dettagliata e i movimenti erano più veloci. La parte più difficile era eseguire movimenti che il mio corpo non aveva mai fatto prima, perché la forza da usare era diversa.

E aggiunge:

———E poi c'era il pensiero: "Noi non siamo ancora niente"... Era molto dura, perché era arrivato tutto insieme.

L'alto livello di difficoltà della coreografia di *Danger* si rivelò però un vantaggio ai MAMA. L'esibizione dei BTS, con movimenti intensi dall'inizio alla fine, ebbe un grande impatto sul palco, dove tutti gli occhi erano puntati su di loro. Per fare in modo che le telecamere riuscissero a catturare tutti i dettagli della coreografia si decise di chiamare sul palco parecchi ballerini che replicavano i movimenti. L'impatto visivo creato dai BTS in abiti bianchi e dai ballerini dietro vestiti di nero segna il punto di partenza di esibizioni imponenti che proporranno in seguito, con *Burning Up (FIRE)* e altri brani.

Dice V a proposito dell'esibizione di quel giorno:

——Credo che ai MAMA abbiamo tirato fuori il 200% da questo brano.

Come dice V, sul palco dei MAMA per la prima volta venne eseguita *Danger* e i BTS ebbero l'occasione di mostrare i loro punti di forza davanti a un numero imprecisato di spettatori. L'atmosfera esplosiva della parte finale del brano, di ispirazione rock, si addiceva perfettamente alle grandi dimensioni dell'arena in cui si teneva lo spettacolo. Il palco era molto più grande di quello dei programmi televisivi e ben si adattava a performance su larga scala con molti ballerini. I BTS ebbero l'opportunità di trovare il modo di presentare al meglio la canzone, e la performance fu il banco di prova di quello che sarebbe poi diventato lo stile unico del gruppo.

L'esecuzione di *Danger* ai MAMA fu impressionante di per sé, ma ancora più significativo fu il fatto che l'esibizione dei BTS nel suo complesso mostrò una certa teatralità, a cominciare dall'apparizione di j-hope e Jimin nel momento culminante del brano.

Se si chiede a j-hope su quale aspetto dell'esibizione avesse concentrato di più le energie, risponde:

———Nel mio caso è stato il ballo. Volevo davvero spingermi al limite, nelle parti in cui potevo.

La scena in cui j-hope si solleva leggermente e poi atterra con tutto il peso sul ginocchio, nel suo assolo di danza in apertura, ebbe subito un grande impatto.

———Era il mio "colpo di ginocchio dall'anima"! Ho attinto all'energia dei tempi del debutto e ho colpito il pavimento con il ginocchio con tutta la mia forza. Appena l'esibizione è finita ho afferrato la gamba e ho detto: «Ahi, che male...». Il tema dello spettacolo era "versus", confronto, quindi avevo quest'idea fissa che non potevamo assolutamente perdere.

L'assolo successivo, in cui Jimin si strappa la maglietta mentre balla, fu la conseguenza della sua determinazione.

———Visto che dovevamo confrontarci con i Block B, parlavamo continuamente di cosa potessimo fare per rendere l'esibizione più spettacolare. E a un certo punto credo che fosse venuto fuori anche qualcosa come: "Qui bisogna che ci strappiamo i vestiti!" *(ride)*. Anche i Block B erano bravi ballerini, quindi dovevamo pensare a come ottenere un vantaggio.

Jimin ricorda anche piccoli particolari dettati dal suo spirito combattivo:

———Quando eravamo sul palco per esibirci insieme ai Block B, loro avevano un forte impatto visivo. Io sono abbastanza minuto, quindi per non apparire piccolo camminavo apposta a grandi passi *(ride)*.

Il rap di RM, poi, rese l'esibizione ancora più popolare. Il giorno in cui uscì il brano *Come Here* di Bobby, ovvero il giorno prima dei MAMA, RM caricò su Twitter un video mentre ascoltava la canzone *Do*

Proprio quando mi sentii sul punto
di esplodere fu come se qualcuno
avesse scoppiato un palloncino
con un ago.

—RM

What I Do di Verbal Jint sul cellulare ed evidenziava una parte del testo, come anteprima della sua risposta•. Durante l'esibizione ai MAMA rispose direttamente alla provocazione di Bobby[15] e la rete ne discusse immediatamente.

Si erano lanciati sul palco, avevano attirato l'attenzione del pubblico con idee nuove e inaspettate, avevano raccontato le loro vite per quelle che erano. Prima che l'intero gruppo si esibisse con *Danger*, j-hope, Jimin e RM avevano già scaldato l'atmosfera con le loro singole performance, creando momenti memorabili grazie alla loro energia; un'energia che rischiava di oltrepassare i limiti degli idol e della musica idol.

Se il mondo degli idol è una fantasia, i BTS hanno dato invece una dimensione decisa ed energica alla loro esibizione, portando sul palco anche gli elementi duri, grezzi e spontanei tipici dell'hip hop e trascinandoli nel regno degli idol. Tutta questa energia è poi esplosa nel momento culmine di *Danger*. Fu l'inizio degli spettacoli che i BTS avrebbero proposto in futuro.

Un giorno del dicembre 2014

Fortunatamente, già prima dei MAMA i BTS si stavano pian piano riprendendo dallo shock della tiepida risposta ricevuta da *Danger*. Così

15 Durante l'evento RM presentò il suo mixtape *RM (for 2014 MAMA)*.

•

come alla delusione di *N.O*, contenuta in *O!RUL8,2?*, seguì il successo di *Attack on Bangtan*, anche *War of Hormone*•, la canzone che uscì dopo *Danger*, ottenne un buon riscontro dal pubblico.

War of Hormone venne scelta da Bang Si-Hyuk come una sorta di misura d'emergenza: aveva un tono molto diverso dai precedenti brani dei BTS. Convinto che *Danger* avesse messo in crisi il gruppo, si occupò direttamente di produrre la performance, il video musicale e il concept dei costumi di *War of Hormone*, affinché rispondessero il più possibile alle richieste dell'industria idol del momento.

Il video spicca perché sembra girato in un'unica ripresa; ma dal punto di vista di Bang Si-Hyuk, *War of Hormone* rappresentava ciò che di più simile poteva esserci alla "performance idol che generalmente vogliono i fan". Nel video e nella coreografia di questo brano, i BTS affascinavano il pubblico con un'allegria e un buonumore contagiosi, insieme a un accenno di spavalderia che richiama il titolo del brano. Il risultato, come dice SUGA, fu un successo:

———In seguito a *Danger* in agenzia dissero: «Be', non possiamo lasciare che finisca così», perciò mentre eravamo a riposo stabilirono in tutta fretta un programma di impegni. Scattammo delle foto concept e girammo il video per *War of Hormone* ottenendo ottime reazioni. Fu la nostra occasione di rilancio.

Il brano era inoltre una specie di muro che i BTS dovevano superare. Canzoni come *Attack on Bangtan*, *Boy in Luv* e *War of Hormone* rappresentavano l'atteggiamento duro del gruppo ma creavano al tempo

•

stesso un'atmosfera allegra e gradevole, e avevano riscosso molto successo. Ma sia Bang Si-Hyuk sia i BTS sapevano bene che riproporre sempre lo stesso stile non li avrebbe portati al livello successivo. Inoltre, brani come *Boy In Luv* non erano in grado di rappresentare appieno i messaggi che volevano comunicare attraverso la loro musica.

DARK&WILD era stato pensato proprio per avere questo ruolo. Ripercorrendo la discografia dei BTS, si parla meno spesso di questo album rispetto ai primi tre, chiamati "School Trilogy", e alla trilogia successiva *THE MOST BEAUTIFUL MOMENT IN LIFE*, che fu un nuovo punto di svolta per il gruppo. Tuttavia servì a proiettare i BTS verso quella svolta.

DARK&WILD si discosta inoltre dagli album della "School Trilogy", legati agli elementi di R&B che affondano le radici nella base hip hop, approdando a un suono più sofisticato, che segna un nuovo modo per i BTS di esprimere la loro identità. È questo il caso di *Intro : What am I to you*•, che in confronto ai brani introduttivi degli album precedenti presenta suoni più complessi a riempire gli spazi dell'esperienza uditiva, e trascina la composizione del brano in modo più drammatico e su una scala più vasta dal punto di vista sonoro.

In particolare, *Hip Hop Phile*•• segna nettamente le differenze tra i lavori precedenti e *DARK&WILD*. Il brano, una sorta di confessione sull'influenza che l'hip hop ha avuto sui componenti del gruppo, sul loro percorso di crescita e sull'amore per il genere, è per certi versi simile alle canzoni incentrate sull'hip hop degli album precedenti.

•

••

La sua composizione, tuttavia, portando gradualmente all'apice su una scala sonora più ampia, lascia un'impressione duratura sull'ascoltatore.

Al tempo stesso i vocalist controllano le loro emozioni per evitare che il brano risulti eccessivamente melodrammatico. Esprimono emozioni più complesse e utilizzano vocalità tipiche dell'R&B e del soul, differenziandosi dallo stile tipico dell'industria idol di quel momento. In questa fase prese forma compiuta quello che in futuro venne definito "stile vocale dei BTS".

L'album rappresentava una riscoperta dei lati *dark* e *wild* dei BTS, in precedenza espressi separatamente: nella "School Trilogy" avevano mostrato il loro lato *wild* in *No More Dream* e il lato *dark* in *N.O. Boy in Luv* tendeva verso il lato *wild*, ma era allegra e divertente. Invece i brani di *DARK&WILD* come *Intro : What am I to you*, *Danger* e *Hip Hop Phile* mantengono un'atmosfera cupa, ma trascinano il brano in un crescendo di variazioni sonore e costruiscono una solida base emotiva. Iniziano in tono *dark*, creano uno sviluppo drammatico attraverso una struttura serrata e articolata, e l'energia di questa crescente intensità emerge nonostante l'atmosfera cupa e opprimente.

Con *DARK&WILD* i BTS hanno perfezionato il loro stile, e l'esibizione ai MAMA è stata la prima occasione per mostrare a un pubblico più vasto le loro sfumature: oscure, ruvide e intense al tempo stesso. *Danger* ha dato loro il modo e lo spazio di raccontare sul palco una storia e di rivelare il loro stile, al contempo complesso e omogeneo.

Le reazioni iniziarono ad arrivare. RM fu scelto per il programma di varietà di TVN intitolato "Problematic Men" e in questo modo poté far conoscere i BTS ad ancora più persone. E il motivo di questa partecipazione fu il fermento originato dai MAMA.

———A ogni modo, ai MAMA ero riuscito a rispondere a Bobby. Da questo fatto ne nacque un caso e così venni scelto per partecipare a "Problematic Men". Il produttore del programma all'epoca vide il mio nome nella classifica delle ricerche in tempo reale su Naver e si chiese: "Ma chi è questo con quel nome strano?". Poi si disse: "Sembra uno che ha studiato un po'" e così mi cercò... Così come al tempo di B-Free, pensai che da una situazione negativa poteva nascere qualcosa di positivo.

I MAMA non ebbero un effetto immediato sulla popolarità del gruppo, ma rappresentarono la chiave di volta per tutto quello per cui i BTS avevano lottato fino a quel momento. Chi vide l'esibizione ai MAMA, o chi li conobbe su internet grazie alla risposta di RM a Bobby durante lo show, iniziò ad ascoltare le loro canzoni e a guardare i loro video.

Verso la fine del 2014, più o meno quattro anni dopo che j-hope era arrivato a Seoul, un giorno un addetto al monitoraggio della risposta del pubblico nei confronti dei BTS disse a Choi Yoo-jung, allora vice-presidente della Big Hit Entertainment: «Che strano... Continuano a guadagnare fan».

CAPITOLO 3

THE MOST BEAUTIFUL MOMENT IN LIFE PT.1

THE MOST BEAUTIFUL MOMENT IN LIFE PT.2

THE MOST BEAUTIFUL MOMENT IN LIFE : YOUNG FOREVER

LOVE, HATE, ARMY

AMORE, ODIO, ARMY

LOVE, HATE, ARMY

Born singer

Il 12 luglio 2013 i BTS pubblicarono sul blog ufficiale il loro primo mixtape dopo il debutto, *Born Singer*[•]. Era trascorso esattamente un mese dal loro debutto e tre giorni da quando i loro fan avevano assunto il nome di ARMY[1], il 9 luglio. SUGA spiega le circostanze in cui fu scritto il testo di *Born Singer*:

——Ricordo che la settimana dopo il debutto Bang Si-Hyuk ci disse: «Prendete nota delle emozioni di questo momento», «Non sarebbe male provare a scriverci una canzone». Col passare del tempo avremmo potuto dimenticarcene, così quando ci trovammo negli studi televisivi le annotai su un taccuino.

Quando il brano, un remake di *Born Sinner* di J. Cole, fu pubblicato, non era frequente che gli idol producessero dei brani non inclusi in un album e che li pubblicassero senza utilizzare piattaforme musicali ufficiali. Alcuni ARMY non sapevano come e dove ascoltare la canzone e chiesero quindi aiuto online ad altri ARMY. Il processo di produzione, pubblicazione e fruizione di questo tipo di brani fece la storia dei BTS e degli ARMY.

Una storia che è tuttora in corso. Se qualcuno ascolta adesso per la prima volta *Born Singer* dei BTS, riuscirà a sperimentare l'incontro tra passato e presente. I BTS, oggi un'icona della musica pop a livello glo-

1 Acronimo per "Adorable Representative M.C. for Youth", "Adorabili portavoce dei giovani"; è stato scelto tramite votazione tra i fan.

•

bale, si definivano con le parole "Sono un cantane·nato", e utilizzavano il verso "Forse una prima confessione" per descrivere il loro presente.

Parlando della loro identità, SUGA dice nel brano: "La differenza tra prima e dopo il debutto / Tra un idol e un rapper", mentre RM confessa quali fossero i suoi sentimenti in quello stesso momento: "Sinceramente, avevo paura / Avevo fatto la voce grossa / Ora dovevo provarlo". E il rap di j-hope prosegue:

Il sangue e il sudore versati mi bagnano,
Lacrime scorrono dopo l'esibizione

I BTS vissero dentro questi versi: prima dell'uscita di *Born Singer*, quando uscì e anche dopo. Dopo piccole conquiste avevano affrontato battute d'arresto, e, per quanto corressero più forte che potevano verso il successo, questo era comunque ancora lontano. La routine di provare, salire sul palco, scendere e comporre canzoni si ripeteva, ma nessuno nel gruppo sentiva di aver dimostrato ancora pienamente di cosa erano capaci. Ogni volta che scendevano dal palco, invece della gloria si accumulavano lacrime.

Nel 2013 c'era la speranza che, se avessero debuttato, tutto sarebbe andato bene. Nel 2014 erano convinti che sarebbero riusciti a farsi strada e ad avere successo. Ma nel 2015? Dice SUGA:

——Ti senti scollato dalla realtà quando fai questo lavoro. Se non consideriamo la mia carriera di idol, a quell'età ero una persona anonima. Se nella mia vita non fosse arrivata l'occasione di fare musica, io non sarei stato niente. Quindi, a essere sincero, non avevo una risposta. "A parte questo, non so fare proprio nulla."

I componenti dei BTS si erano lasciati alle spalle le loro città natali, la scena hip hop e la vita di normali studenti per lanciarsi in questo mondo. Tuttavia, a tre anni dal loro esordio non avevano ancora tra le mani qualcosa che confermasse che la scelta era stata giusta.

Nel Log• del 19 dicembre 2014, j-hope si chiedeva: «Ho passato un buon 2014?». Ricorda:

———Il 2014 fu durissimo, sia fisicamente sia mentalmente. Era la prima volta che avevo dubbi dopo il debutto... In quel periodo mettevo in discussione me stesso e il cammino che avevo intrapreso, chiedendomi: "Ho fatto la cosa giusta?".

Con il passare del tempo, i membri del gruppo caddero preda dell'ansia. Non era di grande conforto sapere che le vendite del nuovo album aumentavano a poco a poco e che si parlava molto di loro tra i vari fandom idol dopo i MAMA. Al contrario, rendeva tutto più difficile.

RM descrive lo stato d'animo di quel periodo:

———Era come se… Sembrava che le cose avrebbero funzionato, c'erano dei risultati evidenti, ma al tempo stesso era come se non avessimo niente in mano. Se devo essere sincero, credo che questo abbia avuto un grande impatto su di noi. Fu un periodo davvero difficile.

Anche SUGA ricorda il senso di incertezza:

———Sapevamo che i nostri fan aumentavano, ma non potevamo vederli tutti. Il numero di fan che si possono vedere negli studi televisivi o ai firmacopie è limitato.

Fu grazie agli ARMY che incontrò a un concerto che SUGA riuscì a

•

non farsi divorare dall'ansia che lo attanagliava durante la promozione di *DARK&WILD*. Il primo concerto, 2014 BTS LIVE TRILOGY EPISODE II: THE RED BULLET[2], si tenne nell'ottobre 2014 e fu l'occasione di percepire cosa i fan erano in grado di dare loro. SUGA prosegue:

——Il primo concerto fu davvero memorabile. Era la prima volta che ne facevamo uno e pensai: "Sono venute così tante persone a vederci", "Sono una persona molto felice".

Ma il senso di incertezza restava tale. Ovviamente c'erano dei momenti in cui arrivavano delle rassicurazioni. Ma comunque non c'era molta scelta. Quindi, prima di iniziare il lavoro per il terzo mini album, *THE MOST BEAUTIFUL MOMENT IN LIFE PT.1*, SUGA prese una decisione:

——Se questo non funziona, non farò più musica.

Produzione artigianale

Durante la produzione del mini album *THE MOST BEAUTIFUL MOMENT IN LIFE PT.1*, SUGA in pratica si rinchiuse nello studio di registrazione. A meno che non avesse un impegno con il gruppo, raramente

2 Lo spettacolo di Seoul era programmato su due giorni, 18 e 19 ottobre 2014, ma i biglietti in prevendita andarono esauriti immediatamente e quindi fu aggiunta una data extra, il 17 ottobre.

usciva dallo studio di cinque metri quadrati. In quel periodo si ritrovò a cercare conforto in qualche bevuta in più.

——Fino a quel momento praticamente non bevevo perché non reggevo l'alcol. Ma siccome non potevo uscire... Il tempo trascorso a preparare l'album fu un vero inferno.

Gli altri membri del gruppo e il personale della casa discografica potevano ascoltare in tempo reale i brani che componeva SUGA. RM ricorda così quella fase:

——Era un periodo in cui lavoravamo tutti insieme in una stanza in fondo al secondo piano del Cheonggu Building. Facevamo avanti e indietro per il piano, che non era lungo neanche dieci metri. Appena SUGA aveva scritto la melodia di un brano la ascoltavamo subito. A quel tempo capitava che dopo aver detto: «Oh, questa è buona», arrivasse Bang Si-Hyuk dalla stanza accanto, dicendo: «Ehi, Pdogg, che ne dici? Non è male, vero?». Anche il nostro dormitorio si trovava molto vicino. Quindi, quando ci chiedevano di metterci al lavoro, eravamo lì in un attimo.

La lavorazione di *THE MOST BEAUTIFUL MOMENT IN LIFE PT.1* di cui parla RM può essere sintetizzata, prendendo in prestito le sue parole, con l'espressione "produzione artigianale". A prescindere dal ruolo o dalla posizione nel gruppo o nell'azienda, chiunque fosse coinvolto nella produzione dell'album se riteneva che i brani andavano bene chiamava qualcuno dalla stanza accanto per farglieli ascoltare o condivideva il file musicale con un messaggio. Se la reazione a un brano non era positiva, qualcun altro si metteva subito al lavoro per sistemarlo o per comporne uno nuovo. L'intero processo avveniva quasi in tempo reale e in questo modo si portava a termine il lavoro molto più rapidamente.

RM descrive così lo stato d'animo di quel periodo:

———Era come se volessi prendermela con il mondo intero. Non so come spiegarlo se non con queste parole: "Volare via facilmente, scomparire, andare ancora in pezzi, essere catturato nuovamente...". Questi pensieri si ripetevano di continuo.

In tutte queste parole c'è una grande ironia perché fu a partire dalla trilogia *THE MOST BEAUTIFUL MOMENT IN LIFE* che i BTS e la Big Hit Entertainment intrapresero davvero la strada del successo. Quel momento coincise anche con un importante cambiamento per l'industria pop coreana che cominciò a esercitare una grande influenza a livello mondiale. Ciò faceva sperare che anche un gruppo di idol come i BTS, che aveva debuttato con una casa discografica non tanto grande, potesse raggiungere la vetta. Inoltre, a partire dalla trilogia *THE MOST BEAUTIFUL MOMENT IN LIFE* sempre più gruppi di idol pubblicarono album in serie con un unico tema, cosa che fece anche emergere l'importanza di una pianificazione.

Tuttavia questo album, che diventò una pietra miliare nella storia dell'industria pop coreana e soprattutto degli idol, era il risultato di un processo in cui i membri del gruppo avevano espresso le loro emozioni più intime, e le persone coinvolte nella produzione avevano lavorato insieme fisicamente e mentalmente e non seguendo uno schema prestabilito.

Era inevitabile che "la gioventù" diventasse il tema e il concetto della trilogia *THE MOST BEAUTIFUL MOMENT IN LIFE. Intro : The most beautiful moment in life*• del mini album *THE MOST BEAUTIFUL MOMENT IN LIFE PT.1* inizia così:

•

Il canestro sembra distante oggi
Sospiri si addensano sul campo
Un ragazzo che ha paura della realtà

In questi versi, che modificò decine di volte prima della stesura finale, SUGA parla di scontrarsi contro il muro della realtà attraverso il suo sport preferito, la pallacanestro. E in *Moving On*[•], che funge da ultimo brano prima di *Outro : Love is Not Over*, racconta una storia molto personale:

Dai miei primi giorni di vita nel grembo di mia madre
Contavo i giorni che mancavano alla mia prima mossa
Ricordi confusi, il costo del mio cambiamento è stato
Una macchina nel cuore di mia madre e un'enorme cicatrice

——*Moving On* per me è una ferita aperta.

SUGA continua a parlare, in tono calmo:

——Come si può capire dal testo, successe quando avevo tre o quattro anni… Me lo ricordo ancora. Mi svegliai e mi accorsi che il cuore di mia madre – ero appoggiato al suo petto – emetteva un suono simile a quello di un orologio. Le chiesi come mai. Mi disse che dopo avermi partorito aveva subito un intervento chirurgico al cuore. Stette molto male in seguito alla mia nascita. Mi sentii in colpa, e fin da piccolo mi chiesi: "È giusto che io sia nato?".

•

THE MOST BEAUTIFUL MOMENT IN LIFE PT.1

THE 3RD MINI ALBUM
29.04.2015

TRACK

01 Intro : The most beautiful moment in life
02 I NEED U
03 Hold Me Tight
04 SKIT : Expectation!
05 Dope
06 Boyz with Fun
07 Converse High
08 Moving On
09 Outro : Love is Not Over

VIDEO

COMEBACK TRAILER

ALBUM PREVIEW

I NEED U
MV TEASER

I NEED U
MV

I NEED U
MV (Original ver.)

Dope
MV

Volevo fare per mia madre tutto quello che potevo, qualunque cosa fosse. Forse è il motivo per cui ero affamato di successo. Ed è per questo che ho descritto la mia nascita come una svolta, un voltare pagina.

La trilogia *THE MOST BEAUTIFUL MOMENT IN LIFE*, che rappresentò l'inizio di una storia di enorme successo, ebbe origine da una confessione molto privata. Ogni giovane raccontò un momento della vita insieme agli altri, "il momento più bello della vita". Come spiegano in *Moving On*, i BTS si trasferirono in un dormitorio più grande per la prima volta dal loro debutto, mentre si preparavano per *THE MOST BEAUTIFUL MOMENT IN LIFE PT.1*. Jung Kook ricorda:

———Nella mia strofa c'è un pezzo che recita: "Mentre prendo l'ultimo bagaglio dalla stanza vuota / Mi guardo indietro per un attimo", giusto? In realtà, ricordo proprio di aver dato un'ultima occhiata al dormitorio prima di andar via. Sentivo che eravamo cresciuti, eppure non vedevo l'ora di scoprire ciò che di bello sarebbe accaduto nel nuovo alloggio.

Il testo dice che nel dormitorio erano preoccupati per un "futuro incerto" e che, anche se diverse volte "siamo venuti alle mani", hanno attraversato una fase che ha consentito loro di essere "uniti tanto quanto è stretta la metratura".

Lasciare quel posto per trasferirsi in uno nuovo era per loro il segno che qualcosa stava per cambiare.

Jung Kook pensava che tutto questo avrebbe influenzato il gruppo:

———Intanto c'erano molte stanze. Una, due, tre, e un bagno. Fu allora che comprai il mio primo computer e creai il mio spazio di lavoro. Non c'era una cabina armadio separata, così montai degli appendiabiti in soggiorno e ci misi una scrivania in mezzo. Per questo poi ho chiamato il mio studio "Golden Closet". L'alloggio era più ampio e quindi molto comodo. C'era più spazio ed ero più rilassato... Prima dormivamo in sette in una camera. Poi iniziammo a dividerci le stanze.

Anche Jin riuscì a trovare un po' più di tranquillità nel nuovo dormitorio:

——Io dividevo la camera con SUGA, Jung Kook con RM e nella camera più grande c'erano V, Jimin e j-hope. La vita quotidiana cambiò parecchio. Prima c'era un po' di sovraffollamento, da quel momento diventò divertente andare a trovarsi a vicenda nelle rispettive stanze.

La trilogia quindi si basa su uno *storytelling* le cui parole chiave sono "gioventù" e "il momento più bello della vita" e racconta le esperienze personali e le emozioni dei componenti del gruppo. In questo modo, senza rendersene conto, i BTS e la Big Hit Entertainment stavano abbattendo certi confini. Stavano raccontando delle storie in stile hip hop in un album di un gruppo di idol, un album di cui si sarebbe parlato a lungo.

Regole infrante e nuove regole

Con l'album *THE MOST BEAUTIFUL MOMENT IN LIFE PT.1*, Bang Si-Hyuk ribaltò molte cose che all'epoca erano considerate di buon senso o persino "regole" nella produzione di contenuti idol.

La maggior parte delle title track dei gruppi di idol sono pezzi da ballare e nei video di questi brani ci sono di solito coreografie di gruppo. Tuttavia, nel video di *I NEED U*, title track di *THE MOST BEAUTIFUL*

MOMENT IN LIFE PT.1, non c'è nessuna scena di danza. Inoltre le persone che appaiono nel video vagano in quelle che sembrano periferie di città e non in ambientazioni raffinate, nei centri delle città o all'estero.

Il motivo è legato ai contenuti del video. Ne esistono due versioni, una ufficiale•, inviata alle emittenti televisive, e una originale••, pubblicata solo su YouTube. La versione originale è lunga circa due minuti in più e in quei due minuti vengono raffigurati violenze e traumi emotivi che raramente avevano trovato spazio nei video musicali degli idol coreani prima di allora.

Fare un tentativo come questo nell'industria idol coreana era praticamente l'equivalente di lanciarsi verso il fallimento. In Corea, infatti, gli idol tendono a proporre un mondo fantastico: che stiano sfoggiando sorrisi smaglianti o si ribellino contro il mondo, nei video musicali il concetto principale è sempre quello di mostrarsi "fighi". Allo stesso modo si tende a fare una distinzione tra concetti come "fresco" e "cupo", a seconda dell'atmosfera del brano e dei *visuals*. Alcuni aspetti della realtà vengono deliberatamente rimossi un po' alla volta, affinché i fan possano accettare i contenuti degli artisti idol come pura fantasia. I BTS invece hanno portato in quel mondo qualcosa di più realistico. Non era solo una questione di intensità espressiva. I personaggi che i BTS interpretano in *I NEED U* si trovano in una condizione cupa e opprimente in cui va tutto male, e i membri del gruppo danno sfogo alle emozioni che provano a causa di una situazione in cui tutto va peggiorando. Fino a che il tema della "gioventù" non fu accettato come vero e proprio concept idol, come lo è

•   ••

adesso, era difficile anche solo identificarlo. Era qualcosa di estraneo per i fan, abituati a ciò che l'industria idol proponeva al tempo.

I NEED U era il brano utilizzato per lanciare la trilogia *THE MOST BEAUTIFUL MOMENT IN LIFE*, ma per comprenderla appieno è necessario guardare diversi video a essa correlati, compreso quello di *RUN* del mini album successivo, *THE MOST BEAUTIFUL MOMENT IN LIFE PT.2*.

Nonostante tutto, per Bang Si-Hyuk era l'unica strada possibile. A quel tempo i BTS, come i personaggi del loro video, non erano in grado di entrare al centro del mondo in cui vivevano, e si aggiravano nella periferia; era una situazione frustrante in cui niente si risolveva e la situazione di disagio si intrecciava con il desiderio di successo. La trilogia *THE MOST BEAUTIFUL MOMENT IN LIFE* ha preso vita proprio da queste loro emozioni. Per lo stesso motivo *I NEED U* è potuto uscire come brano a sé stante.

Un produttore qualunque avrebbe potuto scegliere *Dope* come title track di *THE MOST BEAUTIFUL MOMENT IN LIFE PT.1* per mostrare una performance d'impatto. In effetti, prima di *I NEED U*, i BTS avevano pubblicato title track particolarmente intense, e anche l'esibizione ai MAMA alla fine del 2014 aveva consolidato ulteriormente questa immagine. Nonostante ciò, Bang Si-Hyuk scelse di presentare l'album proprio attraverso *I NEED U*, che non inizia in modo propriamente travolgente.

La coreografia• comincia con tutti e sette i membri del gruppo sdra-

•

iati a terra; nessuno si alza finché non finisce il rap di SUGA nella prima strofa. In questo modo, non emerge subito cosa la canzone cerchi di comunicare; il testo, fin dall'inizio, trasmette emozioni tristi e complesse.

Crolla crolla crolla si disperde
Crolla crolla crolla crolla

I NEED U condensa le sensazioni che RM aveva descritto con queste parole: «"Volare via facilmente, scomparire, andare ancora in pezzi, essere catturato nuovamente..." Questi pensieri si ripetevano di continuo».

Ma *I NEED U* non era solo un esperimento avventuroso e rischioso. Bang Si-Hyuk riponeva fiducia in questo brano: riteneva che i BTS dovessero andare oltre i limiti di quanto fatto fino ad allora, altrimenti sarebbero rimasti fermi nello stesso posto, immobilizzati nello stile unico del gruppo, ben descritto dall'album precedente, *DARK&WILD*.

Questo brano aggiunge una tristezza profonda al mondo interiore oscuro e duro dei BTS, come fiori che cadono e si disperdono. Questa title track, che trasmette emozioni complesse, non è una scelta comune nell'industria idol. Tuttavia Bang Si-Hyuk era sicuro che avrebbe generato una reazione universalmente "positiva" in molte persone.

I NEED U ha un suono morbido e calmo su cui SUGA innesta un rap intenso e, al contrario, quando il ritmo improvvisamente accelera canta i versi "Scusami (ti odio) / Ti amo (ti odio) / Perdonami (Dannazione)" con voce soffusa e malinconica. Intensità e tristezza sono accostate l'una all'altra, quindi l'ascoltatore si sente triste ma anche sempre più euforico. Nel ritornello quelle emozioni si combinano ed esplodono. In particolare, lo sviluppo di un lungo ritornello che si trasforma improvvisamente in un ritmo sostenuto consente di ottenere allo stesso tempo una catarsi emotiva e una performance esplosiva.

I primi a rispondere positivamente a questa canzone furono gli stessi componenti dei BTS. *I NEED U* non poteva definirsi hip hop, né EDM, né essere accostata alla musica dance proposta dai gruppi di idol precedenti. I componenti del gruppo, però, accolsero spontaneamente questo brano, al confine tra diversi generi e diverse emozioni. Jimin, ricordando la prima volta in cui ascoltò *I NEED U*, racconta:

——Dopo aver sentito questa canzone, capimmo qual era il concept dell'album e ascoltammo gli altri brani, ma si percepiva il fatto che fossimo tutti fiduciosi. La canzone era buona e anche il concept.

Jung Kook pensò che fosse "una canzone incredibile". E aggiunge:

——Pensai che avrebbe sicuramente "spaccato". Era davvero ottima. Faceva svanire tutte le cose fatte fino a quel momento, tanto che dimenticai del tutto "you in danger" (ora sei in pericolo) *(ride)*.

E, a proposito della speranza che *I NEED U* diede ai BTS, dichiara:

——Era un po' come se fosse un inizio. Il nostro inizio.

Il momento che arriva una volta sola nella vita

Ai BTS serviva anche un nuovo modo di porsi perché l'aver infranto le regole del settore potesse portare al successo. Con *I NEED U*, Jin cambiò il proprio modo di cantare.

——Prima di allora, spesso sforzavo troppo la voce. Con questa canzone per la prima volta seguii il respiro. Durante la registrazione eseguii tutto il brano senza mai interrompermi e alcune parti vennero aggiunte nella versione finale. Per quanto strana, si rivelò la scelta giusta.

Anche la danza aveva bisogno di un cambiamento radicale. Spiega j-hope:

———Prima era sufficiente ballare con energia, mettendocela tutta, ma con *I NEED U* l'espressività emotiva divenne molto importante. Credo si possa dire che fosse "metà danza, metà mimica facciale": avevo l'impressione che la performance potesse funzionare solo se riuscivo a esprimere bene la nostalgia.

A questo scopo, j-hope arrivò a immaginare cose come questa:

———Era come se, ballando, mi immedesimassi nella parte di un ragazzo che sta per cadere da un dirupo. Ero molto nervoso. Come se mi trovassi in una situazione precaria.

Le emozioni di cui parla j-hope vennero trasmesse anche nelle foto concept scattate per *THE MOST BEAUTIFUL MOMENT IN LIFE PT.1* e sul set delle riprese[•] per il video di *I NEED U*. Prosegue:

———Fu davvero particolare. Avevamo filmato tante cose in quel periodo, ma in qualche modo sentivo che stavo vivendo come una persona che si godeva la sua gioventù, non come una celebrità. Era così mentre facevo un giro insieme agli altri durante le riprese, e forse mentre filmavamo ripensavo a quando ero in preda all'ansia o mi sentivo perso, ma dentro di me mi dicevo che una celebrità probabilmente non si sentiva così mentre lavora a un album.

•

Era un po' come se fosse un inizio.

Il nostro inizio.

—Jung Kook

Anche RM ebbe la stessa sensazione:

——Ripensandoci ora, forse c'era ancora qualcosa che potevamo tirar fuori da noi... Pensavo che non ci sarebbe più stato niente di simile dopo *Danger*, ma mi sbagliavo. Il brano intitolato *I NEED U* era qualcosa di davvero grande. All'inizio la sensazione era del tipo: "Ehi, potrebbe funzionare", ma dentro di noi credo si celasse il desiderio di voler creare il momento più bello della nostra vita, "the most beautiful moment in life".

Jimin spiega come le emozioni che provavano allora influenzarono le riprese del video di *I NEED U*:

——Credo di essermi immedesimato completamente nel concetto di "the most beautiful moment in life". Mi piaceva moltissimo stare con gli altri e pensavo spesso che quello fosse davvero il momento più bello della mia vita. Mostrai quello che credevo il mio personaggio dovesse provare all'interno del video, e mi venne detto spesso che si adattava bene alla mia posizione emotiva nel gruppo.

I BTS si identificarono in larga misura nei ruoli ricoperti nel video; ciò consentì loro di immergersi profondamente nella parte pur non avendo esperienza di recitazione. V conserva ancora nel cuore il ruolo interpretato nella trilogia *THE MOST BEAUTIFUL MOMENT IN LIFE*. Racconta:

——Pensavo a lui come a qualcuno che non aveva potuto fare a meno di diventare "cattivo". Se esistono il bene e il male, era una persona che all'improvviso da buona diventava cattiva a causa delle circostanze. Ecco perché quando penso a quel personaggio mi dispiace.

Ancora prima del successo commerciale della trilogia *THE MOST BEAUTIFUL MOMENT IN LIFE*, che arriverà più avanti, il processo di produzione contribuì alla crescita individuale dei componenti del gruppo.

Jimin ricorda così il momento delle riprese:

———Avevo sempre avuto quel sogno, ed era il motivo per cui stavo facendo quel lavoro. Ed era fantastico. Parlavamo, cantavamo, facevamo le prove per l'esibizione, venivamo ripresi mentre dicevamo: «Siamo giovani!»... Quasi tutte le riprese sono state fatte in gruppo ed ero molto felice di stare insieme ai ragazzi. E facevo ciò che più amavo fare. Ebbi l'impressione che se un giorno, in futuro, avessi dovuto ripercorrere la mia vita, non sarei stato in grado di raccontarla senza includere questa parte che stavo vivendo con queste persone.

Il lavoro intorno alla trilogia *THE MOST BEAUTIFUL MOMENT IN LIFE* ha dato a Jimin l'opportunità di crescere anche come artista.

———Se metto a confronto l'immagine che mostravo sul palco prima e dopo *THE MOST BEAUTIFUL MOMENT IN LIFE*, posso forse dire di aver trovato il mio equilibrio? Credo di aver via via compreso quali fossero i miei punti di forza.

Jin creò un rapporto ancora più intimo con i componenti del gruppo. Racconta:

———In quel periodo il mio legame con gli altri si fece più stretto. Erano come una famiglia per me. Registrammo il video come fosse un film; riguardandolo, fu quella la nostra impressione. Prima pensavamo di essere degli idol, ma da allora, quando penso a noi, ho la sensazione che siamo i protagonisti di un film.

Un unico sentimento iniziò ad affiorare in tutti loro. Jimin spiega in modo semplice quale fosse l'umore del gruppo al momento dell'uscita dell'album *THE MOST BEAUTIFUL MOMENT IN LIFE PT.1*.

———Credo che la sensazione che "potessimo farcela" fosse cresciuta moltissimo.

Aspettative

Come suggerisce il titolo, *SKIT : Expectation!*• raccoglie le aspettative del gruppo sull'uscita dell'album. Per essere precisi, più che le aspettative, la speranza che queste si realizzassero. Le parole che i componenti del gruppo ripetono di continuo – che devono essere "al primo posto" – suonano quasi come un mantra per combattere l'ansia.

Dice j-hope:

——Sono una persona per cui il lavoro è importante, avevo dei sogni e volevo dei risultati, quindi avevo mille ansie sulla riuscita. Credo di aver pensato: "Posso essere felice facendo questo lavoro?". Si tornava sempre a quel punto.

Proprio come racconta j-hope, volevano interrompere il ciclo di "dolce, amaro, dolce, amaro". E non chiedevano troppo: piazzarsi al primo posto nella classifica di un programma musicale, uno di quelli che vanno in onda più volte durante la settimana, non nella classifica degli album dell'anno o in qualche premio musicale.

Il primo posto nella classifica di un programma musicale è un obiettivo per tutti gli idol. In Corea vengono trasmessi settimanalmente e, poiché ogni canale ha il proprio, in pratica ce n'è uno ogni giorno, a eccezione del lunedì. Ciascuno di essi inoltre applica criteri diversi per stilare la classifica: in un caso c'è un'alta possibilità di raggiungere il primo posto se le vendite digitali sono molto buone, in un altro a essere determinante è invece il volume di vendita di album fisici.

•

Bisogna arrivare al primo posto almeno una volta in uno di questi programmi per poter parlare di popolarità o di successo. La maggior parte degli idol che non conquistano il primo posto entro un certo periodo di tempo finiscono per scomparire dalle classifiche. A esclusione delle grandi case discografiche, si tende a non voler continuare a investire in un artista che non si è mai classificato al primo posto in uno di questi programmi.

A questo punto i BTS erano tra *DARK&WILD* e *THE MOST BEAUTIFUL MOMENT IN LIFE PT.1* e il primo posto era a portata di mano. Con l'album precedente, *Skool Luv Affair*, erano stati nominati per il primo posto con *Boy In Luv* e il numero dei loro fan era aumentato rapidamente a partire dalla partecipazione ai MAMA a fine 2014. Tuttavia i risultati di *DARK&WILD* si erano rivelati al di sotto delle aspettative, almeno in termini numerici, e il nuovo album non era ancora uscito. Sia i BTS sia la Big Hit Entertainment non avevano modo di percepire quale fosse l'effettiva popolarità del gruppo.

Durante la promozione di *DARK&WILD*, mentre discutevano con la casa discografica di che direzione il gruppo dovesse prendere, V disse queste parole: «Ci sono gruppi più popolari di noi e gruppi meno popolari di noi, ma non credo ci sia un altro gruppo come noi. I BTS sono unici nel loro genere». V sottolineò poi quale fosse la condizione necessaria per la crescita del gruppo: «Fare una grande performance, diciamo uno "spettacolo leggendario"».

Alcuni mesi dopo ai MAMA ci fu quello "spettacolo leggendario". Tuttavia, il trofeo del primo posto in un programma televisivo musicale non era stato ancora raggiunto. Tra tutti i gruppi che non avevano già ottenuto quel riconoscimento erano i più vicini a raggiungerlo. Ma comunque non erano mai arrivati primi. *SKIT : Expectation!* racchiude tutte le aspettative e le ansie del gruppo.

j-hope racconta lo stato d'animo di quei momenti:

———Anche noi volevamo arrivare là, volevamo il primo posto... Volevamo tanto ottenere qualcosa.

Un urlo di gioia all'una di notte

THE MOST BEAUTIFUL MOMENT IN LIFE PT.1 uscì allo scoccare della mezzanotte del 29 aprile 2015 su varie piattaforme musicali. All'epoca, dato che i conteggi delle classifiche in tempo reale venivano aggiornati ogni ora, la maggior parte dei gruppi di idol pubblicava nuove canzoni a mezzanotte, inducendo i fan ad ascoltare i brani di continuo per scalare posizioni in classifica[3].

Un'ora dopo, all'1 di notte, in attesa dell'aggiornamento della classifica, l'allora vicedirettore della Big Hit Entertainment, Lenzo Yoon, lanciò un grido di sorpresa per i risultati. La title track *I NEED U* si era piazzata al secondo posto nella classifica in tempo reale su Melon, che all'epoca aveva la quota di mercato più alta tra le piattaforme musicali nazionali.

Anche i membri del gruppo furono ugualmente sorpresi. j-hope ricorda il momento in cui controllò la classifica di Melon:

———Mi sembra che abbiamo guardato tutti insieme la classifica mentre provavamo. Eravamo così emozionati. Non eravamo mai entrati in classifica in una posizione così alta e per la prima volta abbiamo capito che "così tante persone stanno ascoltando

3 Questo metodo di conteggio non viene più utilizzato dalle piattaforme musicali nazionali coreane; è ormai consuetudine che le tracce vengano pubblicate alle 6 di sera.

la nostra musica", quindi era davvero elettrizzante. Volevamo fare musica anche per assaporare queste sensazioni.

Uno dei desideri di SUGA fin dai primi tempi era "il primo posto nella classifica in tempo reale di Melon". Per lui, questa era la misura del successo. Racconta:

——A quel tempo pensavo che significasse tutto. Pensavo fosse la fine del mondo. La mia idea era: "Se arrivi primo su Melon vuol dire che hai sfondato come cantante". Guardavo le classifiche quasi ogni giorno. Non era come se stessi osservando i grafici delle azioni finanziarie, ma comunque facevo i miei calcoli su una cosa e sull'altra e mi mettevo a fare delle analisi.

Sebbene con *I NEED U* il desiderio di SUGA non si fosse realizzato, all'epoca piazzarsi secondi nella classifica in tempo reale di Melon era difficile quanto, o anche di più, arrivare al primo posto in un programma TV musicale.

Rispetto ad artisti molto popolari, per i gruppi di idol, che hanno una fandom più limitata, è più difficile ottenere buoni risultati su piattaforme musicali utilizzate dal grande pubblico, in particolare Melon, che ha il più alto numero di utenti. Le classifiche in tempo reale basate sul numero di utenti che ascoltano i brani ogni ora sono vantaggiose per chi ha l'appoggio dei propri fan, ma occupare la prima posizione in classifica non è comunque semplice. Anche *Danger*, la title track dell'album precedente *DARK&WILD*, non raggiunse una posizione elevata nella classifica in tempo reale. Il fatto che il nuovo singolo del gruppo si trovasse al secondo posto significava una cosa sola: con gran sorpresa del personale della Big Hit Entertainment, i fan dei BTS avevano iniziato ad aumentare.

Crescevano tutti gli indicatori. Secondo la Gaon Chart, il volume delle vendite di *THE MOST BEAUTIFUL MOMENT IN LIFE PT.1* per il 2015 si attestò su 203.664 copie, più del doppio rispetto a *DARK-&WILD* nel 2014. Poi finalmente i BTS ottennero il primo posto nei programmi musicali in TV. Il 5 maggio 2015 con *I NEED U* arrivarono al primo posto nel programma "The Show" sul canale via cavo SBS MTV, e tre giorni dopo, l'8 maggio, ottennero il primo posto sulla TV terrestre al "Music Bank" della KBS.

Jimin parla di come si sentiva al tempo.

——Avevamo la sensazione di essere stati ricompensati, di aver ottenuto qualcosa come gruppo. Ero sopraffatto. Non importava quanto duramente avessi lavorato o quanto mi fossi preparato per la mia parte. Ero grato che gli sforzi di tutto il gruppo fossero stati ripagati.

Le emozioni provate da Jimin erano simili a quelle degli altri. Per loro raggiungere il primo posto significava essere finalmente riconosciuti come BTS, come gruppo e come individui, e quindi essere felici. j-hope lo spiega così:

——Era come se la nostra esistenza fosse stata riconosciuta. A partire dalla nostra musica, e poi l'album, il mio nome, il nostro gruppo, tutto quello che, nell'insieme, diceva che "siamo vivi"...

Continua j-hope:

——Poter comunicare "io sono questa persona" attraverso il mio lavoro aveva un sapore dolce. Per la prima volta mi resi conto che stavo ricevendo tanto amore.

L'effetto della vittoria sui giovani

Quando i BTS cominciarono ad avere successo, anche il mondo esterno iniziò a cambiare nei loro confronti. Lo si nota anche nei video relativi alle loro apparizioni televisive nei programmi musicali, caricati su YouTube nella sottocategoria BANGTAN BOMB[4]•.

Dal 2013, anno del debutto, all'uscita di *THE MOST BEAUTIFUL MOMENT IN LIFE PT.1*, nel 2015, le riprese perlopiù mostrano i componenti del gruppo che scherzano tra di loro nella sala d'attesa o che si preparano per l'esibizione. Invece, a partire dall'album successivo, *THE MOST BEAUTIFUL MOMENT IN LIFE PT.2*, ci sono spesso immagini dei BTS che si preparano per apparire nei programmi musicali come "presentatori speciali" in contemporanea all'uscita dell'album.

Questo dà un'idea di cosa *THE MOST BEAUTIFUL MOMENT IN LIFE PT.1* avesse significato per i BTS. A essere chiamati come presentatori speciali ("special MC") sono solitamente artisti attivi in quel momento: è il segno che "sono arrivati". Nei video contenuti in BANGTAN BOMB è stata inclusa anche la reazione dei membri del gruppo una volta ottenuto il primo posto nel programma musicale in TV.

4 BANGTAN BOMB è una sottocategoria di contenuti caricati sul canale YouTube ufficiale dei BTS, BANGTANTV; questi video mostrano il gruppo non solo durante le esibizioni sul palco, ma anche in atteggiamenti spontanei e naturali, come per esempio nel backstage, nei camerini e in altre location.

•

Jimin spiega i cambiamenti interiori che sia lui sia tutti i componenti vissero in quel periodo.

——Credo sia iniziato allora... Abbiamo cominciato a prendere coscienza di queste persone chiamate "fan". Prima non eravamo in grado di definire con precisione chi fossero. Ci chiedevamo: «Come dovremmo chiamarli?». Dicevamo solo: «Mettiamocela tutta», «Facciamo del nostro meglio». Ma dopo aver ottenuto il primo posto mi tornò in mente la nostra prima apparizione in un programma, il giorno del debutto. C'erano una decina di fan. Senza quelle persone che ci sostenevano e ci incoraggiavano non avremmo avuto motivo di esistere, e in quel momento sentii con urgenza che dovevamo essere davvero grati a quelle persone chiamate fan.

Il successo li rese consapevoli di come fossero arrivati fin lì e di cosa volevano ottenere in futuro. j-hope ricorda l'umore del gruppo dopo *THE MOST BEAUTIFUL MOMENT IN LIFE PT.1*:

——Penso avessimo tutti delle ambizioni. Avevamo realizzato un sogno, ma non eravamo soddisfatti, volevamo mostrare un'immagine ancora migliore. Probabilmente abbiamo pensato tutti: "Voglio arrivare ancora più in alto". È per questo che il nostro gruppo è riuscito ad arrivare dove siamo ora... E, a essere sincero, sarebbe stato difficile farlo se anche uno solo di noi avesse avuto un'opinione diversa.

Nel momento in cui i componenti decisero di porsi obiettivi più grandi, *Dope*• venne scelto come secondo singolo. Fu una fortunata

•

coincidenza. *I NEED U* e *Dope* erano come due pietre miliari in grado di spiegare chi fossero i BTS in quel momento. Se *I NEED U* rappresentava le difficoltà e lo sconforto vissuti dal gruppo prima dell'uscita di *DARK&WILD*, *Dope* coglieva i motivi per cui, nonostante tutto, erano riusciti ad arrivare fino a lì.

Ah puzza! Puzza! Puzza! Puzza di sudore nella nostra sala prove
Guarda! Forte! Forte! Forte! Le mie mosse di danza parlano da sé

Il termine *dope*, *jjeoreo* in coreano, è solitamente usato con il significato di "avere successo", "fantastico", "figo", ma nel testo i BTS usano l'altro significato di *jjeoreo*, ovvero "puzzare di sudore". Mentre altri gruppi di idol che avevano raggiunto presto la popolarità tendevano a ostentare la propria sicurezza usando l'espressione con l'intento di comunicare: "Noi siamo il top", i BTS scelsero una versione diversa, per dire: "Noi ci esercitiamo finché non puzziamo di sudore".

Con *I NEED U* ebbe inizio la rapida ascesa del gruppo, e *Dope* divenne la canzone dell'*underdog*, lo svantaggiato, che sta cominciando la sua scalata al successo. Se *I NEED U* parte da un'atmosfera lirica che diventa un crescendo di tristezza e nostalgia, *Dope* parte subito con il momento clou della canzone e continua scatenata fino alla fine. Inoltre, se *I NEED U* esalta la sensazione di malinconia con una melodia lunga e complicata nel ritornello, *Dope* massimizza l'atmosfera entusiasmante creata a partire dai due caratteri di *jjeoreo*, 쩔어, che significa "fico", e dal suo ritmo.

Benvenuto, è la prima volta con i BTS?

Credo sia iniziato allora... Abbiamo cominciato a prendere coscienza di queste persone chiamate "fan".

—Jimin

Questa frase di RM all'inizio di *Dope* rappresentava una dichiarazione significativa. Il verso non era stato scritto in previsione del grande successo di *THE MOST BEAUTIFUL MOMENT IN LIFE PT.1*, ma di fatto *Dope* divenne una canzone che spiegava l'identità del gruppo a coloro che si avvicinavano per la prima volta ai BTS proprio con quell'album.

I NEED U e *Dope* danno il senso di chi sono i BTS in quel momento. Di chi, come loro, partito svantaggiato e affrontata ogni sorta di avventura, non aveva mai perso la forza di volontà. L'ascesa del gruppo, iniziata con *I NEED U,* era proseguita in maniera incontrollata con *Dope*. Non si limitava solo alle classifiche, era qualcosa che tutti nell'industria idol furono in grado di percepire.

I gruppi di idol coreani a volte partecipano a dei mini fan meeting davanti agli studi televisivi dopo la registrazione dei programmi musicali. È un'occasione per incontrare i fan, che spesso sono lì ad aspettare dal mattino presto. Le dimensioni e l'entusiasmo del seguito di un gruppo si possono quindi misurare anche attraverso questi mini incontri. E purtroppo può capitare che artisti poco popolari abbiano un numero di fan inferiore a quello degli stessi membri del gruppo.

Il giorno[5] in cui i BTS tennero un mini fan meeting con ancora indosso i costumi dell'esibizione di *Dope*, lo spazio antistante gli studi televisivi era così affollato di ARMY che non fu possibile accoglierne altri per motivi di sicurezza. I fan del gruppo non erano più quell'"unica fila" menzionata da Jimin.

5 Il 5 luglio 2015, in seguito all'esibizione nel programma della SBS "Inkigayo".

L'era dei contenuti autoprodotti

Come tutti i settori, anche l'industria idol necessita di uno specifico know-how, un modello per i produttori del comparto. E sebbene lo standard non sia stato esplicitamente dichiarato, una volta che viene stabilito come tale all'interno di alcune grandi case discografiche quel modello diventa comunque il riferimento che l'intero settore deve seguire per raggiungere il successo.

La SM Entertainment svolse un ruolo determinante nello stabilire questi standard; uno di essi era, per esempio, che i gruppi di idol coreani dovessero scegliere una canzone ballabile come title track e dovessero creare esibizioni spettacolari basate su coreografie sincronizzate. Attraverso performance uniche, i gruppi di idol della SM Entertainment rivoluzionarono anche la musica trasformando i consumatori dell'industria musicale da semplici fruitori di musica in fan fortemente immersi nel mondo degli idol. Dal canto suo, la YG Entertainment riuscì a combinare le tendenze pop e hip hop globali dell'epoca con la composizione melodica tipica del K-pop attraverso gruppi come BIG BANG e 2NE1; ricorse anche alla moda di strada e all'alta moda, cosa che prima gli idol avevano fatto di rado, influenzando non solo il grande pubblico ben oltre la sfera dei fan, ma perfino la stessa fashion industry.

Dopo *THE MOST BEAUTIFUL MOMENT IN LIFE PT.1*, la Big Hit Entertainment applicò standard diversi rispetto a quelli di queste due aziende. Per esempio il concetto di serializzazione alla base della composizione di più album consecutivi, l'ideazione di un album come una delle possibili interpretazioni di una medesima storia, o il rapido crescendo dell'energia di un brano, come quando in *Dope* si dice "Ho lavorato tutta la notte ogni giorno / Mentre tu ti divertivi in discoteca". In seguito questi nuovi modelli sono stati applicati da diversi gruppi di idol.

Inoltre, per gli idol essere attivi su una piattaforma online piuttosto che su un canale televisivo tradizionale ha aperto le porte a una nuova era. Le attività svolte dai BTS su YouTube ancor prima del debutto erano simili a quelle degli youtuber oggi. Attraverso V LIVE, una piattaforma di trasmissione in tempo reale, i BTS completarono il loro originalissimo ecosistema digitale.

V LIVE, avviato in forma sperimentale su Naver nell'agosto 2015, tre mesi dopo l'uscita di *THE MOST BEAUTIFUL MOMENT IN LIFE PT.1*, diede la possibilità a vari artisti coreani e in particolare agli idol di fornire vari contenuti direttamente ai fan. Attraverso V LIVE, gli artisti potevano comunicare in tempo reale con i fan a un orario prestabilito o anche senza preavviso, trasmettendo e rispondendo ai commenti in diretta. Segnò l'inizio dell'era dei contenuti autoprodotti.

L'avvento di V LIVE sancì la fine dell'era in cui gli idol, una volta scesi dal palco, si avvolgevano nel mistero e limitavano i loro contenuti rivelandoli solo gradualmente ai fan. Al tempo del debutto dei BTS, l'industria idol era già un mondo di squali all'interno di un mondo di squali. Con l'avvento di V LIVE, i contenuti autoprodotti creati dagli idol e dalle loro agenzie, le cosiddette *tteokbap*, sono diventati molto importanti. La continua offerta di *tteokbap*, che potremmo definire "contenuti esclusivi", impediva ai fan di rivolgere lo sguardo altrove, anche quando il gruppo non stava promuovendo un nuovo album.

Per i BTS, che avevano iniziato a caricare vari contenuti sul blog e su YouTube anche prima del debutto, l'era dei contenuti autoprodotti aveva il sapore di un "antico futuro": infatti la comunicazione con i fan attraverso il Log su YouTube confluì naturalmente nella trasmissione in tempo reale su V LIVE, e i numerosi contenuti autoprodotti divennero *tteokbap* per i fan che seguivano il loro canale.

Il programma di intrattenimento "Run BTS!", trasmesso sempre su V LIVE, fu l'ultimo tassello di un nuovo ecosistema di attività pensato per il gruppo dalla Big Hit Entertainment. I programmi di intrattenimento in cui i gruppi di idol sono gli unici ospiti sono sempre stati importanti, perché oltre a consentire ai fan di godersi i propri beniamini anche in contesti diversi da quelli specificamente musicali servivano a mettere in luce le caratteristiche individuali di ciascuno. Anche le boy band coreane di prima generazione, attive intorno al 2000, spesso gettavano le basi per la loro popolarità attraverso programmi di intrattenimento dedicati. Fino a "Run BTS!", però, la produzione di tali programmi era di competenza esclusiva delle emittenti TV. I gruppi affiliati a grandi case discografiche spesso iniziavano a farsi un nome sin dagli esordi grazie a trasmissioni del genere, ma col tempo le emittenti televisive, dovendo badare ai propri interessi, cercarono sempre più spesso di scritturare o invitare idol già popolari.

Attraverso "Run BTS!" la Big Hit Entertainment ha portato i programmi di intrattenimento per idol nel regno dei contenuti autoprodotti. Creare questo genere di programmi è una scommessa enorme per le case discografiche medio-piccole, tuttavia non è esagerato sostenere che "Run BTS!" abbia avuto più successo di qualunque altro programma di intrattenimento per idol prodotto dalle emittenti, tra cui "Rookie King: Channel Bangtan" e "American Hustle Life". Diversamente da programmi di intrattenimento a cui gli idol partecipavano come protagonisti, "Run BTS!" poteva proseguire nel tempo senza doversi preoccupare di una sua eventuale conclusione; e poiché a produrlo era l'agenzia stessa, i contenuti erano studiati in modo da non far stancare troppo i membri del gruppo. Ora gli ARMY potevano seguire i programmi TV musicali con i BTS, guardare in tempo reale su V LIVE il gruppo che discuteva e anche, attraverso YouTube e Twitter, avere accesso a video e foto del dietro le quinte. Per chi era diventato ARMY con *THE MOST BEAUTIFUL MOMENT IN LIFE PT.1*, non sarebbe stato strano stare sveglio tutta la notte a guardare i contenuti accumulati negli oltre due anni precedenti.

L'era dei contenuti autoprodotti non cambiò solo il modo di lavorare degli idol. La stessa definizione di idol cominciò a mutare nel momento in cui questi iniziarono a condividere ciò che succedeva dietro le quinte e fuori dal palco e a comunicare direttamente con i fan. Mentre in passato era prassi per gli idol mostrare solo un'immagine positiva di sé, nell'epoca dei contenuti autoprodotti cominciarono a rendere i fan partecipi anche di cosa accadeva loro e dei loro pensieri; iniziarono a parlare di momenti di irritazione nei confronti dei media e del pubblico e a esprimere delle critiche, a volte. Ora che ci troviamo negli anni Venti del nuovo secolo, gli idol sono più sinceri riguardo alle difficoltà e ai problemi che vivono e a volte sono costretti a prendersi una pausa, quando sono esausti fisicamente o psicologicamente. È così che gli idol coreani hanno iniziato a differenziarsi da quelli giapponesi e americani.

Gli impegni del gruppo aumentarono ulteriormente con tutte queste attività. Anche mentre lavoravano a *THE MOST BEAUTIFUL MOMENT IN LIFE PT.2* dovevano continuare a essere attivi su V LIVE e sui social media. V parla in modo chiaro di come riuscirono a gestire una tale mole di lavoro:

——Io seguivo le decisioni del gruppo. Le mie non le consideravo importanti. Se io ero l'unico contrario a una cosa e tutti gli altri erano favorevoli, pensavo di essere io in torto. Se dicevano: «Voglio farlo», «Dobbiamo farlo», naturalmente li seguivo.

Quando gli si chiede come fosse possibile mantenere quell'atteggiamento, la sua risposta è:

——"Perché siamo i BTS", credo.

V continua:

——Ho puntato la mia vita su questo gruppo, non posso decidere qualcosa in base alle mie idee personali. Questo è il motivo. Tutti abbiamo lo stesso atteggiamento rispetto alle varie attività: "Facciamolo". E io non posso far altro che adeguarmi e seguirli.

Anche j-hope ricorda il suo stato d'animo al tempo:

——Mi dicevo: "Non possiamo arrenderci ora". E pensando: "Possiamo fare meglio", ci impegnavamo di più. Davamo il massimo, non il minimo.

In questo contesto, a partire dal 20 maggio 2015 sul canale YouTube del gruppo cominciarono a essere pubblicati video di Jin a tema *mukbang*, un fenomeno che spopola da anni su YouTube in cui le persone si riprendono mentre mangiano e a volte si abbuffano; "EAT JIN"• mostra come fosse cambiata la mentalità degli idol e il fatto che i BTS fossero disposti a provare qualsiasi cosa. Così Jin, che già prima del debutto aveva condiviso i momenti in cui cucinava sul blog ufficiale del gruppo, a partire dal periodo della promozione di *THE MOST BEAUTIFUL MOMENT IN LIFE PT.1* iniziò a riprendersi mentre mangiava. Racconta:

——A quei tempi non avevo altri argomenti e altro modo per comunicare con i fan e, siccome mi piace mangiare, ho pensato di

•

caricare questo genere di contenuti. Ho iniziato perché volevo che gli ARMY potessero almeno vedere la mia faccia.

Jin cominciò a filmare questi contenuti in uno spazio ristretto, nel modo più discreto possibile, per non disturbare gli altri. Il video ricevette subito una buona risposta dal pubblico e quindi Jin decise di passare da YouTube a V LIVE, iniziando a trasmettere in diretta. Questo il suo ricordo:

———Su V LIVE, la cura nella realizzazione dei video crebbe. All'inizio sistemavo il cellulare davanti a me e semplicemente mi filmavo mentre mangiavo, ma su V LIVE avevo a disposizione il personale dell'agenzia. Ero preoccupato perché non mi piace essere un peso per gli altri, ma quelli che mi aiutavano mi dicevano che non dovevo preoccuparmi perché non era un problema per loro. Si trattava di un programma in diretta e all'inizio sicuramente non ero molto bravo a farlo. In più al tempo c'era l'idea che, trattandosi di una trasmissione, dovessi essere presentabile.

Contrariamente alle paure di Jin, però, "EAT JIN" è diventato un contenuto rappresentativo dei BTS e la sua abilità in cucina è una caratteristica che ancora oggi lo accompagna. Dai tempi in cui era un trainee, quando nessuno lo conosceva, fino a oggi, che è diventato una star mondiale, continua a mostrare una personalità coerente attraverso contenuti in cui cucina e mangia. Nel caso dei BTS, l'era dei contenuti autoprodotti ha reso la connessione emotiva tra idol e fan più stretta e duratura.

Senza volerlo, il rapporto instauratosi fra BTS e ARMY tramite internet rappresentò la salvezza del gruppo. Divenne la forza grazie a cui il gruppo fu in grado di sopportare tutto ciò che accadde a partire da *THE MOST BEAUTIFUL MOMENT IN LIFE PT.1*.

L'altro lato di *THE MOST BEAUTIFUL MOMENT IN LIFE*

Durante le interviste SUGA parla sempre con voce bassa e calma. Come se non avesse mai vissuto tutte le difficoltà che ha incontrato. Ha cambiato tono soltanto in un'occasione.

Un video* caricato sul loro canale ufficiale di YouTube il 19 marzo 2015 mostra i componenti del gruppo che preparano dei regali per i fan e si concentra su SUGA, che aveva appena festeggiato il compleanno. Mentre si occupano delle foto Polaroid, delle lettere scritte a mano da consegnare agli ARMY che erano stati selezionati con una lotteria e di impacchettare con cura i regali, SUGA si confronta con gli altri a proposito della dedica diversa da fare a ciascun vincitore.

Quando gli è stato chiesto come mai ci avessero messo tanto sentimento, SUGA ha risposto, con voce forte e decisa:

———Io credo che quelle persone siano il motivo per cui io sono al mondo.

Prosegue:

———Quando dico questa cosa, può capitare che gli altri replichino: «Ehi, ma che dici?», però per me è così. Se nella mia vita da idol vissuta fin qui escludo i fan, quello che rimane è una persona insignificante. Non sono niente. Mi sento sempre in difetto nei loro confronti… Credo di dovermi assumere le mie responsabilità. È una delle forze motrici che mi fa andare avanti, credo. Non penso sarei stato in grado di fare questo lavoro se non fosse per loro.

Devo assumermi le mie responsabilità ed esibirmi per soddisfarli. Questo è un aspetto importantissimo.

Ecco il motivo per cui SUGA arriva a dire tanto:

———All'epoca vedevo il mondo come un inferno. Non è che chiedessi poi tanto, eravamo solo un gruppo di ragazzi di vent'anni o giù di lì... Che cosa avevamo che non andava per trattarci in quel modo? Perché ci odiavano tanto?

RM in seguito confessò a "ARMY Corner Store"* che gli anni dal 2015 al 2017 erano stati molto difficili per i BTS. Proprio mentre correvano lungo la strada verso il successo subirono continui e massicci attacchi di cyberbullismo.

Non ne conoscono il motivo, ma forse non c'è bisogno di saperlo. Forse si poteva prevedere fin dal momento in cui iniziarono ad apparire commenti spietati negli articoli riguardanti il loro debutto. Vennero presi in giro per essere gli idol di una casa discografica sconosciuta e vennero criticati pubblicamente perché puntavano sull'hip hop. Il primo attacco di cyberbullismo su larga scala contro i BTS venne motivato così: "Avete venduto troppi dischi". Quando le canzoni dell'album *THE MOST BEAUTIFUL MOMENT IN LIFE PT.1* si sono piazzate molto più in alto nelle classifiche di musica digitale rispetto a quelle di *DARK&WILD*, era del tutto ragionevole prevedere che le vendite di dischi sarebbero aumentate in maniera considerevole: il fatto che un gruppo come i BTS, così tanto focalizzato sul proprio fandom, emergesse nelle classifiche di musica digitale (consumata perlopiù dal

*

pubblico generalista, che supera di gran lunga il numero di coloro che acquistano dischi fisici) significava che anche il numero dei loro fan doveva essere aumentato rapidamente.

Tuttavia questi risultati non provocarono né sorpresa né applausi, bensì una serie di sospetti che generarono, a loro volta, notizie false. *THE MOST BEAUTIFUL MOMENT IN LIFE PT.1* aveva venduto molto di più di *DARK&WILD*, e alcuni sostenevano che ciò fosse dovuto al fatto che i fan facevano incetta di più copie. Insomma, le migliaia di dischi venduti diventarono un motivo sufficiente per sospettare qualcosa.

Il numero di album acquistati direttamente dai consumatori in Corea viene dichiarato dalla Hanteo Chart[6]. Conteggia il volume delle vendite in tempo reale, ma tiene anche in considerazione, per la definizione della classifica, le prenotazioni presso i negozi di dischi e il numero di album venduti ai firmacopie organizzati in occasione delle uscite, attività che di solito si tengono nel fine settimana. Per questo motivo i fan a volte dicono che "le vendite sono esplose" per commentare l'improvviso e repentino aumento registrato dalla Hanteo Chart. Al tempo i meccanismi di funzionamento della classifica di vendita non erano così noti come oggi. Si poteva però accertare chiedendo spiegazioni direttamente alla Hanteo Chart. E in effetti un ARMY lo fece e la risposta fu che effettivamente non c'era stata alcuna incetta anomala di dischi. Un'impiegata della Big Hit Entertainment, inoltre, rispose in lacrime che quelle voci non erano vere a un ARMY che aveva chiamato l'agenzia per chiedere spiegazioni.

Oltre a ciò, durante la prima settimana dall'uscita, *THE MOST BEAUTIFUL MOMENT IN LIFE PT.1* vendette circa 55.500 copie,

6 Hanteo riceve e presenta i dati di vendita dei venditori online e offline affiliati a essa.

più di tre volte rispetto alle 16.700 di *DARK&WILD*, ma la differenza tra i due è solo di 38.000 copie. Dire che sono state il triplo suona grandioso, ma una volta specificato che si tratta di 38.000 copie in più si capisce che non è un risultato incredibile di per sé.

Tutto questo era però invisibile agli occhi di chi faceva cyberbullismo: non credevano all'improvviso aumento di popolarità dei BTS. Non è dato sapere perché. Il sospetto ha in ogni caso scatenato una campagna d'odio vera e propria; hanno continuato a essere diffuse su internet e sui social media notizie false, riguardanti dichiarazioni o comportamenti dei membri del gruppo distorti ed estrapolati dal contesto.

Numerosi anche gli attacchi diretti al gruppo, considerato la pecora nera nell'industria idol. Per esempio, quando fu pubblicato l'album *WINGS* nell'ottobre 2016, sui social media esteri iniziò a circolare l'hashtag #BREAKWINGS. Questo fatto non ebbe effetti significativi, ma dimostrava che in quel periodo il movimento anti-BTS si era ormai diffuso fuori dal Paese. La tendenza a insultare i componenti del gruppo, che non venivano apprezzati per il loro aspetto fisico, era considerata accettabile, e con altrettanta naturalezza venivano ritwittati o condivisi dichiarazioni e fatti del passato, omettendo il contesto, accompagnati da critiche e da messaggi del tipo: "Morite".

Dopo questi episodi di cyberbullismo diretto contro i BTS, questo fenomeno nei confronti degli idol divenne quasi sistematico tra i fan del K-pop. Sui social media e online venivano diffuse informazioni false, condivise poi da chi non apprezzava quello specifico gruppo; senza la possibilità di verificarle, diventavano vere mentre si propagavano. A loro volta, i fan degli idol attaccati cercavano in vari modi di controbattere e ridurre al minimo i danni.

Nella comunità di fandom idol in Corea si usa comunemente il termine "controlli": quando un particolare idol inizia a diventare popolare o fa un *comeback*, gli "anti-fan" "eseguono dei controlli", cioè lo criticano per vari motivi o gli creano un ambiente intorno in cui è accettabile criticarlo. Se invece non riescono a farlo, cercano di creare un'opinione pubblica negativa tramite il cosiddetto "BUMP" (Bring Up My Post), un fenomeno per il quale vengono riportate a galla questioni ormai messe a tacere anni prima. Queste azioni portano gli idol a credere di non potersi permettere alcun passo falso, perché al più piccolo errore tutti si sentirebbero autorizzati a criticarli.

Il cyberbullismo contro i BTS ha anticipato il cambiamento avvenuto nell'industria idol coreana e in particolare tra i fan degli idol in concomitanza con l'avvento dei social media. Il cyberbullismo che nasceva, senza alcun motivo, per antipatia nei confronti di un idol, o con lo scopo di eseguire dei controlli, iniziava a verificarsi con maggiore frequenza rispetto al passato tra i fruitori di musica idol.

Idol e fan

Questa "guerra" contro i BTS ha avuto effetti significativi non solo sul gruppo, ma anche sugli ARMY. Nel 2015, gli ARMY erano in aumento grazie a *THE MOST BEAUTIFUL MOMENT IN LIFE PT.1*. Non si poteva dire che i BTS avessero un piccolo seguito, ma non era nemmeno enorme o particolarmente coeso. E come è normale per un gruppo che stava iniziando a guadagnare popolarità, i loro fan erano per lo più adolescenti e quindi non avevano numeri né esperienza sufficienti per vincere questa guerra.

Uno degli effetti del cyberbullismo contro gli idol è l'allontanamento degli stessi fan. Ciò avviene perché per gli adolescenti, che sono fortemente influenzati dai coetanei, non è facile sopportare i sentimenti di critica nei confronti dei loro amati idol sui social media o sulle community online, o da parte degli amici.

Tuttavia, ciò che i BTS hanno vissuto tra il 2015 e il 2017 ha reso invece il rapporto con i fan molto speciale. Ogni volta che i BTS si sono posti un obiettivo specifico, gli ARMY li hanno affiancati, permettendo loro, talvolta, di andare oltre quella visione. Gli ARMY hanno trasformato i BTS da un gruppo che lottava per la sopravvivenza a superstar globali; e molti di loro oggi danno un contributo alla società. Gli ARMY non erano solo dei fan, ma potenti sostenitori, e questo ha permesso ai BTS di diventare un grosso brand. Non è chiaro da cosa dipendano le caratteristiche uniche degli ARMY o quale sia l'origine del forte legame tra loro e il gruppo: forse all'inizio anche i fan, proprio come i BTS, volevano che fosse riconosciuta la loro presenza nel mondo. E dato che il gruppo era stato attaccato in ogni modo possibile, i fan, per dimostrare di essere dalla parte giusta, dovettero accrescere la loro influenza nell'industria idol. D'altra parte è possibile che questo legame particolare derivi dal fatto che, a causa del cyberbullismo, i membri del gruppo e i fan avevano costruito un legame più stretto attraverso Twitter, YouTube e V LIVE.

Qualunque sia il motivo, il rapporto tra BTS e ARMY, che iniziò a prendere forma in quel periodo, ebbe un'influenza decisiva sul futuro del gruppo. Le osservazioni di j-hope lo confermano:

——Quando sentivo i fan dire che riuscivano a vivere grazie a noi, pensavo: "Oh, sto dando forza a qualcuno". Viceversa, io ricevevo energia da loro. Perciò mi rifiutavo di sentirmi stanco o di soffrire. E pensavo che non potevo arrendermi e gettare la spugna, non lo potevo fare proprio per quelle persone.

Il successo ottenuto a dispetto delle difficoltà e dei problemi venne negato al gruppo una settimana dopo l'uscita dell'album, quando facevano più rumore le critiche degli applausi. RM esprime in maniera indiretta i suoi sentimenti in quel momento:

——In quel periodo facemmo l'MBTI, il test della personalità. Allora speravo che non risultasse che ero un tipo estroverso. Per qualche motivo volevo apparire come uno introverso.

Anche ora non è facile per le celebrità esprimere cosa sentano nei confronti del cyberbullismo a cui sono sottoposte. Solo parlarne può inutilmente ingigantire un problema che è stato affrontato solo in parte e quindi potrebbe avere conseguenze negative sulla loro immagine.

Al tempo, i BTS non risposero in modo diretto al cyberbullismo. Decisero di continuare a lavorare come se niente fosse. Mentre gli si riversavano addosso ogni sorta di notizie false e attacchi personali, proseguirono con le loro attività. I versi "Il sangue e il sudore versati mi bagnano / Lacrime scorrono dopo l'esibizione" di *Born Singer*, brano degli esordi, assumono ora un nuovo significato. Si aspettavano di volare tanto in alto quanto erano il sudore e l'impegno che ci mettevano, ma l'unico posto in cui davvero si sentivano a proprio agio era sul palco, con i fan.

Qui iniziò la loro storia con i fan, che si sviluppò poi album dopo album.

RUN

La produzione dell'album *THE MOST BEAUTIFUL MOMENT IN LIFE PT.2* avvenne chiaramente in un periodo in cui coesistevano l'entusiasmo e il sostegno dei fan e la negatività diretta verso il gruppo. Racconta RM:

THE MOST BEAUTIFUL MOMENT IN LIFE PT.2

THE 4TH MINI ALBUM
30.11.2015

TRACK

01 INTRO : Never Mind
02 RUN
03 Butterfly
04 Whalien 52
05 Ma City
06 Silver Spoon
07 SKIT : One night in a strange city
08 Autumn Leaves
09 OUTRO : House Of Cards

VIDEO

COMEBACK TRAILER
Never Mind

ALBUM PREVIEW

RUN
MV TEASER

RUN
MV

——Il 2015 mi mise davvero a dura prova. Che si trattasse di scrivere canzoni o girare video, ero sempre in modalità: "Ah, dannazione!". Allora non me ne rendevo conto, ma di recente, dopo aver riguardato i video relativi a *RUN*, sia io sia gli altri ragazzi ci siamo sentiti come nel ruolo di protagonisti… Correvamo a caso di qua e di là, ma poi ho capito che era naturale… Anche se stavamo correndo solo perché ci era stato detto di farlo durante le riprese.

Come nei ricordi di RM, *THE MOST BEAUTIFUL MOMENT IN LIFE PT.2* rispecchia i sentimenti del gruppo in quel momento, che i membri di esso ne fossero consapevoli o meno.

Ancora non ci credo
Sembra tutto un sogno
Non scomparire
…
Fermeresti il tempo
Una volta che questo momento sarà passato
Se tutto tornasse come se non fosse mai accaduto nulla o ti perdessi
Ho paura ho paura ho paura

Come rivela il testo di *Butterfly*[•], tutto sembrava un sogno e temevano che tutto ciò che avevano fatto non fosse realmente accaduto. SUGA ricorda:

•

——Nel brano *INTRO : Never Mind** diciamo: "Se senti che stai per sbattere contro qualcosa, schiaccia l'acceleratore". Mi infortunai alla spalla mentre guidavo la mia moto e la guidai anche in seguito. E una volta mi trovai a pensare: "E se avessi accelerato ancora, al momento dell'incidente?". Ecco di cosa parlano quei versi. Ora non guido più la moto e l'ho chiusa in un magazzino.

Il testo di *INTRO : Never Mind*, il primo brano di *THE MOST BEAUTIFUL MOMENT IN LIFE PT.2*, racconta la storia di SUGA, ma anche la situazione in cui si trovavano i BTS.

In *Intro : The most beautiful moment in life*, dell'album precedente, SUGA era da solo in un campo da basket, mentre in *INTRO : Never Mind* si trova in una sala concerti in cui si sentono degli applausi. Dopo le difficoltà incontrate durante la realizzazione dei primi album, con *THE MOST BEAUTIFUL MOMENT IN LIFE PT.1* erano finalmente arrivati al successo; per quanto fosse aumentato l'amore nei loro confronti da parte di alcuni, però, erano anche diventati il bersaglio di un'intensa antipatia da parte di altri: gli ARMY e gli anti-fan, come in una guerra, alternavano attacchi e difese. Per superare questa situazione, i BTS avevano bisogno di adottare l'approccio descritto dalle parole: "Se senti che stai per sbattere contro qualcosa, schiaccia l'acceleratore".

Anche se allungo la mano, presto mi sveglierò e sarà stato solo un sogno
Anche se corro come un pazzo, sono sempre fermo allo stesso posto

...

Di nuovo corri corri corri. Non importa se cadi

Ancora corri corri corri. Non importa se ti fai male

Nel testo di *RUN*•, la title track di *THE MOST BEAUTIFUL MOMENT IN LIFE PT.2*, pur avendo paura che sia "stato solo un sogno" gridano "di nuovo corri corri corri". La canzone quindi racchiude la loro volontà di quel momento. Il brano successivo, *Butterfly*, parla della "paura che voli via o cada in pezzi", ma anche della necessità di proseguire lo stesso. In tutto l'album, compreso l'ultimo brano *OUTRO : House Of Cards*, viene rappresentato un senso di precarietà e pericolo che tutto possa crollare se solo viene toccato, ma *RUN* mostra che i BTS non smettono di correre in avanti, nonostante tutto.

Sia l'album sia *RUN* sono nati attraverso un processo più complesso rispetto ai due lavori precedenti, *DARK&WILD* e *THE MOST BEAUTIFUL MOMENT IN LIFE PT.1*. La traccia alla base di *RUN* fu confermata subito: era talmente buona che i produttori della Big Hit Entertainment, a cominciare da Bang Si-Hyuk, la commentarono esclamando: «È fatta!». Rimaneva solo da aggiungere rap e melodia.

E quello fu il problema. *THE MOST BEAUTIFUL MOMENT IN LIFE PT.2* sarebbe dovuto uscire a settembre. Uscì invece il 30 novembre 2015.

•

La maledizione di chi ha già esordito

Il ritornello di *RUN* si basa sulla ripetizione di due semplici melodie: "Di nuovo corri corri corri. Non posso fermare il tempo" e "È l'unica cosa che posso fare". Dal punto di vista di chi lo ascolta può apparire semplice rispetto al complesso ritornello di *I NEED U*. Tuttavia per Bang Si-Hyuk, topliner[7] del ritornello di *RUN*, l'esito di questa melodia è stata una vittoria tanto importante quanto difficile. Non è esagerato infatti affermare che avrebbe determinato se i BTS sarebbero rimasti fermi all'album precedente o se avrebbero fatto un ulteriore passo avanti verso un futuro brillante.

In sostanza era come se *THE MOST BEAUTIFUL MOMENT IN LIFE PT.2* fosse il secondo album dei BTS. Gli artisti il cui album di debutto è stato ben accolto spesso faticano a ottenere la stessa risposta con il successivo: l'ideale sarebbe riuscire a presentare un nuovo stile pur mantenendo ciò che aveva determinato il successo del lavoro precedente. È più facile a dirsi che a farsi, però, altrimenti Bang Si-Hyuk, che aveva già composto molti brani di successo anche prima di lavorare con i BTS, non sarebbe stato a tormentarsi su questa breve melodia per oltre due mesi.

Forse un altro brano simile a *I NEED U* avrebbe potuto ottenere un successo adeguato. Tuttavia quella era una title track che si distingueva rispetto alle altre nella discografia del gruppo fino a quel momento, e se tale stile si fosse ripetuto sarebbe stato difficile mostrare una delle caratteristiche principali del gruppo, cioè la loro energia dinamica. D'altra parte, in un'altra canzone dell'album precedente, *Dope*, mancavano le

7 Chi compone la cosiddetta *top line*, ovvero la melodia principale e il testo principale di un brano.

linee emotive profonde, cupe e dolorose contenute in *I NEED U*. I BTS, insomma, rischiavano di rimanere immobilizzati lì dove li aveva condotti *THE MOST BEAUTIFUL MOMENT IN LIFE PT.1* limitando così il loro potenziale.

Non era solo questione di guardare ai risultati dell'album. In quel periodo i BTS, che urlavano: "Se senti che stai per sbattere contro qualcosa, schiaccia l'acceleratore", stavano vivendo una situazione in cui le difficoltà, le aspettative, le sofferenze e le speranze erano intrecciate tra loro. *RUN* doveva rappresentare questo insieme di emozioni e la volontà di continuare ad avanzare e a farsi largo.

Un ritornello che possa contenere tutto questo non può svilupparsi attraverso una melodia semplicemente "buona". Il brano *RUN* ora presenta al suo interno molte melodie originali, oltre al ritornello stesso. Ma nel 2015 ce n'erano poche che si adattassero perfettamente al gruppo, reduce dalle attività legate a *THE MOST BEAUTIFUL MOMENT IN LIFE PT.1*. Era un continuo scrivere melodie, scartarle e scriverne delle altre. Venne anche suggerito di usare un altro brano come title track.

Un'unica melodia riuscì a superare tutti gli ostacoli e arrivare al traguardo, quella del ritornello di *RUN*. Così come dice il testo, "Di nuovo corri corri corri", si concentra sulla sensazione di correre, senza la necessità di un ritmo esageratamente veloce o di troppa energia. Inoltre, con il verso "È l'unica cosa che posso fare" rinforza l'immagine di correre senza fiato. Viene così rappresentata un'immagine dei BTS che dovevano correre comunque, qualunque cosa dicessero gli altri.

E così la title track fu completata. Nella prima metà di *THE MOST BEAUTIFUL MOMENT IN LIFE PT.2*, *INTRO : Never*

Mind racconta l'atteggiamento dei BTS in situazioni che cambiano di continuo, *RUN* si concentra su come fare per metterlo in pratica e *Butterfly* racconta le ansie e la tristezza del gruppo, presenti sia nel mondo reale sia nei loro video musicali. Con *Whalien 52*• l'album inizia a indagare sempre più in profondità il loro mondo interiore, parlando in modo diretto delle emozioni che i ragazzi hanno provato dopo l'uscita dell'album precedente.

Nel mezzo di questo vasto oceano
Una balena parla a voce bassa e triste
Non riesce a raggiungere nessuno, non importa quanto gridi
Si sente così sola che chiude la bocca
...
Semplici parole dirette a me diventano presto un muro
Anche la mia solitudine sembra una finzione ai tuoi occhi
...
Il mondo non saprà mai
Quanto sono triste
Il mio dolore è come acqua e olio che non possono mescolarsi

In *Whalien 52*, i membri dei BTS sono "una balena" "nel mezzo di questo vasto oceano"; si sentivano così soli al mondo da dire che "anche la mia solitudine sembra una finzione ai tuoi occhi". Le persone non

•

riescono a rendersi conto di "quanto sono triste" e il dolore è "come acqua e olio che non possono mescolarsi".

Il gruppo aveva ottenuto un certo successo. Ma a parte il rapporto con gli ARMY, in un certo senso sembrava più isolato di prima. Solo dopo aver scavato più a fondo dentro loro stessi e aver definito chi sono avrebbero potuto cantare rivolgendosi al mondo esterno, come nei brani *Ma City* e *Silver Spoon*.

RM descrive il suo stato d'animo durante la produzione di *THE MOST BEAUTIFUL MOMENT IN LIFE PT.2*:

———Erano accadute tante cose che si sovrapponevano ad altre, come il posto che ci eravamo ritagliati, e forse cercavo di nascondermi. Nel mio guscio.

Anche dopo l'uscita dell'album i BTS furono al centro di varie controversie. RM riflette su come si sentiva in quel periodo:

———Andavo spesso in giro da solo. Frequentavo Ttukseom, una zona di Seoul, e lì mi sentivo molto a mio agio, anche se me ne stavo da solo in mezzo a gruppi di persone che si ritrovavano lì per passare la serata. Nessuno mi rivolgeva la parola e le persone intorno a me mangiavano pollo fritto e parlavano di scuola, di relazioni... Stavo seduto in disparte bevendo una birra in solitudine e mi sentivo al sicuro. "Ci sono luoghi così al mondo, quindi. Ho un posto dove posso starmene in pace." Mentre il gruppo andava bene, la mia musica e tutto ciò che avevo creato fino a quel momento veniva ignorato, e provai delle emozioni intense, mi sentii come se tutto ciò che avevo fatto fosse insignificante. Ripensandoci ora, mi chiedo come io abbia fatto a sopportarlo.

Crescita

I problemi affrontati da RM e dagli altri componenti del gruppo sono stati paradossalmente ciò che ha reso possibile completare la trilogia *THE MOST BEAUTIFUL MOMENT IN LIFE*. Se le preoccupazioni vissute durante la preparazione del primo album riguardavano le crescenti sofferenze dei giovani che cercavano di dimostrare il loro valore, durante la lavorazione di *THE MOST BEAUTIFUL MOMENT IN LIFE PT.2* si trovarono sul serio davanti al mondo che li osservava.

Nella vita di tutti i giorni, in cui il successo e le difficoltà si intersecano, i membri del gruppo riuscirono a sviluppare nuovi pensieri su loro stessi e a fare nuove esperienze. j-hope iniziò ad aprire gli occhi sul rapporto con se stesso e con la società mentre lavorava a *Ma City*•. Ha scritto il testo di questo brano descrivendo la sua città natale, Gwangju.

Chiamate tutti lo 062-518

"062" è il prefisso di Gwangju, "518" si riferisce alle manifestazioni del Movimento di Democratizzazione del 18 maggio tenutesi a Gwangju nel 1980, note anche come "rivolta di Gwangju". Su internet ci sono ancora persone che biasimano il Movimento di Democratizzazione del 18 maggio incoraggiando il regionalismo, ma j-hope ha

•

Stavo seduto in disparte bevendo una birra in solitudine e mi sentivo al sicuro. “Ci sono luoghi così al mondo, quindi. Ho un posto dove posso starmene in pace.”

—RM

mostrato il suo orgoglio per la città natale. E ha potuto riflettere su di sé studiando la storia del luogo in cui è nato.

———Non sapevo molto del regionalismo. Tanto per cominciare, non avevo mai provato sentimenti di attaccamento alla mia regione... Dopo essere arrivato a Seoul, però, ho scoperto che esisteva una cosa del genere e l'ho avvertita per la prima volta. "Ma di che si tratta? Che sensazione strana. Perché devo sentire queste cose sul luogo in cui sono nato e perché devo sentirmi così?" Perciò cercai informazioni sulla storia. A essere sincero, ero carente di queste conoscenze, perciò feci molte ricerche. E mentre studiavo riflettevo su come poter esprimere quello che provavo. Per la prima volta ho pensato: "Wow, è così che ci si sente a raccontare la propria storia e a mettere in musica i propri sentimenti".

Per j-hope, questa riflessione si trasformò in un'occasione per crescere anche come artista.

———In quel periodo domande come: "Chi sono io? Che tipo di persona sono?" occupavano metà della mia testa. La coreografia di *I NEED U* era molto diversa da quelle fatte in precedenza, quindi ragionai molto sul tipo di danza che avevo praticato fino a quel momento. È così che è nato "Hope on the street"•. Ho iniziato a riflettere su me stesso mentre ballavo davanti allo specchio in sala prove.

A cadenza irregolare, su YouTube venivano pubblicate le puntate di "Hope on the street", che mostravano j-hope impegnato a ballare; a volte questo tipo di contenuto era un'ulteriore occasione per comuni-

•

care con i fan in tempo reale anche su V LIVE. Le preoccupazioni su di sé lo portarono a comprendere meglio il suo lavoro, rendendo possibile sperimentare nuove strade. Racconta j-hope:

———A partire da *DARK&WILD*, come posso dire… Ho iniziato a sentire la mia voce negli album. Così ho avvertito il desiderio di migliorarmi molto e in fretta, di stabilire il mio posto nel mondo.

Anche Jimin iniziò a vedere i risultati dei suoi sforzi, dopo che grazie alla trilogia *THE MOST BEAUTIFUL MOMENT IN LIFE* si dissiparono i dubbi che lo affliggevano dai tempi di *DARK&WILD*. Ricorda:

———Ho capito cosa piaceva alla gente di me, cosa piaceva del mio modo di esprimermi attraverso la mia fisicità, e ho cercato di tenerlo bene a mente e di concentrarmi per mantenere quegli aspetti. Lo faccio anche quando canto e a volte anche nei movimenti delle dita, prima lenti e poi rapidi… Credo di essere cambiato tanto in questo. Imparare a mantenere la calma ha richiesto uno sforzo notevole.

V invece perfezionò il suo modo di esprimersi attraverso la costruzione del rapporto con se stesso, con gli altri e con il mondo. Durante le attività legate alla trilogia *THE MOST BEAUTIFUL MOMENT IN LIFE*, prese l'attore Colin Firth come modello di riferimento per recitare nei video e per esibirsi sul palco.

———All'epoca Colin Firth era un modello per me. Mi piaceva molto l'aura che emanava e anch'io volevo trasmettere quel tipo di sensazioni.

Il modo con cui V affronta il suo lavoro dipende da come percepisce il suo rapporto con gli altri membri del gruppo.

———Col passare del tempo vedo i miei compagni diventare sempre più bravi e affascinanti. Se non ho un riferimento con cui confrontarmi, tendo a progredire più lentamente degli altri. Per esempio, se c'è un cantante che mi piace molto penso: "Voglio essere come lui", oppure: "Anche io un giorno voglio esibirmi in quel modo". Devo avere un obiettivo chiaro da perseguire. Senza, avanzo a rilento. Ecco perché gli altri membri del gruppo sono l'obiettivo della mia ambizione.

Riguardo agli altri componenti aggiunge:

——Tante volte ho pianto col cuore gonfio di rammarico pensando: "Non voglio essere un peso per il resto del gruppo". Avevo paura che a causa mia nel muro robusto e pesante chiamato BTS potessero aprirsi delle crepe... Immagino sia per questo che non volevo rimanere indietro rispetto a persone che per me erano perfette.

Anche Jin, il più grande di età, e Jung Kook, il più piccolo, stavano vivendo dei piccoli ma significativi cambiamenti nella loro vita quotidiana. Jin, per cui l'equilibrio vita-lavoro era molto importante, a piccoli passi aveva iniziato a costruirsi una routine dal momento in cui si erano trasferiti nel nuovo dormitorio, nella primavera del 2015.

——Prima non avevo molto tempo per uscire. Anche quando andavo all'università i miei amici mi chiedevano perché facessi quella vita. Secondo loro sarei dovuto essere più partecipe come studente. Anche io volevo *(ride)*. Infatti a poco a poco iniziai a uscire, mi iscrissi a una scuola di boxe, andavo a lezione di giorno e mi esercitavo all'alba...

Jung Kook racconta di come sviluppò dei nuovi interessi:

——Cominciai a prenderci gusto, con lo shopping. Prima mi vestivo con ciò che mi piaceva. L'idea era: "Mi vesto con il mio stile unico". Ma poi col tempo devo essermi stufato e quando ero in giro con gli altri che facevano shopping sono stato contagiato anch'io *(ride)*.

Era anche una maniera per imparare a esprimere se stessi. Jung Kook continua:

———Fino ad allora pensavo solo di dover fare quello che mi veniva detto, e di doverlo fare bene a ogni costo, non avevo dei valori miei. Poi ho iniziato a pensare a cosa avrei dovuto fare, a come avrei dovuto comportarmi, a come volevo apparire mentre cantavo sul palco. Quando si gioca ai videogame si chiama *skill tree*, vero? Ecco, era proprio così. Completato un livello, il percorso si biforca e da lì si divide ancora e poi si sviluppa. Era una bella sensazione quella di completarli uno dopo l'altro.

Lo *skill tree* di Jung Kook lo portò a tuffarsi nella produzione musicale.

———Non avevo nessuna paura di imparare. Gli altri avevano già tutti fatto musica, mentre io tanto per cominciare non sapevo né ballare, né cantare, né suonare uno strumento.

E poi SUGA. Ripensando alla musica composta in quel periodo, dice:

———Ci sono sempre storie di sogni o di speranze nelle mie canzoni. È stato così anche con *Tomorrow*, che avevo scritto tempo prima. Più di metà delle mie canzoni tende a parlare di sogni e speranze. Se non raccontiamo noi storie come quelle con la musica, chi lo farà? Ma quella musica, a osservarla adesso, è come se parlasse a me. Anni dopo mi trovo ad ascoltare i brani composti allora e mi consolano. È come una lettera scritta al me stesso del futuro.

Poi pensa alle tante persone che ascoltano i BTS e dice:

———Allora non sapevo perché la gente ascoltasse la nostra musica. Non potevo sapere se fosse perché apprezzavano le canzoni che componevamo, o perché ne comprendevano e condividevano il significato. Ma ora credo di saperlo.

THE MOST BEAUTIFUL MOMENT IN LIFE PT.2 si piazzò al quinto posto della classifica degli album Gaon Chart per il 2015 con 274.135 copie vendute. Al sesto posto c'era *THE MOST BEAUTIFUL MOMENT IN LIFE PT.1*. I posti dal primo al quarto erano tutti occupati dagli album degli EXO. Era la prima volta dal 2010 che un gruppo di idol non appartenente alle cosiddette "tre grandi case discografiche" aveva due album tra i primi dieci in classifica. Questo inoltre accadeva a un solo mese dall'uscita; l'anno successivo l'album vendette altre 105.784 copie, piazzandosi al ventunesimo posto della classifica del 2016.

Tuttavia, il valore della trilogia *THE MOST BEAUTIFUL MOMENT IN LIFE* non può essere spiegato soltanto con le posizioni in classifica degli album o con l'ascesa dei BTS. Durante la realizzazione della trilogia i membri del gruppo hanno parlato di ciò che avevano vissuto e di ciò che stavano vivendo, e in questo percorso stavano via via crescendo. Da Jung Kook, allora un liceale, fino a Jin, che era poco più che ventenne, si trovavano tutti in quella fase della vita tra l'essere ragazzi e l'essere adulti, e vagavano, si tormentavano e sperimentavano un misto di gioia e frustrazione, venendo infine in contatto con il mondo esterno.

Da quel punto di vista fu nel corso di questa trilogia che i BTS si "sincronizzarono" con gli ARMY o, più in generale, con i giovani coreani del tempo. Gli idol, nonostante vivessero una vita molto diversa da quella dei loro fan e dei coetanei, dovevano riuscire comunque a sopravvivere nella società, attraversando un periodo turbolento e indesiderato. La generazione dei BTS non occupa nel totale della popolazione una fetta pari a quella della generazione dei loro genitori. Inoltre, poiché il divario tra ricchi e poveri nella società coreana era divenuto più marcato che in passato a seguito della crisi del FMI del 1997, i coreani erano spinti a una competizione estrema, tanto che una delle espressioni usate più di frequente era "ognuno pensa a sé". Anche i BTS avevano in qualche modo dovuto lottare per crearsi una posizione in uno scenario in cui le grandi agenzie e i gruppi di idol affermati della generazione precedente avevano già un posto stabile.

Una generazione che, sebbene la società sia dura e soffocante con loro, fa fatica a far sentire la propria voce mentre cerca di sopravvivere. Una generazione che può ribellarsi, ma per cui è difficile resistere. I BTS hanno portato i giovani nel mondo dei gruppi di idol e, al suo interno, hanno definito la propria generazione attraverso l'hip hop.

Mi chiamano paepsae
È maledetta questa generazione
...
Cambiamo le regole cambiamole cambiamole
Gli hwangsae vogliono vogliono mantenere le cose come sono
Ma così non va bene BANG BANG
Questo non è normale
Questo non è normale

Questi versi del brano *Silver Spoon*•, contenuto in *THE MOST BEAUTIFUL MOMENT IN LIFE PT.2*, rappresentano la visione

•

che i BTS avevano della loro generazione e del mondo. L'intera trilogia voleva essere la loro risposta a chi li considerava dei *paepsae*[8], chi ambisce a qualcosa oltre le proprie possibilità, nell'industria idol coreana. Se anche qualcuno pensasse che sono dei *paepsae*, loro comunque correrebbero ancora e ancora, e salterebbero oltre il muro che hanno davanti.

Attraverso *THE MOST BEAUTIFUL MOMENT IN LIFE* i BTS hanno mantenuto la promessa racchiusa nel nome del gruppo[9]. Hanno parlato dei pregiudizi e delle difficoltà che adolescenti e ventenni devono sopportare, proprio come se cercassero di impedire ai proiettili di penetrare all'interno del corpo. Quel nome, ridicolizzato agli esordi da alcune persone, circa tre anni dopo il debutto ha potuto dimostrare di avere un senso.

Alla domanda se la trilogia gli avesse dato un'opportunità per mettere ordine nei propri pensieri, RM risponde:

——Più che mettere ordine... "Ah, posso respirare", ecco cosa mi sono detto. Perché avevamo raggiunto il primo posto *(ride)*. E anche alle cerimonie di premiazione, mi sono sentito come se per la prima volta ci avessero... "invitato". Prima di allora, quando partecipavamo a eventi del genere era sconfortante. Eravamo stati invitati, effettivamente, ma ci sentivamo come se in realtà non fosse così. Il nostro staff era lontano e noi sette eravamo

---

8 Letteralmente, *paepsae* significa "corvo" e *hwangsae* "cicogna". In questo caso indicano due generazioni in conflitto, quelle dei giovani e dei loro genitori: i corvi hanno le zampe corte, quindi sono sfortunati, mentre le cicogne le hanno lunghe e sono fortunate. Il riferimento è appunto alle conseguenze della crisi e alle difficoltà che ne sono derivate per le nuove generazioni. (*NdT*)

9 Il nome in coreano dei BTS, Bangtan Sonyeondan, significa infatti "gruppo di ragazzi antiproiettile". (*NdT*)

seduti vicini e pensavamo: "Davvero non c'è nessuno per noi, nessuno dalla nostra parte".

Sia i BTS sia gli ARMY hanno passato un periodo difficile nei tre anni compresi tra il 2015 e il 2017, e la trilogia *THE MOST BEAUTIFUL MOMENT IN LIFE* corrisponde solo al primo anno. Ad attenderli c'erano altre difficoltà e situazioni inaspettate. Attraverso la trilogia, però, i BTS ricevettero finalmente un "invito" dal mondo di cui facevano parte; comprendendo la loro relazione con esso, furono in grado di crescere.

Fu più o meno in questo periodo che RM e gli altri dovettero iniziare a riflettere sulla cosiddetta "controversia sulla misoginia"[10] sollevata contro di loro. Una volta raggiunto il successo, alcuni loro testi furono criticati e definiti misogini. Avendo avuto a che fare con l'hip hop fin da piccolo, RM ne aveva accettato la misoginia come caratteristica intrinseca del genere; nel momento in cui la controversia venne sollevata per la prima volta, lui, SUGA e gli altri ragazzi dovettero scoprire e indagare il concetto di misoginia.

——Posso parlarne. A ripensarci adesso, penso fosse qualcosa che dovevo attraversare e superare.

Alla domanda se potesse raccontare ciò che era successo al tempo, RM risponde così e continua:

——Credo che chiunque viva in questo decennio si sia scontrato almeno una volta con questo concetto, che ne sia consapevole. Dato che sono stato criticato abbastanza presto, però, sono stato subito in grado di riconoscere il problema.

---

10 In Corea il termine è stato mutuato dall'inglese e viene comunemente usato, ma nell'accezione coreane è un concetto che include anche atteggiamenti che oggettivano le donne dal punto di vista sessuale.

Oltre al massiccio cyberbullismo che stavano subendo a quel tempo, i BTS erano tormentati anche dal pensiero di dover fare qualcosa per risolvere la questione della misoginia. RM aggiunge:

——Sono stato additato e criticato per il rap che scrivevo e per il mio modo di pensare. In quel periodo si erano verificati fatti come l'episodio della stazione di Gangnam[11], che hanno spinto molte donne ad analizzare la situazione dal loro punto di vista. Una persona che conosco mi disse che se definiamo una situazione di equità con un valore numerico pari a 0, e l'ingiustizia nel mondo con +10, per arrivare all'uguaglianza le parti che hanno subito l'ingiustizia a volte non hanno altra scelta che pretendere e rivendicare –10 anziché 0. Le sue parole mi colpirono molto.

Parla anche degli effetti positivi che questo ebbe sui BTS:

——Senza un'esperienza come quella, non saremmo potuti arrivare dove ci troviamo ora.

Più tardi, nel luglio 2016, la Big Hit Entertainment rese nota la sua posizione ufficiale in merito alla controversia sulla misoginia in relazione ai BTS: "Abbiamo compreso che la creazione musicale non è esente da pregiudizi sociali o da errori". Inoltre: "Abbiamo anche capito che è inopportuno definire il valore delle donne o il loro ruolo nella società a partire dalla prospettiva maschile". Ora la HYBE porta avanti un programma di educazione alla sensibilità di genere per tutti gli artisti in procinto di debuttare.

Si può dire quindi che grazie alla trilogia *THE MOST BEAUTIFUL MOMENT IN LIFE* i BTS attraversarono un "periodo di gio-

11 Si riferisce a un caso di omicidio, verificatosi il 17 maggio 2016 in un bagno della stazione della metro di Gangnam. Quel giorno un uomo uccise una donna che nemmeno conosceva.

ventù" come singoli individui e come gruppo e lo fecero insieme agli ARMY.

In futuro avrebbero dovuto affrontare situazioni ancora più complesse, ma dopo aver pubblicato i primi due album della trilogia erano arrivati a un punto in cui potevano prendersi una pausa dal lungo viaggio iniziato con il debutto.

Prima di dirigersi alla stazione successiva, c'era una cosa però che i BTS dovevano ancora fare.

Incendiamo tutto[12]

FIRE!

Dopo i mini album *THE MOST BEAUTIFUL MOMENT IN LIFE PT.1* e *THE MOST BEAUTIFUL MOMENT IN LIFE PT.2*, il 2 maggio 2016 uscì lo special album *THE MOST BEAUTIFUL MOMENT IN LIFE : YOUNG FOREVER*, che tirava perfettamente le fila di tutti i significati della trilogia. Era necessario non solo portare a conclusione una fase della vita dei BTS sviluppata nei due album precedenti, ma anche raggiungere la vetta per riflettere la loro crescita esplosiva nell'industria musicale del mondo reale. Quello era il momento di mostrare la loro inarrestabile energia attraverso canzoni ed esibizioni, più che esaminare attentamente le varie situazioni in cui il gruppo si era trovato, come era avvenuto con *I NEED U* e *RUN*.

12 Un verso del brano *Burning Up (FIRE)* contenuto nell'album successivo, *THE MOST BEAUTIFUL MOMENT IN LIFE : YOUNG FOREVER.*

I BTS erano finalmente in grado di esibirsi in coreografie pazzesche, come già fatto da *Attack on Bangtan* a *Dope*, ma questa volta a partire dalla title track.

Per caso o per necessità, all'epoca la Big Hit Entertainment era pronta a mostrare tutto questo. L'esibizione di *Burning Up (FIRE)*[*], title track di *THE MOST BEAUTIFUL MOMENT IN LIFE : YOUNG FOREVER*, è incentrata nella seconda metà del brano su una performance impressionante con la presenza di ballerini. Mentre i membri del gruppo eseguono la coreografia, i ballerini appaiono all'improvviso e danno vita a un'esibizione esplosiva che, come dice il testo, "incendia tutto". In questo modo i BTS furono in grado di far percepire davvero alle persone la loro energia inarrestabile e unica.

Per questo genere di esibizioni venne investita una quantità considerevole di forza lavoro, di tempo e di capitale. Furono reclutate decine di ballerini per lavorare con il gruppo per un certo periodo, e fu necessario anche un ampio spazio in cui provare le coreografie. Sebbene dipenda dalle dimensioni del palco, nel video delle prove[**] di *Burning Up (FIRE)* si vede V che afferra la telecamera e la gira verso l'altra parte del palco, andando a riunirsi con il resto del gruppo e con i ballerini che si trovavano lì. E si capisce perché ci fosse bisogno di una grande sala prove.

Per la prima volta la Big Hit Entertainment aveva a disposizione il capitale necessario a realizzare tutto ciò. Per Bang Si-Hyuk, *THE MOST BEAUTIFUL MOMENT IN LIFE : YOUNG FOREVER* fu

[*] [**]

THE MOST BEAUTIFUL MOMENT IN LIFE : YOUNG FOREVER

THE 1ST SPECIAL ALBUM
02.05.2016

TRACK

CD1

01 INTRO : The most beautiful moment in life
02 I NEED U
03 Hold Me Tight
04 Autumn Leaves
05 Butterfly prologue mix
06 RUN
07 Ma city
08 Silver Spoon
09 Dope
10 Burning Up (FIRE)
11 Save ME
12 EPILOGUE : Young Forever

CD2

01 Converse High
02 Moving On
03 Whalien 52
04 Butterfly
05 House Of Cards (full length edition)
06 Love is not over (full length edition)
07 I NEED U urban mix
08 I NEED U remix
09 RUN ballad mix
10 RUN (alternative mix)
11 Butterfly (alternative mix)

VIDEO

EPILOGUE : Young Forever MV

Burning Up (FIRE) MV

Burning Up (FIRE) MV TEASER

Save ME MV

il punto di partenza per poter infine realizzare compiutamente la sua visione.

Grazie al successo dei BTS la società fu in grado di crescere dal punto di vista finanziario e Bang Si-Hyuk riuscì a mettere finalmente in atto qualcosa che somigliava a ciò che aveva immaginato. A questo proposito, *Burning Up (FIRE)* equivaleva a una dichiarazione: proprio come i membri del gruppo, anche la Big Hit Entertainment non si accontentava più e aveva il desiderio di "sfondare e progredire".

L'album *THE MOST BEAUTIFUL MOMENT IN LIFE : YOUNG FOREVER* rappresentò quindi il completamento della trilogia creata dallo slancio creativo di BTS e Big Hit Entertainment, e testimoniava un passo deciso verso il futuro. Non era il solito album *repackage*, ma l'epilogo di un periodo: vennero riarrangiati brani di *THE MOST BEAUTIFUL MOMENT IN LIFE PT.1* e *THE MOST BEAUTIFUL MOMENT IN LIFE PT.2* e incluse nuove canzoni come *Burning Up (FIRE)*, *Save ME* e *EPILOGUE : Young Forever*, per presentare in modo chiaro la storia e il messaggio di questo special album.

Dopo la "School Trilogy", la serie *THE MOST BEAUTIFUL MOMENT IN LIFE* fu pianificata con maggiore attenzione e completata dall'aggiunta di *THE MOST BEAUTIFUL MOMENT IN LIFE : YOUNG FOREVER*. Ciò fu reso possibile dal successo riscosso dal gruppo, che permise loro di pubblicare uno special album e alla casa discografica di investirvi in maniera significativa.

In particolare, la promozione per l'uscita di *THE MOST BEAUTIFUL MOMENT IN LIFE : YOUNG FOREVER* è un esempio di ciò che l'ambizione di Bang Si-Hyuk era in grado di fare avendo a disposizione il capitale necessario. Il video musicale di *Burning Up (FIRE)* venne lanciato dalla Big Hit Entertainment dopo la pubblicazione del video di *EPILOGUE : Young Forever*• e prima di *Save ME*••.

Saremo per sempre giovani
Anche se cado, mi ferisco e soffro
Corro senza fine verso il mio sogno

Se *Burning Up (FIRE)* mostrava l'energia esplosiva del gruppo, *EPILOGUE : Young Forever* era un'ode alla gioventù, al gruppo stesso, che aveva completato la trilogia, e agli ARMY, che erano stati al loro fianco. *Save ME* invece portava avanti la storia dei personaggi dell'intera serie, e al tempo stesso era anche un messaggio che i BTS inviavano al mondo.

Grazie per avermi lasciato essere me stesso
Per avermi fatto volare
Per aver dato ali a uno come me

Perciò vennero composte tre nuove canzoni, filmati tre nuovi video, fatte le prove delle coreografie di *Burning Up (FIRE)* e *Save ME*, così come dell'imminente concerto… Tutto procedeva senza intoppi. Racconta RM:

——L'epoca di *Burning Up (FIRE)* fu veramente un periodo "infuocato".

• ••

RM spiega brevemente la differenza tra i primi due album della trilogia e *THE MOST BEAUTIFUL MOMENT IN LIFE : YOUNG FOREVER*.

———Semplicemente mi sentii come se fossi tornato lì dove sarei dovuto essere. Come quando iniziai con l'hip hop dopo aver ascoltato il brano *Without Me* di Eminem. Noi sette, nessuno escluso, eravamo sciocchi. Ma con tanto talento. Sul palco ero emozionato da morire. La canzone era entusiasmante. Anche le riprese furono molto divertenti. Mi dissi: "Oh, ora posso davvero cominciare a vivere". Fino a quel momento pensavo solo: "Sto per morire!", poi d'un tratto mi sono fermato e mi sono sentito come se fossi a una festa.

Quest'esperienza divenne anche un nuovo punto di svolta per loro. Jin descrive *Burning Up (FIRE)* come un'opportunità per cambiare in maniera considerevole il suo atteggiamento nei confronti del lavoro.

———La mia canzone preferita fra tutte è *Burning Up (FIRE)*. Prima non avevo alcuna fiducia in me stesso, poi iniziai a mandare baci con le mani ogni volta che incontravo gli ARMY, così come facevo nel video; e dato che non lo facevo sul palco ma nella vita vera, a loro piacque molto. Cercavo di capire cosa sarebbe potuto piacere a tutti loro e trovai tante cose diverse, e in questo modo riacquistai la fiducia in me. Poi quel modo di fare diventò una parte del mio personaggio tanto che iniziai a fare gesti teatrali *(ride)*.

L'attitudine di Jin si trasformò in un ruolo che solo lui poteva svolgere, non solo sul palco, ma anche agli incontri dei BTS con gli ARMY o durante gli eventi ufficiali. Più tardi, quando i BTS fecero il loro vero e proprio ingresso sulla scena americana, il suo atteggiamento allegro e educato fu utile a creare un'atmosfera vivace in qualsiasi situazione.

Non sforzatevi troppo
Va bene anche perdere

Considerando la storia dei BTS fino ad allora, anche questi versi di *Burning Up (FIRE)* suonano come una dichiarazione. Nell'intro del brano non potevano fare a meno di dire: "Non sono niente", ma poi aggiungevano: "Va bene non esagerare". Così facendo, potevano lasciarsi andare un po' per poi scatenarsi sul palco. Quando si parla dell'industria idol di cui facevano parte, i BTS avevano davvero "incendiato tutto". Persino l'Olympic Gymnastics Arena[13].

Ancora un nuovo inizio

Quando i BTS debuttarono, per RM i criteri per definire il successo erano semplici:

——Cose come la situazione del settore e i numeri relativi alle vendite mi entravano in un orecchio e uscivano dall'altro. Per me era sufficiente sentire che le cose stavano andando bene. A quei tempi ci bastava sapere che eravamo i "numero 1 su Melon", ovvero al primo posto della classifica Melon. E poi dire: "I miei amici conoscono le canzoni del nostro gruppo" era tutto ciò di cui avevamo bisogno.

13 L'attuale KSPO Dome, che ha cambiato nome ufficialmente nel luglio 2018 in seguito alla ristrutturazione del Parco Olimpico di Seoul. È uno spazio con circa 15.000 posti a sedere.

All'epoca un altro criterio per stabilire il successo di un artista era la sua esibizione alla Olympic Gymnastics Arena, che fino all'apertura del Gocheok Sky Dome alla fine del 2015 era l'arena al coperto più grande della Corea. Anche oggi non è semplice per un artista riuscire a esibirsi al KSPO Dome. Per dirla in maniera semplice, trascorse più tempo tra il debutto dei BTS e la conquista del palco dell'Olympic Gymnastics Arena di quanto ne passò tra questa esibizione e il tour negli stadi di tutto il mondo, compreso lo Stadio Olimpico di Jamsil a Seoul, che può ospitare fino a 100.000 persone.

Nel maggio 2016, il concerto 2016 BTS LIVE THE MOST BEAUTIFUL MOMENT IN LIFE ON STAGE : EPILOGUE[•] tenutosi all'Olympic Gymnastics Arena, in concomitanza con l'uscita dell'album *THE MOST BEAUTIFUL MOMENT IN LIFE : YOUNG FOREVER*, fu in un certo senso come "l'epilogo dell'epilogo" della trilogia. I BTS avevano finalmente ottenuto il successo più grande che avrebbero potuto immaginare. Nell'arena risuonò *EPILOGUE : Young Forever* cantata dagli ARMY, e i membri del gruppo non riuscirono a nascondere le lacrime sul palco.

SUGA ricorda ancora l'emozione di quella sera come se fosse adesso:

——Il concerto si tenne il giorno della Festa dei Genitori, perciò cercai i miei con lo sguardo, li trovai e feci loro un profondo inchino. Poi scoppiai in lacrime. Stavo piangendo come un bambino.

•

Tuttavia questo splendido epilogo diede loro nuovi compiti. Dopo che tutto ciò che aveva immaginato si era avverato, RM si rese conto che stava guardando verso un obiettivo a cui prima di allora non aveva nemmeno pensato.

———Quando sentii che il nostro album stava andando molto bene iniziai a pensare più in termini di "premi importanti" che di copie vendute.

Per i membri del gruppo, fino ad allora, gli importanti premi assegnati ogni anno erano lontani da ogni immaginazione. Ma si stavano lentamente trasformando in realtà, insieme a molte altre cose ancora.

V spiega così quali fossero i suoi sentimenti riguardo al successo dei BTS da quel momento in poi:

———Il mio unico obiettivo era stato quello di debuttare; una volta fatto, quando qualcuno mi chiedeva quale fosse il mio obiettivo rispondevo che era ottenere il primo posto in classifica. Una volta conquistato il primo posto, quando mi veniva posta la stessa domanda dicevo: «Il mio obiettivo è raggiungere il primo posto con tre canzoni». Quando accadde dissi che volevo vincere un premio importante. E così fu *(ride)*. Ricevere tutti quei premi... divenne assurdo. Avevamo parlato solo di cose che non pensavamo potessero realizzarsi, ma le avevamo ottenute tutte.

Scuote lievemente il capo e aggiunge:

———Penso sia strano *(ride)*.

CAPITOLO 4

WINGS

YOU NEVER WALK ALONE

INSIDE OUT

DENTRO E FUORI

BUS STOP
Route 59
59th-61st
Operates Between
59 th-Cicero(4800W)
&
60th Stony island(1600E)
Via 59th State -61st-Blackstone-Midway
Owl Service Between Pulaski(4000W) & Stony island
24 Hour Operation 30 Minute Owl Service

INSIDE OUT

Friends

Il cosiddetto "incidente dei ravioli" tra V e Jimin è uno degli aneddoti più famosi dei BTS, talmente conosciuto che non ci sono ARMY che non ne abbiano almeno sentito parlare. Viene addirittura menzionato ufficialmente nel testo di *Friends*, duetto di V e Jimin incluso nel full-length album *MAP OF THE SOUL : 7* uscito il 21 febbraio 2020, nella parte: "L'incidente dei ravioli è una commedia".

In realtà, definirlo "incidente" è esagerato. Come i due hanno dichiarato in diverse occasioni, fu una situazione che si creò perché non erano d'accordo sul momento migliore per mangiare i ravioli: V voleva farlo durante le prove della coreografia, Jimin dopo. Ne seguì una breve discussione, ma poi il rapporto tra i due diventò più forte di prima. Tuttavia, se osserviamo le circostanze nelle quali si trovavano i BTS in quel periodo, questo incidente dei ravioli assume un significato più profondo. L'episodio in sé non è altro che un ricordo che fa sorridere, ma il contesto nel quale si verificò permette di guardare con occhi diversi la situazione che vivevano all'epoca.

Il motivo per cui V voleva mangiare i ravioli durante le prove era che, essendo stato impegnato con le riprese del drama "Hwarang", non aveva avuto neanche il tempo di mangiare.

Dall'inizio del 2016, in seguito al successo di *THE MOST BEAUTIFUL MOMENT IN LIFE*, i BTS avevano iniziato a ricevere diverse proposte di lavoro, e "Hwarang" era una di queste. Il drama venne trasmesso dall'emittente nazionale sudcoreana KBS a partire dal 19 dicembre 2016, tutti i lunedì e i martedì in prima serata. Nel cast era presente anche l'attore Park Seo-joon, considerato la star emergente del momento. Era chiaro che quella fosse un'ottima occasione sia per

V sia per i BTS di farsi conoscere da un numero ancora maggiore di persone.

Il vero problema era evitare che gli orari dei vari impegni si sovrapponessero. Al contrario della maggior parte delle serie TV coreane, le riprese del drama si conclusero molto prima che andasse in onda: cominciarono a marzo del 2016 e terminarono all'inizio di settembre dello stesso anno. Il periodo coincideva con quello dei preparativi per l'uscita del secondo full-length album, *WINGS*, fissata per ottobre 2016. Nei gruppi K-pop può capitare che gli impegni dei singoli componenti si sovrappongano a quelli del gruppo. Ma per i BTS, il periodo tra il 2015 e il 2016 fu particolare: la loro fama crebbe esponenzialmente, andando oltre i confini della Corea.

Per dare un'idea di questa crescita, la serie di concerti del tour THE MOST BEAUTIFUL MOMENT IN LIFE ON STAGE, iniziata in contemporanea con l'uscita di *THE MOST BEAUTIFUL MOMENT IN LIFE PT.2*, prevedeva tre date tra Corea e Giappone. Mentre il tour THE MOST BEAUTIFUL MOMENT IN LIFE ON STAGE: EPILOGUE, che iniziò dopo l'uscita di *THE MOST BEAUTIFUL MOMENT IN LIFE : YOUNG FOREVER*, era composto da sette date in tutta l'Asia. Questo tour durò da maggio fino a metà agosto e, a differenza di quello del 2015, la distanza tra le date era molto breve, e c'era solo una settimana di tempo per spostarsi nella città della tappa successiva.

V ricorda così quel periodo:

——Le date del tour e le riprese di "Hwarang" erano nello stesso periodo, quindi, non appena rientravo in Corea, dovevo andare sul set a girare. In teoria, in Corea avrei dovuto riposarmi, e invece non fu mai possibile. Quando i compagni mi chiedevano: «Ehi, ce la fai?», io rispondevo: «Devo farcela», e andavo sul set. Se sul set mi chiedevano: «Sei appena rientrato dal tour, ce la fai a girare?», io rispondevo: «Sto bene», e mi mettevo al lavoro... E poi ripartivo per il tour.

La sovrapposizione del tour e delle riprese causò non pochi problemi a V. Era esausto dal punto di vista fisico, ovviamente. Ma ancor di più lo era a livello mentale, visto che le due professioni, di attore e cantante, erano profondamente incompatibili. Sul palco, V cercava la connessione con il pubblico e si esibiva ogni volta in maniera diversa e spontanea. Al contrario, durante le riprese, doveva ripetere con gli altri attori la stessa scena diverse volte, in maniera sempre uguale. Lui stesso spiega:

———Nella recitazione è importante rifare la scena appena conclusa nello stesso modo, e io tra me e me pensavo: "Come faccio? È un bel problema". Se avessi rifatto esattamente gli stessi movimenti, il risultato sarebbe stato innaturale. Quando mi esibisco, infatti, cerco sempre di fare qualcosa di nuovo sul palco, quindi, da questo punto di vista, recitare è stato piuttosto difficile.

Queste difficoltà, unite al senso di responsabilità nei confronti dei BTS, rappresentarono per V un grande peso a livello psicologico.

———Sbagliai una scena, una volta. Nonostante gli altri attori mi avessero dato mille consigli, non riuscii a farla bene. Era una scena intensa, carica d'emozione, e mi sembrò di averla totalmente rovinata. Mi preoccupava l'idea che, per colpa mia, la gente pensasse che i BTS non sapessero recitare. Era la prima volta che un membro del gruppo si presentava in veste di attore e temevo che, se avessi sbagliato, quell'etichetta ci sarebbe rimasta addosso per sempre. Per questo mi ero ripromesso di mettercela tutta. Quando sbagliai, anche se nessuno mi criticò, iniziai ad avere queste preoccupazioni. Ero molto depresso.

Come già detto, la fama dei BTS in quel periodo stava crescendo in maniera esponenziale e, con essa, l'intensità del cyberbullismo nei loro confronti. Nessuna star al mondo riesce mai ad abituarsi al fatto che ogni sua azione venga osservata, dissezionata e criticata dalle persone. Nonostante tutto, a quei tempi V non esternava mai le sue difficoltà.

——Penso che i miei compagni fossero piuttosto frustrati. Mi dicevano di parlare con loro, che dovevo dirlo se stavo male, ma non ci riuscivo. Sono fatto così, non riesco a parlare di queste cose. Mi manca il coraggio.

Ecco, questo è il retroscena dell'incidente dei ravioli. V continua:

——Era il periodo in cui ero sballottolato tra le riprese di "Hwarang" e il tour. Anche quel giorno avevo finito di girare e avrei dovuto subito mettermi al lavoro per la preparazione dell'album, ma... morivo di fame, perché non avevo ancora toccato cibo. Per questo chiesi al nostro manager di ordinare dei ravioli e iniziai a mangiarli durante le prove. Jimin, all'oscuro della mia situazione, mi disse che avrei dovuto mangiarli una volta finito, ed è così che iniziammo a discutere. Gli altri ragazzi ci dissero di andare a parlarne in privato, solo noi due, ma, una volta usciti fuori per chiarirci, ognuno non faceva che ripetere il proprio punto di vista, e la discussione non andò da nessuna parte.

Il litigio si concluse qualche giorno dopo con una bella bevuta. V ricorda quel momento così:

——Jimin mi disse: «Non riesco a fare nulla per te in questo momento, ma fatti forza. Capisco che per te è un periodo difficile e vorrei che, quando sei in difficoltà, me lo dicessi. Voglio esserti d'aiuto». Da quel momento ci siamo avvicinati ancora di più.

V definisce il suo rapporto con Jimin con queste parole:

———All'inizio io e lui litigavamo molto spesso, poi col tempo è diventato una persona di cui non posso fare a meno *(ride)*. Ti senti molto solo quando la persona con cui litighi non c'è.

Le amicizie solide costruite nel tempo con i colleghi di lavoro sono state per V una fonte di forza sia durante il periodo di riprese di "Hwarang" sia durante la preparazione dell'album *WINGS*.

———Sinceramente, fu grazie alle persone fantastiche che avevo intorno che riuscii a tenere duro e ad andare avanti. Se in tour non crollai fu merito del bellissimo rapporto con i compagni. Se durante le riprese di "Hwarang" riuscii a sopravvivere fu perché adoravo le persone con cui lavoravo. Mi spiegavano ogni cosa e mi trattavano benissimo. Prima delle riprese ero molto preoccupato, dato che non avevo mai recitato. Ma proprio perché non sapevo nulla, loro mi spiegavano tutto nel dettaglio e mi trattavano con estrema gentilezza.

V è molto grato alle persone che gli sono vicino per il loro supporto. Ha poi aggiunto:

———Quando mi sentivo particolarmente giù di morale, i membri del gruppo e gli amici che avevo sul set di "Hwarang" furono la mia forza. Bevevamo insieme e chiacchieravamo spesso. Venivano da me e mi dicevano che volevano aiutarmi perché vedevano che stavo male. E così ebbi modo di riorganizzare i miei pensieri, liberandomi di quelli negativi.

New wave

Le preoccupazioni che aveva V in quel periodo furono alla base della creazione di *WINGS*. I BTS avevano finalmente raggiunto il successo tanto desiderato, e ciò aveva segnato un nuovo inizio, aprendo loro un mondo fino ad allora totalmente sconosciuto. Con esso arrivarono altre preoccupazioni, più profonde e complicate rispetto a quelle affrontate fino a quel momento.

Il secondo full-length album, *WINGS,* uscì il 10 ottobre 2016. Nel maggio dello stesso anno i BTS si erano esibiti al KSPO Dome, un'arena con 15.000 posti: i ragazzi erano già emozionatissimi per aver avuto la possibilità di salire su un palco del genere. A distanza di meno di un anno, nel febbraio del 2017, si esibirono per due date del 2017 BTS LIVE TRILOGY EPISODE III: THE WINGS TOUR[•] al Gocheok Sky Dome, uno stadio da 25.000 posti, e in entrambe registrarono il tutto esaurito – posti in piedi compresi. Alla fine dell'anno, conclusero il tour con tre concerti nello stesso posto.

Nel frattempo, gli account Twitter e YouTube dei BTS si riempirono di commenti in inglese e in altre lingue straniere, anche non asiatiche. Il numero di ARMY in tutto il mondo aumentò rapidamente e, con esso, il cyberbullismo nei confronti dei ragazzi, che non accennava a diminuire.

Era una situazione senza precedenti, sia per i BTS che per l'industria K-pop. Nel dicembre 2015 *THE MOST BEAUTIFUL MOMENT IN*

•

LIFE PT.2 aveva conquistato la 171ª posizione nella Billboard 200, la classifica settimanale dei duecento album più venduti negli Stati Uniti, e l'album successivo, *THE MOST BEAUTIFUL MOMENT IN LIFE : YOUNG FOREVER*, aveva raggiunto la 107ª posizione. Non si può dire che fossero dei buoni piazzamenti, ma il fatto che due album, usciti uno dopo l'altro, fossero entrambi entrati in classifica e che l'avessero scalata così rapidamente era un segnale molto significativo.

E quello era solo l'inizio. Man mano aumentavano anche i commenti in inglese di persone che chiedevano a diversi canali YouTube di creare dei contenuti relativi ai BTS. E non solo a quelli di reaction video K-pop, ma anche ad altri canali famosi. Nel mondo dei social media, dove tutto ciò che cattura l'attenzione diventa subito virale, in quel periodo qualunque contenuto avesse a che fare con i BTS diventava un successo. In un ambiente fino a quel momento ignorato dai mass media, dalle posizioni più basse della Billboard 200, qualcosa di mai visto prima stava per accadere.

Questo successo portò V a dover conciliare la produzione dell'album, i preparativi per il tour e le riprese di "Hwarang", e catapultò i BTS in un clima totalmente differente rispetto a quello di un anno prima, stravolgendo le loro vite; ciascuno dei ragazzi reagì in modo diverso al cambiamento, accogliendolo o rifiutandolo, e quello fu anche un momento per riflettere su loro stessi.

La frase che compare alla fine del video di *Burning Up (FIRE)*, la title track dell'album *THE MOST BEAUTIFUL MOMENT IN LIFE : YOUNG FOREVER*, oltre a essere un'anticipazione dell'album successivo, *WINGS*, si rivelò profetica nel prevedere ciò che i ragazzi avrebbero affrontato da lì in avanti.

BOY MEETS WHAT

———A essere sincero, all'inizio avevo paura.

Quando gli venne assegnato il compito di apparire nel video di *Intro : Boy Meets Evil*•, trailer del *comeback* e prima traccia dell'album *WINGS,* j-hope sentì un senso di responsabilità enorme. Non solo per il fatto che fino a quel momento erano sempre stati RM o SUGA a comparire nelle tracce di apertura degli album. È lui stesso a spiegare:

———Quando mi diedero la bozza della coreografia mi sembrava fattibile, ma non appena iniziai a provare mi resi conto che non era così. Non sapevo se sarei riuscito a realizzarla. In quel periodo vivevo praticamente nella sala prove. Credo di aver registrato e ricontrollato il video del trailer più di un centinaio di volte; andai di persona a parlare con dei professionisti per imparare a fare ciò che non riuscivo. E mi feci anche male al polso. Ero sul punto di impazzire.

Il *what* della frase *BOY MEETS WHAT* è *evil*, il male, che per i BTS a quell'epoca consisteva in un continuo ripetersi di caos e preoccupazioni – proprio come le difficoltà che stava affrontando j-hope –, causato dal trovarsi in una situazione totalmente nuova.

Il video di *Intro : Boy Meets Evil* si apre con una citazione dal romanzo *Demian*, narrata dalla voce di RM e, a differenza dei trailer della trilogia *THE MOST BEAUTIFUL MOMENT IN LIFE*, un membro del gruppo compare nel video occupando tutta la scena.

•

Nel video musicale, j-hope non indossa un abbigliamento hip-hop o street fashion, bensì una camicia bianca larga, in contrasto con i jeans skinny neri. Si esibisce in una coreografia che ha come base il suo stile, ma che è allo stesso tempo contaminata con elementi di danza contemporanea; il tutto conferisce un'atmosfera misteriosa alla performance. Le difficoltà affrontate nel far suo questo nuovo stile di danza contribuirono alla sua metamorfosi. Sorridendo, racconta:

——È stato quello il male che dovevo affrontare *(ride)*. Sentivo tanto la pressione di dover fare bene e c'erano moltissimi elementi diversi in quella coreografia: cose che sapevo fare, altre in cui ero carente e altre ancora che non mi riuscivano per niente. E in qualche modo dovevo farle funzionare tutte.

Fatto a pezzi dalla realtà, ricoperto di sangue rosso
Non potevo immaginare
Che quell'avidità sarebbe stata un richiamo verso l'inferno
...
Troppo malvagio, ma così dolce
È così dolce, così dolce

Sono queste le parole di *Intro : Boy Meets Evil*, parole dal significato simbolico. Sin da prima del debutto e fino a *THE MOST BEAUTIFUL MOMENT IN LIFE*, nelle canzoni i ragazzi avevano raccontato la loro realtà di tutti i giorni, in maniera schietta e diretta. Ora quegli stessi ragazzi erano tornati in scena a distanza di un anno dal completamento della trilogia con *WINGS*, un album ricco di linguaggi astratti e riferimenti simbolici. V ha parlato della sua recitazione all'interno del video musicale di *Blood Sweat & Tears*:

WINGS

THE 2ND FULL-LENGTH ALBUM
10.10.2016

TRACK

01 Intro : Boy Meets Evil
02 Blood Sweat & Tears
03 Begin
04 Lie
05 Stigma
06 First Love
07 Reflection
08 MAMA
09 Awake
10 Lost
11 BTS Cypher 4
12 Am I Wrong
13 21st Century Girl
14 2! 3!
15 Interlude : Wings

VIDEO

Short Film 1
Begin

Short Film 2
Lie

Short Film 3
Stigma

Short Film 4
First Love

Short Film 5
Reflection

Short Film 6
MAMA

Short Film 7
Awake

COMEBACK TRAILER
Boy Meets Evil

Blood Sweat & Tears
MV TEASER

Blood Sweat & Tears
MV

——Nei video di *I NEED U* e *RUN* dovevo dare continuità alle interpretazioni dei personaggi. Ma nel caso di *Blood Sweat & Tears* è stato diverso, perché il personaggio era totalmente differente. Volevo interpretarlo in modo tale che le persone non riuscissero a capire se fosse buono o cattivo. Mi sembrava che dargli solo un'aria diabolica fosse troppo scontato, volevo che ci fosse qualcosa di misterioso e sinistro nel suo sorriso... Come una sorta di indizio per chi lo guardava.

Il diverso modo di recitare nel video di *Blood Sweat & Tears* rispetto a quello utilizzato nei video della trilogia *THE MOST BEAUTIFUL MOMENT IN LIFE* denota una delle caratteristiche di tutto l'album *WINGS*. Nelle tracce compaiono molti elementi che sono difficili da comprendere, a partire dalla citazione di *Demian* nel trailer e arrivando alle opere d'arte presenti nel video di *Blood Sweat & Tears*, come se fossero tutti degli indizi che portano a diverse interpretazioni. Proprio come quando si osserva un'opera d'arte, anche nel caso di *Blood Sweat & Tears* ogni spettatore arriva a una lettura diversa e personale.

Anche dal punto di vista commerciale, tutti i cambiamenti all'interno di *WINGS* furono un azzardo. La simbologia complicata e i vari elementi da interpretare potevano diventare un muro, un ostacolo che impediva alle persone di interessarsi ai BTS. Probabilmente nessuno immaginava che il sudore versato dai ragazzi nella sala prove per la coreografia di *Dope* sarebbe ricomparso in *Blood Sweat & Tears*, ma in un contesto totalmente diverso e più simbolico.

Per i BTS, tuttavia, *WINGS* fu un passaggio obbligato, l'inizio di una nuova fase della loro carriera, piena di domande di cui nessuno conosceva le risposte. *WINGS* è stato l'album che ha segnato e descritto il percorso di crescita dei BTS verso l'età adulta, un percorso disseminato di difficoltà e tentazioni, e che ciascuno di loro ha affrontato e superato come artista e come persona. j-hope lo ricorda così:

——Quando ci ripenso, non mi spiego come abbiamo fatto ad abituarci: era un album così diverso dai precedenti. Eravamo un po' impacciati, non sapevamo bene come farlo nostro, come adattarlo al nostro stile. Eppure, per quanto mi riguarda, mi ha fatto riscoprire la parte divertente di questo lavoro. Non mi sono mai dato tempo per riposare, mi sembrava come se... con ogni album ci fosse sempre qualcosa che dovevo affrontare, che dovevo superare. Pensavo tra me e me: "Ci sono ancora tantissime cose che non so, tantissime cose ancora da scoprire. Quindi devo superare anche questa".

Le sensazioni descritte da j-hope furono una delle conseguenze più importanti dell'uscita di *WINGS*. Se da una parte gli occhi e l'interesse di tutto il mondo cominciarono a essere puntati sui BTS, dall'altra, per i ragazzi fu un'occasione, uno strumento per fermarsi a osservare se stessi.

Sette storie, un medley

WINGS contiene sette solo track, che sono il cuore pulsante dell'album. Ognuna rappresenta un passaggio importante nel percorso di crescita di ogni ragazzo. Jung Kook, che al momento della produzione dell'album aveva appena diciannove anni, nella sua *Begin*• parla del primo incontro con gli altri compagni, e lo ricorda così:

•

Con ogni album c'era sempre qualcosa che dovevo affrontare, che dovevo superare. Pensavo tra me e me: "Ci sono ancora tantissime cose che non so, tantissime cose ancora da scoprire. Quindi devo superare anche questa".

—j-hope

Avevo quindici anni e non avevo nulla
Così piccolo in un mondo così grande

Ecco come Jung Kook ripensa a quel periodo:

——Ero davvero piccolo. C'erano tante cose che non sapevo, quindi quando provavo una certa emozione mi chiedevo: "È normale che io mi senta così?".

Ora non riesco neanche a immaginarlo
Ero completamente vuoto, senza odore
Prego

Vi voglio bene, fratelli miei, grazie a tutti voi
Ho iniziato a provare emozioni, sono diventato me stesso

Le parole della canzone spiegano come i compagni abbiano contribuito al cambiamento di Jung Kook. Lui aggiunge:

——Ovviamente anche quando ero piccolo provavo delle emozioni. Ma non riuscivo a capirle fino in fondo. Più crescevo, più imparavo e più capivo... Solo così sono poi riuscito a scatenarle, letteralmente.

Begin inizia con la narrazione dei sentimenti di Jung Kook nei confronti degli altri BTS e di Bang Si-Hyuk. Durante la fase di produzione della canzone, Jung Kook ebbe modo di ripensare al rapporto con i suoi compagni e al modo in cui lui stesso era cambiato. Continua:

——Stare con i ragazzi mi ha insegnato tanto... Pian piano ho imparato cosa significa stare sul palco, cosa significa tenere a qualcosa o a qualcuno. Credo di essere cresciuto sotto molti aspetti. I ragazzi non mi hanno impartito alcuna lezione, eppure intravedo ciascuno di loro nel mio modo di parlare o di agire. Osservando come lavorano, come stanno sul palco, i loro piccoli gesti o come fanno le interviste, mi sono reso conto di aver imparato da loro. I pensieri di SUGA, le parole di RM, i modi di fare di Jimin, lo stile unico di V, l'allegria di Jin, l'ottimismo di j-hope... Ognuno di questi aspetti è diventato parte di me, a poco a poco.

Begin diventò un altro punto cardine all'interno del concept album *WINGS*. Se *Intro : Boy Meets Evil* ne rappresenta il cancello d'ingresso e *Blood Sweat & Tears* è la canzone che ne racchiude l'atmosfera, allora *Begin* è l'incipit delle sette solo track, nelle quali ogni membro dei BTS ha dato la propria interpretazione dei temi dell'album.

Soltanto dopo che ciascun ragazzo ha avuto modo di riflettere e accettare questa nuova fase della propria carriera, l'album procede con *Lost*, la unit track dei vocalist e *BTS Cypher 4*, la unit track dei rapper, seguite poi da *Am I Wrong*, che riunisce nuovamente tutto il gruppo.

La creazione di *WINGS* fu un percorso nel quale i BTS ebbero modo di lavorare in gruppo, individualmente e in piccole unit all'interno dello stesso album, nel quale sono perfettamente inserite le sette storie dei ragazzi, che formano così un unico, continuo medley. Come *Begin* funge da anello di congiunzione tra l'atmosfera racchiusa in *Blood Sweat & Tears* e le sette solo track, le loro storie e la loro musica si fondono in un flusso che valorizza il messaggio di ciascuna canzone.

La traccia successiva a *Begin* è *Lie*[•], di Jimin. *Lie* mantiene la stessa

•

atmosfera cupa dei tre brani precedenti e il tono di tutto l'album. La sfida di Jimin, tuttavia, fu diversa da quella affrontata da j-hope per *Intro : Boy Meets Evil.*

Tiratemi fuori da questo inferno
Non riesco a liberarmi di questo dolore
Salvatemi da questa punizione

Attraverso il testo pieno di angoscia e dolore di *Lie*, Jimin tirò fuori per la prima volta le sue emozioni più profonde. Spiega:

——Durante le riunioni con Bang Si-Hyuk per decidere che direzione dare alla mia canzone, sono finito a raccontargli cose che mi ero tenuto sempre dentro. Poi è stato lui a suggerirmi la parola chiave *lie*, bugia, e, mentre gli parlavo della mia infanzia, delle emozioni che provavo da piccolo quando facevo finta di sapere tutto... È venuto fuori il testo della canzone.

Non fu facile per Jimin scavare nei suoi tormenti interiori per realizzare la sua solo track. Lui stesso ricorda:

——Quando uscì per la prima volta, a dirla tutta... Non volevo farla. Perché dentro ci sono tutte le mie emozioni. In quel momento, avevo in mente di fare una canzone più pop e commerciale, quindi ne avevo data una a Pdogg che valorizzava la mia voce. Era molto diversa da *Lie (ride).*

Tuttavia, fu proprio il fatto che *Lie* fosse piena di emozioni forti che permise a Jimin di portarla a termine.

——Penso che sia stato quello che ha fatto sì che *Lie* nascesse. Potevo cantare quel pezzo solo perché ero io quel bambino impacciato, quello che non capiva fino in fondo le sue emozioni.

Lie per Jimin fu una sfida su diversi fronti. Non solo dovette esternare emozioni che aveva tenuto nascoste per anni, ma si trovò anche a pubblicare per la prima volta una canzone con musica e testo solo suoi, e a scoprire un nuovo modo di esprimersi. Ricorda:

——Il processo di produzione è stato lungo. Solo per la registrazione ci sono volute più di due settimane. Registravo il pezzo per intero, lo scartavo e rifacevo tutto da capo cambiando la tonalità... Per questo motivo ci è voluto tanto.

Nonostante le difficoltà, la creazione di *Lie* permise a Jimin di scoprire un nuovo modo di esprimere se stesso.

——Discutevamo e parlavamo del testo della canzone, che all'inizio non mi piaceva, ma poi... Non è che ha cominciato a piacermi, però, provando la canzone e imparando la coreografia, ho avuto una strana sensazione. Il fascino del brano mi ha conquistato, e cantarlo ha iniziato a piacermi.

Dopo l'uscita di *WINGS*, venne realizzata anche la performance di *Lie*•, con uno stile nettamente diverso rispetto a quello delle esibizioni precedenti di Jimin. Ricca di elementi di danza contemporanea, che Jimin aveva imparato ai tempi del liceo, la coreografia rifletteva il contenuto e l'atmosfera del brano; la connessione e la fluidità tra i vari elementi, unita a un grande lavoro sull'espressività del volto, fecero sì che il messaggio venisse trasmesso in maniera efficace.

Solo due anni prima, nel 2014, Jimin aveva calcato il palcoscenico dei MAMA con una performance potente, strappandosi via la maglia.

•

Provando la canzone e imparando la coreografia, ho avuto una strana sensazione. Il fascino del brano mi ha conquistato, e cantarlo ha iniziato a piacermi.

—Jimin

Ora, attraverso *Lie*, utilizzava la danza per esprimere le emozioni di chi si sente schiacciato dall'oscurità che si porta dentro.

Nel percorso di ricerca del modo migliore per esprimere le sue sensazioni ed emozioni più complesse, Jimin sviluppò un tipo di vocalità che divenne per lui un nuovo strumento espressivo, ma che influenzò pure gli altri. Sfruttando al massimo la sua voce sottile e flebile, e aggiungendovi un'atmosfera cupa, creò una sonorità unica e nuova, dal fascino irregolare e quasi decadente. Questa era già comparsa nel primo verso di *Blood Sweat & Tears*, dettando immediatamente il tono del brano. Jimin spiega:

———La registrazione di *Lie* fu talmente difficile che, nel mentre, registrai *Blood Sweat & Tears* dopo averla studiata soltanto una volta. Mi sembrava di aver trovato una nuova voce che sarebbe potuta piacere al pubblico.

Continua riassumendo ciò che quell'esperienza gli ha insegnato:

———Col passare del tempo, però, iniziai a non sopportare più di cantare solo con quella voce. Per un po', mi tormentò anche il pensiero che fosse tutto ciò che sapevo fare.

In questo modo, la voglia di Jimin di affrontare nuove sfide e la sua ambizione divennero sempre più forti.

Per quanto riguarda V, invece, si trovò ad affrontare una serie di ostacoli diversi da quelli degli altri ragazzi. Per lui anche solo pubblicare una traccia da solista rappresentava una vera e propria sfida, considerato che era già impegnato a lavorare sia alle riprese di "Hwarang" sia alla produzione dell'album. La pressione di dover realizzare un brano da solista era immensa, come lui stesso ricorda:

———Il senso di responsabilità era molto maggiore di quanto mi aspettassi. Temevo che, se il brano non mi fosse piaciuto, si sarebbe poi notato sul palco. Quindi ce la misi tutta per farmi piacere *Stigma*. Durante la produzione, ascoltai la traccia e mi preparai con molta attenzione. Sentivo questo forte senso di inadeguatezza, di non essere all'altezza, per questo motivo mi impegnai ancora di più. Soprattutto per valorizzare la canzone quando ero sul palco.

Gli sforzi di V per farsi piacere *Stigma*• diedero i loro frutti. Il brano conteneva delle vocalità jazz che lui aveva apprezzato sin da bambino, e che gli permisero di mostrare una voce più intensa e profonda di quella che di solito tirava fuori nelle canzoni cantate con il gruppo. Questo approccio permise di unificare l'album sotto un unico tema, e la melodia lenta di *Stigma* si legò naturalmente alla traccia successiva (*First Love* di SUGA). Il falsetto usato da V nel ritornello lascia impressa l'intera canzone nella mente di chi la ascolta e, grazie alla sua atmosfera jazz, aggiunge un'altra sfaccettatura alla diversità di *WINGS*.

——Il falsetto non era previsto, in realtà. La canzone avrebbe dovuto essere completa senza, ma più la riascoltavo, più mi pareva che fosse noiosa... Nonostante quelli dell'agenzia mi dicessero che l'ultima versione che avevo registrato andava bene, a me sembrava che le mancasse ancora qualcosa. Ecco perché durante la registrazione chiesi: «Ho pensato di improvvisare una parte, posso provare?», e ci provai. Le reazioni furono positive, e così il falsetto andò a finire nella versione definitiva. Ero molto felice di essere riuscito a far emergere quella parte del pezzo *(ride)*.

Lavorando a *Stigma*, V imparò a far risaltare la sua voce e i suoi

•

gusti musicali nelle canzoni, sviluppando uno stile personale, che è ben visibile in brani come *Intro : Singularity* e *Blue & Grey*. Così come per *Stigma*, V ha continuato a porsi degli ideali da raggiungere nel suo lavoro e si è sempre fatto guidare dalla propria ambizione. Aggiunge:

——Sono ancora molto avido di palcoscenico. "Avidità" non ha una connotazione positiva, ma per un artista essere avido di palcoscenico è una delle caratteristiche migliori che possa avere. È quell'avidità che mi spinge a fare musica.

Mentre V imparava a definire se stesso come artista, SUGA aveva il problema opposto: gestire il suo rapporto di amore e odio con la musica. SUGA ricorda quel periodo così:

——Mentre lavoravo a *First Love*•, contemporaneamente realizzavo il mio primo mixtape. Quindi in realtà *First Love* e *So Far Away* (*Feat.* SURAN)••, una canzone contenuta nel mio mixtape, sono due brani che vanno insieme. Ma a essere sincero, in quel periodo pensavo: "Ah, non voglio fare musica" *(ride)*. "Non mi piace la musica, dopotutto. La odio." Facevo musica perché era tutto ciò che sapevo fare, ma pensavo seriamente di odiarla.

Le preoccupazioni di SUGA erano strettamente legate al motivo per cui i BTS avevano bisogno di un album come *WINGS*: la ricerca di una direzione in cui andare dopo il successo della trilogia *THE MOST BEAUTIFUL MOMENT IN LIFE*. SUGA continua:

——Il carico emotivo era devastante. In certi momenti mi sentivo uno

•

••

straccio, subito dopo ero al settimo cielo... Credevo di non essere il tipo che sente troppo la pressione ma, ripensandoci, i miei sbalzi d'umore erano dovuti proprio a quello. Avevo raggiunto un enorme successo, e dovevo continuare così. Erano questi i pensieri che mi assillavano. Temevo che, se mi fossi fermato, sarebbe stata davvero la fine.

La trilogia *THE MOST BEAUTIFUL MOMENT IN LIFE*, il capolavoro di SUGA, era stata un enorme successo. Il suo primo mixtape, *Agust D*[1]•, fu pubblicato due mesi prima dell'uscita di *WINGS*, nell'agosto 2016. Fu l'occasione giusta per confrontarsi con le emozioni che si erano accumulate dentro di lui sin dall'inizio della sua carriera.

In quel momento, SUGA aveva probabilmente realizzato tutto ciò che aveva sognato quando era un trainee. Ma la musica, come la vita, è un viaggio senza fine. Attraverso *First Love* ebbe l'occasione di riflettere sulla cosa che lo aveva portato a intraprendere quella strada: il piano che suonava da bambino. Riguardando al suo passato, si ricordò di tutto ciò che gli aveva dato la forza di continuare, compresa la musica.

Mi sorreggevi mentre cadevo a pezzi
Dicendo che non ce la facevo più

1 A quei tempi i mixtape dei membri dei BTS venivano caricati principalmente sulla piattaforma di streaming SoundCloud. Ora alcuni di essi sono stati caricati come solo album su varie piattaforme.

•

Ogni volta che ho provato ad arrendermi eri lì a dirmi
Ehi, ce la puoi fare

Nonostante l'incredibile successo, le sue vittorie erano oscurate dalla paura. SUGA scelse di affrontarla usando come arma la musica, che fino a quel momento lo aveva reso chi era. Ciò gli permise di esprimere a parole quello che provava.

——Fu il momento in cui iniziai a pensare alla musica come a un lavoro. Fino a quel momento avevo sempre detto che per me aveva un valore inestimabile, e lo pensavo davvero. E così mi chiedevo: "Come posso fare musica in modo più spensierato?". Fu lì che iniziai a trattarla come un lavoro. E a quel punto pensai davvero di odiarla. Per un po' non ascoltai quasi più nulla. Ma, allo stesso tempo, non volevo che il mio bagaglio musicale ne risentisse, quindi ascoltavo tanta roba tutta in una volta...

Qui SUGA fa una breve pausa, poi ricomincia.

——Ultimamente quando incontro qualcuno e parliamo, mi rendo conto che parlo solo di musica *(ride)*. Ho incontrato una persona molto più grande di me, che se ne occupa, e mi ha detto che sembro uno a cui la musica piace davvero tanto.

Un aspetto sul quale SUGA rifletté parecchio durante la scrittura di *First Love* fu la posizione del brano nell'album. Voleva che il suo pezzo continuasse il tono cupo e melancolico di quelli precedenti, ma allo stesso tempo che cambiasse il flow del disco. Decise quindi di aprire *First Love* con un rap quasi parlato, accompagnato da una base al piano, al quale si aggiungevano progressivamente altri strumenti a corde, come violino e violoncello, per arrivare alla conclusione con un finale esplosivo.

Il tentativo di SUGA di trattare la musica come un lavoro fu il suo modo di affinare la propria tecnica. In questo modo, imparò a esprimersi in modi ancor più diversi e profondi.

Se *First Love* di SUGA fu la traccia più drammatica dell'album, il brano seguente – ovvero *Reflection*[•] di RM – fu il più pacato e riflessivo. Posizionato al settimo posto, esattamente a metà delle quindici canzoni di *WINGS*, era ciò di cui non solo RM, ma tutti i BTS avevano bisogno: un momento di pausa, riflessione e meditazione nel processo di creazione dell'album. RM spiega:

———La fine del 2015, il periodo nel quale iniziarono i vari scandali e le voci di corridoio, fu anche il momento in cui mi sentii più confuso.

RM si riferisce al periodo in cui, all'aumento della loro popolarità, seguì un aumento dei pettegolezzi, che aggravarono a loro volta anche il cyberbullismo contro di loro. Questo fu anche il motivo che portò RM ad amare le giornate grigie, soprattutto se piovose.

———Semplicemente mi sentivo bene quando pioveva. Mi piaceva poter usare l'ombrello per nascondermi il viso e stare in mezzo alla gente. Credo che in quel momento volessi sentirmi anch'io parte del mondo.

Reflection si apre con una base registrata in una strada affollata, con la voce di RM che spicca chiara e limpida. La sensazione è quella di essere in mezzo alla folla, ma allo stesso tempo isolato. RM dice:

———Non sapevo spiegarmi la sensazione di stare insieme agli altri, ma allo stesso tempo di sentirmi solo. Stiamo avendo un grande suc-

•

cesso, io sto continuando a lavorare, eppure mi sembra di scavare da solo… Era paradossale. Ma stare con i miei compagni mi rendeva felice. Potevo mettere da parte quei pensieri e ridere con loro.

La gente sembra più felice nel buio che di giorno
Tutti sanno dove andare
Sono l'unico che se ne va in giro senza meta
Mi sento meglio se riesco a confondermi
Il parco di Ttukseom ingoia la notte e mi mostra un mondo totalmente nuovo

Il testo di *Reflection* racchiude le emozioni contrastanti di RM. Nonostante la confusione tra il senso di solitudine e la voglia di sentirsi parte di qualcosa, poteva sempre contare sul legame di amicizia con gli altri ragazzi quando aveva bisogno di supporto. Affrontando di petto le sue emozioni e analizzando i suoi pensieri, RM riuscì a comprendere meglio se stesso e mettere quel se stesso nella sua musica.

Reflection fu il primo di una serie di brani introspettivi creati da RM. Il suo primo mixtape, *RM*[•], uscì nel marzo del 2015 e a esso ne seguì un secondo, *mono.*[••] I due mixtape avevano atmosfere opposte. RM dice:

——La maggior parte delle canzoni di *mono.* nacque tra il 2016 e gli inizi del 2017. Prima di pubblicarle le perfezionai. Quando feci uscire il mixtape nell'ottobre del 2018 mi chiesi: "Devo proprio pubblicarle adesso?". Ma, nonostante i miei dubbi, mi dissi che

•

••

dovevo confrontarmi con la persona che ero al momento in cui le canzoni erano nate, non potevo scappare dal vecchio me stesso.

Come era accaduto agli altri ragazzi, anche RM imparò molto di sé attraversando quel periodo difficile.

———Guardandomi indietro… Credo che sia stato quello il momento in cui mi resi conto di essere un professionista a livello musicale. Per la prima volta capii di essere un adulto con un lavoro proprio.

E così, a un certo punto, RM iniziò a odiare i giorni di pioggia e smise di visitare il parco di Ttukseom.

Passando al brano di j-hope, *MAMA*•, è un pezzo che può sembrare completamente diverso in base al modo e al contesto nel quale viene ascoltato: se inserito all'interno del flow delle sette tracce, come parte del percorso comune a tutti i membri del gruppo fino al presente, oppure se ascoltato singolarmente.

Viaggio indietro nel tempo al 2006, quell'anno
Ballavo come un matto, pesando sulle tasche di mia madre

Come le altre solo track parlano del percorso di vita di ciascuno dei ragazzi, anche *MAMA* parla del percorso di vita di j-hope, ripercorrendo la storia del suo rapporto con la danza e con sua madre. Ma inserito nel contesto dell'album, il brano racconta e descrive le radici di un individuo ormai maturo. j-hope spiega:

•

———In quel momento sia io sia l'agenzia pensammo che quello fosse ciò di cui avevo bisogno di parlare. Era necessario.

La decisione di j-hope di parlare di sua madre era legata alle circostanze nelle quali si trovavano i BTS allora.

———Come gruppo stavamo iniziando a riscuotere una certa attenzione a livello internazionale, per questo mi misi a pensare a una delle ragioni per cui ero arrivato fino a lì. Avevo superato tutto grazie alla mia famiglia, e mia madre in particolare mi aveva aiutato tantissimo, perciò volevo parlare di lei. Era qualcosa che potevo esprimere solo io e solo in quel preciso momento della mia vita.

Il percorso di j-hope, avvenuto all'inizio grazie alla sua famiglia fino al suo diventare parte dei BTS, era simile a quello che tutti i compagni avevano attraversato. Tuttavia, il tono di *MAMA* era diverso, più allegro, il che diede una svolta all'intero album, che fino a quel momento era stato una raccolta di brani nei quali tutti cantavano delle loro paure e preoccupazioni.

Passando dal tono cupo e oscuro di *Intro : Boy Meets Evil* per arrivare all'atmosfera positiva e gioiosa di *MAMA*, nella quale parla dei suoi traguardi, j-hope crea un raggio di speranza all'interno della melanconia del disco. Anche nel 2017 BTS LIVE TRILOGY EPISODE III: THE WINGS TOUR, iniziato dopo l'uscita del disco, *MAMA* era sempre il pezzo che rendeva l'atmosfera del concerto più briosa e allegra. j-hope stesso spiega:

———Volevo che sembrasse un musical. Il testo parla della storia di mia madre, volevo che la performance fosse pura e che la coreografia rispecchiasse la musica. Dovevo esibirmi con il pezzo nei concerti dal vivo, quindi nel creare la canzone ho dato molta importanza alla performance.

Le solo track hanno permesso ai singoli componenti di esplorare più a fondo loro stessi, ma hanno avuto un ruolo anche nella prospettiva del gruppo. La traccia di Jin, *Awake*•, è quella in cui è maggiormente visibile questa dualità: trasmettere un messaggio personale, e nello stesso tempo essere parte di un puzzle più grande.

Come una sorta di epilogo delle sette solo track, *Awake* si apre con un preludio d'orchestra, che riunisce i vari ritmi dei brani precedenti. Le parole "Cammino ancora e ancora nell'oscurità" sono un riferimento agli ostacoli che i ragazzi avevano attraversato e superato nel processo di produzione dei loro brani per *WINGS*.

Allo stesso tempo, *Awake* era un prologo personale per Jin, che entrava in una nuova fase della sua vita. La produzione dell'album coincise con un momento di difficoltà per lui, così come era accaduto per gli altri ragazzi. Lo ricorda così:

——*Awake* era la canzone perfetta per la situazione in cui mi trovavo in quel momento. A dirla tutta, era un periodo in cui ero un po' depresso. Mi chiedevo se fossi in grado di fare questo lavoro. Le preoccupazioni che avevo avuto in passato erano sparite, ma al loro posto ne erano arrivate altre.

Non è che io ci creda
Provo solo a sopportare
Perché è l'unica cosa
Che sono in grado di fare

•

Le prime parole del testo di *Awake* descrivono ciò che Jin sentiva dentro, senza giri di parole.

———Era un periodo in cui sentivo di dover fare meglio, ma non ne ero in grado. Eppure, volevo fare qualcosa, qualunque cosa... Ero invidioso degli altri, perché sapevano creare le basi per le canzoni, e anche scrivere i testi.

Le circostanze peggioravano le preoccupazioni di Jin, che fino a quel momento non aveva mai prodotto musica propria. Iniziare a comporre non era semplice.

———Fino a quel momento, non avevo mai visto gli altri lavorare alla loro musica. È una situazione un po' imbarazzante, no? Se vuoi registrare su una base, devi cantare ad alta voce... Loro dicono spesso che non riescono a comporre nulla se non sono da soli.

Awake è la canzone che mostra meglio sia il cambiamento della situazione dei BTS rispetto alla trilogia *THE MOST BEAUTIFUL MOMENT IN LIFE* sia le nuove preoccupazioni e ansie che si trovarono ad affrontare. Con l'arrivo del successo commerciale, Jin si concentrò sul suo contributo creativo all'interno del gruppo e poco dopo la situazione cominciò a migliorare.

———Fu in quel momento che provai a scrivere un pezzo per la prima volta. C'era anche una stanza vuota per registrare, quindi feci un tentativo.

Innanzitutto, iniziò provando ad aggiungere una melodia a un beat.

———Non so come fanno gli altri, ma mi era stato consigliato di ascoltare prima il beat e poi canticchiarci sopra una melodia, quindi provai a fare così.

Fu in questo modo che nacque *Awake*.

——Tutto il secondo piano del Cheonggu Building era stato trasformato in studi di registrazione, io ero seduto nel mio ascoltando il beat che avevo ricevuto e canticchiavo, senza pensare a niente. Quel giorno dovevamo mangiare fuori e dieci minuti prima di uscire spuntò questa melodia, che non era niente male. La registrai sul telefono e dopo la feci ascoltare sia a RM sia a un mio amico compositore; entrambi mi dissero che andava bene.

Il riscontro positivo diede sicurezza a Jin, che prima era invece molto preoccupato. Ricorda:

——Il mio amico compositore propose un'alternativa per il ritornello, ma quella era la mia prima canzone da solista e mi sentivo più sicuro di me, quindi riuscii a convincere diverse persone, a partire da Pdogg, e alla fine scegliemmo di proseguire con la mia proposta. Li convinsi dicendo: «Sarei felicissimo di poter cantare con la musica che ho creato io. A meno che non sia terribile, vorrei proprio usare la mia».

Una volta che la melodia fu decisa, Jin iniziò a sperimentare. Fu questo processo, un po' incerto, che portò alla creazione del testo, specchio delle sue riflessioni di quel periodo.

——Stavo scrivendo le parole del testo basandole su ciò che era venuto fuori dalle chiacchierate con Bang Si-Hyuk proprio sul tema del brano, e poi chiesi a RM di aiutarmi. Gli mostrai ciò che avevo scritto e dissi: «Voglio un testo così, che vada dritto al punto».

Lavorando sulla sua solo track, Jin arrivò a sentire *Awake* veramente sua. Per lui fu come una rivelazione.

——Mi esercitai a cantare *Awake* ogni giorno per una o due ore nella sala prove. Poi la cantai mentre eravamo in tour e migliorò tantissimo.

Durante i concerti del 2017 BTS LIVE TRILOGY EPISODE III: THE WINGS TOUR, cantando la sua canzone, Jin provò delle emozioni mai sperimentate prima.

——Durante la performance del primo giorno, mentre la cantavo, mi sentivo al settimo cielo. Perché era la prima canzone interamente mia, di cui avevo scritto musica e testo. Ero salito sul palco con qualcosa che avevo preparato da solo. In quel momento capii cosa provassero gli altri. Capii quanto fosse bello cantare la propria canzone davanti a un pubblico.

L'esperienza di Jin era simile a quelle degli altri ragazzi durante la produzione di *WINGS*. Ciascuno di loro aveva affrontato le proprie difficoltà e aveva imparato qualcosa in più su di sé. Questo estratto da *Demian* descrive bene quel momento della loro carriera:

L'uccello lotta per uscire fuori dall'uovo.
L'uovo rappresenta il mondo.
Chi vuole nascere, deve distruggere il mondo.

Un altro livello

Bang Si-Hyuk usava spesso l'espressione "un altro livello" per descrivere i BTS ai suoi amici ancor prima che debuttassero, per parlare delle loro fantastiche performance e del loro futuro.

Non è ben chiaro su cosa si basasse nell'affermare che un gruppo proveniente da un'agenzia così piccola potesse diventare di un altro livello, ma sicuramente non aveva previsto il livello al quale i BTS sarebbero giunti. D'altronde, forse soltanto un profeta visionario avrebbe

Era la prima canzone interamente mia, di cui avevo scritto musica e testo. Ero salito sul palco con qualcosa che avevo preparato da solo. In quel momento capii cosa provassero gli altri. Capii quanto fosse bello cantare la propria canzone davanti a un pubblico.

—Jin

potuto. Tuttavia, Bang Si-Hyuk era certo che *WINGS* avrebbe portato i BTS a un altro livello, il che spiega ciò che decise di fare nei mesi precedenti all'uscita dell'album.

Mentre i ragazzi erano concentrati nella preparazione di *WINGS*, la Big Hit Entertainment aveva a sua volta intrapreso il processo di produzione del *WINGS Concept Book*, un libro che documenta la creazione dell'album. Venne pubblicato nel giugno del 2017 e contiene non soltanto le interviste ai membri dei BTS, attraverso le quali i ragazzi parlavano in maniera genuina e sincera delle loro emozioni durante la preparazione di *WINGS*, ma anche un resoconto di tutto il percorso dell'album, dal primo momento alla data del 2017 BTS LIVE TRILOGY EPISODE III: THE WINGS TOUR di Seoul. Inoltre, al suo interno ci sono le foto di tutti gli outfit indossati dai ragazzi durante le registrazioni.

La pubblicazione del *Concept Book* fu un gran rischio anche per gli standard dell'industria coreana, considerando che venne realizzato ancor prima dell'uscita dell'album. Dal punto di vista del profitto, è molto più conveniente per l'agenzia occupare i ragazzi per un paio di giorni e realizzare un classico photobook. Non c'era quindi motivo per cui avrebbe dovuto pianificare e pubblicare un libro enorme, pesante, con tanto di cofanetto, contenente sei mesi della vita di un gruppo K-pop, dalla produzione di un album al tour. Lo stesso discorso valeva per "Burn the Stage"[•], la docuserie di YouTube pensata in contemporanea con il *WINGS Concept Book,* ma

•

fatta uscire l'anno successivo[2]. La Big Hit Entertainment seguì attentamente il tour internazionale dei BTS, catturando con le videocamere ogni aspetto e sfaccettatura del loro lavoro. Il documentario era realistico: non mancavano le scene nelle quali i ragazzi cadevano per terra esausti o quelle in cui litigavano per qualche discrepanza di opinioni. La docuserie fu un'altra innovazione all'interno dell'industria K-pop, nella quale la chimica tra i membri del gruppo, il legame di amicizia che li unisce, è considerata un fattore cruciale per il successo di un gruppo, sia dai fan sia dalle agenzie. Quindi, perché investire così tanto tempo e denaro nel mostrare i propri artisti in difficoltà o le loro discussioni?

Alla fine, venne fuori che c'era un senso per tutto ciò che stava facendo la Big Hit Entertainment. Dopo l'uscita dell'album venne pubblicato il *WINGS Concept Book*, il che coincise con la produzione del documentario e la sua presentazione. A questo punto al nome Bangtan Sonyeondan, 방탄소년단, se ne introdusse un altro, Beyond The Scene, il cui significato si aggiunse a quello originario. Questa nuova identità, sia per i BTS sia per gli ARMY, venne rivelata il 5 luglio 2017• e rese più semplice ricordare il nome del gruppo per il pubblico coreano e

2 La docuserie "Burn the Stage" uscì nel marzo 2018 ed era formata da otto episodi disponibili su YouTube, che vennero successivamente accorpati nel film *Burn the Stage: The Movie* (che includeva anche scene inedite). Il film debuttò contemporaneamente nelle sale di più di settanta Paesi nel novembre dello stesso anno. Dopo la serie di "Burn the Stage" ci furono altre produzioni simili, che seguivano tour e altre attività del gruppo, tra le quali "Bring the Soul" (2019), "Break the Silence" (2020) e "BTS Monuments: Beyond the Star" (2023).

•

per quello internazionale, e permise di espandere notevolmente il raggio d'azione dei BTS.

Era questo il futuro che la Big Hit Entertainment aveva in mente per i BTS: un fenomeno internazionale conosciuto in tutto il mondo. Artisti per i quali valeva la pena creare un libro enorme, pesante, con tanto di cofanetto che ne racchiudesse il lavoro.

La popolarità dei BTS crebbe esponenzialmente subito dopo la trilogia *THE MOST BEAUTIFUL MOMENT IN LIFE*, ma il coinvolgimento dei fan, le menzioni su Twitter e i video di YouTube non erano necessariamente segnali di un successo tangibile. Gli idol coreani avevano già creato la propria nicchia tra il pubblico internazionale, che continuava ad allargarsi su YouTube. Ma quei successi erano limitati in gran parte al mercato asiatico, e ogni tentativo di espandersi altrove non otteneva il risultato sperato.

La Big Hit Entertainment, però, agiva come se sapesse già che i BTS sarebbero stati chiamati sui palchi dei maggiori eventi musicali a livello internazionale.

Blood Sweat & Tears• era la prova evidente di ciò che la Big Hit voleva fare, perché il brano aveva tutto quello che serviva per attirare sia l'interesse di coloro che erano già fan dei BTS, sia di coloro che non li conoscevano ancora. Così come *Dope* in *THE MOST BEAUTIFUL MOMENT IN LIFE PT.1*, anche *Blood Sweat & Tears* si apre con l'highlight della canzone, per catturare immediatamente gli ascoltatori. Lo stile utilizzato nell'apertura del brano è il moombahton, molto popolare a livello internazionale in quel periodo.

•

In contrasto con la base piuttosto energetica, i ragazzi mantennero per tutto il brano la vocalità delicata e flebile usata da Jimin nell'apertura, e ciascuna delle loro voci venne valorizzata grazie al sapiente utilizzo combinato di mixing e riverbero, che conferì alla canzone un tono cupo. Se la base ritmata sembrava suggerire eccitazione, i performer sul palco si muovevano nervosamente, quasi come se fossero guidati da una tentazione. *Blood Sweat & Tears* accontentava tutti: gli ARMY, appassionati al dinamismo cupo tipico dei BTS, e pure i fan latinoamericani, che non avevano mai sentito parlare del gruppo fino ad allora.

Quando Bang Si-Hyuk capì che tutti questi fattori erano racchiusi nella parola "tentazione", fu in quel momento che gli venne in mente *Blood Sweat & Tears* e con essa tutto ciò che le ruotava attorno. Così come i BTS erano entrati in un mondo nuovo dopo aver ottenuto un successo enorme, anche i giovani che si apprestavano a entrare nel mondo dell'età adulta si trovavano ad affrontare nuove e innumerevoli scelte, molte delle quali potevano rivelarsi tentazioni, trappole che li avrebbero allontanati dai loro obiettivi. L'utilizzo della metafora della tentazione per rappresentare la confusione tra il dolore e il piacere era l'ultimo pezzo mancante per perfezionare *Blood Sweat & Tears*.

Al contrario della performance di *Dope*, talmente dinamica da non lasciare ai membri dei BTS nemmeno tempo per respirare, in *Blood Sweat & Tears* c'è un senso di staticità, i ragazzi sono quasi sempre fermi nello stesso punto. Il focus è sulle espressioni del viso e sul movimento delle mani, che prima si stringono al collo nel mimare un gesto simile al soffocamento, e poi attraversano tutto il loro corpo.

Per coloro che non hanno avuto modo di ascoltare *WINGS* nella sua interezza, o che non conoscono il filo narrativo presente all'interno degli album dei BTS, il motivo della scelta di questa performance potrebbe non essere chiaro. Ma in essa c'è un elemento evidente a tutti: il sex appeal.

Blood Sweat & Tears è composta da una moltitudine di elementi complessi che trasmettono una varietà di messaggi. La presenza del sex appeal all'interno della performance è innegabile, ma – andando contro a ciò che è lo standard nei gruppi dell'industria K-pop – i membri del gruppo non sono i tentatori, bensì coloro che vengono tentati. E quando i fan volevano addentrarsi alla scoperta di ciascuno di questi significati nascosti, cercando informazioni sul testo e sul simbolismo del video musicale, non dovevano più scrivere: "방탄소년단" o "Bangtan Boys" o "Bulletproof Boy Scouts" sui motori di ricerca. Ormai bastava digitare "BTS".

E allora c'erano persone da tutto il mondo che digitavano "BTS". Secondo la Gaon Chart, nel 2016 *WINGS* registrò 751.301 copie vendute, piazzandosi al primo posto degli album più venduti di quell'anno e triplicando le vendite del precedente, *THE MOST BEAUTIFUL MOMENT IN LIFE PT.2*, che aveva già raggiunto risultati nettamente migliori di tutti gli altri. Inoltre, *WINGS* conquistò il 26° posto nella classifica di Billboard 200, un risultato mai raggiunto da un artista coreano prima di allora. Fu l'unico disco realizzato da musicisti coreani a restare in classifica per due settimane di fila.

Ma neanche questi eventi incredibili sono sufficienti per spiegare ciò che accadde dopo l'uscita di *WINGS*. Il 2017 BTS LIVE TRILOGY EPISODE III: THE WINGS TOUR, che iniziò circa quattro mesi dopo, fu un vero e proprio tour mondiale, che portò i BTS a esibirsi in dodici tappe intorno al mondo. Il tour precedente, 2016 BTS LIVE THE MOST BEAUTIFUL MOMENT IN LIFE ON STAGE : EPILOGUE, includeva solo l'Asia, mentre quello del 2017 aveva concerti in Cile, Brasile, Australia e ben tre date negli Stati Uniti.

Era stato un cambiamento rapidissimo, avvenuto in poco più di nove mesi – se si tiene conto delle date di inizio dei due tour – e in soli sei mesi tra la fine di quello del 2016 e l'inizio di quello del 2017. I BTS si erano già esibiti in questi Paesi durante il 2015 BTS LIVE TRILOGY EPISODE II: THE RED BULLET, ma allora le sale da concerto erano piccole, con solo qualche centinaio di posti. A confronto, quelle del 2017 erano enormi. Negli Stati Uniti, un Paese nel quale i BTS non avevano mai fatto promozioni ufficiali prima di quel momento, si esibirono in un'arena. Quando atterrarono negli States erano già famosissimi. La rivista "Billboard" recensì così il concerto a Newark, in New Jersey:

> *Esibendosi con una scaletta della durata di quasi tre ore, che comprendeva sia le loro hit più famose che i brani più introspettivi tratti dal loro ultimo album WINGS, i BTS hanno concluso la prima delle tre date statunitensi del loro tour mondiale 2017 BTS LIVE TRILOGY EPISODE III: THE WINGS TOUR di fronte a un pubblico calorosissimo di ARMY che li ha supportati dall'inizio alla fine del concerto.*

Tutto faceva pensare all'inizio di una nuova era. Fino all'uscita di *WINGS*, i BTS non avevano nessun pezzo in inglese, non si erano mai pubblicizzati né nell'America del Nord né in quella del Sud. Inoltre, al contrario di molti artisti americani o britannici, non avevano il supporto di canali mediatici internazionali che potessero promuoverli in lingue diverse.

Nonostante questo, sempre più persone si avvicinavano ai BTS e ne cercavano informazioni su Twitter e YouTube. Nel gennaio 2017, due mesi prima della data in Cile, l'emittente cilena TVN realizzò un servizio sugli ARMY cileni che erano rimasti in fila tutta la notte per accaparrarsi i biglietti del concerto. Proprio come avveniva in Corea, anche all'estero gli ARMY si distinguevano per il loro supporto caloroso verso i ragazzi e, così come in patria, anche a livello internazionale il numero di ARMY cresceva vertiginosamente.

All we want is love

L'aumento improvviso di popolarità non influenzò i BTS; o meglio, furono loro a non farsi influenzare. Secondo j-hope, erano consapevoli del gran numero di fan che avevano attirato con l'uscita di *WINGS*. Ricorda:

———I risultati ottenuti in quell'occasione erano, come dire... Diversi. Le reazioni da parte dei media internazionali ci sembravano di un altro mondo.

Ma per quanto il mondo intorno a loro cambiasse, il loro restava immobile. Jung Kook spiega:

———Be', io facevo le stesse cose di sempre. Sentivo di dover ogni volta fare meglio, quindi mi impegnavo a pubblicare album dopo album. A essere onesto, la nostra popolarità non mi sembrava reale. Ma andavamo sempre meglio e, guardando i dati, vedevo che battevamo un record dopo l'altro. La cosa mi lasciava stordito e allo stesso tempo mi stupiva. Tanto che arrivai a pensare: "Pare che io stia facendo un buon lavoro". Non mi interessavano i numeri, volevo solo continuare a fare ciò che avevamo sempre fatto.

Anche V la pensa allo stesso modo:

——Mi resi conto molto tardi di quanto fossimo diventati famosi. Ero solo felice di poter passare del tempo con i ragazzi.

Secondo Jimin, questa mentalità era una caratteristica peculiare di tutti i membri del gruppo.

——A molti sembrerò presuntuoso, ma non mi sono mai preoccupato più di tanto della nostra popolarità. Una volta mi fecero una domanda riguardo alla fama e io risposi: «A questo punto sarebbe maleducato nei confronti dei nostri fan negare la nostra popolarità»[3]. Ma prima di quell'occasione, non abbiamo mai lavorato pensando: "Ehi, stiamo diventando famosi!". Vivevamo nel nostro mondo, limitato al gruppo e al pubblico. A dirla tutta, è così anche oggi. Ci rendevamo conto che i nostri concerti diventavano sempre più grandi, ma non eravamo consapevoli di essere sempre più famosi.

Per SUGA, l'aumento repentino di fama fu motivo di riflessione. Lui stesso spiega:

——In generale cerco di non guardare i commenti e le reazioni al nostro lavoro, e in quel periodo tendevo a evitarli ancora più del solito. "E se divento presuntuoso e smetto di impegnarmi?", era questa la mia preoccupazione più grande.

Tenendo conto di tutte le difficoltà che avevano attraversato prima dell'uscita di *WINGS*, era inevitabile che SUGA si sentisse così. I testi delle canzoni cantate con il gruppo e delle unit track successive alle solo track sono molto espliciti:

3 Conferenza stampa per l'uscita dell'album *LOVE YOURSELF 承 'Her'* il 18 settembre 2017.

È dura, non so se è la strada giusta
Sono confuso, non lasciarmi mai da solo
–Lost•

Il suono che sto facendo ora, baby
Per molti non è altro che il verso di un cane, baby
Dovresti smetterla di parlare a vanvera, baby[4]
–BTS Cypher 4••

Ovunque, in tutto il mondo, oh sì
Online, offline, oh sì
–Am I Wrong•••

———C'erano persone che ci fischiavano quando salivamo sul palco, quindi eravamo convinti che fossero in molti ad avercela ancora con noi.

Ciò a cui fa riferimento SUGA accadde in diverse occasioni, tra le quali i MAMA del 2016 – uno dei music award più grandi della Corea. Due settimane prima, il 19 novembre, i BTS avevano ricevuto uno dei tre premi più prestigiosi ai MMA (Melon Music Awards), quello per l'Album of the Year: fu il loro primo premio importante••••. Ai MAMA, tenutisi il 2

4 In questi versi c'è un gioco di parole: le prime due righe possono anche essere tradotte con "Le cose che sto dicendo adesso, baby / Per molti non sono altro che assurdità senza senso". (*NdT*)

dicembre, si portarono a casa il premio come Artist of the Year. Ma anche quando occuparono il centro del palco in qualità di vincitori, l'odio nei loro confronti non si arrestò. Alcuni utenti sui social organizzavano dei veri e propri attacchi di cyberbullismo, proprio nei giorni in cui i ragazzi avevano un concerto in programma o ricevevano un premio.

Jimin svela come si sentì ai MAMA:

———Ero molto fiero della nostra performance ai MAMA. Mi sembrava che ci fossero tante persone che ci guardavano, perciò mi esibii pensando: "Ecco, guardate questo!".

Una performance che attirasse l'attenzione di tutti era ciò che serviva ai BTS durante i MAMA. Quando erano saliti per la prima volta su quel palco nel 2014 erano esausti, angosciati, arrabbiati e determinati a confrontarsi con tutti gli sguardi disinteressati del pubblico di non ARMY. Ma ora non ce n'era più bisogno. Ora nessuno poteva ignorarli. Due anni prima si erano esibiti con i Block B, ma questa volta avevano undici minuti di performance soltanto per loro.

Dovevano dimostrare di essere all'altezza, dovevano provare di meritarsi il titolo di Artist of the Year ottenuto grazie al supporto degli ARMY di tutto il mondo. Dovevano mettere a tacere le voci di chiunque continuasse a screditarli. Non bastava una buona performance, doveva essere spettacolare.

E ci riuscirono. La loro performance• catturò l'attenzione di tutti sin da subito, nessuno riusciva a distogliere lo sguardo. Jung Kook era sospeso in aria. Senza lasciare al pubblico il tempo di riprendersi dalla

•

sorpresa, j-hope si esibì nella sua coreografia per poi sparire nell'oscurità e lasciare posto a Jimin, con gli occhi coperti da una benda rossa, anche lui a ballare da solo sul palco. Poi j-hope ricomparve, e i due iniziarono a ballare insieme. Poco dopo, tutti e sette i ragazzi occuparono il palco e partì l'intro di *Blood Sweat & Tears*. Alla fine della performance•, V cadde sulle ginocchia e si abbassò la giacca per scoprire la schiena, rivelando al pubblico due ferite profonde, lì dove prima c'erano due ali.

Portando sul palco dei MAMA alcune delle scene oniriche tratte dal video di *Blood Sweat & Tears*, i BTS crearono una performance di fortissimo impatto, catturando l'attenzione del pubblico. Ma *Blood Sweat & Tears* era solo il cuore di una performance della durata di undici minuti ricca di immagini e suoni potenti e seducenti. Le esibizioni di apertura di j-hope e Jimin su *Intro : Boy Meets Evil* prevedevano due assoli che andavano poi a unirsi in una coreografia di forte impatto; la tensione dell'esibizione è proseguita ininterrotta con *Blood Sweat & Tears* prima di trasformarsi in un'esplosione di energia con la performance conclusiva, quella di *Burning Up (FIRE)*, durante la quale i BTS si sono esibiti con i loro backup dancer. Jimin ricorda la sua performance così:

——In un certo senso, quello stile di danza era esattamente il mio genere, ciò che mi riusciva meglio. Sia dal punto di vista della direzione sia per il tono della canzone. Io stesso sentii che mi stavo impegnando davvero per esprimerla al meglio. E, da performer quale sono, riuscire nell'impresa è stata un'emozione incredibile.

•

Ciò che dice Jimin valeva anche per i compagni. Gli occhi di tutti erano puntati su di loro mentre si esibivano in una performance senza precedenti, ricca di momenti memorabili ed emozionanti, e che era entrata nella storia dei MAMA. Avevano dimostrato ad ARMY e non che avevano le carte in regola per guidare uno show di quella portata.

V descrive così le sue sensazioni dopo aver ricevuto il primo premio ai MAMA del 2016:

——Mi sembrava come… Come un miracolo. Sinceramente, ero già contento che fossimo nella lista dei candidati. Ma quando abbiamo vinto, tra me e me ho pensato: "Sapevo che i BTS avrebbero vinto, non importa ciò che dice la gente, i BTS vincono sempre".

E quell'anno, ai MAMA, i BTS avevano vinto per davvero: non solo portandosi a casa uno dei tre premi più importanti, ma anche dimostrando di meritarselo.

——Ho sempre pensato che prima o poi avremmo vinto un premio. Sono diventato parte di questo gruppo, fiducioso che avremmo avuto successo. Sentivo che tutti insieme ce l'avremmo fatta.

La fiducia di V nei confronti del gruppo fu quella che permise ai BTS di andare oltre l'odio che ricevevano.

——Come per gli altri, la Big Hit è stata la mia prima agenzia e quella grazie alla quale ho debuttato. Non sapevo nulla sulle altre agenzie né sugli altri gruppi. Guardando i ragazzi mi sentivo come… Come se non dovessi avere paura di niente. Per esempio, quando andavo ancora a scuola mi vantavo di conoscerli, e dicevo: «Lui è mio amico». Sono sempre stati delle celebrità per me, sin dall'inizio.

Mi sembrava come... Come un miracolo. Sinceramente, ero già contento che fossimo nella lista dei candidati. Ma quando abbiamo vinto, tra me e me ho pensato: "Sapevo che i BTS avrebbero vinto, non importa ciò che dice la gente, i BTS vincono sempre".

—V

Quando erano insieme, non avevano paura di nulla. Questo senso di solidarietà accomunava non solo i BTS tra loro, ma anche i BTS con gli ARMY. In questo senso, *WINGS* è anche l'espressione musicale dell'evoluzione del loro rapporto. Le solo track racchiudono le preoccupazioni che ogni componente del gruppo si porta dentro, le unit track e le canzoni cantate insieme, da *Lost* a *21st Century Girl*, contengono il messaggio dei ragazzi per il mondo, mentre *2! 3!* è il loro messaggio per gli ARMY.

La canzone dedicata ai fan, *2! 3!*, si apre con la frase "Non posso dire che sarà sempre tutto rose e fiori". I ragazzi, inizialmente soli con loro stessi, si sono riuniti per cantare al mondo delle loro difficoltà e andare incontro a tutte le persone che ascoltano le loro canzoni. Nonostante siano consapevoli di ciò che i fan hanno fatto per loro, non possono promettere che andrà sempre tutto bene: è questo il loro messaggio. La traccia si conclude, tuttavia, su una nota positiva: "Lascia andare tutti i ricordi tristi, / Teniamoci per mano e ridiamo".

WINGS è l'album che racchiude il percorso dei BTS fino a quel momento, dall'istante in cui misero piede sul palco creando una comunità con i loro fan. Come dice il testo di *2! 3!*, si rendono conto di non essere più da soli.

A giorni migliori
Perché siamo insieme

YOU NEVER WALK ALONE

THE 2ND SPECIAL ALBUM
13.02.2017

TRACK

01 Intro : Boy Meets Evil
02 Blood Sweat & Tears
03 Begin
04 Lie
05 Stigma
06 First Love
07 Reflection
08 MAMA
09 Awake
10 Lost
11 BTS Cypher 4
12 Am I Wrong
13 21st Century Girl
14 2! 3!
15 Spring Day
16 Not Today
17 Outro : Wings
18 A Supplementary Story : You Never Walk Alone

VIDEO

Spring Day
MV TEASER

Spring Day
MV

Not Today
MV TEASER

Not Today
MV

Quello fu il momento in cui la storia dei BTS diventò anche la storia degli ARMY. Nacque un qualcosa di inspiegabile, un gruppo di persone estremamente unito e compatto, che andava oltre ogni concezione tradizionale del rapporto tra artista e fan.

Per queste ragioni tutto ciò che era avvenuto nei quasi due anni trascorsi dall'uscita della trilogia *THE MOST BEAUTIFUL MOMENT IN LIFE* fino a *WINGS* poteva essere riassunto con una parola sola: amore. Quando i BTS vinsero il primo premio, quello che provò j-hope non fu né un senso di rivalsa né di realizzazione personale. Spiega:

——Quello fu il momento in cui ci sentimmo più amati. Ricevere quel premio ci fece rendere conto di quanto avessimo lavorato sodo fino a lì.

Jung Kook, che, come tutti gli altri, non aveva saputo trattenere le lacrime alla notizia della vittoria, guardò prima i compagni al suo fianco e poi gli ARMY tra il pubblico.

——"Ne abbiamo superate davvero tante." Mi passò davanti agli occhi tutto ciò che avevamo fatto fino a quel momento. Guardando i compagni al mio fianco e gli ARMY tra il pubblico che facevano il tifo per noi, fu quello il mio primo pensiero.

SUGA ha spiegato cosa significa per loro l'amore dei fan.

——Adesso ogni tanto guardo le reazioni dei fan. Piuttosto spesso, in realtà *(ride)*. Mi sono di grande aiuto per la mia autostima. Mi sono reso conto di aver bisogno di sapere che c'è qualcuno che mi ama.

I BTS avevano disperatamente desiderato il successo. Ma quando quel successo tanto agognato finalmente arrivò, paradossalmente iniziarono a volere qualcos'altro: l'amore, quello degli ARMY.

Nel 2016 Jimin festeggiò il suo compleanno durante le registrazioni di un programma musicale. Gli ARMY che erano nello studio gli cantarono *Tanti auguri a te*. In quell'occasione disse che non aveva mai dato troppa importanza al suo compleanno, ma che per la prima volta nella sua vita lo sentiva come un giorno speciale•. Lui stesso ne spiega il motivo:

——Prima di allora il mio compleanno era un giorno in cui semplicemente mi faceva piacere ricevere gli auguri da tutti. Con la scusa del compleanno potevo rivedere i miei amici, oppure diventavo il centro dell'attenzione *(ride)*. Mi piaceva per questo, ma non ci davo particolare rilievo. Ma quella volta, con tutte queste persone davanti a me, persone a cui volevo bene, per le quali desideravo dare il massimo; ed erano loro che facevano gli auguri a me. Quell'emozione… È difficile da spiegare.

E poi, ai miei amici

Dopo la fine del 2016, che per i BTS era stato l'anno segnato dalle parole "vittoria" e "amore", arrivò il 2017, che si aprì con una grande notizia, per molti inaspettata, che fece sì che tutti gli occhi del mondo venissero nuovamente puntati su di loro. I giornali riferirono la notizia che nel gennaio di quell'anno i BTS avevano donato 10 milioni di won, circa 72.300 euro, all'associazione "4/16 Sewol Families for Truth and

•

a Safer Society", composta dalle famiglie delle vittime del disastro del traghetto *Sewol*, avvenuto nel 2014.

In seguito a questo annuncio, le persone iniziarono a interpretare diversamente *Spring Day*•, title track dello special album *YOU NEVER WALK ALONE* (uscito nel febbraio 2017 come spin-off di *WINGS*), e cominciarono a collegarla proprio al disastro del *Sewol*. La canzone si apre con le parole "Mi manchi", e nel video musicale compaiono montagne di vestiti, che potrebbero rappresentare i trecentoquattro morti e dispersi nella tragedia.

Quest'interpretazione era resa più plausibile dal fatto che la maggior parte delle vittime erano studenti delle superiori in gita scolastica. Il programma televisivo di inchiesta "Unanswered Questions" dell'emittente sudcoreana SBS usò addirittura la canzone come sottofondo nell'episodio dell'aprile 2017, dedicato al terzo anniversario del naufragio.

Tuttavia, i BTS non hanno mai spiegato nel dettaglio qual è il vero significato dietro *Spring Day*. Durante la conferenza stampa in occasione dell'inizio del 2017 BTS LIVE TRILOGY EPISODE III: THE WINGS TOUR, i ragazzi dichiararono di preferire che l'interpretazione del brano fosse lasciata a chi lo ascoltava.

Secondo le parole di RM, *Spring Day* è nata come un messaggio per gli amici:

———Ricordo che scrissi le parole della canzone come se stessi scrivendo ai miei amici. Quelli che si erano allontanati da me, quelli

•

distanti che vedevo solo qualche volta e con i quali non condividevo altro che lo stesso cielo.

L'altro autore di *Spring Day*, SUGA, è più specifico:

———Ce l'avevo proprio con il mio amico.

Continua:

———Perché mi mancava da morire e non potevo vederlo.

Più avanti SUGA citerà alcune parti del testo di *Spring Day* nella canzone *Dear My Friend* (*Feat.* Kim Jong-wan dei NELL)[*], inclusa nel suo mixtape del 2020, *D-2*, implicando che le due canzoni riguardassero il medesimo amico.

A quanto dice SUGA stesso, questa persona era un amico a cui lui "teneva molto". Ma a causa di svariati motivi, i due si erano allontanati e avevano finito per non vedersi più. Quando non era riuscito più a sopportare la sua mancanza, SUGA aveva anche provato a rimettersi in contatto con lui tramite degli amici in comune, ma senza successo.

———Era la persona a cui mi potevo sempre appoggiare quando attraversavo dei periodi difficili… Quando ero un trainee e chiacchieravamo, gli chiedevo: «Pensi davvero che io possa farcela a debuttare?», per poi mettermi a frignare. Facevamo tanti progetti insieme, ci dicevamo: «Conquistiamo il mondo!». E ora mi domando cosa stia facendo… Ecco perché ce l'avevo con lui.

Prima di scrivere *Spring Day*, SUGA aveva sofferto parecchio. Pro-

*

prio quella sofferenza era ciò che l'aveva portato fino a dove era ora, anche se, sfortunatamente, il suo amico non era più al suo fianco. Per lui *Spring Day* era un modo per far pace con le emozioni che lo tormentavano ancora dopo tanti anni. Il pezzo finale divenne un motivo di conforto per lui.

——In quel momento, non riuscivo neanche a ricordarmi quando era stata l'ultima volta che avevo trovato conforto nella musica... Era passato davvero tanto tempo. All'epoca non lo sapevo, ovviamente. Ma adesso sì.

Tu sai tutto
Sei il mio migliore amico
Arriverà di nuovo il giorno
Perché nessuna oscurità, nessuna stagione dura per sempre

Spring Day diventò una canzone di conforto per tantissime persone, non solo per SUGA. Dopo la tragedia del *Sewol*, la primavera in Corea non è più stata solo una stagione calda e felice.

Il mese di aprile in particolare è diventato "il mese crudele" per le persone che hanno subito quel trauma. A questo proposito, RM ha detto:

——Studiando arte e letteratura, ho scoperto che ci sono tanti autori che parlano della primavera come una stagione crudele. Come nel poemetto di T.S. Eliot, *La terra desolata*, in cui si dice che "aprile è il mese più crudele". Leggendo questi testi mi sono chiesto: "Perché non ho mai pensato che la primavera fosse una stagione crudele?". Ma allo stesso tempo la primavera arriva pur sempre alla fine dell'inverno. *Spring Day* parla della sensazione che si ha quando ci manca qualcuno... Penso che sia per questo che piace alla gente.

Il brano è diventato inevitabilmente un simbolo di questa stagione per i coreani. Anche adesso, non è solo una presenza costante nella Melon Top 100, ma in più ogni anno in primavera scala la classifica. È questo il risultato che RM sperava di raggiungere mentre lavorava al pezzo.

——Volevo creare un brano che fosse intramontabile per i coreani.

Ascoltando il racconto di RM a proposito del processo di creazione di *Spring Day*, sembra che ogni aspetto legato alla canzone sia stato provvidenziale:

——A oggi è ancora qualcosa che non mi è mai più capitato, ma quando scrissi la melodia per *Spring Day* pensai immediatamente: "È quella giusta". Alcuni musicisti professionisti dicono che alcune canzoni vengono fuori così dal nulla in soli cinque minuti, a me è successo con *Spring Day.*

Il periodo tra la donazione all'associazione e l'uscita di *YOU NEVER WALK ALONE* fu un nuovo momento di svolta per la carriera dei BTS. *Spring Day* non faceva alcun riferimento alla tragedia del *Sewol* ma era – e rimane – una canzone che dà supporto e conforto a chi soffre per incidenti simili. Allo stesso tempo, la donazione era un modo per dimostrare la determinazione dei ragazzi a voler diventare membri attivi della società.

Not Today[•], un'altra delle tracce nuove estratte da *YOU NEVER*

•

WALK ALONE, era un messaggio concepito apposta "per tutti gli oppressi del mondo".

> *Fino al giorno in cui vinceremo (combattiamo!)*
> *Non vi inginocchiate, non cadete*

A partire dalla trilogia *THE MOST BEAUTIFUL MOMENT IN LIFE*, passando per *WINGS* e arrivando a *YOU NEVER WALK ALONE*, i BTS avevano raccontato la storia di individui che sembravano essere irrimediabilmente soli con se stessi, ma che alla fine si riscoprono parte di una comunità stretta e solidale.

Era un processo di crescita, quello di un adolescente che impara a guardare oltre se stesso, a interessarsi delle vite altrui. In futuro, i BTS avrebbero trovato altri modi per fare la loro parte nel mondo.

Ciò che stavano facendo nasceva anche dal desiderio di ripagare gli ARMY per il loro affetto e supporto, per dimostrare ai loro più grandi fan che i BTS a quel punto potevano prendere in mano la situazione. Non stavano più semplicemente camminando insieme, erano diventati dei pionieri, stavano creando un nuovo percorso, più profondo, verso il futuro. I BTS sarebbero passati dal raccontare le proprie storie ad ascoltare quelle degli altri, sempre alla ricerca di nuove cause meritevoli da sostenere.

RM parla di come la loro percezione del mondo cambiò in quel periodo:

——Mi dicevo che dovevo avere qualcosa da dire sul mondo intorno a me, fosse per le persone che ascoltavano la nostra musica o anche solo per me stesso. Dopotutto, sono partito da Nas e Eminem. In un certo senso, eravamo in una posizione un po' scomoda e forse contraddittoria ma, nonostante ciò, credo che ci sia sempre qualcosa da dire…

Quando uscirono dal loro guscio, i BTS scoprirono un mondo che sembrava infinito, pieno zeppo di cose da fare – anche dopo essere stati incoronati Artist of the Year.

CAPITOLO 5

LOVE YOURSELF 承 'Her'

LOVE YOURSELF 轉 'Tear'

LOVE YOURSELF 結 'Answer'

A FLIGHT THAT NEVER LANDS

UN VOLO CHE NON ATTERRA MAI

PIZZA

A FLIGHT THAT NEVER LANDS

20 maggio 2018

Il 20 maggio 2018 i BTS si esibirono sul palco dei Billboard Music Awards (BBMA) alla MGM Grand Garden Area di Las Vegas. Durante lo spettacolo mostrarono per la prima volta al pubblico la performance di *FAKE LOVE*, la title track del loro nuovo album *LOVE YOURSELF* 轉 *'Tear'*, uscito solo qualche giorno prima.

I BBMA furono un evento importante per i ragazzi: l'anno precedente vi avevano partecipato per la prima volta, vincendo nella categoria Top Social Artist[•], e appena un anno dopo avevano la possibilità di esibirsi allo stesso evento[••]. Per il secondo anno di fila si portarono a casa il premio di Top Social Artist e *LOVE YOURSELF* 轉 *'Tear'* fu il primo album della loro carriera a conquistare il primo posto nella Billboard 200.

Tuttavia, dietro quel momento di gloria e prestigio, si celava una delle crisi peggiori dei BTS; ne parlarono circa sette mesi dopo sul palco dei MAMA, il 14 dicembre del 2018. Lì i BTS vinsero per il terzo anno consecutivo il premio Artist of the Year, e tra le lacrime, durante il suo discorso di ringraziamento, j-hope disse:

> *Penso che avrei pianto a prescindere, sia che avessimo ricevuto questo premio, sia che non l'avessimo ricevuto. Perché... è stato un anno difficile, abbiamo lavorato sodo, e abbiamo ricevuto tantissimo affetto da tutti voi. Volevamo davvero ripagarvi...*

•

••

Vi ringrazio di cuore, e ai membri del gruppo che sono qui con me in questo momento voglio dire: «Grazie mille».

Dopo di lui anche Jin, che già piangeva per aver sentito i discorsi degli altri, disse con voce tremante:

Ah... quest'anno... mi viene in mente com'è iniziato. L'inizio di quest'anno è stato un momento molto difficile per noi dal punto di vista psicologico. E... ne abbiamo parlato e ci siamo chiesti se fosse il caso di sciogliersi oppure no. Ma ci siamo rimessi in sesto e abbiamo ottenuto ottimi risultati... per me è un vero sollievo... Sono profondamente grato ai miei compagni per essersi rimessi in piedi, e voglio esprimere la mia gratitudine agli ARMY, per l'affetto e l'amore che ci danno sempre.

"Scioglimento" è una parola che proprio non si addice ai BTS, e questo è vero oggi come all'inizio del 2018. *LOVE YOURSELF* 承 *'Her'*, l'album uscito a settembre 2017, che aveva preceduto *LOVE YOURSELF* 轉 *'Tear'*, era stato il primo a vendere più di un milione di copie e aveva raggiunto la settima posizione nella classifica di Billboard 200, la più alta fino ad allora. Ma nello stesso momento in cui i BTS raggiungevano vette sempre più alte, i protagonisti della storia sembravano caduti in un baratro profondo del quale non si vedeva la fine. SUGA riassume così quel periodo:

——Era un periodo in cui tutti volevamo dire "Finiamola qui", ma nessuno ci riusciva.

Bohemian Rhapsody

Alla fine del 2018, quando i BTS riuscirono a superare la crisi che li aveva quasi portati a sciogliersi, RM guardò *Bohemian Rhapsody*, che racconta la storia dei Queen, leggendaria rock band britannica. Guardando quel film, gli vennero in mente le numerose difficoltà che i BTS avevano dovuto affrontare nella loro carriera:

——Durante una discussione con i membri della band, Freddie Mercury dice che non ce la fa più a passare la sua vita a fare album, tour, album, tour. Brian May allora fa un commento. Guardando quella scena mi sono venute in mente tante cose.

In quella scena Freddie Mercury viene descritto come se fosse stato messo all'angolo, non fisicamente ma psicologicamente. Era sfinito per la popolarità dei Queen, la loro routine sempre piena di impegni, la stampa che continuava a ficcare il naso nelle loro vite private, il loro essere costantemente vittime di malintesi e critiche. Quando Freddie Mercury dice che non vuole più quella vita fatta di album, tour, album, tour Brian May gli risponde così:

> *Ma è questo quello che fanno le band. Album, tour, album, tour.*

Esattamente come i Queen, nemmeno i BTS potevano evitare di fare "quello che fanno le band". Guardando agli ultimi due anni della loro carriera, tra l'uscita di *YOU NEVER WALK ALONE* nel febbraio del 2017 e di *LOVE YOURSELF 承 'Her'* nel settembre dello stesso anno, avevano completato il 2017 BTS LIVE TRILOGY EPISODE III: THE WINGS TOUR, con 32 tappe sparse in dieci Paesi diversi.

Poi, meno di un mese dopo l'uscita di *LOVE YOURSELF* 承 *'Her'*, avevano infine completato le cinque date mancanti del tour in Giappone, a Taiwan e a Macao. Tra queste, il concerto al Kyocera Dome di Osaka era il primo che facevano in un palazzetto.

Un paio di settimane dopo, il 19 novembre, volarono negli Stati Uniti per partecipare a tre delle cerimonie di premiazione musicali più grandi d'America, tra cui gli American Music Awards (AMA). Lo spettacolo si tenne al Microsoft Theater di Los Angeles, e i BTS furono i primi artisti coreani nella storia a esibirsi da soli sul palco a quell'evento•. Inoltre, i ragazzi furono ospiti nei talk show delle tre principali emittenti televisive americane, la NBC, la CBS e la ABC[1]••.

Rientrati in patria, prepararono le performance per le cerimonie di premiazione coreane, tra le quali i MAMA e i Melon Music Awards (MMA), e completarono gli ultimi tre concerti che chiudevano il loro tour mondiale 2017 BTS LIVE TRILOGY EPISODE III: THE WINGS TOUR. Dopo essersi preparati e aver partecipato a ogni singolo programma di fine anno delle varie emittenti televisive coreane, all'inizio del 2018 dovettero subito rimettersi al lavoro per l'uscita dell'album *LOVE YOURSELF* 轉 *'Tear'*.

Quando gli viene chiesto come si sentisse in quel periodo, Jin alza

1 Nei talk show, tra i quali "The Ellen DeGeneres Show" della NBC, "The Late Late Show with James Corden" della CBS, il "Jimmy Kimmel Live" della ABC, i ragazzi rilasciavano interviste e/o si esibivano.

leggermente la voce e prova a descrivere l'enorme pressione e stanchezza che dovevano sopportare:

———Non avevamo quasi mai un giorno di riposo. Eravamo talmente stanchi che mi chiedevo se una persona potesse sopportare di vivere così.

Produzione e promozione di un album, e poi i tour, le innumerevoli cerimonie di premiazione e poi di nuovo produzione di un album... Proprio come per i Queen raccontati in *Bohemian Rhapsody*, il ripetersi di questa routine influiva negativamente sulla salute mentale dei ragazzi. Per essere più precisi, però, in realtà i BTS affrontarono difficoltà diverse rispetto a quelle descritte nel film. Questo perché si trovavano in una situazione che non era mai stata vissuta da nessuno prima, né da una rock band britannica, né da un gruppo di idol coreano.

Come già accennato in precedenza, altri gruppi K-pop avevano riscosso successo in Occidente anche prima dei BTS. I video musicali delle canzoni K-pop erano uno dei contenuti più popolari su YouTube. Ma ricevere l'invito ai BBMA, vincere un premio e avere un album cantato in coreano nella top 10 della Billboard 200 era tutta un'altra storia. I BTS non avevano rivali nel mercato asiatico e stavano conquistando sempre più popolarità anche nel mercato occidentale, Stati Uniti compresi.

Durante il tour, Jin si portava dietro il suo portatile per giocare ai videogiochi. Dice:

———Più che per giocare, uso i videogiochi per chiacchierare. Per prendere sonno devo necessariamente tenermi occupato con qualcosa, ma quando sono all'estero non c'è granché che possa fare.

Vista la loro fama, infatti, era difficile per loro uscire dagli alloggi. Jin continua:

——Dovendo trascorrere la maggior parte del nostro tempo in albergo, alla fine di ogni concerto mangiavo, accendevo il videogioco e facevo due chiacchiere con i miei amici. Stop.

Al loro rientro in Corea, si reimmergevano a razzo in una nuova routine. Come ricorda V:

——Era stressante. Prima potevo andare dovunque volessi e fare tutto senza troppi problemi. Ma da quel momento, oltre a pensare: "Wow... siamo diventati davvero famosi", iniziai anche a pensare: "Non sarà facile avere una vita privata d'ora in poi".

Il motivo del disagio di V non era legato all'interesse degli ARMY nei confronti dei BTS. Nessun artista coreano prima di allora aveva mai avuto così tanto successo all'estero; c'era tanto interesse verso di loro anche da fuori. Mentre in Corea, si parlava solo dei BTS. Non solo nel mondo degli idol, ma anche nell'intera industria musicale e pure tra la gente comune.

Era un problema che sembrava non avere una soluzione. Spiega SUGA:

——Se i libri di storia ci aiutano a trovare le risposte alle domande del presente, coloro che avevano lavorato nell'industria prima di noi avrebbero dovuto avere le risposte che facevano al caso nostro, giusto? Ma avevamo a che fare con qualcosa di inedito.

Dopo il debutto dei BTS, SUGA aveva grandi obiettivi artistici:

——Fare un concerto al KSPO Dome, vincere un premio importante, comprarmi una casa e la macchina che volevo: fino al 2016, pensavo che mi sarebbe bastato raggiungere questi quattro obiettivi per sentirmi realizzato.

Sono sogni comuni a molti. SUGA faceva parte di quel piccolo gruppo di artisti che avevano effettivamente vinto un premio musicale importante in Corea e si erano effettivamente esibiti al KSPO Dome per un concerto. Ma, dopo il 2017, la realtà che SUGA stava vivendo superò ogni sua aspettativa.

———Prendiamo questo esempio. Improvvisamente sono diventato il protagonista di un romanzo cavalleresco, e mi ritrovo a combattere con un nemico molto forte. Lo colpisco a caso, senza pensarci troppo, e lo batto con un solo colpo. Mi sentivo così e mi chiedevo: "Ma sono davvero così forte? Non era questo ciò che volevo."

Poi riassume così le sue sensazioni di allora:

———Mi stai forse dicendo che possiamo fare ancora più cose di quante ne facciamo ora…?

Esitazione e paura

Ai tempi SUGA parlò delle sue ansie nel testo di *Skit : Hesitation & Fear (Hidden Track)*, presente solo nella versione cd dell'album *LOVE YOURSELF 承 'Her'*. Il brano è una registrazione vocale delle reazioni dei BTS mentre riguardano l'annuncio della vittoria del premio come Top Social Artist ai BBMA del 2017, durante la preparazione di *LOVE YOURSELF 承 'Her'*.

Guardando di nuovo il momento in cui viene annunciato il loro nome, spiegano quanto fossero felici e poco dopo confessano come si sono sentiti, quali sono state le loro sensazioni per quel grande successo. «Come possiamo andare più in alto di così?», «Quando cadremo giù, sarà una brutta caduta». Erano questi i timori di RM, ai quali si aggiungevano quelli di SUGA: «Ero molto preoccupato in quel periodo, temevo che se fossimo caduti sarebbe stato sicuramente più rapido rispetto al modo in cui eravamo saliti.»

Il centro del business mondiale
Al primo posto della lista dei casting
Registriamo il tutto esaurito

È una parte del testo di *MIC Drop*•, una canzone tratta da *LOVE YOURSELF 承 'Her'*, che nel disco viene subito dopo *Skit : Billboard Music Awards Speech*, una registrazione del loro discorso di ringraziamento per aver ricevuto il premio di Top Social Artist ai BBMA del 2017, con il rumore di sottofondo lasciato intatto. Come si evince dal testo di *MIC Drop*, i BTS erano molto fieri del successo che riscuotevano.

Tuttavia, in *Skit : Hesitation & Fear*, parlano anche di come un successo così enorme porti con sé ansie e preoccupazioni altrettanto grandi. Al loro debutto, i BTS erano stati accolti da un'ondata di commenti negativi online e avevano ricevuto insulti diretti durante le loro apparizioni in pubblico. Anche mentre la loro popolarità cresceva, era come se qualcosa li tirasse giù, cercando di distruggerli. Ricevere piogge di complimenti e tanto interesse da un giorno all'altro li rendeva tanto confusi quanto felici. SUGA dice:

——Era un periodo in cui, fatta eccezione per chi ci amava e ci supportava, tutti gli altri ci sembravano dei nemici. Eravamo molto preoccupati al pensiero di quante critiche avremmo ricevuto se avessimo fatto anche solo un piccolo passo falso.

•

LOVE YOURSELF 承
'Her'

THE 5TH MINI ALBUM
18.09.2017

TRACK

01 Intro : Serendipity
02 DNA
03 Best Of Me
04 Dimple
05 Pied Piper
06 Skit : Billboard Music Awards Speech
07 MIC Drop
08 Go Go
09 Outro : Her
10 Skit : Hesitation & Fear (Hidden Track)
11 Sea (Hidden Track)

VIDEO

COMEBACK TRAILER
Serendipity

DNA
MV TEASER 1

DNA
MV TEASER 2

DNA
MV

MIC Drop
(Steve Aoki Remix)
MV TEASER

MIC Drop
(Steve Aoki Remix)
MV

SUGA parla proprio di quella sensazione di "esitazione e paura" che tutti i BTS provavano. Dopo l'uscita di *LOVE YOURSELF* 承 *'Her'*, raggiungere il primo posto della Billboard 200 non era più un'impresa impossibile. Tuttavia, una volta raggiunto quell'obiettivo, vennero assaliti dal terrore dell'ignoto, dalla paura di non sapere cosa sarebbe successo.

Al tempo, i BTS facevano il possibile per ripagare gli ARMY di tutto l'affetto che avevano dimostrato al gruppo fino a quel momento. Il 1° novembre 2017 diedero inizio alla campagna "LOVE MYSELF"[2], in collaborazione con l'UNICEF, che è ancora in corso. La decisione di realizzarla arrivò quando i BTS si resero conto che la loro influenza era tanto grande quanto l'amore che ricevevano dai fan.

Il loro supporto per i bambini e i giovani, in particolare per quelli esposti alla violenza, era in linea con il messaggio dei BTS, che sin dal debutto erano cresciuti e maturati riflettendo sulla realtà vissuta dagli adolescenti. Per questo motivo, non solo donarono parte del ricavato delle vendite di ogni album, ma si impegnarono in prima persona a promuovere la campagna. Speravano che attraverso la loro attività di promozione più persone si sarebbero interessate ai problemi di bambini e ragazzi.

Proprio nel mezzo della fase di preparazione di questa campagna, nei primi mesi del 2017, i BTS erano stati invitati ai BBMA per la prima

2 Una campagna in supporto al progetto #ENDViolence, iniziato nel 2013 a opera dell'UNICEF per creare un mondo sicuro e libero dalla violenza contro bambini e ragazzi. Le donazioni raccolte attraverso la campagna "LOVE MYSELF" sono state devolute in favore di bambini e ragazzi vittime di violenza, e utilizzate per creare un sistema di prevenzione su base regionale.

volta e, con l'uscita di *LOVE YOURSELF 承 'Her'*, stavano battendo nuovamente tutti i record che avevano già raggiunto in precedenza con *WINGS*. Non è un'esagerazione dire che la loro popolarità era fuori controllo. Il che contribuì ad accrescere la loro influenza così come anche le loro responsabilità. Anche la campagna "LOVE MYSELF", iniziata con le migliori intenzioni, si trasformò in un ulteriore fardello che li costringeva a fare attenzione a qualunque loro azione o affermazione. SUGA spiega che tutto quell'interesse nei confronti del gruppo, come anche il fatto che ogni loro gesto era diventato così carico di significato, lo stressava parecchio:

——All'epoca come adesso, tutti i meriti che ci vengono riconosciuti sono una grande responsabilità. Espressioni come "influenza positiva", e tutti i commenti sull'impatto che abbiamo avuto sull'economia... Non pensavamo di arrivare così in alto quando abbiamo iniziato, e potremmo anche rotolare giù esattamente come siamo saliti. Era un periodo in cui mi sentivo molto preoccupato e frastornato.

Poi aggiunge:

——Era come doversi esibire in sincronia perfetta di fronte a un pubblico, vietato sbagliare.

All'inizio della campagna "LOVE MYSELF", Jimin si chiese che tipo di impatto questa avrebbe avuto sul mondo:

——Pensavo che sarebbe potuta diventare una "forza che cambia le anime delle persone". Ricordo che andai da RM e glielo chiesi, una volta. Ero talmente curioso che andai di persona a domandargli perché aveva deciso di lavorare a questa campagna. Noi facciamo delle donazioni perché sappiamo che è una buona azione, ma credo che conoscere l'intenzione alla base di un'azione sia più importante.

La conversazione che ebbe con RM lo convinse ancora di più:

———RM mi rispose: «Se le mie donazioni o le mie canzoni possono rendere migliore la vita di una persona, anche solo di una, allora voglio continuare a fare questo lavoro». Quelle parole cambiarono anche il mio modo di pensare. Ciò che avevo sempre voluto fare era esibirmi per le persone, e se per le persone condividere le proprie emozioni con me è motivo di felicità, se tutti noi facevamo dire loro "Oggi è stato divertente", "Grazie a loro mi sento meglio", allora potevamo farcela.

Come dice Jimin, lo scambio emotivo con gli ARMY e con tutti coloro che ascoltano la loro musica è stato la molla che ha permesso ai BTS di continuare a lavorare sulla trilogia *LOVE YOURSELF*.

A questo proposito, *LOVE YOURSELF* 承 *'Her'* e l'album seguente *LOVE YOURSELF* 轉 *'Tear'* erano come l'esterno e l'interno, come la luce che li guida e l'oscurità che li spaventa. *Pied Piper*, traccia contenuta in *LOVE YOURSELF* 承 *'Her'*, è un messaggio per gli ARMY. Nel testo della canzone i ragazzi descrivono le difficoltà che i fan potrebbero affrontare, e li rassicurano dicendo che i BTS sanno cosa provano. Nella title track *DNA* l'incontro con gli ARMY è descritto come "un precetto religioso" e "il destino dell'universo".

j-hope ricorda quella sensazione così:

———A essere sincero, non volevo far sapere ai nostri fan che stavamo attraversando un periodo difficile. Volevo che vedessero solo le cose positive, non le ombre che si celavano dietro la facciata.

Come dice j-hope, *LOVE YOURSELF* 承 *'Her'* era l'album in cui i BTS si erano impegnati a mostrare agli ARMY il loro lato più spensierato. Le difficoltà che vivevano erano arrivate in un momento in cui stavano per iniziare un nuovo percorso fatto di una serie di successi, ognuno più grande di tutti quelli raggiunti fin lì. Gli ARMY erano prontissimi a godersi *LOVE YOURSELF 承 'Her'*, il primo album nella storia dei BTS a essere caratterizzato da un'atmosfera gioiosa.

j-hope spiega in che modo, nonostante i problemi del gruppo si aggravassero sempre di più, sono stati in grado di continuare a lavorare all'album:

———Non saprei. Forse era entrato in gioco il nostro senso di responsabilità? *(ride)* Non credo ci facessimo troppe domande all'epoca, perché farsi troppe domande avrebbe reso tutto più difficile; quindi, il nostro modo di prendere tutto con leggerezza ci ha facilitato il compito. La cosa interessante è che nonostante fosse un brutto momento per tutti, ci comportavamo da professionisti. Fa un po' ridere. Anche quando c'era qualcosa che ci innervosiva, ci dicevamo: "Vabbè, facciamo quello che dobbiamo fare".

Poi continua:

———Andavamo sempre tutti alle prove e alle registrazioni, anche quando si creavano situazioni per cui ci si aspettava che almeno uno di noi non si sarebbe presentato. C'erano delle volte in cui non eravamo esattamente di buonumore, ma facevamo il nostro dovere.

È difficile spiegare come abbiano fatto i BTS a trovare il modo, a prescindere dalla situazione, di fare sempre ciò che dovevano, di dimostrare affetto agli ARMY e al contempo che potevano fidarsi di loro. Forse tutto ciò è stato reso possibile dal fatto che i BTS e gli ARMY avevano sempre affrontato tutto insieme, oppure dall'empatia innata dei ragazzi, o ancora perché avevano sempre condiviso le loro emozioni con i fan.

Qualunque fosse il motivo, è evidente che la determinazione che ha permesso loro di allenarsi, di creare canzoni e coreografie a prescindere da tutto, è la stessa che li ha guidati verso nuovi territori con la serie di *LOVE YOURSELF.*

La gioia dell'amore

Nonostante il travaglio emotivo che ha caratterizzato la sua creazione, la serie di *LOVE YOURSELF* ebbe un significato molto importante per i BTS.

La loro popolarità – cresciuta esponenzialmente nell'arco di soli due anni, dal 2015 all'inizio del 2017 – aveva permesso loro di realizzare tutto ciò che sia i BTS sia la Big Hit Entertainment avevano sempre desiderato. Per il mixaggio della trilogia *LOVE YOURSELF* il produttore della Big Hit, Pdogg, riuscì ad acquistare e installare nel suo studio la stessa attrezzatura usata dai tecnici del suono in America. Con queste premesse, i BTS potevano dare la direzione che volevano al sound dell'album, e lavorare più di fino sulle singole tracce.

DNA[•], la title track di *LOVE YOURSELF* 承 *'Her'*, è una canzone dance con una coreografia molto intensa, con un testo che descrive l'amore tra il narratore e il suo interlocutore come una storia scritta nelle stelle. Il sound di *DNA* si adatta bene a questa narrazione, ha un beat molto sostenuto che allo stesso tempo crea un'idea di spazialità attraverso un particolare uso del riverbero. Le proporzioni occupate da ciascuno dei suoni iniziano a un certo punto a ridursi, e una serie di rumori riempiono il vuoto che si viene a creare, muovendosi e diraman-

[•]

dosi in tutte le direzioni, creando uno spazio che sembra quasi voler esprimere il mistero del cosmo.

È il controllo del sound a permettere alle singole storie presenti nell'album di legarsi in una narrazione continua attraverso la musica, come se fossero la colonna sonora di un film. Mentre le intro per *THE MOST BEAUTIFUL MOMENT IN LIFE PT.1* e *THE MOST BEAUTIFUL MOMENT IN LIFE PT.2,* rispettivamente *Intro : The most beautiful moment in life* e *INTRO : Never Mind,* usano dei suoni che provengono da un ambiente reale – il suono della palla da basket che rimbalza su un campetto, le urla dei fan in un'arena –, nella trilogia *LOVE YOURSELF* i BTS sono riusciti a esprimere un'idea di spazio più astratta attraverso la musica.

Le tracce d'apertura di *LOVE YOURSELF* 承 *'Her'* e *LOVE YOURSELF* 轉 *'Tear',* ovvero *Intro : Serendipity*[•] e *Intro : Singularity*[••], presentano immagini dell'amore completamente opposte, e i rispettivi sound creano atmosfere molto diverse.

È Jimin a cantare *Intro : Serendipity*; nel testo il rapporto d'amore tra lui e un'altra persona viene descritto come "la logica dell'universo", e lui presenta se stesso come "il suo fiore". I suoni della canzone, così come le parole, sono freschi e leggeri e danno la sensazione di occupare ogni punto dello spazio; il beat lento dà l'idea che Jimin stia danzando sopra un letto di fiori. Al contrario, *Intro : Singularity* è una traccia che parla del dolore dell'amore, e ha come base un beat basso e cupo che dà l'idea di uno spazio buio e soffocante. È V a cantarla, sprigionando due emozioni totalmente diverse tra loro, e creando l'illusione di un one man show.

• ••

Oltre alle abilità tecniche che avevano permesso loro di ottenere tutto ciò che volevano, la loro fama negli Stati Uniti – che aveva iniziato a crescere con la trilogia *THE MOST BEAUTIFUL MOMENT IN LIFE* per poi impennarsi con la partecipazione dei ragazzi ai BBMA del 2017 – aprì le porte alla collaborazione con vari altri artisti. Tra le tracce di *LOVE YOURSELF 承 'Her'* c'era *Best Of Me*, in collaborazione con Andrew Taggart dei Chainsmokers, che avevano mantenuto il primo posto nella Billboard Hot 100 per dodici settimane di fila con *Closer* (*Feat.* Halsey). Inoltre, Steve Aoki – che aveva già lavorato con i BTS per il remix di *MIC Drop* (*Feat.* Steve Aoki) – si occupò della produzione di *The Truth Untold*, traccia contenuta in *LOVE YOURSELF 轉 'Tear'*.

Avere la possibilità di collaborare con artisti che erano i trendsetter della musica pop nel mercato americano permise loro di includere una maggior varietà di stili e suoni nei loro album. I BTS, che avevano integrato le sonorità hip hop nel genere musicale degli idol, ora potevano aggiungere al loro bagaglio anche le tendenze della musica pop americana. *DNA* è un brano che mette insieme sonorità derivanti da diversi generi, ma, allo stesso tempo, è una traccia facile da ascoltare. Anch'essa costituì un nuovo traguardo, la dimostrazione che i BTS avevano ancora una volta raggiunto qualcosa di nuovo.

Fu la loro inimitabile dedizione al lavoro a permettere al gruppo di completare *LOVE YOURSELF 承 'Her'* e *LOVE YOURSELF 轉 'Tear'* nonostante le difficoltà. La coreografia di *DNA*[•], per esempio, produce lo stesso effetto del sound: durante l'avvio del brano, per dare l'idea della

[•]

tridimensionalità, i ragazzi si muovono a destra e a sinistra occupando tutto il palco, poi c'è uno slancio repentino all'indietro. Questa tridimensionalità, quindi, viene evocata non solo grazie all'ampio uso dello spazio del palco ma anche attraverso i continui movimenti in tutte le direzioni. Per loro era un nuovo modo di esibirsi, diverso da quello di *Burning Up (FIRE)*, caratterizzato dalla presenza di un gran numero di ballerini, o da quello di *Spring Day*, che fondeva elementi di danza contemporanea con le routine classiche delle coreografie K-pop. Come sempre, la coreografia era complicata. Nonostante i problemi che stavano affrontando, i ragazzi si sforzavano sempre di ottenere il risultato migliore possibile. j-hope parla dei progressi delle abilità dei componenti del gruppo in quel momento:

——Il periodo nel quale ci allenavamo di più è stato durante il debutto. Man mano, lavorando insieme, avevamo imparato a capire come adattarci l'uno all'altro. Quindi, durante le prove per tutta la serie di *LOVE YOURSELF* ci bastava esercitarci solo quando eravamo pienamente concentrati. Tre o quattro ore? Al massimo cinque o sei. Facevamo un lavoro di squadra.

Dopo aver attraversato una serie di preoccupazioni personali scaturite dal successo di *WINGS*, i ragazzi mostrarono dei miglioramenti su diversi fronti in *LOVE YOURSELF 承 'Her'*.

Continuando sulla strada intrapresa con *Lie*, Jimin portava avanti il suo percorso da solista con *Intro : Serendipity*. Spiega:

——Io e Slow Rabbit, il produttore della canzone, parlammo per due giorni solo per decidere la tonalità del brano. "Dovremmo provare a farla più alta? Più bassa?" Continuavamo a pensare a come renderla più leggera e briosa.

Nel frattempo, durante le esibizioni dal vivo di *Intro : Serendipity* e altri pezzi, Jimin riutilizzava gli elementi di danza contemporanea che aveva imparato. Intanto, RM aveva deciso quale sarebbe stato il tema portante dei testi delle canzoni dell'album:

———Ho pensato a quest'album come al momento in cui si incontra una persona per la prima volta, e come a un modo per ampliare i confini della fantasia. È un tema abbastanza comune nella musica commerciale: parla di una storia d'amore appena nata, di un amore così forte da poter essere definito sacro, il che ha reso l'album molto piacevole da realizzare. È stato come dipingere una tela di rosa e poi disegnarci sopra. Ed è mentre lavoravamo all'album che andammo per la prima volta ai BBMA, ci divertimmo molto anche lì.

Ma lavorare a quell'album non fu facile, così come non lo era stato per i precedenti. Jimin si tormentava su come rendere il significato del testo di *Intro : Serendipity*•. Sorridendo, dice:

———Non capivo le parti del testo che dicevano: "Sono il tuo gatto calico" oppure "Sei la mia penicillina", allora andai da RM e gli chiesi: «Come ti sentiresti a stare con una ragazza che ti chiama "muffa"?» *(ride)*. Quando seppi che la scoperta degli effetti benefici della penicillina era stata casuale, ho capito meglio il testo. E ho cantato il pezzo con più serenità.

La traccia dopo *Intro : Serendipity* era *DNA,* che, essendo la title track, rappresentava un altro problema particolarmente difficile da risolvere. La base di *DNA* inizia con una melodia fischiettata e un accompagnamento di chitarra acustica che danno al brano un'atmosfera fresca; poi man mano si aggiungevano un ritmo trap ed elementi di

•

EDM. Non appena finita la base della canzone, era chiaro a tutti che non sarebbe potuta venir fuori meglio di così. Finalmente i BTS cantavano della gioia dell'amore in una canzone allegra, pur mantenendo la determinazione che li contraddistingueva. Il problema particolarmente difficile da risolvere era trovare una melodia che fosse all'altezza della base. Jimin ricorda:

———*DNA*? Mi ricordo una cosa divertente di quel periodo. Eravamo nel pieno della preparazione per l'album e Bang Si-Hyuk scrisse la melodia per la canzone, ma era veramente terribile *(ride)*.

Poi aggiunge, con un'espressione più allegra del solito:

———Quando la ascoltai pensai: "Oh no, non va per niente bene". Dovevamo dirlo a Bang Si-Hyuk e basta, no? Fui il primo a farlo, senza troppi giri di parole. Quando sentimmo la melodia ci stavamo preparando per girare un video musicale, io mi stavo facendo sistemare trucco e capelli e i ragazzi erano nella sala prove. Ci guardammo dicendo: «Ma che cos'è? È terribile», «Non ci voglio credere», «Dobbiamo dirgli che non possiamo usarla» *(ride)*. Allora RM andò a parlare con l'agenzia, io avevo una registrazione da fare e lo accompagnai.

Una volta informato delle opinioni dei membri dei BTS, Bang Si-Hyuk andò in sala registrazione e ci trovò Jimin.

———Mi guardò e mi chiese: «Non piace neanche a te?». Giuro, è stato un momentaccio *(ride)*. Lì mi resi conto di quanto fosse difficile per RM essere il leader.

Nonostante tutto, Jimin mantenne il suo sangue freddo.

———Me l'aveva chiesto così e andai un po' nel panico, ma che altro potevo fare? Dissi di no, e lui mi rispose che potevo tornare a casa, che per quel giorno non dovevo registrare.

Quel "no" di Jimin cambiò tante cose. Bang Si-Hyuk scrisse una nuova melodia per *DNA*, quella che conosciamo tutti. Subito dopo l'uscita della canzone, i BTS entrarono nella classifica dei singoli della Billboard Hot 100 per la prima volta nella loro carriera – erano i secondi artisti coreani a raggiungere questo traguardo – e si piazzarono all'ottantacinquesimo posto. E il video musicale raggiunse il miliardo di visualizzazioni in soli ventiquattro giorni, battendo tutti i record dell'industria K-pop.

Questo episodio non solo è interessante di per sé; il modo in cui i BTS avevano fermamente espresso le loro opinioni riguardo a *DNA* dimostra quanto fossero cambiati. Bang Si-Hyuk era il loro produttore e allo stesso tempo un maestro, colui che aveva avuto la visione del progetto BTS e aveva insegnato loro tutto ciò che sapevano sulla musica e sulla danza. Ma ormai i ragazzi avevano opinioni chiare e precise riguardo alle canzoni che produceva. Avevano superato le tante difficoltà che erano arrivate insieme al successo e, a un certo punto, le loro abilità e i loro giudizi si erano affinati.

Le prime quattro tracce di *LOVE YOURSELF 承 'Her'*, ovvero *Intro : Serendipity*, *DNA*, *Best Of Me* e *Dimple*, racchiudono la gioia dell'amore, le farfalle nello stomaco e le dichiarazioni appassionate, temi che i BTS non avevano mai affrontato prima. Nonostante siano tutte accomunate dalla felicità che deriva da tale sentimento, ogni traccia ne descrive momenti e sfumature diverse. *DNA* parla dell'amore gioioso, ma che a volte ci rende nervosi, verso qualcuno che crediamo essere la nostra metà; *Best Of Me* parla di quello incondizionato e pieno di passione; e infine *Dimple* racchiude tutti gli elogi che si vorrebbero fare alla persona amata.

I BTS erano pronti a esprimere tutte le emozioni legate all'amore.

Nelle parole di Jimin, il lavoro di registrazione di *LOVE YOURSELF 承 'Her'* fu il primo passo verso l'album che li avrebbe portati al vero successo mondiale:

———Tutte le canzoni dell'album sono molto allegre, ma ciascuna deve esserlo in modo diverso, giusto? Era questo ciò che sentivo quando andavo a registrare, i testi mi hanno aiutato parecchio in questo senso. Mentre cantavo provavo anche a usare molto l'immaginazione... E poi, cantare sorridendo aiuta a rendere l'ascolto più piacevole, perché sembra davvero che tu sia contento mentre canti; quindi abbiamo iniziato a pianificare anche quanto sorridere durante ogni pezzo: «Per questa canzone, sorridiamo solo per metà del tempo», «Per questa sorridiamo tanto», discorsi così. Ogni volta, l'aiuto più grande ci veniva dai testi. RM ne ha scritti molti per quest'album, e alcuni versi sono davvero bellissimi.

Era tutto deciso, e i ragazzi erano pronti a provare ciò di cui erano capaci, a mostrare il risultato della loro dedizione, dell'essersi sempre presentati alle prove, a prescindere da come si sentissero. Tuttavia, durante la preparazione di *LOVE YOURSELF 承 'Her'*, i problemi che già tormentavano psicologicamente i ragazzi iniziarono a consumarli dall'interno. Come si è visto, SUGA era sopraffatto dall'interesse nei confronti del gruppo. Da una parte, continuavano a essere vittime di attacchi, dall'altra c'erano persone che li supportavano in qualunque modo possibile. Sentiva di non potersi fidare di nessuno se non delle persone vicine a lui, ovvero gli altri membri del gruppo e gli ARMY. Spiega:

———Iniziai a pensare molto di più alle persone. Imparai quanto possono essere furbe e crudeli. Perciò, da quel momento in poi, smisi di leggere i commenti online su di noi, mi impegnai a riconquistare la mia pace interiore. Anche se c'era una notizia positiva sui BTS in TV, non la guardavo. Non volevo entrare in quel circolo vizioso.

In *Outro : Her*•, SUGA parla delle sue emozioni di quel periodo:

Forse sono la tua verità e la tua bugia
Forse sono il tuo amore e il tuo odio
Forse il tuo nemico e il tuo amico
Il tuo inferno e il tuo paradiso, il tuo orgoglio e la tua vergogna
...
Mi sforzo di essere sempre il meglio per te
Spero che tu non conosca mai questa parte di me

——Ciò che volevo raccontare attraverso *LOVE YOURSELF* 承 *'Her'* è tutto racchiuso all'interno del testo di questa canzone. L'oggetto d'amore di qualcuno può rivelarsi l'oggetto d'odio di qualcun altro, essere un idol per alcuni può essere un orgoglio, per altri un'umiliazione. Insomma, "nonostante io non sia perfetto mi impegno sempre per te, ma non voglio che tu sappia di questi miei sforzi". Di questo parlo nella canzone. "Non mi piace rivelare il lato nascosto delle mie emozioni, sto facendo del mio meglio affinché tu non sappia, preferirei che non sapessi che in fondo sto così male"... Non esagero se dico che

•

tutto ciò che ho scritto nelle tracce precedenti era per arrivare a dire questo.

Durante la preparazione della trilogia *LOVE YOURSELF*, i BTS si trovavano in una situazione piuttosto paradossale. Come ricordato da SUGA, nonostante non fossero perfetti, si impegnavano al massimo per le persone che li amavano. Probabilmente si sarebbero sentiti in colpa a fare altrimenti. Il gruppo, che aveva debuttato appeso a un filo ai margini dell'industria idol, grazie agli ARMY stava raggiungendo vette altissime. E ora toccava a loro ripagare l'affetto che avevano ricevuto.

Quel successo, però, talmente surreale da sembrare uno scherzo, era precisamente ciò che gli impediva di farlo come si deve.

La pressione psicologica e la confusione di SUGA raggiunsero il picco massimo a novembre 2017, durante gli AMA. I BTS furono i primi artisti coreani nella storia a esibirsi da soli sul palco a quell'evento. Prima di salire sul palco ed esibirsi con *DNA*, la title track di *LOVE YOURSELF 承 'Her'*, SUGA era un fascio di nervi.

———Non sono mai stato così nervoso per una performance in tutta la mia vita. Ero pallido come un cencio e mi tremavano da morire le mani.

Per SUGA quello fu il momento in cui il futuro incerto prendeva corpo davanti ai suoi occhi, in cui le sue ansie si materializzavano.

———Il divario tra l'ideale e il reale era ciò che mi dava più problemi. Solitamente, ciò che idealizziamo si trova talmente in alto che stiamo male perché la nostra realtà non ne è all'altezza. Ma per noi era l'opposto. Era come se… nel mio caso l'ideale stesse facendo a botte con la realtà.

Avere i biglietti

Gli AMA segnarono un nuovo momento di svolta per i BTS. *LOVE YOURSELF 承 'Her'*, uscito circa due mesi prima, aveva conquistato il primo posto nelle classifiche iTunes di settantatré Paesi e regioni del mondo. In poco tempo, anche su Twitter e Instagram non si parlava d'altro che dei BTS, e i ragazzi continuavano a sollevare ondate di interesse in tutto il mondo.

Dall'altro lato, tutti i record che avevano battuto, tra i quali la loro partecipazione ai BBMA del maggio 2017 e la conquista della settima posizione nella Billboard 200 con *LOVE YOURSELF 承 'Her'*, erano segnali che l'onda lunga si stava alzando anche nel mercato musicale più grande del mondo, quello statunitense. Con la performance di *DNA* agli AMA, stavano per mostrare agli Stati Uniti di che pasta erano fatti.

RM riassume la situazione con un'unica, semplice espressione:

——Avevamo in mano i biglietti.

Al tempo dei fatti però, i BTS non potevano immaginare ciò che sarebbe accaduto una volta nel posto per il quale erano riusciti ad "avere i biglietti". Jimin dice:

——A dirla tutta, non me ne intendo molto di cerimonie di premiazione come i BBMA *(ride)*. Quindi quando ci andammo per la prima volta, chiesi agli altri che tipo di evento fosse e quanto fosse grande.

Lo stesso valeva per Jung Kook:

——Sapevo che era qualcosa di grosso, e capivo che dovevamo esserne grati, che era un onore… ma ciò che provavo dentro di me era molto semplice. Quando lo staff ci spiegò brevemente di cosa di trattasse, dissi soltanto: «Va bene». Sentire le voci dei fan che erano venuti all'evento mi diede sicurezza, era fantastico.

Dovevamo solo far bene il lavoro che ci era stato assegnato e poi scendere dal palco.

Per Jung Kook, la pressione iniziò a farsi sentire una volta sceso dal palco:

———Le interviste erano difficili. Non sono bravo in inglese, quindi era dura stare al passo con il discorso. RM si doveva occupare di parlare per tutti e mi dispiaceva non poterlo aiutare, ma non c'era davvero nulla che potessi fare.

Subito dopo la loro apparizione agli AMA, *LOVE YOURSELF 承 'Her'* rientrò nella Billboard 200 al 198° posto. E dopo qualche giorno dalla performance venne pubblicato il remix di *MIC Drop (Steve Aoki Remix)** che entrò immediatamente nella Billboard Hot 100 al 28° posto, rimanendo in classifica per dieci settimane consecutive.

Non appena "avuti i biglietti" per entrare nel mercato americano, i BTS lo stavano conquistando con una forza travolgente. Un'altra cosa travolgente era anche la quantità di lavoro che iniziava ad arrivare. E per giunta, in un'altra lingua.

Caos e paura

———Non mi ero mai sentito così sotto pressione come per l'esibizione degli AMA. Sono sempre un po' nervoso, ovviamente. Ma fare le interviste e partecipare ai talk show fu davvero difficile.

•

Ricordando il periodo di promozione negli Stati Uniti j-hope aggiunge:

——Mi sarei divertito molto di più se fossi stato bravo in inglese, per poter esprimere al meglio i miei pensieri e mostrare il mio carattere. Quel problema mi ha limitato parecchio. Per quanto riguarda le performance sul palco, non furono così male: per me il nervosismo prima di un'esibizione è una cosa che non deve mancare, un fattore che devo accettare, perciò non mi ha causato troppi problemi. Ero molto tipo: "Okay, forza, andiamo!". Ma tutto il contorno alle esibizioni, quella era un'altra storia. Per esempio, quando mi facevano domande del tipo: «Come ci si sente a ricevere così tanto amore dai propri fan?», se avessi risposto in coreano sarei riuscito a esprimermi meglio, ma in un'altra lingua... In quei programmi ci sono dei tempi di scena da rispettare, delle cose da dire. Provavo a calmarmi e a ricordarmi tutto, ma mi sembrava di impazzire.

Trovandosi in quelle situazioni, j-hope cominciò a rendersi conto che le cose stavano iniziando a complicarsi:

——Se non ho abbastanza libertà di pensiero, vado in burn out. I talk show, i red carpet, le interviste senza fine... Dover fare tutte quelle cose mi ha portato verso l'esaurimento.

Non era solo per la pressione degli impegni in un contesto nuovo e poco familiare. Trovarsi continuamente in situazioni nelle quali doveva dare il suo contributo in qualche modo, ma non ci riusciva, lo fece scoraggiare.

——Ero frustrato, ovviamente. Mi ripetevo che dovevo fare qualcosa, ma non ci riuscivo. Sentivo la necessità di dover studiare l'inglese e quando non ce la facevo mi dicevo: "Wow, è questo tutto quello che sai fare?" e me la prendevo con me stesso. Se avevo problemi con l'esibizione, mi bastava esercitarmi di più per risolverli, ma per lo studio della lingua non funzionava così. Ogni volta che avevo qualche difficoltà mi ripetevo: "Be', mi sa che è davvero questo tutto quello che so fare".

Uno dei motivi per cui i BTS erano capaci di andare avanti nonostante le crisi era che, alla fin fine, la loro vittoria o la loro sconfitta si decideva quando salivano sul palco. Non importava quanto fossero in svantaggio, anche quando sembrava che tutto il mondo li odiasse, quello che dovevano fare era preparare una buona canzone e una buona performance e dare il massimo sul palco.

Ma la quantità di cose che dovettero fare negli Stati Uniti dopo la performance agli AMA li mandò nel caos. Visto che tutti i ragazzi a parte RM avevano difficoltà a gestire le interviste in inglese, non era facile per loro esprimere le loro opinioni come avrebbero voluto. Era anche difficile far passare la loro personalità e mostrare la loro chimica di gruppo. Perciò il peso delle interviste si fece sentire ancora di più su RM.

j-hope riconosce l'importanza del ruolo del leader del gruppo in quei momenti:

——Se non fosse stato per RM, sarebbe stato un bel problema *(ride)*. Sarebbe stato difficile diventare così popolari negli States, secondo me. RM è stato fondamentale.

Per RM, la prima volta che rilasciò un'intervista in inglese negli Stati Uniti fu come venir lanciato su un campo di battaglia. Ricorda:

——Per noi era la prima volta ai BBMA, e ci dissero che avremmo rilasciato interviste per un'ora. Così, dal nulla. Per undici stazioni televisive diverse. Dopo dieci minuti. Andai in crisi. Tutti gli intervistatori avevano accenti diversi ed era difficile capire cosa stessero dicendo… ma, nonostante tutto, ce la feci.

Ripensando a quel periodo, sorride e dice:

——Dopo essere sopravvissuto a quella raffica di domande mi resi conto che c'eravamo dentro fino al collo, ormai non si tornava più indietro.

L'inglese non era l'unico problema. Ovviamente era la prima volta che un gruppo di idol coreano diventava così popolare in America, e gli intervistatori statunitensi non facevano solo domande sui BTS ma anche sull'industria del K-pop e sul panorama musicale coreano in generale.

Nelle sue risposte, RM doveva essere breve e conciso per evitare fraintendimenti. Se avesse detto qualcosa che poteva essere male interpretato, avrebbe suscitato altre domande che potevano potenzialmente creare problemi anche in Corea e negli Stati Uniti.

——Fino alla fine del 2018 circa, ogni volta era uno stress. Non riuscivo sempre a rispondere immediatamente e in modo conciso. Quindi ho imparato l'inglese in "modalità sopravvivenza". Se viene fuori qualche parola specifica ho ancora qualche difficoltà. Quando mi facevano domande delicate, pensavo che evitarle non avrebbe fatto una buona impressione. Quindi cercavo di rispondere con rispetto, evitando frasi provocatorie o che potessero essere travisate; il tutto in inglese. Ci sono stati dei momenti davvero spinosi.

Per RM, tutti i momenti in cui si trovava a interagire in inglese con i giornalisti erano critici, e aveva bisogno di tutta la sua saggezza per superarli. Ora che è passato un po' di tempo, riassume così le preoccupazioni che aveva in quel periodo:

——Ho sempre pensato che, nel caso delle interviste, spettava a me fare un passo avanti e iniziare il discorso, mi sentivo come se dovessi affrontare io qualsiasi problema ci si parasse davanti, e mi sentivo sopraffatto. Non avevo molto tempo per pensare: "Oh, la cosa si fa seria", "Dove siamo ora?", "Ci guardiamo intorno un

Dopo essere sopravvissuto a quella raffica di domande mi resi conto che c'eravamo dentro fino al collo, ormai non si tornava più indietro.

—RM

secondo?", avevo solo tempo per pensare: "Non so cosa sto per fare, ma devo farlo e in fretta", "Ho un sacco di cose da fare". Il giorno dopo dovevo rilasciare interviste sul red carpet con venti giornali e stazioni televisive diversi, ma non riuscivo neanche a pensare a quanto sarebbe stato complicato o robe del genere. Dovevo solo concentrarmi sul far bene l'intervista... mi dicevo "Proviamoci!", e il tempo volava.

"REAL" LOVE

Il 13 aprile 2018 Jimin girò un vlog che venne caricato su YouTube quasi un anno dopo, il 26 febbraio 2019. Nel video• parlava, senza filtri, dello stress psicologico che stava affrontando. Di come si fosse trovato a ripensare alla sua idea di sogno e felicità, e di come qualche mese prima non solo lui ma tutti i membri dei BTS fossero fisicamente e psicologicamente esausti. Quando gli viene chiesto di parlare della situazione di allora, dice:

———Mi sono sentito così per un po', tra la fine del 2017 e l'inizio del 2018. Ma credo che neanche gli altri lo sapessero all'epoca.

Continua:

———Mi era già capitato di incupirmi senza motivo... Nel nostro dormitorio c'era una stanza di tre metri quadrati, una volta ci entrai e non ne uscii più. Non so a cosa stessi pensando, non so nemmeno per-

•

ché lo feci, ma era un periodo in cui improvvisamente mi sentivo depresso. E poi iniziai a farmi delle domande, a chiedermi: "Perché mi sforzo fino a questo punto per questo lavoro?". E mi calmai un po'. Credo di aver usato quella camera per chiudere fuori il mondo.

Jimin non riusciva a spiegarsi perché fosse affondato in quelle ansie. Non c'era dubbio sul fatto che quelle emozioni si fossero accumulate per un bel po' di tempo.

———Fino a quel momento eravamo stati impegnatissimi. Lavoravamo e basta, tutti i giorni, e forse quello stile di vita mi aveva fatto venire qualche dubbio. Penso che tutti noi iniziammo a renderci conto di tutte le cose che avevamo perso per diventare dei cantanti, delle celebrità. Ci chiedevamo: "È questa la felicità?". Soprattutto quando iniziammo a essere sotto gli sguardi di tutti, non solo degli ARMY.

Il video *G.C.F.*[3] *in Tokyo (Jung Kook & Jimin)*•, pubblicato l'8 novembre del 2017, è una video-testimonianza di come Jung Kook e Jimin hanno affrontato il loro periodo più difficile a livello psicologico:

———Quando eravamo al dormitorio, eravamo sempre noi due gli ultimi ad andare a letto. Ci piaceva stare insieme e divertirci quando eravamo svegli. Io e Jung Kook eravamo molto simili su certe cose, e una volta ci dicemmo: «Che ne dici di fare un viaggetto?», «Che ne dici del Giappone?» e ci andammo sul serio.

3 G.C.F. è una sigla che sta per Golden Closet Film, e si riferisce ai video girati e editati, tra il 2017 e il 2019, interamente da Jung Kook, sullo stile dei vlog, e caricati sul canale YouTube di BANGTANTV.

•

Quando annunciarono l'idea del viaggio, Bang Si-Hyuk e gli altri all'inizio erano preoccupati per la loro sicurezza, essendo i BTS già delle star internazionali. Alla fine, un dipendente della Big Hit Entertainment li avrebbe aiutati una volta atterrati in Giappone e, prese le dovute precauzioni, partirono. Jung Kook ricorda:

——Quando arrivammo in Giappone, un dipendente dell'agenzia era all'aeroporto ad aspettarci. Aveva già prenotato un taxi. Appena arrivati ci affrettammo a salire su con le valigie come se fossimo dei fuggitivi e ce ne andammo, senza che nessuno ci riconoscesse.

Stando a quanto racconta Jung Kook, pare che le preoccupazioni della vigilia della partenza fossero fondate. Ma era il periodo di Halloween, il che fu di grande aiuto. Sorridendo, Jung Kook spiega:

——Indossammo due maschere di *Scream*, portavamo due ombrelli neri e due vestaglie nere a coprirci il corpo. Quando le persone si avvicinavano facevamo delle foto con loro, era divertente. Andammo in giro a osservare la gente, poi entrammo in un ristorante e ci togliemmo le maschere per mangiare.

Jung Kook parla di questi ricordi e di quanto fosse felice:

——Stavamo camminando in un vialetto, non c'erano macchine, c'era la luce dei lampioni... era bellissimo. E poi Jimin mi disse che gli facevano male i piedi e rallentammo. Piccole cose così, che però per me erano divertenti.

Jimin ringrazia i fan per aver rispettato la privacy dei due mentre erano in viaggio:

——Ci imbattemmo in parecchi fan che ci avevano riconosciuto. Ma sono sempre stati rispettosi nei nostri confronti, e la cosa ci permise di andare in giro senza problemi.

Condivide poi i suoi pensieri sul viaggio:

———Fu divertentissimo, talmente tanto che avrei voluto andarci di nuovo. Ma dopo averlo fatto una volta, mi resi conto che non sarebbe stata una buona idea *(ride)*. Ci avevano riconosciuto troppe persone.

Jung Kook e Jimin erano due ragazzi che avevano girato il mondo, ma non potevano permettersi di fare un viaggio in tranquillità. Quella gita in Giappone permise a entrambi di tornare a vivere, anche se per poco, una vita normale, ma li riportò anche alla realtà che vivevano in qualità di membri dei BTS.

Jung Kook in particolare sentiva molto la pressione di essere un artista sotto i riflettori di tutto il pianeta:

———Penso di poter dire che quello fu il periodo peggiore per me. Amavo esibirmi, cantare e ballare. Ma il lavoro del cantante include anche essere sempre sotto i riflettori, no? Molte persone conoscevano la mia faccia e non era facile fare ciò che volevo, come volevo. A parte cantare e incontrare i fan, a volte devo fare delle cose che non mi piacciono... sono consapevole del fatto che non posso evitarlo. Ma, alle volte, diventa davvero difficile. Se all'epoca avessi capito l'importanza del tempo passato a esibirmi e a lavorare alla mia musica come la capisco ora, forse l'avrei vissuta diversamente. Credo mi sentissi così perché non amavo fare musica, cantare e ballare come adesso. Ogni tanto andavo da RM e gli confessavo che ero in difficoltà.

SUGA parla della posizione di Jung Kook in quel periodo:

———La sua era una situazione particolare: ha iniziato a lavorare nel bel mezzo dell'adolescenza. Anche io ero un teenager, e di solito a quell'età non sai già quello che vuoi fare nella vita. Jung Kook è una persona cresciuta con l'obbligo di distruggere ogni preconcetto su come le cose andrebbero fatte. Dopo tutto quel lavoro, credo avesse bisogno di tempo per guardarsi indietro e capire ciò che stava facendo, cosa stava pensando e cosa sentisse dentro di lui.

Non è un'esagerazione dire che Jung Kook aveva conosciuto il mondo attraverso i compagni, considerando che sin da quando era ancora un liceale aveva investito tutto il suo tempo per diventare un cantante nella Big Hit Entertainment. Ad appena vent'anni aveva ottenuto un enorme successo, aveva sempre più "cose da fare" e sempre più erano quelle "a cui doveva fare attenzione" – non era per nulla strano che tutto ciò fosse difficile per lui.

Come spiega RM, tutte queste situazioni complicate culminarono in una crisi:

———Fu la prima crisi dei BTS. Non causata da ciò che stava accadendo fuori, ma per le cose che stavano succedendo all'interno del team, la prima vera crisi che toccammo con mano.

I problemi che ciascuno dei ragazzi aveva dentro di sé diventavano sempre più grandi e iniziarono a influenzare anche il gruppo. Ciò che stava accadendo nel corpo e nella mente di SUGA era un segno della crisi imminente. Proprio nel periodo in cui la popolarità dei BTS stava schizzando alle stelle, subito dopo gli AMA, SUGA era tormentato da un'ansia di gran lunga più grande del successo che stava ottenendo, causata dall'imprevedibilità del futuro.

———Mi sentivo come... non pensai nemmeno una volta che da quel momento in poi le persone mi avrebbero trattato in modo diverso. Mi dicevo: "Voglio solo che questa brutta situazione finisca presto". Non riuscivo a essere felice quando avrei dovuto esserlo, non ero contento quando avrei dovuto esserlo.

Il risultato fu che SUGA iniziò a soffrire di insonnia, e passava notti intere senza chiudere occhio.

"Voglio solo che questa brutta situazione finisca presto."

Non riuscivo a essere felice quando avrei dovuto esserlo, non ero contento quando avrei dovuto esserlo.

—SUGA

———... Wow.

Ripensando a quei tempi difficili per ciascuno di loro, j-hope si lascia scappare un sospiro che sembra riassumere perfettamente le loro emozioni. Poi continua:

———Passavamo più tempo tra noi che con le nostre famiglie; era un momento in cui dovevamo sostenerci a vicenda, ma si protrasse più a lungo del previsto... Eravamo frustrati e in difficoltà, e ci chiedevamo l'uno dell'altro: "Perché fa così?", "Perché la pensa così?" e credo che tutti questi dubbi si siano accumulati.

Fin quando un unico, singolo incidente portò i problemi di tutti a galla. Il rinnovo del contratto.

Farlo o non farlo

Per gli idol il momento del rinnovo del contratto è uno dei momenti più particolari all'interno dell'industria musicale. Come si è potuto vedere dal percorso dei BTS per arrivare al debutto, c'è un grande investimento da parte delle agenzie, sia in termini di denaro sia di persone coinvolte. È inoltre compito dell'agenzia cercare e mettere insieme i componenti del gruppo, che devono ovviamente firmare un contratto. La durata standard del contratto per gli idol che riescono a debuttare è di sette anni. Nel 2009, la Korea Fair Trade Commission, ovvero la Commissione per la concorrenza leale, ha creato un modello di contratto esclusivo per gli artisti – inclusi gli idol – attraverso il quale possono tutelare i propri diritti e interessi.

Per gli artisti esordienti, i contratti sono scritti in modo da essere favorevoli alle agenzie, che pertanto hanno tutto l'interesse a mantenerli tali per il maggior tempo possibile; e non è raro che questi rapporti di lavoro si trasformino in sfruttamento vero e proprio. Limitare la durata del contratto a sette anni fu non solo un modo per risolvere questo problema, ma anche per permettere all'agenzia di generare un profitto importante nel caso in cui l'artista rappresentato diventasse famoso.

Tuttavia, mentre l'industria idol coreana cresceva a ritmo forsennato, il problema del rinnovo dei contratti al settimo anno agitava tutti: le agenzie, i gruppi e i fan. All'inizio del nuovo millennio, le grandi agenzie come SM, YG e JYP avevano talmente tanto successo che era estremamente raro assistere al fallimento di una delle loro band. Pertanto l'obiettivo era sempre rinnovare i contratti con gli artisti, anche se ciò significava modificarne le condizioni. Il problema era che trovare l'accordo sulla parte finanziaria era solo una delle questioni sollevate dal contratto. Anche all'interno dello stesso gruppo, ciascuno poteva chiedere condizioni diverse in base alla sua personalità, alle sue preferenze e al suo modo di lavorare.

La maggior parte dei gruppi ai quali era stato proposto di rinnovare il contratto avevano – spesso a poco più di vent'anni – già raggiunto livelli di successo tali da avere a disposizione sia fama sia soldi. Le condizioni contrattuali potevano essere ottime, ma questi artisti avrebbero potuto in qualunque momento staccarsi dal gruppo e proseguire la propria carriera da solisti, o ritirarsi a vita privata. O avrebbero potuto scegliere di non rinnovare il contratto semplicemente perché avevano avuto problemi con i compagni o con l'agenzia. Mettendo da parte l'amore per i fan, i singoli membri di ogni gruppo devono necessariamente considerare la situazione delle loro vite prima di valutare un rinnovo del contratto.

Questo momento cruciale arrivò prima del previsto per i BTS. Nel 2018, circa due anni prima della scadenza dei loro contratti, la Big Hit Entertainment offrì ai membri del gruppo la possibilità di rinnovare. Il progetto dell'agenzia era quello di far fare ai ragazzi un tour mondiale negli stadi alla fine della trilogia *LOVE YOURSELF*. Dovendo organizzare il programma del tour con larghissimo anticipo – parliamo di anni – era necessario affrontare in quel momento il discorso spinoso del rinnovo, con il quale la società avrebbe inoltre offerto ai componenti condizioni contrattuali migliori, anche questo molto prima del previsto.

Alla fine, non solo tutti e sette i BTS rinnovarono il contratto, ma ne accettarono uno della durata di sette anni, più lungo del primo, che era di fatto durato solo cinque. Considerando che solitamente dopo il rinnovo i periodi dei contratti si riducono, si trattava di un caso quasi senza precedenti nell'industria idol coreana.

RM ricorda la situazione all'epoca:

———Quando raccontavamo alla gente che avevamo firmato un contratto che durava altri sette anni, ci dicevano che eravamo impazziti, che l'avevamo fatto perché non sapevamo cosa ci aspettasse *(ride)*. Me lo dissero spesso. Facevano notare che nessuno lo faceva, e avevano ragione. Nessuno lo faceva. Ma se non alla Big Hit, dove altro avremmo potuto lavorare? Ci fidavamo ciecamente di loro.

Il problema, comunque, non fu tanto il rinnovo del contratto in sé quanto il periodo che lo precedette. Le negoziazioni tra gli artisti e l'agenzia avvennero proprio nel periodo di maggior difficoltà della carriera dei BTS.

Bastava guardare alla loro popolarità, al prospetto dei profitti sia dell'agenzia sia del gruppo e ai rapporti tra i compagni per capire che non c'era motivo per non rinnovare. Ma, paradossalmente, furono proprio i rapporti tra di loro a causare il dilemma.

———I BTS sono sette. Ero convinto che se anche uno solo di noi se ne fosse andato, il gruppo non sarebbe rimasto unito.

Jin, qui, parla dell'identità dei BTS. Dei membri più "anziani", i rapper, che fanno ascoltare musica ai più piccoli e gli insegnano come fare hip hop; di come fare squadra e reagire uniti quando qualcuno di loro veniva offeso; di quando stanno nel piccolo studio a creare una canzone dopo l'altra. L'idea che uno di loro avrebbe potuto lasciare il gruppo, mentre gli altri restavano insieme, non l'avevano neanche considerata.

Jin spiega cosa sono i BTS per lui:

———I BTS sono me, e io sono i BTS, la vedo così. A volte mi chiedono se non sento la pressione del successo del gruppo ma... è così e basta. Quando esco, la gente dice: «Guarda, i BTS!». Sono parte dei BTS. Perciò non mi sono mai sentito sotto pressione. Per me, farmi quella domanda è come chiedere a qualcuno: "All'inizio eri il più giovane dell'agenzia, ora hai avuto una promozione... non ti senti sotto pressione a vivere così?". Io sto solo vivendo la mia vita come parte dei BTS, e a un sacco di gente piace.

Le loro ansie, non come membri del gruppo ma come persone, comunque non si fermarono. SUGA ricorda:

———Pensavo che forse dovevamo fermarci.

Continua:

———Tutte le persone intorno a noi ci dicevano che non aveva senso non rinnovare, visto che tutto stava andando così bene. Pensavano che stessimo facendo tante storie per nulla *(ride)*. Probabilmente perché non avevano provato in prima persona ciò che stavamo attraversando noi. Ma noi avevamo paura. All'epoca ero una persona scostante e negativa, quindi una gran parte di me voleva fuggire via. C'era sempre qualcosa a cui dovevamo pensare, non avevo tempo per riflettere su me stesso... credo sia per questo che stavo diventando sempre più pessimista.

Per SUGA, la sua ansia era un altro dilemma inevitabile, dato il successo del gruppo:

———Bisogna sempre fare delle scelte nella vita, ma io devo sempre fare la migliore. E sono convinto che se siamo arrivati dove siamo ora è perché abbiamo fatto le scelte migliori possibili. A volte la scelta migliore tra le migliori. Eravamo quel tipo di persone che se gli veniva detto di fare 100, faceva 120. Io e RM ci siamo espressi quasi negli stessi termini di recente: «Non credo che le nostre capacità siano adeguate a gestire una situazione così enorme» *(ride)*. Al tempo non pensavamo proprio di riuscire a fare cose tipo girare il mondo a fare concerti negli stadi.

Il gruppo, l'affetto dei compagni, il peso di quel nome. L'ansia di non sapere cosa li aspetta mentre avevano tutto quel peso sulle spalle portò i ragazzi a sentire un insieme di emozioni difficili da esprimere a parole.

Jimin descrive l'umore del gruppo:

———Era un periodo terribile, eravamo esausti. E poi è venuta fuori la questione del rinnovo del contratto… le emozioni negative ci stavano consumando dall'interno.

V, invece, riassume quei momenti così:

———Stavamo lavorando sulla serie di *LOVE YOURSELF*, ma noi per primi non riuscivamo ad amare noi stessi.

Aggiunge:

———Eravamo tutti al limite, e vederci così l'un l'altro ci fece valutare seriamente se continuare fosse davvero l'idea migliore. Ma avevamo pochissimo tempo per pensare e riflettere, il che peggiorò la situazione.

Come spiega V, era un momento in cui i ragazzi erano suscettibili, ed era difficile per chiunque fare il primo passo e dire "rinnoviamo" o "non rinnoviamo" il contratto.

j-hope ricorda quel senso di crisi:

———Era infernale. Dall'inizio della nostra attività con i BTS, quello fu il primo momento in cui c'era un'atmosfera così pesante che non sapevamo se avremmo continuato. Durante gli allenamenti ci stancavamo da morire. C'era una montagna di cose che dovevamo fare e subito, e non riuscivamo a concentrarci sulle prove. Noi non eravamo così… ero davvero convinto che fosse un periodo critico. Ma dovevamo comunque salire sul palco, esibirci, lavorare. Eravamo in un totale stato confusionale.

Magic Shop

I problemi personali dei ragazzi, venuti a galla a causa delle questioni contrattuali, crearono una situazione sempre più grave. L'umore generale, nelle parole di Jimin, era questo:

———L'esistenza stessa del gruppo era in pericolo, tanto che si arrivò a mettere in dubbio anche l'uscita del nuovo album.

Come si è potuto vedere dalla storia dei BTS finora, rinunciare alla pubblicazione di un album non gli sarebbe mai passato per la testa. Loro si esibivano sempre, a prescindere dalle circostanze. Questa volta, però, era diverso. Tanto che RM chiamò i suoi genitori per dir loro che forse non ci sarebbe stato un altro album. Addirittura, Jin dichiarò che nel caso in cui non avessero rinnovato il contratto avrebbe lasciato il mondo dell'intrattenimento.

———Se anche solo uno di noi se ne fosse andato, avrei lasciato questo mondo e fatto altro nella vita. Avevo in mente di riposarmi un po' e pensare al da farsi.

Più che per il futuro del gruppo, Jin si preoccupava di qualcos'altro:

——Mi sentivo in colpa nei confronti dei nostri fan. Non ero riuscito a ringraziarli e a dimostrar loro il mio affetto come avrei voluto... Mi chiedevo: "Forse il sorriso che ho in volto adesso è finto?". In quel periodo a tormentarmi di più la coscienza erano loro.

Tra l'uscita di *LOVE YOURSELF 承 'Her'* e quella di *LOVE YOURSELF 轉 'Tear'* – che ha rischiato di non vedere la luce – i BTS continuarono a fare concerti, a partecipare a programmi musicali, alle cerimonie di fine anno, e a interagire con i fan attraverso i vlog.

Anche sull'orlo della catastrofe, erano sempre davanti agli ARMY, preoccupati di star mostrando loro delle emozioni non genuine, non sincere. Proprio questo rese *FAKE LOVE*, la title track di *LOVE YOURSELF 轉 'Tear'*, ancora più sentita.

Per te, posso far finta di essere felice anche quando sono triste

FAKE LOVE non è una canzone che parla di un amore finto, falso, come il titolo potrebbe suggerire; parla invece delle intenzioni e delle preoccupazioni di chi vuole nascondere il proprio dolore di fronte alla persona amata, come emerge nelle prime righe del testo. In superficie, il testo narra una travagliata storia d'amore qualunque, ma allo stesso tempo descrive ciò che i ragazzi sentivano nei confronti degli ARMY.

LOVE YOURSELF 轉
'Tear'

THE 3RD FULL-LENGTH ALBUM
18.05.2018

TRACK

01 Intro : Singularity
02 FAKE LOVE
03 The Truth Untold (Feat. Steve Aoki)
04 134340
05 Paradise
06 Love Maze
07 Magic Shop
08 Airplane pt.2
09 Anpanman
10 So What
11 Outro : Tear

VIDEO

COMEBACK TRAILER
Singularity

FAKE LOVE
MV TEASER 1

FAKE LOVE
MV TEASER 2

FAKE LOVE
MV

FAKE LOVE
MV (Extended ver.)

Nella traccia d'apertura dell'album, *Intro : Singularity*[•], il testo si conclude con "Dimmi / Se questo dolore è finto / Cosa avrei dovuto fare allora" e la traccia seguente, *FAKE LOVE*, si apre con le parole: "Per te fingerei di essere felice anche quando sono triste". Di fronte alla persona che amiamo facciamo finta di essere felici anche quando stiamo male, è questo il messaggio del testo.

E ancora, nella canzone successiva, *The Truth Untold* (*Feat.* Steve Aoki)[••] troviamo queste parole: "Ho paura / Mi sento piccolo / Sono terrorizzato / Mi lascerai anche tu, alla fine / Indosso una maschera per poterti rivedere ancora"; è la storia di qualcuno che, per paura di perdere la persona amata, nasconde le proprie emozioni dietro una maschera.

Ci sono diverse interpretazioni del significato di questa "maschera", ma in questo caso potrebbe essere la maschera da idol che i ragazzi indossano quando sono davanti ai fan. Anche nelle difficoltà, quando sono di fronte agli ARMY, si sforzano di mostrare la versione migliore di sé.

Jimin parla delle emozioni che hanno portato alla creazione di *FAKE LOVE* e di tutto l'album *LOVE YOURSELF* 轉 *'Tear'*:

——Forse la nostra storia ha iniziato a seguire quella dell'album senza che ce ne rendessimo conto *(ride)*. Quando parlavamo di argomenti più cupi nelle nostre canzoni, finivamo per provare davvero quelle emozioni. O forse è stato il contrario, cioè abbiamo scritto di quegli argomenti perché era ciò che stavamo vivendo.

•

••

Non era previsto che *LOVE YOURSELF* 轉 *'Tear'* parlasse di quel momento di crisi, ma in realtà ogni album dei BTS fin dal debutto parlava delle vicende che vivevano.

Dopo il successo delle due serie *THE MOST BEATIFUL MOMENT IN LIFE* e *WINGS*, con *LOVE YOURSELF* 轉 *'Tear'* volevano esprimere il loro amore nei confronti dei fan, e allo stesso tempo dire cosa si celava dietro quell'amore, far capire chi erano come celebrità e come persone.

Tuttavia, nessuno si aspettava che "dietro" si celasse una situazione di stress psicologico per tutti i membri per via della quale il gruppo rischiava di sciogliersi. Forse Bang Si-Hyuk aveva deciso quale sarebbe stata la direzione dell'album tenendo a mente questi particolari. Prima dell'uscita di *LOVE YOURSELF* 轉 *'Tear'*, il primo teaser per *FAKE LOVE*• si apre con questa frase:

> *Magic Shop is a psychodramatic technique*
> *that exchanges fear for a positive attitude.*

"Una tecnica di drammatizzazione psicologica / Che trasforma la paura in atteggiamento positivo." Se pensiamo ai problemi dei BTS in quel periodo, sembra quasi che Bang Si-Hyuk stesse proponendo ai ragazzi di usare il processo di creazione di *LOVE YOURSELF* 轉 *'Tear'* come un percorso terapeutico, visto che poi tutti hanno tirato fuori le loro emozioni, senza filtri, per quell'album. SUGA visse un momento

•

di stallo, e iniziò a entrare in una spirale senza uscita. In quei momenti, scriveva canzoni:

———Per i brani nei quali mi immedesimavo, ci mettevo trenta minuti per scrivere una strofa. A volte finivo di registrare tutto nel giro di mezz'ora. Anche se era una canzone difficile da scrivere, quando mi ci mettevo mi dicevo: "Massì, chi se ne frega! Fallo e basta!". Decisi di scrivere le canzoni a prescindere dal fatto che sarebbero state pubblicate o meno, ci avrei pensato dopo. Verso dopo verso, scrivere era straziante. Talmente straziante che bevevo e continuavo a scrivere da ubriaco...

Uno dei pezzi di cui SUGA parla qui fu la canzone di chiusura dell'album, *Outro : Tear*•:

———Questa nacque nel periodo più complicato della mia vita. Non sapevamo se avremmo continuato a fare questo lavoro, persi molto peso, arrivai a pesare cinquantaquattro chili. Scrissi *Outro : Tear*. Nel testo dico: "Non esiste un bel modo per dirsi addio", e piansi davvero tanto mentre registravo quella parte. Dopo averla scritta mi chiesi se l'avevo composta davvero io... e la feci ascoltare a tutti gli altri.

Prima dell'inizio della produzione di *LOVE YOURSELF* 轉 *'Tear'* i ragazzi erano terrorizzati e confusi all'idea che tutto quel lavoro sarebbe potuto andare in fumo. Ma così come quel dolore aveva messo SUGA all'angolo, stimolando la sua creatività, ogni componente del gruppo riuscì a mettere tutto se stesso nell'album proprio quando le loro emozioni erano sul punto di scoppiare.

•

SUGA spiega cosa ha significato *LOVE YOURSELF* 轉 *'Tear'* per lui:

———È un album che cattura alla perfezione il moto altalenante delle mie emozioni. A volte il tempismo è perfetto, è proprio come se… il cielo facesse accadere le cose al momento giusto. A volte, con alcuni album, le situazioni descritte nel disco alla fine accadono nella realtà.

Anche RM ricorda come si sentiva:

———Al tempo, pensavo che l'album non sarebbe mai stato completato. Fu davvero un periodaccio.

I BTS erano tutti in crisi, ma Jimin riuscì a sbloccarsi dalle sue paure un po' prima degli altri.

———Tutti noi volevamo lavorare insieme e, visto che stare insieme come gruppo era fantastico, speravo che anche gli altri tornassero presto a comportarsi come prima.

Jimin, che si era isolato nella stanzetta di tre metri quadrati nel loro dormitorio, dice che i video che aveva guardato erano stati la sua via d'uscita.

———In quella stanza bevevo e passavo del tempo da solo con me stesso… Riguardando tutti i video musicali che avevamo girato sin dal debutto, mi imbattei in un video dove alcuni fan cantavano in coro la nostra canzone *EPILOGUE : Young Forever*. Guardandolo pensai: "Quindi è per questo che ho lavorato così sodo", "Perché ho messo quest'emozione da parte e l'ho dimenticata?". Da lì iniziai a riprendermi.

Fu questo sentimento di riconoscenza che permise ai BTS di dare il massimo durante il lavoro su *LOVE YOURSELF* 轉 *'Tear'*. Avevano continuato a produrre, a esercitarsi senza fermarsi e, nonostante non avessero deciso se rinnovare o meno il contratto, volevano finire

Mi imbattei in un video dove alcuni nostri fan cantavano in coro.

Guardandolo pensai: "Quindi è per questo che ho lavorato così sodo".

Da lì iniziai a riprendermi.

—Jimin

l'album a ogni costo e misero tutto il loro impegno affinché accadesse. j-hope dice:

———È stato difficile, senza dubbio. Ho iniziato a fare questo lavoro perché mi piaceva, ma a un certo punto era diventato proprio un lavoro. In quel periodo, ci rifiutavamo di accettare che la musica e la danza che amavamo così tanto fossero diventate nient'altro che un lavoro. In quel momento tutte queste emozioni si scontrarono e vennero a galla.

Dalle parole di j-hope riportate qui sotto, possiamo farci un'idea di come i ragazzi siano riusciti a completare *LOVE YOURSELF* 轉 *'Tear'*.

———Ce l'abbiamo fatta pensando ai nostri fan e al loro amore per noi. Dopotutto, vedevamo quell'amore come un'opportunità, e finché ce l'avevamo, dovevamo mettercela tutta. Anche se era difficile, anche se ero infortunato e dolorante, pensavo "Facciamolo!", e come me anche gli altri.

La prima parte di *LOVE YOURSELF* 轉 *'Tear'*, da *Intro : Singularity* passando da *FAKE LOVE* e arrivando a *The Truth Untold* (*Feat.* Steve Aoki), parla di una persona che vive la sua vita indossando una maschera e soffre perché non può essere sincera con chi ama.

La canzone che si trova esattamente a metà dell'album, cioè *Love Maze*•, parla dell'esperienza di essere intrappolati in un labirinto buio, mentre il ritornello dichiara l'intenzione di non volersi mai separare dall'altro.

•

Una via senza uscita in un labirinto chiuso in tutte le direzioni
Stiamo attraversando questo abisso
...
Prendi la mia mano, non lasciarla andare
In questo labirinto, dimmi una bugia
Non devi assolutamente perdermi

A seguire viene *Magic Shop*, brano nel quale i BTS cercano di consolare la persona amata. Dopo di che troviamo *Anpanman*, una traccia in cui dicono che, fossero anche gli eroi più deboli, sono fieri di vivere da eroi per qualcuno. L'album si conclude con *So What*, un giuramento.

In quei giorni in cui odio me stesso e vorrei sparire per sempre
Creiamo una porta nel tuo cuore
Se entri in quella porta, questo posto sarà qui ad aspettarti
Non c'è niente di male nel credere che troverai conforto nel Magic Shop
—Magic Shop•

Cadrò di nuovo, sbaglierò di nuovo,
E anche se sono ricoperto di fango
Fidati di me, perché sono un eroe
—Anpanman••

•

••

Non fermarti a preoccuparti
Non ne vale la pena
Lascia andare tutto
Non c'è ancora una risposta
Ma puoi dare inizio alla tua battaglia
—So What•

All'inizio dell'album, il suono è pesante e cupo; andando avanti, la parte centrale contiene brani che i fan possono cantare insieme ai ragazzi durante i concerti; la parte finale, invece, è perfetta per scatenarsi, saltare e divertirsi.

Mentre stavano lavorando all'album, i BTS non avevano ancora deciso se rinnovare i loro contratti o meno. In questo senso, se la prima parte dell'album riflette la situazione dei BTS all'inizio della crisi, allora la parte finale è una metafora delle loro intenzioni future, ovvero rimanere un punto di forza e di riferimento per gli ARMY, a ogni costo.

I fan erano la ragione per cui riuscivano ancora in qualche modo a fare le prove, a scrivere canzoni e a trovare la forza di portare avanti la routine "album, tour, album, tour" e per pubblicare un disco nonostante tutti i pensieri estranei alla musica che avevano per la testa. Forse, mentre lavoravano al disco, ancora una volta si resero conto di cosa ci fosse alla base del loro lavoro, e senza neanche accorgersene. SUGA dice:

——Quello che proviamo per i nostri fan è... un misto di gratitudine, senso di colpa, amore. Tutto insieme. Sono le persone che sono

•

state al nostro fianco, che hanno camminato con noi. Non riesco neanche a immaginare quante persone ci abbiano incoraggiato e dato la forza per andare avanti ogni giorno. Non posso immaginarlo, la nostra preoccupazione più grande è cercare di fare il possibile per loro.

Il nostro gruppo

Le trattative per il rinnovo del contratto erano ancora in corso, anche dopo che *LOVE YOURSELF* 轉 *'Tear'* venne pubblicato e i BTS si erano esibiti sul palco dei BBMA. A parte la convinzione di voler continuare a essere gli *Anpanman,* gli eroi degli ARMY, le loro preoccupazioni pratiche restavano irrisolte. Anche quando ricevettero la notizia che si sarebbero esibiti ai BBMA per la prima volta, non erano contenti fino in fondo.

Jimin parla di come si sentiva mentre si preparava per la performance:

———L'atmosfera del gruppo era caotica e confusa e quindi… nonostante l'incredibile opportunità di salire su quel palco per la prima volta, onestamente, non sentii nessuna particolare emozione. Perché accadde nel periodo peggiore da quando ero diventato uno dei BTS. In quel momento, in cui mi sarei dovuto sentire onorato e felice, non sentivo assolutamente niente.

Tuttavia, accadde qualcosa di inaspettato. Le prove per la coreografia di *FAKE LOVE,* la title track di *LOVE YOURSELF* 轉 *'Tear'*, filavano sorprendentemente lisce, nonostante l'atmosfera pesante che aleggiava sul gruppo. j-hope dice:

———Accadde, ma fu una cosa inconsapevole. Ci impegnavamo

molto, e anche una volta arrivati in loco, continuammo a esercitarci.

Poi sorride e continua:

———Era strano, stavamo tutti attraversando un brutto periodo a livello psicologico ma... ci esibivamo meglio, eravamo più bravi. Anche quando dicevamo: «Ah, questo è difficile», ci allenavamo, provavamo e quando finivamo una prova, ne iniziavamo un'altra, e via così.

Jimin ricorda l'aria che si respirava in quei momenti:

———Onestamente, fino ad allora era stato un disastro. Facevamo fatica a registrare, eravamo imprecisi durante le prove. Ma poi ci siamo rimessi in sesto e allora l'atmosfera è diventata perfetta, riuscivamo a concentrarci di nuovo. Credo sia successo un paio di mesi prima dell'esibizione.

Perfino loro non si spiegano come sia potuto accadere. Ma questa volta, al contrario di quanto era successo agli AMA del 2017, erano troppo impegnati a combattere le loro battaglie interiori per preoccuparsi degli sguardi provenienti dall'esterno. Non possiamo sapere se fu questo a togliere loro un po' di pressione, ma era evidente che riuscivano a concentrarsi molto meglio durante le prove per *FAKE LOVE*. Grazie alla performance ai BBMA•, questo piccolo segnale di ripresa assunse un grande significato.

———Ah, prima di salire sul palco quel giorno... ricordo che urlammo la nostra frase di rito, quella che usavamo prima dei concerti, per

•

la prima volta dopo tanto tempo. "Bangtan, Bangtan, Bangbang-bangtan!" Così. Lo facciamo per farci coraggio l'un l'altro.

E j-hope continua:

———Il backstage era piuttosto caotico. C'era lo staff, e poi c'erano gli artisti che si erano esibiti prima di noi che ci passavano accanto. Nel bel mezzo di tutto quel caos, ci mettemmo a urlare il nostro motto come per dire, prima di salire sul palco: "Questo programma è in diretta, forza! Lasciamoci alle spalle tutti i brutti pensieri!".

Quando l'esibizione si concluse, Bang Si-Hyuk – che si trovava in Corea – li chiamò al telefono urlando:

———Avete spaccato tutto, c***o!

j-hope racconta che Bang Si-Hyuk era talmente emozionato per la loro esibizione che si fece scappare una parolaccia. Era uno dei segnali che tutti i loro problemi si stavano pian piano risolvendo, anche se ancora non lo sapevano. Durante la prima settimana, *LOVE YOURSELF 轉 'Tear'* diventò il primo album coreano nella storia a occupare il primo posto della Billboard 200. *FAKE LOVE*, nel frattempo, si piazzò alla posizione numero 10 della Hot 100; il video musicale superò 100 milioni di visualizzazioni in soli otto giorni dall'uscita, battendo di gran lunga il record di *DNA*, che passò al secondo posto.

I BTS si erano sempre impegnati a fare le prove a prescindere dalle loro vicende personali, erano saliti sul palco mostrandosi felici anche quando stavano male; ora avevano messo a frutto le loro abilità nel momento decisivo, così come avevano fatto per i MAMA del 2014. Da lì riuscirono a trovare la chiave per risolvere i loro problemi.

Inclinando leggermente la testa, j-hope spiega cosa cambiò nel gruppo dopo i BBMA:

———Non so neanche io cosa successe esattamente. Non so se anche

Prima di salire sul palco quel giorno... ricordo che urlammo la nostra frase di rito, quella che usavamo prima dei concerti, per la prima volta dopo tanto tempo.

"Bangtan, Bangtan, Bangbangbangtan!"

—j-hope

gli altri si sentirono così, ma mentre eravamo sul palco era come se... ci venisse naturale. Quando ricevemmo la chiamata di Bang Si-Hyuk quel giorno, scappò a tutti un sorriso *(ride)*. Dopo di che, tutto iniziò pian piano a sistemarsi.

Ovviamente non bastò una singola esibizione a risolvere tutti i problemi in una volta. Nel preparare una performance della quale essere fieri e soddisfatti, però, riscoprirono il significato di ciò che stavano facendo, sia come persone, sia come gruppo. Parte del processo fu ascoltare quello che il più giovane, Jung Kook, aveva da dire.

———Non so esattamente perché, ma c'era qualcosa che non mi piaceva.

Jung Kook si aprì, dicendo che l'ultimo periodo l'aveva vissuto molto male. Avendo debuttato quando era ancora un ragazzino, forse i problemi dell'adolescenza erano arrivati un po' più tardi per lui. Tutto ciò che gli altri sei potevano fare era stargli accanto e ascoltarlo.

———Una volta, dopo le riprese, andai a bere da solo, il che mi fece sentire molto... isolato. Era un periodo in cui mi piaceva fare foto con la mia macchinetta fotografica. Presi il telefono, accesi la videocamera e iniziai a registrarmi mentre parlavo da solo, come se stessi facendo una diretta su YouTube... e nel frattempo bevevo. Ma all'improvviso spuntò Jimin.

Jimin spiega come mai comparve in quel modo davanti a Jung Kook:

———Ero un po' preoccupato per lui, perciò chiesi allo staff dove fosse e mi dissero che era uscito a bere. Montai su una macchina e chiesi di farmi lasciare nello stesso punto e, appena sceso, mi trovai di fronte a un bar. Una volta entrato, vidi Jung Kook che beveva e si registrava con il cellulare. E così iniziammo a parlare.

Ma non fu quello di cui parlarono ad aiutare Jung Kook a trovare delle risposte.

———Non ricordo esattamente di cosa abbiamo parlato. Ma ricordo che il fatto che lui fosse venuto mi aveva colpito molto, perché era venuto a consolarmi.

Jimin ricorda:

———Parlando con lui, per la prima volta scoprii quanto stava male, e piansi molto. Perché non lo sapevo. Jung Kook aveva provato a non parlarne, ma poi l'alcol aveva fatto il suo e finì per sfogarsi.

All'epoca, né Jung Kook né gli altri sei ragazzi sapevano bene di cosa avessero bisogno. Ma in quella situazione, in cui tutti gli occhi del mondo erano puntati su di loro, trovare il tempo di ascoltarsi l'un l'altro fu cruciale. Nelle parole di Jimin:

———Penso che avessimo un gran bisogno di lamentarci un po'… E credo che farlo ci aiutò a guardare la realtà in maniera più distaccata, consentendoci di vedere che, nonostante tutto, eravamo sempre l'uno accanto all'altro. Mi resi conto che, da quel momento in poi, tutto iniziò a tornare velocemente al suo posto.

Jung Kook ricorda un episodio simile:

———Ero insieme a… Jin e Jimin, mi pare. Eravamo usciti a prendere qualcosa da mangiare. Uno alla volta, iniziarono ad arrivare anche tutti gli altri. Bevemmo tutti insieme e qualcuno vomitò *(ride)*. Era un gran casino, iniziammo anche a piangere, che tipi…

Dopo essersi perso per un po' nei suoi pensieri, continua:

———Noi lavoriamo insieme, questo è un… business, dopotutto. Ma per noi è molto più di questo. Non riesco a vederli solo come colleghi, sono delle persone a cui tengo tanto… in quel periodo capii quanto fossi grato a tutti loro.

I'm Fine

La trilogia *LOVE YOURSELF* si chiuse con l'uscita del repackage album *LOVE YOURSELF 結 'Answer'*, nell'agosto del 2018, che aveva come prima traccia *Euphoria**, la solo track di Jung Kook. Il periodo di registrazione della canzone coincise con il momento in cui Jung Kook era alla ricerca della propria voce come cantante.

——Non so se chiamarlo blocco… era come se, vocalmente parlando, mi trovassi di fronte a un muro.

Jung Kook spiega le difficoltà che dovette affrontare:

——Esercitarmi all'infinito alla ricerca della mia voce non era il modo giusto per trovarla, non funzionava. C'erano modi migliori per farlo, ma essendomi sempre esercitato in quel modo, sviluppai delle cattive abitudini; era arrivato il momento di correggerle ma mi sentivo… come se le mie corde vocali non mi appartenessero. Ma dovevo pur produrre qualcosa… quindi mi misi a registrare.

Euphoria è una canzone dinamica: la voce di Jung Kook carica lentamente l'emotività del brano. Prima del ritornello, Jung Kook cambia in maniera quasi impercettibile la sua voce per trasmettere le emozioni delicate presenti nel testo, ora alzando ora abbassando la tonalità, ora accelerando ora rallentando.

Poi arriva il ritornello, e un ritmo potente conquista la scena.

*

Sei la luce del sole che splende di nuovo sulla mia vita
Il ritorno dei miei sogni d'infanzia
Non so cosa sia questa sensazione
Potrebbe essere un sogno?

Questi versi, che aprono il testo di *Euphoria*, possono essere interpretati come la storia di Jung Kook dopo il debutto nei BTS. Jung Kook, una volta un bambino che non riusciva a capire fino in fondo le sue emozioni, ora da adulto e da cantante modula emozioni così complesse da essere inesprimibili con una sola parola.

La storia di Jung Kook è simile a quella di Riley, la protagonista del film d'animazione Pixar *Inside Out* (2015), che cresce e si chiarisce i pensieri dopo aver scoperto un'emozione nuova, un misto di felicità e tristezza.

——Assolutamente sì.

È così che risponde Jung Kook quando gli viene chiesto se *Euphoria* sia stato un brano cruciale, un punto di svolta per lui come cantante. Continua:

——Pensavo ancora che la mia voce non fosse abbastanza pulita, ma sentivo che pian piano riuscivo a trasmettere più emozioni di prima. Lasciando da parte gli aspetti tecnici, come i vocalizzi, migliorai naturalmente nel catturare le emozioni che si adattavano bene alla canzone. Ma, devo essere sincero, è ancora difficile.

Per i BTS, la creazione di *LOVE YOURSELF* fu un momento complicato, ma che li fece crescere. Come dice Jung Kook, tutti i ragazzi avevano tenuto nascoste le loro preoccupazioni fino a quando non erano esplose, intaccando le relazioni con le persone a loro più vicine,

LOVE YOURSELF 結
'Answer'

REPACKAGE ALBUM
24.08.2018

TRACK

CD1
01 Euphoria
02 Trivia 起 : Just Dance
03 Serendipity (Full Length Edition)
04 DNA
05 Dimple
06 Trivia 承 : Love
07 Her
08 Singularity
09 FAKE LOVE
10 The Truth Untold
(Feat. Steve Aoki)
11 Trivia 轉 : Seesaw
12 Tear
13 Epiphany
14 I'm Fine
15 IDOL
16 Answer : Love Myself

CD2
01 Magic Shop
02 Best Of Me
03 Airplane pt.2
04 Go Go
05 Anpanman
06 MIC Drop
07 DNA (Pedal 2 LA Mix)
08 FAKE LOVE (Rocking Vibe Mix)
09 MIC Drop (Steve Aoki Remix) (Full Length Edition)
10 IDOL (Feat. Nicki Minaj)

VIDEO

COMEBACK TRAILER
Epiphany

IDOL
MV TEASER

IDOL
MV

IDOL
(Feat. Nicki Minaj)
MV

ovvero gli stessi compagni. Per risolvere questa situazione, si sforzarono di raggiungere un equilibrio tra il gruppo e le loro vite interiori, e tra loro stessi e gli altri. Jin spiega:

———Una volta passato quel periodo, mi ritrovai ad avere un mindset piuttosto positivo.

Poi aggiunge:

———Iniziai a lasciarmi trasportare, a fare le cose senza pensarci troppo. Se volevo fare prove di canto, facevo prove di canto. Se volevo giocare a un videogioco, ci giocavo. Se non avevo nulla in programma, mangiavo se mi andava, e se non volevo mangiare passavo tutto il giorno a digiuno. Le persone intorno a me erano incredule, mi chiedevano come facessi a concentrarmi senza essere in ansia. Rispondevo: «Non lo so, credo sia perché vivo la vita senza farmi troppe domande».

Questa nuova mentalità di Jin ci fa capire quanto in realtà si fosse angustiato nel passato e avesse vissuto nell'ansia prima di arrivare a questo punto.

———Vivendo così, non pretendo grandi cose dalla vita, sono contento di fare quello che voglio quando mi va di farlo, perciò mi sento sempre soddisfatto, ovunque. Grazie alla felicità che ho raggiunto vivendo così, credo di aver trovato anche la mia pace interiore.

La solo track di Jin di *LOVE YOURSELF* 結 *'Answer'* è *Epiphany*•, e inizia così:

•

È veramente strano
So che ti amavo
Volevo adattarmi a te
E vivere per te
Ma più lo faccio
Meno riesco a contenere la tempesta che ho dentro
Mostro il vero me
Sotto questa maschera sorridente

Vogliamo sempre fare del nostro meglio per le persone che amiamo, ma non è semplice quando dentro di noi infuria una tempesta; ci sembra di indossare una maschera quando siamo con loro. È una parte delle emozioni complesse che Jin e gli altri membri dei BTS provavano durante la creazione della trilogia *LOVE YOURSELF*. Quando quel periodo passò, Jin sviluppò due diversi atteggiamenti nei confronti del mondo: alle volte si arrendeva pensando di non potere cambiare le cose, altre volte puntava i piedi e si faceva valere. Fu probabilmente in questo modo che imparò ad apprezzare appieno la gioia del suo lavoro.

Parlando di *Epiphany*, Jin dice:

——La registrazione di questa canzone è l'unica cosa che non ricordo dell'album. Non ero in me in quel periodo, e credo dipenda anche da questo... ma quando mi esibisco con questa canzone, è diverso rispetto alle altre. Quando ballo, devo pensare ai passi successivi perché se sbaglio è un bel problema, no? Invece, con *Epiphany* canto la canzone stando fermo, sento l'atmosfera del brano così com'è. È una sensazione che provo solo quando sono sul palco, però.

Anche j-hope parla dei cambiamenti che avvennero in quel periodo:

——Fu un periodo di grande crescita. Durante la creazione della serie di *LOVE YOURSELF* ho imparato tanto, non facevo che pensare a come esprimere meglio la mia personalità all'interno dei BTS. I fan si accorgevano del lavoro che stavamo facendo in quel periodo, e noi gli eravamo immensamente grati per questo. La creazione di questi album ha dato vita a gran parte di quello che sono oggi; il j-hope di oggi non esisterebbe se non fosse stato per quei momenti.

È un discorso che vale anche per gli altri, ma il ruolo di j-hope è sempre stato quello di mantenere unito il gruppo. Quando i ragazzi erano in difficoltà durante le prove della coreografia, j-hope sorrideva e alleggeriva l'atmosfera per far sì che ci riprovassero, ancora e ancora. Lavoro di squadra vuol dire questo per lui:

——Siamo una squadra, dobbiamo diventare una cosa sola per fare bene ciò che facciamo. Non solo io, ma tutti quanti dobbiamo impegnarci per fare un buon lavoro, e io mi sono sempre sforzato di fare del mio meglio. Ma, in realtà, gli altri ragazzi sono stati molto più d'aiuto al gruppo di quanto non lo sia stato io durante la creazione di questa serie, e idem quando c'era la questione del rinnovo del contratto. In un certo senso, si sono fatti carico di ciò che non riuscivo a gestire da solo e delle cose che mi mettevano in difficoltà, e mi hanno incoraggiato.

Alla luce dei sentimenti di gratitudine che j-hope esprime qui nei confronti del gruppo, l'impegno che mise durante le promozioni di *LOVE YOURSELF* 結 *'Answer'* acquista ancora più valore. Dopo qualche giorno dall'uscita dell'album, j-hope registrò un video in cui mostrava parte della coreografia della title track, *IDOL*, e lo caricò sui vari social con l'hashtag #IDOLCHALLENGE• per invogliare le persone a ballare con lui. Da sempre interamente votato al sacrificio per il gruppo, come i BTS e gli ARMY sapevano bene, j-hope si era messo in prima fila per promuovere il disco, invitando le persone a divertirsi ballando sulle note di *IDOL*.

Questa challenge rappresentò un momento di svolta importante sia per la Big Hit Entertainment sia per i BTS. Prima dell'uscita di *LOVE YOURSELF* 結 *'Answer'*, i BTS condividevano i contenuti promozionali che l'agenzia preparava secondo un piano ben preciso: dal rilascio del comeback trailer passando per la direzione delle esibizioni, fino alle performance nelle cerimonie di fine anno. I piani della Big Hit erano sempre chiari e precisi, e soprattutto indirizzati al pubblico di riferimento, ovvero gli ARMY e altri potenziali ascoltatori. Per fare un esempio, l'idea di lasciar indovinare il concept dell'album successivo facendo comparire delle parole sullo sfondo di un'esibizione durante una premiazione era un modo di creare un evento nell'evento solo per gli ARMY. La #IDOLCHALLENGE cambiò le carte in tavola, perché qui erano la partecipazione spontanea delle persone e le reazioni del pubblico a essere parte integrante della promozione stessa, ed entrambi questi fattori erano fuori dal controllo dell'agenzia. Ovviamente ci si aspettava che le reazioni sarebbero state positive, visto che erano i BTS stessi a guidare la promozione, ma non c'era modo di prevedere quanti ARMY avrebbero effettivamente imitato j-hope, né quante persone fuori dal fandom avrebbero preso parte alla sfida. Questi dubbi ave-

•

vano probabilmente spaccato le opinioni riguardo all'idea della challenge all'interno della Big Hit. Tuttavia, per i BTS era il momento giusto di cimentarsi in una sfida del genere.

Il mio, il tuo, l'idol di tutti

I BTS sono un gruppo di idol. E questa breve definizione contiene al suo interno innumerevoli storie. Si sono allenati duramente per diventare quello che sono diventati, e non appena conquistato il loro status sono stati denigrati perché erano rappresentati da una piccola agenzia e per il genere di musica che facevano, ovvero l'hip hop. Anche una volta diventati delle star, sotto il fuoco di continui attacchi, non hanno mai smesso di consolare i loro fan. Successivamente, si sono trovati a fare i conti con le difficoltà che essere un idol implicava, e si preoccupavano del fatto che avevano la sensazione di indossare una maschera di fronte ai fan.

Per i BTS, essere idol significa tutte queste cose, anche dopo ciò che i BTS sono diventati in seguito: I BTS hanno iniziato il loro percorso da idol e, dopo l'uscita di *LOVE YOURSELF 結 'Answer'*, lo erano ancora. Nonostante tutto.

Gli idol, in particolare quelli coreani, sentono una fortissima pressione a diventare artisti man mano che vanno avanti nella loro carriera. Per definizione, la parola "artista" include idol, musicisti, personaggi del mondo dell'intrattenimento, e così via. Perciò un idol è anche un artista, e non c'è una categoria di artisti migliore delle altre. Tuttavia, in Corea spesso alla parola "artista" è legato uno standard superiore che gli idol devono raggiungere. Si sentono spesso frasi del tipo "da idol è diventato artista", il che determina che un certo idol è divenuto musicalmente superiore, o più autentico di altri.

Tutto ciò è legato al modo in cui vengono percepiti gli idol nell'industria musicale coreana e nella società in generale. In passato erano spesso guardati dall'alto in basso e giudicati inferiori rispetto ad altri artisti, vuoi perché era l'agenzia che si occupava della produzione, vuoi perché non scrivevano le loro canzoni, o anche solo perché erano attraenti e ballavano sul palco. Ma alla base di questo pregiudizio c'è una visione misogina legata agli idol: essendo molto spesso seguiti da ragazze tra i dieci e i vent'anni, circola il preconcetto che la loro musica sia di bassa qualità.

Comunque sia i BTS, fino a quel momento, avevano sempre realizzato musica che parlava di storie di vita risalenti a quando erano trainee; nella serie di *LOVE YOURSELF*, invece, erano riusciti a catturare la gioia e il dolore di vivere come idol. L'autenticità dei BTS veniva dalle loro storie, dalle loro riflessioni sul significato di essere un idol, e il gruppo era ineluttabilmente legato alla cronaca delle difficoltà e della crescita dei ragazzi, e lo stesso valeva per gli ARMY.

Puoi chiamarmi artista
Puoi chiamarmi idol
O chiamami come ti pare
Non mi interessa

Come dicono nei versi d'apertura di *IDOL*, per i BTS definirsi tali era una parte necessaria del percorso per arrivare ad "amare se stessi". Avevano voluto che il mondo li notasse a qualunque costo, e una volta raggiunta la gloria insieme a una montagna di ARMY, i BTS vi sono saliti in cima e hanno annunciato che loro erano idol. Sono stati criticati in qualunque modo, secondo ogni possibile standard, sono stati inondati di complimenti come di critiche, sballottati tra picchi di fama e distruzione. Ora, a prescindere da ciò che il mondo diceva di loro, i BTS erano i BTS. Non avevano più bisogno di nient'altro che li definisse. Ecco cosa pensa SUGA della parola "idol":

——Sono consapevole che la gente definisce gli idol come "cantanti che durano solo sette anni" o "un prodotto creato a tavolino". Ma la differenza sta nel livello di libertà che si ha per esprimere se stessi, la maggior parte degli idol ha pensieri e ansie piuttosto simili. Noi siamo stati molto fortunati a poter parlare di questi argomenti liberamente come gruppo, e di conseguenza abbiamo parlato dei nostri pensieri senza giri di parole.

La *IDOL* challenge avvicinò di un altro passo i BTS alla loro autodefinizione come idol. Idol che avevano un'infinità di sguardi puntati addosso, che erano stati etichettati in un'infinità di modi diversi e che ora incoraggiavano tutti, non solo gli ARMY, a partecipare alla sfida. Grazie a questa challenge chiunque, anche persone che non avevano idea di chi fossero i BTS, o gli ARMY, o di quale fosse il rapporto tra i due, potevano avvicinarsi al gruppo molto facilmente attraverso i social. Era un modo per dire: "Non ci importa cosa pensate di noi, venite a divertirvi". Fu un piccolo ma importantissimo punto di svolta nella storia dei BTS e degli ARMY. Sin dal debutto, i BTS passavano dal doversi difendere dai continui attacchi che ricevevano al cercare approvazione dall'esterno. Ma quando arrivarono a trovare la risposta (*Answer*) alla fine della serie di *LOVE YOURSELF*, iniziarono a creare degli eventi a cui tutti potevano partecipare, senza preoccuparsi dei giudizi della gente.

IDOL•, la title track di *LOVE YOURSELF* 結 *'Answer'*, mette insieme elementi culturali diversi in un'atmosfera di festa. Dal punto di vista musicale, fonde influenze sudafricane con i ritmi della musica coreana tradizionale. Nel video musicale sono presenti vari elementi: i vestiti, sia completi eleganti sia *hanbok* (i vestiti tradizionali coreani), sfondi che ricordano i paesaggi dell'Africa, il tradizionale gioco coreano del *bukcheong sajanoreum* e alcuni disegni realizzati dai BTS stessi. Tutti questi elementi sono messi insieme all'interno del video, che dà allo stesso tempo una sensazione di tridimensionalità e bidimensionalità.

All'interno di questa grande varietà di elementi, è il suono della musica tradizionale coreana a guidare il brano, non una base rock o EDM, come ci si aspetterebbe da un video musicale così travolgente. Proprio al culmine della canzone, si sente la vocalizzazione di un ritmo della musica tradizionale coreana "*deonggideok kungdeoreoreo*", ovvero il *chuimsae*, seguita da "*eolssu*", un'esclamazione ricorrente proprio in questo tipo di musica, che significa "Oh yeah!".

IDOL è un brano da festival, nato dall'unione di vari elementi. La musica tradizionale coreana diventa la colonna sonora del divertimento per tutti coloro che ascoltano il brano nel mondo. Per i coreani, la presenza dell'elemento tradizionale nella musica pop è un elemento inusuale che si fa universale, diventando il punto forte della canzone. Con questo brano, hanno portato su un altro livello ancora la serie *LOVE YOURSELF*. I BTS, da sempre molto legati agli

•

ARMY, ora potevano dire a chiunque "Divertiamoci insieme!" e far partire una grande festa.

Già con le tracce precedenti, i BTS avevano dimostrato di cosa erano capaci, prima ballando al fianco di una troupe di ballerini in *Burning Up (FIRE)*, poi mettendosi alla guida di dozzine di essi con la coreografia di *Not Today*; ora, con la coreografia di *IDOL*, ricca di una grande varietà di elementi visivi e culturali, invitavano chiunque a divertirsi. Nel tempo che separava *No More Dream*, traccia che aveva segnato il loro debutto, e *IDOL*, avevano ricevuto tanto affetto, e stavano trasformando il loro ruolo di conseguenza.

Il cambio che i BTS esprimono attraverso *IDOL* è il simbolo dell'evoluzione che stava avvenendo non solo nella musica, ma anche nella storia dell'industria culturale coreana in toto.

Nel 2018, i BTS avevano raggiunto il primo posto della Billboard 200 due volte di fila, sia con *LOVE YOURSELF* 轉 *'Tear'* sia con *LOVE YOURSELF* 結 *'Answer'*, e l'anno successivo *Parasite* (2019) diventò uno dei film più discussi del mondo.

Poi a settembre del 2020 Billboard creò una nuova classifica, la Billboard Global 200, che metteva insieme i dati di circa 200 Paesi e regioni del mondo, inclusi gli Stati Uniti. È presumibile che il ruolo giocato dal K-pop come da altri artisti internazionali abbia influenzato questa decisione.

E così, mentre nuove tendenze si concentravano su un continente, un Paese o una regione in particolare, il volto dell'industria culturale stava cambiando. All'interno di quest'ondata di cambiamento la cultura coreana, portatrice di un fascino diverso rispetto a quello della cultura popolare occidentale, iniziò la sua incredibile ascesa. Dal 2010 in poi, la Corea del Sud e Seoul hanno iniziato ad attirare l'attenzione per la loro cultura. Come nel video di *IDOL*, la Corea ha rivisitato una miriade di suoi elementi culturali in chiave moderna, catturando l'attenzione del mondo. I BTS erano parte di questo processo e sono ormai diventati delle icone.

La loro performance del 1° dicembre 2018• per la cerimonia dei MMA, tenutasi al Gocheok Sky Dome, simboleggia perfettamente la loro situazione in quel momento. Nel mezzo di un gruppo di ballerini che eseguono una *samgomu*, una danza popolare coreana in cui si usano percussioni, compare j-hope con indosso un *hanbok* e inizia a ballare.

La sua non è una danza tradizionale, ma una street dance con elementi di break dance. L'idea generale della performance è basata sulle arti tradizionali coreane, ma le esibizioni dei membri del gruppo ricalcano lo stile moderno a cui sono più abituati. A seguire, le parti di Jimin e Jung Kook sono ispirate rispettivamente alla danza del ventaglio detta *buchaechum* e alle *talchum*, danze coreane eseguite indossando una maschera, ma anche in questo caso la coreografia è composta da passi di danza moderna.

Durante l'esibizione ai MMA i BTS avevano quindi fuso insieme arte e cultura dello spettacolo coreane ed elementi di intrattenimento, e l'avevano fatto come se fosse la cosa più naturale del mondo. I ragazzi indossavano *hanbok* modificati rispetto alle versioni originali e si esibivano urlando "*deonggideok kungdeoreoreo*" e "*eolssu*" dal centro del palco insieme al pubblico, il tutto in maniera naturale e non forzata.

•

I ragazzi, cresciuti conoscendo sia la cultura coreana tradizionale sia la musica pop, avevano creato una nuova forma d'arte che combinava perfettamente questi due elementi. Con *IDOL* era successa un po' la stessa cosa: i BTS avevano messo insieme tutte le opinioni che la gente aveva su di loro per creare il brano. Unificando tutti questi elementi diversi, i BTS avevano messo in chiaro chi erano, come coreani e come idol.

Per tanto tempo, durante le cerimonie di fine anno come i MMA, il palco per i BTS era stato un campo di battaglia su cui dovevano provare se stessi, vincere contro gli altri gruppi e rendere orgogliosi i loro fan.

Ma dopo aver conquistato la prima posizione nella Billboard 200 per diverse volte e aver superato i contrasti relativi al rinnovo del contratto, alla fine i BTS erano tornati una squadra, e non avevano più bisogno di dimostrare niente a nessuno. Non avevano bisogno di presentazioni, ormai era solo questione di superare le aspettative: tutti si chiedevano che performance avrebbero fatto questa volta. Da idol, erano diventati delle icone.

SPEAK YOURSELF, trovate la vostra voce

Una volta pubblicato l'album, fu di nuovo il momento di andare in tour. Come è evidente anche dall'evoluzione dei titoli degli album che si erano susseguiti nella trilogia *LOVE YOURSELF*, i BTS avevano attraversato varie fasi: quella di crescita (*seung*, 承), quella della svolta (*jeon*, 轉) e infine di maturazione (*gyeol*, 結). Alla fine di questo viaggio, il 25 agosto 2018 iniziarono il BTS WORLD TOUR "LOVE YOUR-

SELF"•, con una data allo Jamsil Olympic Stadium di Seoul. Il tour, della durata di un anno, si concluse il 29 ottobre 2019 nel medesimo luogo con l'ultima data del BTS WORLD TOUR "LOVE YOURSELF: SPEAK YOURSELF", e includeva nella scaletta anche dei brani tratti dall'album che avrebbero pubblicato nel 2019, *MAP OF THE SOUL : PERSONA*.

Durante il tour "LOVE YOURSELF: SPEAK YOURSELF"••, si erano esibiti in stadi di un certo calibro a livello internazionale, dal Rose Bowl negli Stati Uniti a Wembley nel Regno Unito, passando per lo Stade de France a Parigi. Prima di iniziare a lavorare al progetto di *LOVE YOURSELF*, i ragazzi erano terrorizzati all'idea di vedere il loro successo precipitare inesorabilmente. E invece, dopo quel percorso, avevano ripreso quota e stavano addirittura andando ancora più in alto. Come un volo che non sarebbe mai atterrato.

———Facciamo quaranta concerti, no? A volte mi capita di chiedermi: "Cos'è che faccio oggi?" *(ride)*.

V spiega come si comporta sul palco nel caso di tour così lunghi:

———Prima, durante i concerti, facevo davvero tantissime cose sul palco. Ma quando hai quaranta concerti davanti a te, devi necessariamente variare la quantità di cose da mostrare. Iniziai a prepararmi un bel po' prima di partire. Avevo tante idee, soprattutto per canzoni come *Intro : Singularity*, talmente tante che pensavo mi sarebbe esploso il cervello. Quando mi ritrovai a dover fare così tante date, mi pentii di non aver usato solo una

•

••

mossa per volta nei concerti passati *(ride)*. Per esempio, all'inizio avevo circa quindici pose diverse, e per ogni concerto ne avevo due extra da usare a metà e alla fine dell'esibizione; anche per le coreografie, mi inventai un sacco di figure diverse. Ma le avevo praticamente già usate tutte, ero a corto di idee.

Piuttosto che prepararsi, V decise di iniziare a seguire le sensazioni che scuotevano naturalmente il suo corpo.

———Sul palco faccio tutto senza pensarci troppo. Anche se mi vengono delle idee, non stabilisco il momento preciso in cui le metterò in pratica. La cosa migliore è comportarsi in modo spontaneo e naturale.

E chissà che V non sia arrivato a questa consapevolezza anche grazie al percorso di crescita affrontato con la serie di *LOVE YOURSELF*. Di fronte agli imprevisti della vita, la soluzione ai problemi che ci affliggono è a volte la più semplice e la più significativa.

Ecco cosa rende felice Jung Kook oggi:

———Quando mi viene chiesto cosa mi rende felice, rispondo che è il fatto di potermi fare domande così semplici. Questa è la mia felicità. Se fossi davvero infelice, non credo che avrei il tempo di chiedermi cosa mi rende felice. Avere la possibilità di pensare: "Questo mi rende felice?", "No, quest'altro"... non è questa la felicità?

È un po' il messaggio contenuto nell'opera teatrale *L'uccellino azzurro*: "la felicità è a portata di mano". I BTS erano volati via per raggiungere vette altissime, e infine ritornare a loro stessi. Durante il percorso di *LOVE YOURSELF*, Jimin si era reso conto una volta di più che la risposta che cercava erano i membri stessi del gruppo:

———Erano successe un po' di cose, ma alla fine tornavo sempre dai

BTS. Ero uscito con degli amici fuori dal gruppo, passato del tempo con loro, mi ero sfogato, ma non avevo risolto nulla, non avevo trovato le risposte che cercavo. E credo che sia per questo che ho finito per fidarmi ancora di più dei miei compagni.

La prima canzone prodotta interamente da Jimin uscì il 31 dicembre 2018, con il titolo *Promise*•.

Il testo è come un viaggio di riscoperta personale: si apre con le parole "Seduto da solo", ma man mano che il brano procede Jimin si rende conto di non essere da solo, e si conclude con le parole "Adesso promettimelo". Jimin aveva iniziato a lavorare alla canzone durante la primavera di quell'anno, ma data l'aria che tirava nel gruppo in quel periodo, non era riuscito a portarla a termine. Solo dopo essersi lasciato alle spalle quei momenti, riuscì a completarla con il titolo e le parole che possiamo ascoltare oggi.

Per i membri dei BTS, la creazione di *LOVE YOURSELF* fu un percorso di riscoperta di loro stessi. Amare loro stessi fu ciò che li portò a riscoprirsi. Nelle parole di j-hope:

——Iniziai a vedermi come una persona positiva, che dà energia agli altri e che riesce a esprimere se stessa in modo unico. Ecco cosa ho imparato grazie a *LOVE YOURSELF*.

Ripensando al percorso della serie, continua:

——Il messaggio degli album era "bisogna amare se stessi", ma nel frattempo mi ritrovai a chiedermi: "Che tipo di persona sono?".

•

Passavo molto tempo ad analizzarmi in quel periodo. Mi resi conto che avevo un'energia positiva e che potevo a trasmetterla agli altri. Così, definendomi senza darmi delle etichette, ho messo tutto me stesso nelle canzoni e gli ARMY mi hanno accolto. Mentre guardavo i nostri fan mi ripetevo: "Ecco, ecco chi sono". Questo è stato il mio viaggio.

Proprio come dice j-hope, *LOVE YOURSELF* non rappresentò solo un modo per affermare la propria identità, ma anche un viaggio di scoperta interiore, un modo per capire come amarsi.

Non importa chi tu sia, è un processo che attraversiamo tutti, che lo vogliamo o no. E non c'è una sola risposta valida sempre. Attraverso la creazione della serie, i BTS hanno parlato apertamente delle loro storie personali e hanno cercato una risposta alla domanda: "Chi sono io?".

E, ironia della sorte, il verso che apre *Intro : Persona*, la prima canzone della nuova serie di *MAP OF THE SOUL*, è proprio "Chi sono io?". Il testo continua dicendo che ovviamente quella è "la domanda che mi pongo da tutta la vita", ma che allo stesso tempo è "una domanda a cui non troverò mai una risposta". Cercando di trovare la risposta a questa domanda, ognuno di noi scopre e impara ciò che deve fare.

Questo è ciò che *LOVE YOURSELF* ha lasciato a j-hope:

——Se ci ripenso, non ero una persona così positiva una volta, sono cambiato tanto per diventare chi sono adesso. Non so cosa pensino gli altri dell'idea di "sentirsi completi", ma quando parlo di come io stesso ho iniziato a sentirmi completo, voglio dire alle persone come sono cambiato, come sono diventato chi sono. E voglio dire a tutti che anche loro possono farcela. Non so come gli ARMY abbiano interpretato quel messaggio, ma spero che abbia avuto un impatto positivo su di loro.

Il 24 settembre del 2018 i BTS parteciparono alla cerimonia di inaugurazione di "Generation Unlimited", un programma coordinato dall'UNICEF, nel quartier generale delle Nazioni Unite a New York, dove tennero un discorso•.

Vorrei iniziare parlando di me.

Parlando della loro storia, quel giorno, influenzarono non solo gli ARMY ma anche tantissime altre persone.

RM tiene il discorso a nome del gruppo in inglese, e inizia parlando della sua città natale, Ilsan, e della sua vita. Parla dei giorni difficili dopo il debutto, ringrazia gli ARMY per l'amore e il supporto, spiega cosa ha impedito loro di arrendersi, e racconta di com'è vivere la sua vita. Ecco un estratto chiave del discorso:

Forse ho commesso un errore ieri, ma ieri ero sempre io. Oggi sono quello che sono con tutti i miei sbagli e i miei errori. Domani forse sarò un po' più saggio, e anche quello sarò sempre io. I miei sbagli e i miei errori sono ciò che mi rendono me stesso, sono le stelle più luminose nella costellazione della mia vita. Ho imparato ad amarmi per ciò che sono, per ciò che sono stato e per ciò che spero di essere.

•

Raccomanda poi a tutti di sforzarsi di amare se stessi:

Noi abbiamo imparato ad amarci. Ora invito voi a trovare la vostra voce.

Al BTS WORLD TOUR "LOVE YOURSELF" era seguito il BTS WORLD TOUR "LOVE YOURSELF: SPEAK YOURSELF". Esattamente allo stesso modo, all'interno del viaggio di *LOVE YOURSELF*, i BTS erano arrivati alla risposta: *SPEAK YOURSELF*, trovate la vostra voce. Non importa come vi vede il mondo, cosa avete dovuto superare per essere dove siete, dovete dire al mondo chi siete e da dove venite: questi sono i BTS, e resteranno tali anche se dovessero perdere tutto ciò che hanno conquistato.

In quel momento, non potevano immaginare per quanto tempo e quanto in alto avrebbero continuato a volare. Il loro discorso al quartier generale delle Nazioni Unite fu una dichiarazione d'intenti: anche se fossero arrivati a toccare il sole, ognuno di loro sarebbe rimasto legato al suolo, alle proprie origini. Nel discorso, RM dice anche che quello che siamo in fondo non cambia, e incoraggia tutti a parlare di sé e a connettersi con il mondo.

Era tutto ciò che questi sette giovani uomini, che fino a qualche anno prima erano ragazzi normali in Corea e che ora viaggiavano in tutto il mondo, si sentivano di dire agli ARMY, ossia una comunità formata da persone di ogni nazionalità, etnia, personalità e classe sociale.

——Fu molto importante per me. Credo sia stato un momento fondante per i BTS.

RM ricorda brevemente il discorso di quel giorno e poi prosegue, parlando di arte:

——Mentre leggevo dei pezzi di critica sul pittore Song Sangki, mi imbattei in un passaggio che mi colpì. Se ricordo bene, diceva: "I più grandi pittori del mondo non sono forse coloro che riescono a prendere le proprie esperienze personali per poi distillarle in verità universali? Non sono forse loro stessi arte?".

Analizzando l'effetto che gli fece leggere questa frase, continua:

——"Qualcuno che distilla le proprie esperienze in verità universali." Ecco che tipo di persona volevo diventare. Anche ciò che fanno i BTS si colloca in qualche modo a metà tra un'esperienza personale e una universale. E questa frase dice che per arrivare alla verità universale bisogna partire e dare priorità all'esperienza personale, giusto? Per me, le esperienze personali sono legate alle mie radici, e questo fu esattamente il punto di partenza e di arrivo del nostro discorso alle Nazioni Unite. Se ciò che amo fare adesso è il risultato dell'espansione dei miei neuroni, allora la risposta alla domanda: "Da dove sono partito?" si trova nel punto più recondito della mia identità; in questo mondo così complesso, è il punto da cui sono partito che mi permette di avere un'idea chiara della mia esistenza. Esagerando un po', la mia identità e la mia autenticità nella loro interezza derivano solo da lì. E per questo, quando parlo di quella parte di me, posso farlo con sicurezza e senza vergognarmi. La mia appartenenza ai BTS sarà sempre evidente, sia nei testi che scrivo sia nelle parole delle mie interviste.

RM sorride, e poi fa la sua parte nel parlare di sé:

——Non è che io sia il presidente, o John Lennon, no? Nonostante questo, posso presentarmi così, senza vergognarmi: "Sono un giovane che ha un certo numero di anni, vive in un certo luogo e a cui piacciono questa o quella cosa". Quando dico cose del genere, mi sento più simile a loro, credo *(ride)*.

Fu così che iniziarono a intravedere la luce in fondo al tunnel. Una luce che avrebbe guidato il loro volo senza fine.

CAPITOLO 6

MAP OF THE SOUL : PERSONA

MAP OF THE SOUL : 7

THE WORLD OF BTS

IL MONDO DEI BTS

ARMY Time

Quando i BTS pubblicarono *MAP OF THE SOUL : PERSONA* alle 6 di sera del 12 aprile 2019, molti fan coreani che utilizzano la piattaforma musicale Melon non riuscirono ad ascoltarlo subito. I server di Melon si erano bloccati a causa dei troppi accessi simultanei.

Per chiunque vivesse in Corea tutto questo non aveva senso. Nel 2019, nel Paese il numero di utenti dei servizi di streaming musicale era di circa 10,28 milioni di persone, e tra questi gli utenti attivi mensilmente su Melon superavano i 4,1 milioni. Il fatto che una piattaforma utilizzata da così tante persone si fosse bloccata a causa dell'uscita dell'album di una singola boy band era assurdo quasi quanto pensare a un oceano che si riempie dopo averci lanciato tanti sassolini.

O forse tutto questo era stato previsto circa due mesi prima dell'uscita dell'album da ARMYPEDIA*. ARMYPEDIA è un progetto che consiste in una sorta di caccia al tesoro, organizzato dalla Big Hit Entertainment e dai BTS per gli ARMY. Vennero rilasciati dei teaser tramite alcune pubblicità apparse in sette città: Seoul, New York, Los Angeles, Tokyo, Londra, Parigi e Hong Kong, dopodiché iniziò la "caccia" e gli ARMY trovarono un totale di 2080 pezzi di puzzle nascosti in tutto il mondo e su internet. Il numero 2080 indicava i 2080 giorni trascorsi dal debutto dei BTS, dal 13 giugno 2013 al 21 febbraio 2019, il giorno precedente al rilascio di ARMYPEDIA; in altre parole, ogni pezzo del puzzle simboleggiava un giorno di BTS.

*

Gli ARMY riuscirono a trovare i pezzi del puzzle sorprendentemente in fretta. Ogni pezzo conteneva un QR code, e risolvendo il quiz sui BTS che appariva dopo averlo scannerizzato, sull'homepage di ARMYPEDIA sarebbe comparso un ricordo del gruppo corrispondente a quella data. In più, gli ARMY che rispondevano in maniera corretta avevano la possibilità di caricare i loro personali ricordi dei BTS sotto forma di messaggi, foto e video. Grazie ad ARMYPEDIA, gli ARMY divennero un fenomeno globale, capace di attirare l'attenzione di tutto il mondo semplicemente attraverso un evento online incentrato sulla condivisione dei ricordi dei fan con la band.

Inoltre, poche settimane dopo, si tennero a Seoul due eventi offline[1], simili a degli after party di ARMYPEDIA. In quel periodo la stampa coreana prestò molta attenzione a questo curioso fenomeno, utilizzando spesso l'espressione "Un evento dei BTS senza BTS". In effetti, il gruppo apparve in brevi performance a sorpresa su un grande schermo installato nel luogo dell'evento, ma non partecipò mai dal vivo. Ciononostante, gli ARMY si riunirono in massa per questi eventi organizzati dai BTS e dalla Big Hit Entertainment, cantando a squarciagola le loro canzoni che fluivano dagli altoparlanti installati sul posto.

ARMYPEDIA e la serie di eventi successivi all'uscita di *MAP OF THE SOUL : PERSONA* sono stati solo l'inizio di ciò che gli ARMY avrebbero mostrato al mondo. Anche senza che i BTS fossero presenti fisicamente, gli ARMY diventarono un fenomeno di massa abbastanza grande da attirare l'attenzione dei media. E questo è il motivo per cui

1 L'evento "RUN ARMY IN ACTION" si è tenuto il 10 marzo nella Seoul City Plaza, mentre l'evento "ARMY UNITED IN SEOUL" si è tenuto il 23 marzo nell'Oil Tank Culture Park.

gli ARMY sono diventati i veri protagonisti dell'album *MAP OF THE SOUL : PERSONA*.

Tu

In realtà, *MAP OF THE SOUL : PERSONA* nasce come la "tua" storia, ovvero la storia degli ARMY. Il concept dell'album, inoltre, è ispirato a quello che era diventato un pensiero ricorrente per Jung Kook durante le promozioni della trilogia *LOVE YOURSELF*.

——Mi chiedevo come fosse la vita delle persone a cui piaccio.

Ma non era solo per semplice curiosità che Jung Kook voleva saperne di più sugli ARMY.

——A volte mi chiedo se, quando sono con le persone, io indossi una maschera. È importante che io trovi il giusto equilibrio tra il me stesso artista e il me stesso persona, ma spesso sento come se questi due lati di me in qualche modo si confondessero.

Ai BTS, che avevano sempre fatto tesoro della "fila di fan" che assisteva alle loro prime esibizioni nei programmi musicali in TV, ora si apriva la possibilità di incontrare negli stadi migliaia e migliaia di ARMY. Questi ultimi crescevano di numero e contemporaneamente cresceva il loro affetto e il loro supporto verso i BTS, ormai espressi in tantissime lingue diverse in tutto il mondo. Ma perché ricevessero così tanto amore e come fosse la vita delle persone che li supportavano i BTS non potevano saperlo. Le telecamere, l'attenzione dei media, le persone che desideravano dire la propria sui BTS, però, cominciarono a riempire lo spazio che li separava dagli ARMY. Jung Kook dice:

——Penso che siamo riusciti ad arrivare così in alto perché abbiamo

MAP OF THE SOUL : PERSONA

THE 6TH MINI ALBUM
12.04.2019

TRACK

01 Intro : Persona
02 Boy With Luv (Feat. Halsey)
03 Mikrokosmos
04 Make It Right
05 HOME
06 Jamais Vu
07 Dionysus

VIDEO

COMBACK TRAILER: Persona

Boy With Luv (Feat. Halsey) MV TEASER 1

Boy With Luv (Feat. Halsey) MV TEASER 2

Boy With Luv (Feat. Halsey) MV

Boy With Luv (Feat. Halsey) MV ('ARMY With Luv' ver.)

Make It Right (Feat. Lauv) MV

trovato le persone giuste e il momento giusto. Ma c'era molta pressione. Non pensavo di essere la persona adatta per arrivare così in alto, e ci sono state cose che ho dovuto fare per poterlo essere. Ci sono cose in cui devo impegnarmi di più per fare ciò che voglio fare.

Come ha detto Jung Kook, per i BTS gli impegni aumentavano in proporzione alla loro esplosione di popolarità, e continuare a mostrare il loro io più vero e sincero agli ARMY non fu affatto facile.

Ma, d'altronde, i BTS sono un gruppo che ha iniziato a condividere la propria vita su YouTube prima ancora che il termine "youtuber" diventasse di uso comune, quando erano semplicemente dei trainee in attesa di debuttare. Anche dopo aver cominciato a viaggiare per i tour negli stadi di tutto il mondo, accendevano la telecamera dopo la performance e comunicavano con gli ARMY tramite V LIVE.

Si può dire che *MAP OF THE SOUL : PERSONA* sia il risultato del rapporto speciale tra un enorme fandom e i loro idoli diventati delle stelle planetarie nell'era degli smartphone e di YouTube. I BTS hanno sempre desiderato mostrare il loro vero io, pur trovandosi dentro un'industria come quella degli idol, e nel farlo sono diventati delle superstar. E nel momento in cui pensavano di essere arrivati all'apice del loro successo, decisero di raccontare la storia dei fan che li avevano accompagnati in questo viaggio.

Dall'Arabia Saudita agli Stati Uniti

A meno di chiederlo a ogni singolo ARMY, non possiamo sapere esattamente quanto il desiderio di Jung Kook li abbia toccati. Ma era chiaro che gli ARMY stessero cercando di trasmettere qualcosa ai BTS dopo l'uscita di *MAP OF THE SOUL : PERSONA*.

Il 10 ottobre 2019, al King Fahd International Stadium di Riyadh, la capitale dell'Arabia Saudita, i BTS si stavano preparando per l'esibizione del BTS WORLD TOUR "LOVE YOURSELF: SPEAK YOURSELF" che si sarebbe tenuta il giorno successivo. Finite le prove, Jung Kook e Jimin decisero di esercitarsi ancora una volta con il medley delle hit dei BTS.

«Ci dispiace!» si scusarono entrambi con lo staff.

Quel giorno a Riyadh la temperatura massima si aggirava attorno ai 40 °C, e per delle persone che visitavano la città per la prima volta anche solo camminare per le strade era un'impresa. I ragazzi erano dispiaciuti che lo staff dovesse rimanere più a lungo, nonostante fossero loro a sudare di più.

Però non erano gli unici a patire il caldo. Durante tutte le prove si sentivano costantemente delle urla provenienti da fuori: gli ARMY avevano circondato lo stadio. Dall'esterno riuscivano a sentire ben poco, e distinguere le voci dei ragazzi era praticamente impossibile. Ma ogni volta che la canzone cambiava, gli ARMY non esitavano a esultare e a gridare i loro nomi. Vedere delle donne in niqab, con corpo e volto coperto, che urlano il nome dei propri cantanti preferiti non è una cosa molto comune in Arabia Saudita. Jung Kook ricorda così la performance:

——Ogni Paese ha la propria cultura, ma spero che durante la nostra esibizione il nostro pubblico possa divertirsi ed esprimersi al cento per cento. Avranno avuto molto caldo con i vestiti tradizionali, ma ero molto felice del fatto che si stessero divertendo così tanto.

Come ha raccontato Jung Kook, il pubblico, che quel giorno era costituito per la maggior parte da donne, si era goduto lo spettacolo urlando a squarciagola nonostante il caldo e i vestiti.

Anche se solo per un momento, i BTS portarono in Arabia Saudita un cambiamento nel modo di accogliere la musica pop, ed era di per sé degno di nota il fatto che più di 30.000 donne nella stessa fascia d'età stessero apportando questo cambiamento da sole.

La stessa cosa si replicò negli Stati Uniti. I media americani osservavano con attenzione le adolescenti e ventenni che si riunivano per vedere i BTS a ogni esibizione o ospitata in televisione. In particolare, l'apparizione del 13 aprile 2019, nel programma della NBC "Saturday Night Live", rappresentò un momento particolarmente significativo per i BTS.

Nell'anteprima diffusa a qualche giorno dalla trasmissione, l'attrice Emma Stone, che avrebbe condotto il programma, insieme con lo staff interpretò il ruolo di ARMY, dicendo: «Mi accamperò su questo palco finché non arriveranno i BTS». E non stava esagerando, era la verità: come riportato dalla trasmissione mattutina della NBC "Today", gli ARMY si erano accampati davanti alla stazione televisiva per giorni pur di ottenere dei biglietti.

I BTS si sarebbero dovuti esibire dal vivo sul palco del "Saturday Night Live", e quella sarebbe stata anche la loro prima performance dopo l'annuncio dell'uscita dell'album *MAP OF THE SOUL : PERSONA*. Ma lo spazio a loro disposizione per la performance era più piccolo di quello dei set dei normali programmi musicali coreani. I ragazzi hanno confessato che erano molto preoccupati, non essendosi mai esibiti davanti a un pubblico su un palco di quelle dimensioni, ma di non aver avuto neanche il tempo di essere nervosi al pensiero di apparire in uno show così importante.

——Il palco è davvero piccolo. Come faremo a esibirci?

Facendo attenzione a non urtarsi e ferirsi a vicenda, hanno coordinato i loro movimenti e discusso le loro mosse prima della diretta•. Ricordando quel momento, tutti hanno raccontato cose simili.

——Più che le dimensioni del palco, era importante il fatto che si trattasse del "SNL".

E, proprio come pensavano, quel piccolo palco è diventato l'"Ed Sullivan Show"[2] dei BTS: un fenomeno creato dai BTS e gli ARMY attraverso Twitter, YouTube e le loro performance e diventato noto al mondo tramite i mass media, a partire dal "SNL". Non solo riviste musicali come "Billboard" e "Rolling Stone", ma anche la CNN e il "New York Times" parlarono dell'esibizione dei BTS al "Saturday Night Live" e della risposta degli ARMY. Le ricerche Google sul gruppo coreano del giorno successivo al programma hanno raggiunto il picco del periodo di promozione di *MAP OF THE SOUL : PERSONA*.

Ormai non solo i media coreani, ma i giornalisti in tutto il mondo si chiedevano:

«Perché le persone impazziscono per i BTS?».

2 "The Ed Sullivan Show" è un famoso programma televisivo trasmesso dalla CBS dal 1948 al 1971. Fu il primo palcoscenico americano calcato dai Beatles, che sbarcarono negli Stati Uniti dopo che il loro album era diventato un grande successo. I Beatles si esibirono dal vivo durante lo show il 9 febbraio del 1964.

•

Ti ascolto

La storia dei fandom delle boy band nasce in realtà in Occidente.

Ma le boy band come i BTS, con una popolarità che trascende i confini nazionali e che possono tenere spettacoli negli stadi in Asia, Nord America ed Europa, sono ben poche. E soprattutto, non è mai successo che il pubblico riunito in un auditorium abbia tenuto in mano lo stesso light stick e si sia autodefinito con un nome ben specifico come "ARMY".

I media occidentali cominciarono a paragonare gli ARMY alla *Beatlemania*, ovvero al fandom dei Beatles. Gli ARMY, insomma, avevano suscitato così tanto scalpore nella musica pop da costringere i giornalisti a risalire fino ai Beatles per trovare un fenomeno equivalente. Ai BTS ci vollero quasi sei anni dal debutto per arrivare sul palco del "SNL", sei anni in cui la loro popolarità aveva continuato ad aumentare e in cui le loro vendite e la portata geografica del loro successo avevano raggiunto livelli mai visti prima. E per la prima volta degli artisti coreani, cantando delle canzoni in coreano, vennero acclamati dai fan americani sul palco del "SNL".

Il successo dei BTS non è dovuto a un solo fattore. Un fan può essere stato attratto dal loro aspetto fisico, a un altro possono esser piaciute le loro performance, e un altro ancora potrebbe essersi incuriosito dopo aver visto un video divertente dei BTS creato dagli ARMY.

Ma più che chiedersi da dove derivi tutta questa popolarità, vale davvero la pena dare un'occhiata ad alcune risposte date dagli ARMY. Per esempio quando, durante l'evento della campagna Generation Unlimited nel settembre del 2018, i BTS tennero un discorso all'Assemblea generale delle Nazioni Unite degli Stati Uniti, e dicendo «Trovate la vostra voce» incoraggiarono tutti i giovani a parlare con la propria, unica voce. E gli ARMY cominciarono a postare sui social media le loro storie e le loro confessioni per mostrare il viaggio che avevano intrapreso per cercare se stessi e costruire la loro autostima.

Attraverso la musica dei BTS gli ARMY scoprono la storia della Corea, come quella del Movimento democratico del 18 maggio a Gwangju o del naufragio del *Sewol*, piangono le vittime ed esprimono la loro solidarietà. E non solo: quando la pandemia da Covid-19 ebbe inizio, circa un anno dopo l'uscita di *MAP OF THE SOUL : PERSONA*, gli ARMY donarono fino a settembre 2020, contando solo l'importo verificato, più di 2 miliardi di won, circa 1.447.000 euro[3]. La donazione diede un aiuto a diversi settori, tra cui l'istruzione, la salute, la tutela dei diritti umani e la protezione degli animali, tutti campi che avevano sofferto a livello globale a causa della pandemia.

Anche se non si può sapere esattamente perché abbiano cominciato a seguire i BTS, gli ARMY di tutto il mondo hanno dimostrato di avere un obiettivo comune: come fan dei BTS e grazie ai BTS, trovare una nuova strada per la propria vita.

Ovviamente, gli ARMY non sono l'unico fandom K-pop ad aver fatto una cosa del genere. Anche prima, altri fandom K-pop in Corea si erano attivati elargendo donazioni per diverse cause. Ma quando i BTS diventarono famosi a livello globale, questa si trasformò in una tendenza comune non solo tra gli ARMY ma anche tra i fandom K-pop in tutto il mondo. Attra-

3 Vedi articolo di "Weverse Magazine".

verso la connessione unica che esiste tra i fandom K-pop, i fan esprimono la loro identità e discutono attivamente di questioni politiche e sociali al di fuori del mondo del K-pop. E oggi è diventato ormai naturale per gli ammiratori di questo genere musicale prendere posizione non solo sui problemi del proprio Paese, ma anche su quelli comuni a tutto il mondo.

Come venne detto durante l'apparizione al "SNL", l'idea che i media occidentali avevano dei fandom di una boy band era di donne adolescenti e ventenni che stanno sveglie tutta la notte per vedere il gruppo che gli piace e chiacchierano per ore sui loro componenti preferiti. Ovviamente non è del tutto falso, ed è stato così anche per la *Beatlemania.* Ma oltre a tutto il tempo che i fan dei BTS dedicano alla propria band del cuore, ognuno di loro vive una sua vita indipendente.

Perciò la vera domanda da porre a un ARMY o a un fan del K-pop o a un qualsiasi fan di un qualsiasi artista del mondo non è: "Perché sei un fan?" ma: "Oltre a essere un fan, che vita stai vivendo in questo momento?". Solo in questo modo possiamo avvicinarci almeno di qualche passo alle giovani fan dell'Arabia Saudita, che, vestite dei loro abiti tradizionali, si erano riunite attorno allo stadio per cercare di cogliere anche da lontano la voce dei BTS e per gridare i loro nomi durante le prove.

Grazie alla performance al "Saturday Night Live" i BTS riuscirono a fare un passo decisivo per andare incontro agli ARMY. Durante lo show si esibirono con *Boy With Luv* (*Feat.* Halsey)•, title track di *MAP OF THE SOUL : PERSONA*, e *MIC Drop*, canzone contenuta in *LOVE YOURSELF 承 'Her'. MIC Drop*, in particolare, è una canzone hip hop con una perfor-

•

mance energica dall'inizio alla fine, mentre *Boy With Luv* (*Feat.* Halsey) è esattamente l'opposto, essendo una delle canzoni pop più allegre dei BTS.

La gamma che coprono queste due canzoni sembrava riflettere alla perfezione il rapporto tra i BTS e gli ARMY. *MIC Drop* è una canzone audace che parla del loro successo, della loro "epoca d'oro". Il brano non ha l'obiettivo di ostentare, ma è un messaggio di vittoria: "Non c'è più bisogno di incontrarsi, questo è l'ultimo addio", "Non c'è nient'altro da dire, non provare nemmeno a scusarti". Analizzando il testo, la canzone sembra essere indirizzata agli hater che li hanno offesi sin dal loro debutto.

Al contrario, *Boy With Luv* (*Feat.* Halsey) parla delle piccole cose che hanno permesso ai BTS di partire dal basso e spiegare le proprie ali: è la storia degli ARMY e una dimostrazione del fatto che l'unione fa la forza. I BTS parlano del loro successo dicendo "È così alto qui", e continuano con "Voglio incrociare il mio sguardo con il tuo", esprimendo il loro desiderio di incontrare gli ARMY sullo stesso piano. Inoltre, quando dicono "Sono curioso di sapere tutto", chiedono agli ARMY:

Sii il mio insegnante
Insegnami tutto su di te

Se *MIC Drop* era un modo per dimostrare di essere all'altezza del loro successo, con *Boy With Luv* (*Feat.* Halsey) i BTS esprimono il desiderio che gli ARMY per primi raccontino le loro storie. Il pezzo parla di come un gruppo di artisti sia arrivato a mettere al primo posto i fan che hanno determinato il suo successo e di cui ora vuole sentire la vera voce.

I BTS lasciarono che i fan fossero i protagonisti del loro album e cominciarono a raccontare le loro storie. Jung Kook, mettendo a confronto l'influenza del Jung Kook membro dei BTS con il Jeon Jung Kook persona, dichiara:

———Mmm… Non penso ci sia un confine ben definito tra i due. In ogni caso, come Jung Kook dei BTS mi rivolgo agli ARMY che mi guardano, ed è per questo che voglio raccontar loro delle storie positive. Perché credo di avere anch'io il potere di dare speranza.

Sarò sincero

Il rap di RM in *Boy With Luv* (*Feat.* Halsey) inizia con la frase "Sarò sincero" e racconta senza filtri i pensieri dei BTS e le realtà che hanno dovuto affrontare nel momento in cui hanno cominciato a ottenere un successo senza precedenti nella storia della musica pop coreana.

A volte è stato più difficile di quanto immaginassi
Cielo alto, sale enormi
A volte ho pregato di lasciarmi scappare via

RM ha riversato nel testo i suoi sentimenti legati all'ondata di popolarità dopo la trilogia *LOVE YOURSELF*, un'ondata così intensa da essere quasi umanamente impossibile da gestire. In realtà, RM ha usato l'espressione "Sarò sincero" sull'impulso del momento:

———Quando scrivo una canzone sento il bisogno di trovarmi nella testa del narratore: devo entrare nel mondo della canzone. Ma quando devo scrivere il mio rap dopo aver scritto il testo della canzone, non ho più niente da dire *(ride)*. Magari scrivo qualcosa e poi me ne dimentico per due settimane, poi qualcuno mi dice:

In ogni caso, come Jung Kook dei BTS mi rivolgo agli ARMY che mi guardano, ed è per questo che voglio raccontar loro delle storie positive.

Perché credo di avere anch'io il potere di dare speranza.

—Jung Kook

«RM, non hai ancora scritto il tuo rap». È il momento più difficile, quando la canzone è quasi finita e manca solo la mia parte. È successo anche con questo brano: avevamo quasi finito e all'improvviso ho pensato: "Sarò sincero" *(ride)*. Se dovessi chiedere a me stesso: "È questo il meglio che potevi fare?", mi risponderei: "Sì, lo era".

In *MAP OF THE SOUL : PERSONA*, i BTS hanno espresso il loro desiderio di ascoltare le voci degli ARMY, e mentre gli ARMY diventavano i protagonisti dell'album, i ragazzi sono diventati i narratori che conosciamo oggi. RM dice di essere andato incontro a un cambiamento tramite *Boy With Luv* (*Feat.* Halsey):

——Penso di aver scritto "Sarò sincero" perché volevo davvero essere sincero. Se ci penso ora mi sembra strano, perché quando l'ho scritto mi sono detto: "Davvero vuoi scrivere così?" e per me era assurdo *(ride)*. Non penso che una volta avrei avuto il coraggio di farlo, forse avrei scritto qualcos'altro.

E in effetti, *Intro : Persona*•, prima canzone dell'album nonché solo track di RM, sembrava proprio una dichiarazione d'intenti, che segnava la direzione che la musica dei BTS avrebbe preso a seguito di questo cambiamento.

In questo brano, che inizia con la frase "Chi sono io? È la domanda che mi sono posto per tutta la vita", RM si chiede come sia la sua vita in quel momento con "Come ti senti? Cosa provi in questo momento?" e confessa i suoi pensieri sulla fama dopo essere diventato una superstar.

•

In realtà sto benone anche se sono un po' a disagio
Non so ancora se sono un cane, un maiale o qualcos'altro
Ma la gente viene a mettermi la collana di perle al collo

RM parla del testo di *Intro : Persona*:

——Ancora oggi, quando vedo il mio nome nelle news sull'intrattenimento, ho paura. A volte immagino i titoli degli articoli che potrebbero apparire un giorno: "Non è uno che merita di essere dov'è", "Non ha talento, è mediocre, un buono a nulla", "Provate a guardarlo quand'è struccato", e cose così.

Ed è così che RM ha pensato al concept di "persona".

——Ho fatto molte ricerche sul concetto di "persona", e dopo aver riorganizzato le idee ho semplificato il concetto arrivando a "una maschera che si indossa nella società". E, anche se è un po' un cliché, non ho potuto evitare di tirare fuori la domanda: "Chi sono io?". Io stesso ero scettico, e ho pensato: "Scrivere questo tipo di frasi non è il massimo" *(ride)*. Ma poi la canzone non avrebbe avuto senso se le avessi tolte.

Iniziando a porsi questa domanda, RM ha cominciato a buttare giù il testo di questa canzone man mano che si faceva strada nella sua mente. RM ha scritto e registrato la canzone su due piedi e, proprio come se dovesse esibirsi dal vivo, ha tirato fuori la sua voce interiore, lavorando in un modo diverso dal solito e creando un sound abbastanza lontano dalla musica dei BTS, che stava diventando man mano sempre più elaborata.

——All'inizio, quando ho ricevuto la beat track, ero un po' perplesso. Non c'era nient'altro a parte la chitarra e il beat che si ripeteva. E quindi ho pensato: "E ora come faccio?" *(ride)*. Avevo bisogno di un'intro e di una parte centrale per arrivare a un climax...

RM lo dice ridendo, ma la traccia iniziale di *Intro : Persona*, con il suo beat così semplice, si è trasformata in un'opportunità di raccontare la sua storia più liberamente di quanto gli fosse mai capitato prima.

Dice poi RM:

———La traccia era praticamente vuota, e lo spazio che ho dovuto riempire era molto più grande del solito. Quindi ho potuto dire molte cose nella canzone e ho iniziato a scrivere senza particolari problemi. La canzone contiene la parola *toro*, "토로[4]", quindi ho pensato: "Farò semplicemente quel che voglio. Non è questo quello che ho sempre voluto? Sono ancora un po' confuso, è vero, ma è arrivato il momento di sfogarsi un po'". Ho pensato che sarebbe stato okay essere un po' logorroico.

RM è nato il 12 settembre 1994. Quando i BTS hanno debuttato nel 2013 aveva quasi diciannove anni e veniva criticato e dissato da altri rapper. Ma cinque anni dopo era lì, al primo posto della Billboard 200 e in procinto di pubblicare un album pieno di messaggi per gli ARMY, dopo averne già pubblicato uno col messaggio "love yourself".

L'impressione era che RM e gli altri membri dei BTS avessero ormai completato la loro storia. Insieme avevano dovuto superare tante difficoltà, ma con i loro fan erano riusciti a raggiungere vette inimmaginabili. Eppure rimanevano giovani ragazzi di vent'anni, e dunque erano in quel momento della vita in cui ancora non si sa chi si è davvero. RM ha aggiunto:

———Quello che volevo comunicare con *Intro : Persona* era solo... mmm... Una giustificazione, uno sfogo, un appello e un incorag-

4 토로 (*toro*) è una parola che in coreano vuol dire "esprimere la propria opinione o i propri sentimenti, togliersi qualcosa dal petto, dare sfogo ai propri pensieri". (*NdT*)

> giamento a me stesso. Alla fine il tempo passa, io rimango qui, e le persone continueranno a dire di me quello che vogliono... è una cosa che non posso evitare finché vivo su questa Terra, ma forse esiste ancora qualche residua parte di me che solo io posso definire. Perché sto creando il mio passato e il mio presente unendo cose che né io né nessun altro sarà mai in grado di definire.

Il sound all'inizio della canzone *Intro : Persona*[*] è identico a quello che si sente nel rap di RM intorno alla metà di *Intro : Skool Luv Affair*[**], prima canzone dell'album *Skool Luv Affair*, pubblicato nel 2014. E il titolo della title track *Boy In Luv* contenuto sempre nello stesso album riecheggia nel titolo della title track *Boy With Luv* (*Feat.* Halsey) nell'album *MAP OF THE SOUL : PERSONA*.

In *Boy In Luv*, i BTS parlavano del disperato desiderio di essere amati da qualcuno. E ora, con *Boy With Luv* (*Feat.* Halsey), sono curiosi di scoprire la vita degli ARMY e si dispongono a *dare* amore. I BTS comunicano i loro pensieri ed emozioni in costante evoluzione rivolgendo lo sguardo al passato e, in questo processo, scoprono il presente.

Sembrava che fossero ormai arrivati all'apice del loro successo. Non avevano più niente da dimostrare al mondo. Ma per questi giovani uomini di vent'anni, il compito di disegnare questa "mappa dell'anima" mentre si mettevano in cerca di una risposta alla domanda "Chi sono io?" era soltanto l'inizio.

* **

Surfin' USA

Nel 2017, i BTS parteciparono per la prima volta ai Billboard Music Awards, vincendo nella categoria Top Social Artist. L'anno successivo, grazie alla loro performance di *FAKE LOVE*, la loro prima ai BBMA, salirono al primo posto nella Billboard 200. Ai BBMA del 2019, durante i quali si esibirono con *Boy With Luv* insieme a Halsey, oltre a vincere per il terzo anno consecutivo il premio di Top Social Artist, vinsero anche nella categoria Top Duo/Group, uno dei premi più importanti della serata. Ogni volta che partecipavano ai BBMA la loro fama e l'attenzione dei media americani aumentavano sempre di più.

Il 15 maggio 2019 furono ospiti del "Late Show With Stephen Colbert", talk show molto famoso della CBS*. Nel presentare i BTS venne annunciato al pubblico che cinquantacinque anni, tre mesi e sei giorni dopo il debutto dei Beatles in America, delle nuove star d'oltreoceano stavano per calcare esattamente lo stesso palco.

E infatti proprio nell'Ed Sullivan Theater di New York, dove già si esibirono i Beatles, venne proiettata la performance dei BTS di *Boy With Luv* (*Feat.* Halsey); in bianco e nero, proprio come la performance dei Fab Four di cinquantacinque anni prima. Ai mass media americani veniva ormai naturale collegare i BTS e gli ARMY ai Beatles e alla *Beatlemania*.

Ma i BTS non potevano semplicemente starsene con le mani in mano a guardare tutto il trambusto sollevato dai media: più il mondo diventava rumoroso, più sapevano cosa dovevano fare. Dice SUGA:

*

——Quando abbiamo vinto uno dei premi più importanti ai BBMA non abbiamo pensato: "Che bello" o "Sta succedendo sul serio?". Il tour sarebbe cominciato di lì a pochi giorni e non c'era tempo per fermarsi e godersi il momento. Mi piace questo di noi sette. A prescindere da dove siamo e dalla situazione in cui ci troviamo, reagiamo allo stesso modo: non ci pensiamo troppo *(ride)*. Non perché non capiamo l'importanza dei premi, è solo che ci sforziamo di non soffermarci troppo sulla cosa.

Forse, per l'America, l'apparizione dei BTS fu una vera e propria "invasione"[5], proprio come quella che si era vista cinquantacinque anni prima. Ma i BTS avevano già cominciato a raccogliere risultati senza precedenti in Corea già dal 2015. Un anno prima di ritrovarsi sul palco del "SNL" e del "Late Show With Stephen Colbert" avevano già iniziato a conoscere il lato oscuro della gloria, arrivando al punto di pensare a uno scioglimento. In questo contesto, più accumulavano successo in America, più riuscivano a vedere la realtà per quella che era.

SUGA ricorda così i vari incontri con gli artisti americani:

——Fino a quel momento la mia immagine delle pop star era, appunto, quella di "pop star". Figure che ho osservato e ascoltato mentre crescevo. Era normale che ne fossi affascinato. Pensavo che fossero molto diversi da me, ma poi mi sono accorto che non era così. Da fuori li vedi che guidano macchine costose, indossano collane d'oro e partecipano a lussuosi party ogni giorno. Ma per molti si tratta semplicemente di far parte del business. È solo "lavoro". E se non possono permetterselo, affittano i gioielli e le

5 L'espressione "British Invasion" fa riferimento al fenomeno culturale per cui la musica rock britannica, rappresentata dai Beatles, guadagnò una straordinaria popolarità negli Stati Uniti nella metà degli anni Sessanta.

macchine costose solo per sfoggiarli. E per me è stata una sorta di rottura. Le mie fantasie si sono frantumate.

Per i BTS, gli impegni in America non somigliavano affatto alla vita delle star spesso mostrata in TV, era più che altro qualcosa che dovevano superare. Completando via via le attività da fare si resero conto che non stavano puntando a raggiungere un maggiore successo, ma semplicemente a una parte più profonda di loro stessi. j-hope dice:

——Salendo su tutti quei palchi americani mi pareva di percepire un'atmosfera molto diversa rispetto a quella che sentivo in Corea. C'è un'aria più spensierata laggiù, e frequentando i vari show questa cosa ci ha influenzati molto.

Questa libertà che j-hope ha avvertito in America avrebbe poi inciso sulla sua musica. Come vedremo, le sue solo track, come *Chicken Noodle Soup* (*Feat.* Becky G) e la canzone *Outro : Ego* dall'album *MAP OF THE SOUL : 7* sono il risultato delle sue riflessioni a seguito delle attività svolte in America. j-hope continua:

——Sicuramente ne sono stato molto influenzato. È stata un'esperienza che neanche i soldi possono comprare. È per questo che ricordo quei momenti con tanto affetto, perché sono performance da cui ho imparato tanto, ed erano esperienze che non avevo mai provato prima.

MAP OF THE "STADIUM"

L'ispirazione che Jimin ha tratto dalle loro attività di promozione negli Stati Uniti ha avuto un'influenza diretta sui BTS. Osservando le performance di vari artisti in America ha sviluppato ambizioni ancora maggiori per il gruppo.

———-Mi ritrovavo sempre a comparare le loro esibizioni alle nostre. È successo con tutte le performance a cui abbiamo assistito in America. Un gruppo aveva dei bravissimi ballerini, un altro aveva un concept bellissimo... Per esempio, abbiamo visto un'esibizione in cui tutti ballavano come se fossero a una festa, e poi si sono coordinati per mettere in risalto il ballerino principale, mi è piaciuto molto. Un altro gruppo aveva una scenografia così bella che non riuscivo a distogliere lo sguardo.

Jimin voleva riversare questi sentimenti nelle performance dei BTS:

———Ho cominciato a pensare che i nostri concerti potessero essere migliorati. Dopo aver visto le performance dei più grandi artisti al mondo... Ho cominciato a essere più esigente anche per i nostri concerti. Abbiamo parlato molto del fatto che non dovevamo fermarci dov'eravamo, ma cambiare il nostro repertorio e migliorare la qualità delle nostre scenografie e della nostra produzione.

Il BTS WORLD TOUR "LOVE YOURSELF: SPEAK YOURSELF", iniziato a maggio 2019, trasformò in realtà tutti i desideri di Jimin. Essendo il prolungamento del precedente BTS WORLD TOUR "LOVE YOURSELF", vennero aggiunte alla setlist anche le nuove tracce contenute nell'album *MAP OF THE SOUL : PERSONA*.

Ma il BTS WORLD TOUR "LOVE YOURSELF: SPEAK YOURSELF" fu per loro il primo tour svolto esclusivamente negli stadi. E questo voleva dire che era cambiato tutto dopo il BTS WORLD TOUR "LOVE YOURSELF", finito solo il mese prima. I palchi erano più grandi, perciò i membri della band dovevano essere capaci di riempirli e di attirare l'attenzione di un pubblico molto più ampio. Non solo, l'esibizione allo stadio di Wembley, la data del tour che avrebbe registrato l'affluenza maggiore (circa 60.000 persone per ogni data), sarebbe stata trasmessa in streaming live in tutto il mondo su V LIVE.

Jung Kook ricorda il suo stato d'animo prima delle performance negli stadi:

——Ero molto nervoso, ma non mi facevo sopraffare e iniziavo la performance pensando: "Spaccheremo tutto". Non mettevo gli auricolari fino all'inizio dello show per sentire il pubblico urlare giusto per un momento, poi li indossavo e davo il massimo per l'esibizione. Onestamente, penso che abbiamo avuto la possibilità di fare un tour negli stadi grazie al fatto che ci siamo sostenuti a vicenda, e ho dovuto fare la mia parte anch'io.

Il BTS WORLD TOUR "LOVE YOURSELF: SPEAK YOURSELF" non solo fu uno dei momenti più importanti nella storia dei BTS ma, come ha detto Jung Kook, fu anche il momento in cui dovettero dimostrare perché i BTS erano i BTS. I loro fan erano così numerosi da riempirli, quegli stadi, ma se i BTS volevano davvero impressionare il loro pubblico dipendeva tutto dalla loro performance. Jimin dice:

——Non ci sono molti artisti che riescono a esibirsi davanti a 50.000 persone, e per questo volevo fare una buona impressione su tutti quelli che erano venuti. "Siamo veramente bravi", "Il nostro è davvero un bel team": volevo solo dimostrare a tutti questo.

E proprio come Jimin desiderava, durante il BTS WORLD TOUR "LOVE YOURSELF: SPEAK YOURSELF" i BTS fecero davvero del loro meglio. Il concerto si apriva con la canzone *Dionysus* dall'album *MAP OF THE SOUL : PERSONA*. Due enormi sculture a forma di leopardo invadevano il palco, seguite da un'esibizione potente ed energica dei BTS attorno a un enorme tavolo insieme a tantissimi ballerini.

È stata un'esperienza che neanche i soldi possono comprare.

Perché sono performance da cui ho imparato tanto, ed erano esperienze che non avevo mai provato prima.

—j-hope

Il tutto era seguito dalla performance di *Not Today*, che sempre con l'accompagnamento dei ballerini veniva eseguita altrettanto in grande.

Verso la metà del concerto i BTS cominciavano a scorrazzare su e giù per il palco cantando un medley delle loro più grandi hit, tra cui *Dope*, *Silver Spoon* e *Burning Up (FIRE)*, raggiungendo nuovamente il climax. Durante il bis, invece, con la canzone *Anpanman*, il palco si trasformava in un parco divertimenti.

La portata di questo tour, le performance esplosive dei BTS e la setlist che culminava con l'allegra ed energica *Anpanman* resero il BTS WORLD TOUR "LOVE YOURSELF: SPEAK YOURSELF" un vero e proprio racconto del loro viaggio fino a quel momento.

E dopo tutte le altre canzoni, ecco che arrivava il gran finale: *Mikrokosmos*•.

La storia di tutti

Mikrokosmos assume un significato ancora più speciale se viene eseguita in uno stadio. Le luci delle persone che illuminavano il buio, soprattutto attraverso le light stick ufficiali (le ARMY Bomb), realizzava in modo spettacolare ciò che la canzone esprimeva attraverso il testo: "Stelle scintillanti", "Le luci delle persone / Ognuna di loro è preziosa" e "La luce delle stelle che splende più nelle notti più oscure". Da Seoul•• a Riyadh, gli ARMY si riunivano in ogni città e illuminavano il buio con la loro luce.

• ••

Con *Mikrokosmos*, ultima canzone della setlist, gli ARMY diventavano i veri protagonisti della performance, trasmessa in diretta su V LIVE in modo che i fan di tutto il mondo potessero partecipare, entrare in connessione tra loro e avere un ricordo collettivo alle spalle.

Mentre il tour volgeva alla fine, l'immagine degli stadi inondati della luce viola delle ARMY Bomb era diventata il simbolo degli ARMY.

Jimin appare pensieroso mentre parla del tour durante l'era di *LOVE YOURSELF*:

———Penso di aver pianto molto in quel periodo. Perché ero molto felice.

Quando gli viene chiesto che cosa lo ha tanto commosso, risponde:

———In realtà non lo so. Non è stato un momento in particolare… Ero solo grato e dispiaciuto e ancora grato, e sopraffatto da tutte quelle emozioni.

Le persone verso cui Jimin si sente grato e dispiaciuto, ovviamente, sono gli ARMY.

———A volte, quando gli ARMY urlano tutti insieme all'unisono, è come se la mia anima stesse uscendo dal mio corpo. È come se mi stessi sgretolando.

Il BTS WORLD TOUR "LOVE YOURSELF: SPEAK YOURSELF" fu una serie di performance dei BTS, ma fu anche, secondo le parole di Jimin, il momento in cui gli ARMY riuscirono a far "sgretolare" i BTS.

Perciò non è di certo un'esagerazione dire che il 2019 per i BTS, con l'album *MAP OF THE SOUL : PERSONA* e il tour che ne seguì rappresentò la conclusione di un'era.

Come dice il testo della canzone *Make It Right*•, erano diventati "degli eroi in questo mondo" quando decisero di raccontare la storia degli ARMY in *MAP OF THE SOUL : PERSONA* e conclusero il BTS WORLD TOUR "LOVE YOURSELF: SPEAK YOURSELF" rendendo gli ARMY i veri protagonisti.

I BTS, che volevano mostrare al mondo il proprio valore, finirono per creare insieme ai propri fan un universo in cui ognuno aveva la sua storia unica e originale. Questo è forse il motivo dietro all'atmosfera così nobile di *Make It Right*, che ha quasi un che di sacro. Il testo scritto da SUGA all'interno di questa canzone, in particolare, sembra rappresentare la storia dei BTS, e anche la storia di come insieme hanno trovato la salvezza attraverso i propri fan.

La ragione per cui sono sopravvissuto all'inferno
Non era per il mio bene, ma piuttosto per il tuo
Se lo sai, non esitare e salva la mia vita
Nel deserto che ho attraversato senza di te la mia gola è secca
Quindi sbrigati, vieni e stringimi
So che un mare senza di te è la stessa cosa di un deserto

La versione iniziale di *Make It Right*, nata da una collaborazione con il cantautore inglese Ed Sheeran, non conteneva quasi nessun rap e prevedeva per lo più parti cantate. SUGA racconta cosa è successo dietro le quinte durante la produzione:

•

———Quando è stata aggiunta la parte rap la canzone si è un po' allungata. E Ed Sheeran ci ha suggerito di rendere il rap un po' più melodico.

SUGA dice che, quando si tratta di rap, i BTS hanno uno speciale vantaggio:

———Per esempio, se vengono date ai rapper nel nostro gruppo 16 battute da riempire, noi tre riusciamo a riempirle perfettamente. E ognuno di noi ha il suo stile personale. Quindi un messaggio che di solito verrebbe espresso con tre o quattro canzoni, noi riusciamo a esprimerlo attraverso una canzone sola e in modo conciso. Penso che questo sia uno dei nostri punti forti.

Durante la produzione di *MAP OF THE SOUL : PERSONA*, i membri dei BTS hanno potuto accrescere la propria autostima e hanno potuto concedersi la scelta audace di inserire un rap abbastanza lungo in una canzone con una melodia pop come *Make It Right*.

j-hope dice di aver sperimentato dei cambiamenti durante la scrittura di questa canzone:

———Penso che abbiamo cominciato ad avere una visione più ampia. Riflettevamo su quale immagine e quali sentimenti avremmo potuto suscitare una volta saliti sul palco con questa canzone. E credo che in questo senso abbiamo raggiunto un nuovo livello di maturità ed eleganza.

j-hope è sempre stato fondamentale per portare armonia nel gruppo. Ma durante la produzione di *MAP OF THE SOUL : PERSONA* ha realizzato quanto altro ancora poteva esprimere attraverso la musica dei BTS. Cantare con enfasi "Ma tutto questo serve a raggiungere te", "Tu sei la risposta al mio viaggio" in *Make It Right* è stato un modo per soddisfare sia il ruolo richiestogli nel gruppo sia per esprimere la sua individualità.

In quel periodo, l'autostima e l'orgoglio dei BTS erano al massimo. Avevano portato avanti un tour negli stadi di tutto il mondo, e uno potrebbe chiedersi: cosa avrebbero potuto volere di più come artisti? Jimin risponde:

——Farlo meglio. E dopo, farlo ancora meglio. Non importa quanto diventano impressionanti le scenografie che usiamo: se non sappiamo fare ciò che dobbiamo non ha senso. Dobbiamo impressionare il nostro pubblico con la nostra esibizione, fargli urlare: «Wow!». E trasmettergli la sensazione di essere un tutt'uno. Non è questo che vuol dire "essere bravi"?

Vita, arte, sonno

——Ho provato un gran risentimento. Non era niente di che, ma allora perché mi preoccupavo tanto… non riuscivo a mettere ordine nei miei pensieri.

SUGA ricorda così il momento in cui scriveva il testo di *Make It Right*. In quel periodo, dopo la fine della promozione della trilogia *LOVE YOURSELF*, non riusciva a sfuggire all'ansia causata dal troppo successo.

——Era come se vedessi la fine. La fine che fanno le persone di successo. Avevo come la sensazione che tutti ci stessero aspettando al varco, pensando: "Quando cadranno?"… In quel momento non sapevo che anche quando sarebbe finita questa situazione l'ansia avrebbe semplicemente preso una forma diversa. È così che è nato il testo.

Se per i BTS *Make It Right* rappresentava un ricordo del fatto di essere stati salvati dagli ARMY, per SUGA, personalmente, questa canzone rappresentava il suo desiderio di trovare la propria salvezza anche nel presente.

Non è esagerato dire che attraverso le attività legate a *MAP OF THE SOUL : PERSONA* i BTS sono riusciti a ottenere, come artisti, tutto ciò che sognavano. L'album era un regalo ai propri fan, per esso avevano ricevuto il premio Top Duo/Group ai BBMA, e insieme agli ARMY avevano dato vita a un vero e proprio "microcosmo" negli stadi di tutto il mondo.

Ma SUGA ha dovuto combattere per tutto il tempo contro l'ansia che può derivare da un successo così grande. E vale lo stesso per Jimin, che nel momento in cui scendeva dal palco desiderava già fare meglio la volta dopo; per i BTS non ci poteva essere il classico lieto fine, neanche stregando tutti gli stadi nel mondo. No, il futuro che loro stessi avevano predetto in *Dionysus*• stava diventando realtà.

Bevilo tutto (L'agonia dell'arte)
Un sorso (La rabbia del secolo)
Bevilo tutto (Il dialogo tra me e te)
Un sorso (Okay, ora sono davvero pronto)
...
Un nuovo record è una battaglia con me stesso, sì
Brindiamo, e giù tutto d'un sorso
Eppure ho ancora sete

Proprio come dice il testo di *Dionysus* (alludendo al "dolore" e alla "lotta"), affrontare le realtà della loro vita quotidiana non era di certo facile.

———Pensavo che sarei morto *(ride)*.

•

Queste le parole di Jung Kook su come si sentiva durante il tour negli stadi. Perché, a prescindere dalla sceneggiatura della performance, non potevano evitare di correre avanti e indietro su palchi estesissimi. Spiega ancora:

——Quando andavamo nel backstage tra una canzone e l'altra, dovevamo cambiarci e ritoccare capelli e make-up. Ma a volte ci sdraiavamo e basta. Non riuscivamo a controllarci e usavamo tutta la nostra energia… quando sei sul palco, ti fai trascinare dalle emozioni che stai provando.

E proprio per il problema di conservare le proprie energie, il tour negli stadi richiedeva un'autodisciplina ancora maggiore rispetto a quella a cui erano abituati.

Ma era fuori dagli stadi che andava combattuta la battaglia più difficile. Nel 2019, durante il BTS WORLD TOUR "LOVE YOURSELF: SPEAK YOURSELF", Jin aveva come la sensazione che qualcosa stesse cambiando nel mondo che lo circondava. Dice:

——Durante il tour, anche cose come andare in un parco divertimenti erano diventate difficili. Magari ero con il mio manager, un bodyguard o un interprete, e provavo a farli divertire, ma dato che per loro era una situazione lavorativa non era così facile. Praticamente a divertirmi ero solamente io.

All'inizio del tour, l'interesse verso i BTS era cresciuto così tanto da essere incomparabile anche solo all'anno prima. Dal crash del server di Melon all'apparizione al "SNL" in America, fino al tour negli stadi di tutto il mondo, la loro popolarità era diventata incontrollabile, e la Big Hit Entertainment dovette prendere provvedimenti per garantire la sicurezza dei membri del gruppo. Era diventato estremamente difficile per i ragazzi avere un po' di relax, non solo in Corea ma anche all'estero. Più precisamente, era diventato difficile per loro persino uscire.

Anche Jung Kook parla di questa situazione con rimpianto:

———Durante i tour non usciamo quasi mai. In passato capitava più spesso di avventurarci fuori, ma ormai ci sono troppe cose da organizzare per poterlo fare. Rilassarsi è diventato difficile anche per lo staff che ci accompagna. Prima giravamo liberamente, passavamo un po' di tempo con lo staff e filmavamo qualche video, ci divertivamo. Ma ora è diventato difficile anche fare cose semplici come quelle.

Questa situazione e il tour hanno aggravato le preoccupazioni di Jin riguardo al suo posto all'interno dei BTS. Confessa:

———Amo la musica, mi piace davvero, ma non ho mai pensato di avere talento. Durante il tour, quando si annoiavano, gli altri per divertirsi passavano il tempo nelle loro stanze a lavorare a una canzone. In pratica la musica per loro era un lavoro ma anche un hobby, mentre per me non era così... Non pensavo che scrivendo una canzone ci si potesse divertire come facevano loro. E per questo penso di essermi un po' perso durante il tour.

Sin dal debutto, Jin ha sempre tenuto in gran considerazione gli altri. Come spiega:

———Per esempio, quando provavamo le coreografie, ad alcuni riuscivano subito delle mosse che io avrei dovuto ripetere più volte prima di padroneggiarle. Mi sentivo avvilito. Pensavo: "Wow, sono così talentuosi. Stiamo lavorando sulle stesse cose, ma come fanno loro a essere così bravi?".

A spingere Jin a fare del proprio meglio come membro dei BTS, quindi, anziché l'autostima, era il forte senso di responsabilità.

——Gli altri lavoravano sodo e non avrei potuto sopportare di essere l'anello debole del gruppo, quindi non potevo far altro che lavorare sodo anch'io.

Nel momento di cui stiamo parlando, però, Jin aveva già superato ogni sua aspettativa. Aveva composto da solo *Epiphany*, canzone del precedente album *LOVE YOURSELF* 結 *'Answer'* e poi, nella performance di *Dionysus*, che prevedeva una lunga raffica di mosse molto potenti, ha guidato il gruppo assieme a RM. Il fatto che Jin e RM, che dopo il debutto avevano affermato di non essere poi così bravi a ballare, abbiano guidato una performance del genere è di per sé la prova di quanto entrambi abbiano lavorato sodo sin dai primi giorni.

Ma Jin vedeva i propri sforzi semplicemente come parte del suo lavoro:

——Si dice che anche le montagne e i fiumi cambiano in dieci anni, e quindi anche noi per forza di cose cambiamo. Ogni volta che c'è una nuova coreografia, so che avrò bisogno di più tempo degli altri per memorizzarla, e quindi penso: "Lo faccio in anticipo così non avrò problemi in seguito".

Dopo essersi esercitato e aver portato a termine con successo una performance della difficoltà di *Dionysus*, Jin si apre sul suo stato d'animo, esprimendo quella che sembra essere la sua filosofia di vita:

——Sono soddisfatto, e dico a me stesso: "Almeno non ho causato problemi". Solo questo. Mi preoccupo così tanto di seguire gli altri che quando riesco a stare al passo penso: "Sono contento di aver lavorato abbastanza sodo e di non aver creato problemi". Forse non tutti sono d'accordo con questo modo di pensare, ma cosa posso farci se ci sono cose che vanno oltre le mie capacità? *(ride)*. Ma penso che se, nonostante tutto, continuo pian piano a migliorare e a crescere è un'ottima cosa.

Per Jin, quindi, era importante ritrovare un equilibrio nella vita. Vivere facendo del proprio meglio come membro dei BTS voleva dire che, per lui, ritornare alla vita privata avrebbe richiesto più tempo. Ma tutti i cambiamenti avvenuti in seguito al BTS WORLD TOUR "LOVE YOURSELF: SPEAK YOURSELF" hanno sottratto a Jin la maggior parte del tempo che gli serviva.

——In quel periodo non c'era nessun equilibrio nelle nostre vite, e non c'era nessuno con cui parlare delle nostre preoccupazioni. Era fantastico potersi esibire e incontrare i fan, ma a parte quello non c'era quasi mai tempo per fare nient'altro.

Durante il tour era diventato difficile vedere anche gli amici più stretti, quelli di prima del debutto, e dovendo cambiare alloggio così spesso lo stress si accumulava.

——Non era il palco a stressarci particolarmente. Avevamo tutto a disposizione. Se avevamo bisogno di un dottore bastava chiedere, e c'era sempre del cibo qualora avessimo bisogno di mangiare. Il vero problema era doversi sempre spostare. Ogni volta che cambiavamo hotel dovevamo reinstallare tutto a partire dal nostro computer, dovevamo riorganizzare la stanza in base alle nostre necessità... Non sono molto bravo a dormire in posti che non conosco, ma quando sei in tour cambi letto praticamente ogni due o tre giorni. In più in Corea, se hai fame di notte, puoi andare in un minimarket. In tour anche piccole cose come queste diventano difficili.

Almeno per Jin, l'unico modo per mantenere una parvenza della sua vita precedente era chiacchierare anonimamente con persone online grazie ai videogiochi a cui giocava mentre in Corea era notte fonda.

Anche SUGA parla delle difficoltà che ha dovuto affrontare durante il tour del 2019:

———Mi sono semplicemente arreso. Ho pensato: "Cosa posso fare? Devo accettarlo e basta". Avevamo così tanti impegni che era diventata una questione del tipo: "Cederà prima il mio corpo o la mia mente?". Fisicamente ero così stanco da non avere quasi la forza di sentire l'ansia. Ma il problema era che durante il tour, a causa del jet lag, la sera andavo a dormire per poi svegliarmi alle 2 di notte. Questa cosa mi faceva impazzire. Una volta concluso il tour in America, sono riuscito ad abituarmi al fuso orario europeo, ma prima, durante tutto il mese passato negli Stati Uniti, addormentarmi mi veniva davvero difficile. Che fossi ansioso oppure no, avevo bisogno di dormire per l'esibizione del giorno dopo.

Per assicurarsi di avere la forza fisica necessaria per correre avanti e indietro sul palco, i ragazzi hanno dovuto lottare con i problemi legati al sonno. Dopo ogni esibizione, dovevano vedersela con le loro preoccupazioni: stavano vivendo la vita al cento per cento? In che modo potevano migliorare come artisti? Come dovevano reagire al fatto di essere arrivati così in alto? Era davvero un momento in cui avevano bisogno di una "mappa dell'anima".

Un mese

———Ero un ragazzo davvero vivace. Anche dopo essere stato selezionato per debuttare non facevo altro che pensare a come potevo divertirmi *(ride)*. Anche nel dormitorio, pensavo a cose tipo: "E se ordinassi pollo fritto e pizza e facessi partire una festa?".

V ricorda così i suoi giorni da trainee:

———Hai presente quando le persone crescono e cominciano a pentirsi e dire: "Vorrei avere molti più ricordi di quando andavo a scuola"? Agli altri capita spesso di esprimersi in questi termini, io invece penso di averne molti, di bei ricordi di quegli anni. Ho potuto passare molto tempo a scuola, e di questo sono molto felice perché mi permetteva di ricaricare le pile e di usare tutta quell'energia durante le prove.

V ha raccontato questa storia per spiegare questa sua dichiarazione:

———In realtà ero una persona molto diversa.

V ricorda che, quando era un trainee, più che fare del suo meglio a prescindere, era una persona a cui doveva piacere ciò che faceva. In altre parole aveva bisogno di concedersi di fermarsi per ricaricare la mente tanto quanto aveva bisogno di fare pratica. Lui la chiamava "adolescenza della mente", cioè la volontà di ottenere la propria felicità piuttosto che il "successo" materiale.

———Mi dico spesso che diventerò una persona migliore. Ma penso di dover prima diventare felice, o di dover ricevere un qualche tipo di energia per fare un passo verso la versione migliore di me. È così anche quando ho bisogno di ispirazione. All'inizio della pandemia, quando tutti i nostri impegni sono stati cancellati e siamo riusciti a riposare un po', all'improvviso mi è venuta la smania di andare a vedere il mare di notte. E allora sono andato con un vecchio compagno di scuola a Sokcho in piena notte. Abbiamo acceso fuochi d'artificio, registrato il rumore delle onde e provato a scrivere delle canzoni utilizzandolo. Vedere il mare di notte quando volevo davvero farlo e non in un qualsiasi altro momento, be', era davvero diverso. Quando il mio cuore è così soddisfatto prendo nota dei sentimenti che provo in quei momenti e li scrivo.

Il modo in cui V trae ispirazione dalle sue esperienze di vita è parte della magia dei BTS.

Durante la promozione dell'album *MAP OF THE SOUL : PERSONA*, gli idol coreani e qualsiasi artista ricadesse sotto l'etichetta del K-pop erano ormai diventati delle vere e proprie icone che rappresentavano l'industria culturale di tutto il Paese. L'industria K-pop, spinta dal successo dei BTS, era rapidamente diventata un colosso. Per esempio, le vendite dell'album *MAP OF THE SOUL : PERSONA* nella prima settimana dopo l'uscita erano arrivate a circa 2,13 milioni di copie e, come vedremo, l'album successivo *MAP OF THE SOUL : 7*, pubblicato solo 10 mesi più tardi, superò i 3,37 milioni.

Altro esempio è la boy band TOMORROW X TOGETHER della Big Hit Entertainment. Debuttò nel marzo 2019 con il primo album *The Dream Chapter: Star*, e nella prima settimana vendette 77.000 copie. Tre anni dopo, invece, il loro album *minisode 2: Thursday's Child* ne avrebbe vendute almeno 1,24 milioni.

L'industria musicale di tutto il mondo non poté far altro che accettare questo nuovo fenomeno nato dall'industria degli idol coreani e tutto incentrato su fandom come quello degli ARMY. I BTS erano proprio al centro di questo uragano, se non la causa vera e propria.

Ma proprio come per V la felicità era vedere il mare in piena notte quando voleva, la cosa più importante era che i BTS fossero liberi di fare ciò che il loro cuore desiderava. Per esempio mangiare *ramyeon* subito dopo una performance in uno stadio, oppure giocare ai videogiochi online chiacchierando anonimamente con altri giocatori coreani prima di andare a letto.

È grazie a queste piccole cose che, anche mentre il fandom continuava a espandersi costantemente in tutto il mondo, i BTS riuscivano a stabilire un contatto emotivamente profondo con gli ARMY. Seguire il proprio cuore: V parla di cosa vuol dire e di qual è il suo atteggiamento prima di salire sul palco davanti a un pubblico enorme.

———Che tu sia sotto pressione oppure no, quello che devi fare è preparare il tuo cuore. Continuare a rimuginare non farà altro che agitarti e non riuscirai a fare neanche quello in cui sei bravo. Rilassati, lasciati tutto alle spalle e sali sul palco portando con te solo una cosa: il tuo cuore.

La pausa di un mese dei BTS, iniziata il 12 agosto 2019, fu una scelta dettata dall'esigenza di ascoltare il proprio cuore e trovare un modo per concentrarsi sulla propria vita. A due mesi dalla tappa finale del BTS WORLD TOUR "LOVE YOURSELF: SPEAK YOURSELF", tenutasi a Seoul alla fine di ottobre, i ragazzi avevano bisogno di tempo per fare davvero quello che volevano, che fosse vedere il mare di notte, giocare ai videogiochi, oppure sfogare le loro preoccupazioni sulla musica. Jung Kook spiega le ragioni di questo periodo di pausa:

———Eravamo davvero stanchi. Volevamo continuare a esibirci, ma avevamo così tanti impegni... temevamo che la passione per il nostro lavoro sarebbe diminuita e sarebbe diventato "lavoro" e basta. Perciò abbiamo deciso tutti insieme di prenderci del tempo per noi stessi.

Come RM ha successivamente spiegato ai fan più volte attraverso i social media, la serie di *MAP OF THE SOUL* avrebbe dovuto essere una trilogia, composta da *PERSONA*, *SOUL* e *EGO*. Ma per via della pausa la produzione degli album successivi è stata posticipata e, di conseguenza, la serie è stata trasformata in una dilogia, con *MAP OF THE SOUL : PERSONA* e *MAP OF THE SOUL : 7*.

Per i BTS annullare l'uscita di un album significava rinunciare a vendite del valore di decine di miliardi di won, e alle ulteriori entrate derivanti da tour e altre attività, almeno altri 100 miliardi di won, circa 73 milioni di

Penso di dover prima diventare felice,
o di dover ricevere un qualche tipo
di energia per fare un passo verso la
versione migliore di me.

—V

euro. Per chi considerava l'industria degli idol coreani come mero business, questa decisione probabilmente non aveva alcun senso. Ma non importava quanto un'azienda come la Big Hit Entertainment fosse diventata grande o quali obiettivi di vendite avesse, esisteva qualcosa di molto più importante. Forse per i membri della band un mese non era poi così tanto tempo, ma è stato comunque molto importante per prendersi una pausa e pensare a che direzione stavano prendendo le loro vite. Jin racconta che il suo stato psicologico è molto migliorato:

———Anche quando eravamo molto impegnati, nei momenti in cui riuscivamo a prenderci una pausa mi capitava di pensare: "Davvero posso farlo?". Ho cercato di liberarmi di quella sensazione. Di riposarmi senza sensi di colpa, di fare tutte le cose che volevo senza trattenermi.

Jin voleva una vita normale, una routine. Andava a pescare, giocava ai videogiochi tutto il giorno e usciva con gli amici. Gli è persino capitato di andare a pescare con SUGA:

———Una volta, per le riprese di un programma di viaggio[6], siamo andati a pescare, e SUGA mi ha detto: «Che ne dici se quando torniamo in Corea andiamo a pescare sul fiume Han?». E alla fine ci siamo andati davvero: abbiamo pescato, ed è stato molto divertente. Abbiamo mangiato il pesce e bevuto *soju* sulla barca, ed era tutto buonissimo. Allora ci siamo tornati altre volte.

L'atteggiamento di Jin, il suo modo di divertirsi e godersi la vita quotidiana, sembra aver avuto un effetto positivo sugli altri. Sorridendo, Jin ha detto:

6 "BTS Bon Voyage 3". La serie "BTS Bon Voyage" è un programma di viaggio trasmesso in streaming su V LIVE dal 2016, attualmente disponibile su Weverse.

———SUGA mi ha ringraziato, ha detto che per merito mio il suo umore è molto migliorato *(ride)*.

Per SUGA, avere hobby semplici come la pesca non significava solamente prendersi una piccola pausa:

———Non sapevo cosa fosse una vita normale. Penso dipendesse dal fatto che la musica era sia il mio hobby sia il mio lavoro. E in realtà è ancora così. Appena mi sveglio vado in bagno e poi nel mio studio. Quando leggo un libro lo leggo nello studio, e quando gioco ai videogiochi lo faccio nello studio. Tutti i giorni così. Ma ora ho molti altri hobby, come suonare la chitarra... Ho provato a cercare un hobby al di fuori della musica, ma suonare la chitarra mi diverte proprio.

Per SUGA la musica continuava a essere tutto. Ma avendo avuto del tempo per interessarsi ad altre cose, anche il suo atteggiamento verso la musica era cambiato. SUGA ricorda:

———Il mio modo di lavorare è molto cambiato con *MAP OF THE SOUL : PERSONA*. Prima pensavo di dover fare tutto da solo, ma durante la scrittura di *Ddaeng*[7]•, ho iniziato a lavorare con EL CAPITXN. Non avevamo molto tempo, e quindi abbiamo deciso di prenderla con più leggerezza. Il che ci ha permesso di produrre più canzoni, e ho iniziato a pensare: "Anche se ci sono

7 Unit track di SUGA, RM e j-hope; parte di un mixtape pubblicato nel giugno del 2018 sul blog ufficiale dei BTS in occasione del quinto anniversario dal debutto.

•

delle parti che non mi convincono, non posso farci nulla". Mi ha aiutato molto a non stressarmi e a continuare a lavorare. Ma guardando i risultati e comparandoli con i miei lavori precedenti, quando mi angosciavo molto di più, non c'era chissà quale differenza. È stato allora che ho realizzato: "Ah, forse ero così suscettibile e preoccupato perché stavo cercando di raggiungere un obiettivo irraggiungibile".

Per SUGA questa esperienza sarebbe diventata un'opportunità sia come membro dei BTS sia come producer, cosa che per lui rappresentava una sorta di ritorno alle origini.

——A Daegu ero un cantautore, per questo produrre mi attirava così tanto. Ho accettato anche lavori esterni per lo stesso motivo. Dopotutto, anche se scrivo molte canzoni, non posso inserirle tutte nei nostri album. Non avevo obiettivi particolari da raggiungere come produttore, ma allo stesso tempo non c'era motivo di rifiutare quei lavori. Scrivo canzoni tutto il tempo, e se voglio che queste canzoni vedano la luce, devo lavorare anche come produttore.

SUGA ha ricordato poi una conversazione avuta con Bang Si-Hyuk:

——Una volta Bang Si-Hyuk mi ha detto: «Tu non lascerai mai la musica» *(ride)*. Mi ha detto che non avrei potuto lasciarla neanche se lo avessi voluto, che ci sarei sempre ritornato. Ora non soffro più a causa della musica, perché questo fatto l'ho accettato. Ho sempre pensato che non avrei mai voluto una vita piena di obblighi e preoccupazioni, ma ormai è così, e penso: "E allora? Questa vita è divertente a modo suo, no?".

Il ritratto di una giovane superstar

j-hope, invece, durante la pausa ha deciso di ritrovare se stesso attraverso il "lavoro" : durante quel mese, infatti, ha prodotto la canzone *Chicken Noodle Soup* (*Feat.* Becky G)[•]. Pochissimi giorni dopo l'inizio della pausa è partito per gli Stati Uniti per girare il video musicale della canzone, che è stata pubblicata il 27 settembre, non molto dopo aver ripreso le proprie attività assieme agli altri ragazzi.

E con il suo tipico modo di fare posato, j-hope ha spiegato il perché della sua decisione di continuare a lavorare durante quel periodo:

——In un certo senso, per me è stata come una vacanza. E poi volevo provare ad andare all'estero da solo almeno una volta, e poter fare questa esperienza mi ha rimesso al mondo. Certo, era "lavoro", ma poter provare nuove esperienze all'estero e condividerle con gli ARMY, condividere quello che pensavo sul mio lavoro attraverso un vlog[••], per me era parte del processo di recupero.

j-hope, che aveva imparato a rappare nel dormitorio (lui lo chiamava la sua "tana del rap") quando era solo un trainee, ora componeva e scriveva canzoni. Dopo il suo primo mixtape, *Hope World*[•••], pubblicato a marzo 2018, j-hope ha pubblicato *Chicken Noodle Soup* (*Feat.* Becky G) nel settembre 2019. Pochi anni dopo, nel luglio 2022, è diventato il primo membro dei BTS a pubblicare un album da solista, con *Jack In The Box*[••••].

Per lui, la crescita personale sarebbe stata sempre collegata alla crea-

• •• ••• ••••

zione di qualcosa. Pochi mesi prima dell'uscita di *Jack In The Box*, j-hope parla di qual era l'obiettivo dell'album e di cosa lo ha spinto a lavorarci:

——Conosco bene me stesso e i miei difetti, e quindi ho pensato che se li avessi esternati sarei stato in grado di produrre musica più seria. Dal mio primo mixtape a quando ho pubblicato un album è passato un bel po' di tempo, perciò volevo dimostrare di essere migliorato.

Guardando indietro alla sua traiettoria artistica, j-hope racconta:

——In realtà all'inizio non ero molto bravo a scrivere canzoni, e questo perché mi sono avvicinato al mondo della musica tramite la danza. Ammetto che ci sono cose che non riesco a fare, ma cerco sempre di imparare velocemente e crescere per diventare un artista migliore. Tuttora è così.

Chicken Noodle Soup (*Feat.* Becky G) ha rappresentato una tappa molto importante nel percorso artistico di j-hope. In particolare, poter lavorare e danzare con ballerini di varie nazionalità durante le riprese del video musicale gli ha offerto l'opportunità di fondere in un'unica canzone diverse culture e creare qualcosa di nuovo. j-hope ricorda così il momento delle riprese:

——Tutti sul set sono entrati completamente in sintonia con l'atmosfera. Un'atmosfera naturale che prima non c'era e ci ha permesso di divertirci un sacco durante le riprese. Becky G, con cui ho collaborato per questa canzone, mi ha lasciato la libertà di fare ciò che volevo, dicendomi: «Prova quello che vuoi provare, io sono qui a tua disposizione». I ballerini hanno portato sul set le loro esperienze, i loro movimenti e la loro energia. Tutte queste cose si sono unite in un'unica danza, il risultato di aver messo insieme tutti i nostri punti in comune.

Le persone con cui ha collaborato hanno sempre avuto un'influenza molto forte su j-hope:

——Sarebbe tutto molto difficile se dovessi trovare da solo le risposte a qualsiasi domanda, penso di essere sempre stato influenzato dalle persone che mi circondavano. A chi piaccio, con chi salgo sul palco, chi mi guida, chi mi supporta. Tutte queste cose sono importantissime per me.

Ed ecco la risposta di j-hope quando gli si chiede perché rappresenta la "speranza" dei BTS:

——Stavo bevendo una cosa con Bang Si-Hyuk e... è un po' imbarazzante da raccontare, ma quella volta mi ha detto: «Per gli altri tu sei la speranza di nome e di fatto, e se tu non ci fossi, non ci sarebbero i BTS» *(ride)*. Ho sempre fatto molto affidamento non solo sui ragazzi, ma anche su di lui, e penso che questo sia il motivo per cui in qualche modo cercavo la sua approvazione. Perciò sentirgli dire quelle parole mi ha molto rassicurato... A ogni modo, sono circondato da persone fantastiche e amato dai miei fan, perché mai dovrei buttarmi giù?

Trovare le risposte giuste è stata la missione non solo di j-hope, ma di tutti i membri del gruppo. Ripensando al loro successo, i BTS hanno guardato agli ARMY, coloro che li avevano portati fin lì. E la risposta alla domanda: "Quale sarà la prossima storia che racconteremo?" potevano trovarla solo dentro se stessi.

RM ha trovato la sua risposta attraverso la vita di altri artisti. Durante il suo periodo di pausa ha esplorato l'arte e visitato mostre:

——Dopo aver pubblicato *MAP OF THE SOUL : PERSONA*, abbiamo raggiunto un nuovo livello di successo, e ciò stranamente ha coinciso con il momento in cui ho cominciato a interessarmi all'arte. Mi è sempre piaciuto andare in giro da solo e prendermi del tempo per pensare, e di solito lo facevo nella natura, ma a un certo punto ho avuto il desiderio di vedere degli spazi che qual-

Ora non soffro più a causa della musica. E penso: "E allora? Questa vita è divertente a modo suo, no?".

—SUGA

cun altro aveva creato, qualcosa che avesse un tema. Ho iniziato a visitare mostre senza prima informarmi particolarmente, soprattutto esposizioni fotografiche. Poi mi sono ricordato di quando, durante il tour del 2018, avevo visitato l'Art Institute di Chicago e mi ero ripromesso di cercare mostre permanenti anche in Corea. È così che ho cominciato ad ammirare le belle arti.

Le mostre d'arte erano per RM un modo di conversare con se stesso. Continua:

———Penso che sia così che ho preso coscienza del modo in cui sviluppo i pensieri. Ho cominciato ad avere degli artisti preferiti, e allo stesso tempo trovavo anche nuovi modi per comunicare con me stesso. L'opera d'arte è il risultato visivo di un'intensa contemplazione delle cose da parte di qualcuno, giusto? Dietro questo processo ci sono molti tentativi e fallimenti. Ecco perché provo una tale catarsi nel vederne i risultati, come se in qualche modo l'artista dicesse: "Ecco, questo è quello che penso".

Il percorso che ha portato RM a riflettere su se stesso attraverso l'arte era in qualche modo collegato alle sue domande sul confine esistente tra l'essere un "artista" e un "idol", qualcosa su cui si era costantemente interrogato sin dal debutto. RM dice:

———La fantasia è una delle componenti fondamentali dell'industria K-pop. Nel 2019 continuavo a pensare a questo aspetto, a come accorciare le distanze tra la mia "persona" in quanto membro dei BTS e la "persona" che effettivamente ero o che volevo diventare. In tutta sincerità, per me essere visto semplicemente come "uno dei BTS" non era un problema. Fingere di essere qualcun altro sarebbe comunque più difficile. Quando incontro i miei fan, li vorrei abbracciare tutti e dire loro: "Wow, grazie mille", "Grazie a te posso fare musica e sentirmi vivo". Ma quello che mi chiedo è: "Posso dir loro queste cose e allo stesso tempo continuare a offrirgli la fantasia?". So che alcuni pensano: "Non siete delle persone vere, smettete di fingere di esserlo", "Fate un sacco di soldi", cose del genere. Ed è per questo che credo ci sia una sorta di ponte di vetro tra questi due confini. E sotto quel ponte trasparente, si riesce a vedere il fondo... E fa paura, perché basta una piccola crepa, e cadiamo giù.

7

MAP OF THE SOUL : 7, pubblicato il 21 febbraio 2020, è stato forse il modo di RM di trovare delle risposte alle proprie domande. RM spiega la struttura della serie *MAP OF THE SOUL* attraverso il ruolo da lui occupato nella solo track *Intro : Persona* e nella unit song che interpreta con SUGA, *Respect*•.

———Questa dilogia inizia con la domanda "Chi sono io?" e finisce con "Rispetto".

L'album include *Intro: Persona*, *Boy With Luv* (*Feat.* Halsey), *Make It Right*, *Jamais Vu* e *Dionysus*, canzoni che fanno parte del mini album *MAP OF THE SOUL : PERSONA*. Dopo la sesta, *Interlude : Shadow*, tutte le canzoni che seguono sono nuove.

A partire dal verso "Chi sono io?" della prima canzone, l'album descrive il viaggio dei BTS nel mondo esterno attraverso di "te", attraverso

•

gli ARMY, mentre con *Interlude : Shadow* osservano un'ombra "tanto oscura quanto intensa è la luce" che ha seguito il loro successo. Da quel momento in poi, ogni membro del gruppo sprofonda nel proprio io.

Jung Kook ha riflettuto molto su ciò che ha provato durante la produzione di *MAP OF THE SOUL : 7*.

——Mi sono sentito un po' confuso. Sentivo che mi mancava ancora qualcosa, ma prendevamo l'aereo e giravamo per il mondo, facevamo concerti e vincevamo premi, le persone mi amavano, e io dovevo soddisfare le loro aspettative… Vivevo una vita frenetica, e io di mio mi sento un po' maldestro, perciò non riuscivo a capire dove stessi sbagliando, ma volevo comunque fare del mio meglio.

Jung Kook, che aveva appena 22 anni quando i BTS, ormai delle superstar a livello mondiale, stavano lavorando a *MAP OF THE SOUL : 7*, stava vivendo un dissidio interiore estremo. Confessa questo problema attraverso la sua solo track, *My Time*[•]:

Il giovane me che è cresciuto senza rendersene conto
(Come un ragazzino che ha smarrito la strada)
Mi fa solo impazzire
Questa sensazione di vagare senza meta
Non so cosa fare / Sto vivendo nel modo giusto?
Perché sono l'unico a vivere in un altro spazio-tempo?

Pensando a quel momento, Jung Kook dice:

•

———Il tempo di Jung Kook come cantante e il tempo di Jung Kook come individuo non combaciavano. Ma non c'era niente che io potessi fare. Non tutti possono vivere come vogliono. Ma ci si può sentire felici in modi diversi... Penso di dover sopportare tutto questo per diventare la persona che passa al livello successivo.

Dopo il precedente album, *MAP OF THE SOUL : PERSONA*, con cui i BTS erano riusciti a raggiungere l'apice del successo, il nuovo album sembrava destinato a essere una delle più interessanti uscite nell'industria musicale globale. A quel punto, i BTS decisero di riversare nelle tracce dell'album i loro pensieri e le loro preoccupazioni.

Jimin ha descritto il suo lavoro alla sua solo track *Filter* e all'intero album come una "conversazione con se stesso":

———Mi chiedevo se dovessi distinguere tra la mia identità come idol e come persona, o se invece dovessi vederle come un tutt'uno.

Era un momento in cui Jimin si trovava spesso a riflettere su che tipo di persona fosse e su chi volesse diventare, e durante quel periodo è riuscito a capire quale sarebbe stato il Park Jimin ideale.

———Penso che il tipo di persona ideale sia una persona onesta. In passato ero timido, e anche se c'era qualcosa che volevo dire, esitavo sempre. Volevo che l'altra persona sorridesse e mi stesse vicino, ma mi rendo conto che spesso esageravo. Finivo per diventare un altro. Poi, dal 2019 circa, ho cominciato a restare zitto quando volevo farlo, e a provare a parlare quando c'era qualcosa che non mi piaceva. È in quel momento che ho capito. Non è che non mi piaccia stare da solo, ma semplicemente non voglio essere escluso.

In un'intervista rilasciata in quel periodo a "Weverse Magazine",

MAP OF THE SOUL : 7

THE 4TH FULL-LENGTH ALBUM
21.02.2020

TRACK

01 Intro : Persona
02 Boy With Luv (Feat. Halsey)
03 Make It Right
04 Jamais Vu
05 Dionysus
06 Interlude : Shadow
07 Black Swan
08 Filter
09 My Time
10 Louder than bombs
11 ON
12 UGH!
13 00:00 (Zero O'Clock)
14 Inner Child
15 Friends
16 Moon
17 Respect
18 We are Bulletproof : the Eternal
19 Outro : Ego
20 ON (Feat. Sia) (Digital Only)

VIDEO

COMEBACK TRAILER
Shadow

Black Swan
Art Film

COMEBACK TRAILER
Ego

ON
Kinetic Manifesto Film

ON
MV

Black Swan
MV

We are Bulletproof :
the Eternal
MV

Jimin si descrive come “una persona che vuole ricevere amore”•. Per motivi che neanche lui sapeva bene, ha sempre ricercato amore dagli altri, e questo ha avuto un forte impatto sulla sua vita:

——Non so. Forse sono semplicemente nato così *(ride)*.

Jimin parla davvero a cuore aperto:

——Penso che per me sia diventata una sorta di ossessione. Credevo che se non mi fossi comportato come le persone si aspettavano che mi comportassi, o se non avessi dato tanto quanto volevano, sarei stato una persona priva di valore.

Le preoccupazioni di Jimin erano strettamente legate alla sua vita come artista. Sul palco faceva del suo meglio per essere amato, e impegnava una parte importante del suo essere. Jimin continua:

——Fortunatamente, penso che come idol io non sia poi così diverso da me stesso. Non ho mai detto agli altri: “Sono una persona anch’io, quindi cercate di capirmi”. Sì, ci sono cose personali di me che non voglio rivelare al mondo. Ma il lavoro che faccio è qualcosa che ho scelto di fare, quello che vedete sono davvero io.

Un artista che raggiunge la perfezione sul palco: questa era la “persona” di Jimin, e la sua solo track *Filter*•• rifletteva il suo desiderio di mostrarsi al meglio sul palco per essere amato dai fan.

Mischia i colori della tavolozza, scegli il tuo filtro
Quale “me” vuoi?

•

••

Sono il tuo filtro che ti cambierà il mondo
Mettimi sul tuo cuore

Jimin prosegue:

———Voglio mostrare ai fan molti lati diversi di me, mostrare loro che continuo a cambiare. Questa canzone è una storia che mi rappresenta, e per questo sono riuscito a divertirmi molto quando ho iniziato a lavorarci.

Anche RM dice di aver raccontato la propria storia in tutta onestà nell'album *MAP OF THE SOUL : 7* e, parallelamente, spiega come ha usato la musica per esprimerla:

———Per esempio, una volta mi sarei fermato dopo aver detto: "Questi sono i miei pensieri", o: "Forse sono una persona ipocrita o contraddittoria", e invece sono riuscito a fare un passo avanti fino a poter esprimere un concetto come: "Ci ho pensato e forse sono più vicino all'essere questo tipo di persona piuttosto che quest'altro".

Proprio come il percorso seguito da Jimin per completare *MAP OF THE SOUL : 7*, quest'album mostra quanto i membri dei BTS abbiano riflettuto su loro stessi come artisti e quanto ognuno abbia espresso il proprio io attraverso il suo lavoro.

La canzone teaser dell'album, *Black Swan*•, parla di come i BTS si definiscono in quanto artisti. In questo pezzo si chiedono in particolare di cosa vivrebbero se "il loro cuore non battesse più ascoltando la musica".

•

Se non potesse più farmi piangere
Se non potesse più far battere il mio cuore
Forse sarà così che morirò per la prima volta

Se nella canzone *Dionysus*, contenuta nel loro precedente album *MAP OF THE SOUL : PERSONA*, riflettevano su cosa potevano fare per essere artisti migliori, *Black Swan* si concentrava invece sulla necessità di andare avanti verso il loro destino nonostante tutto.

Anche se le onde violente
Mi lambiscono nell'oscurità
Non verrò trascinato via mai più

Nella coreografia della canzone, al ritmo hip hop di *Black Swan* si aggiungono elementi di danza moderna che, combinandosi con i movimenti e la dinamicità tipici dei BTS, creano un qualcosa di unico toccando il pop, la musica classica, il commerciale e l'arte pura e semplice.

Nella loro prima performance di *Black Swan*, trasmessa il 28 gennaio 2020 sulla CBS nel "Late Late Show with James Corden", i BTS ballarono a piedi nudi e con indosso vestiti semplici, rendendo questa esibizione un momento altamente simbolico[8].

8 A proposito di tentativi di collegare l'arte popolare con l'avanguardia, anche il progetto globale d'arte contemporanea *CONNECT, BTS*, messo in piedi dalla band e dalla Big Hit Entertainment, può essere inteso in modo simile. Per quel progetto, che trascendeva nazionalità, genere e generazioni, artisti contemporanei e curatori di fama mondiale hanno presentato opere che estendono al linguaggio dell'arte contemporanea la filosofia e i messaggi che i BTS comunicano attraverso la musica, come "l'affermazione della diversità", "la connessione tra individui" e "la comunicazione". A partire da Londra il 14 gennaio 2020, *CONNECT, BTS* si è tenuto contemporaneamente anche a Berlino, Buenos Aires, New York e Seoul.

Fortunatamente, penso che come idol io non sia poi così diverso da me stesso. Il lavoro che faccio è qualcosa che ho scelto di fare, quello che vedete sono davvero io.

—Jimin

Inoltre, prima dell'uscita del video musicale ufficiale[•], *Black Swan* venne pubblicato come art film[••] in cui i BTS però non appaiono. La canzone originale fu riarrangiata come pezzo di musica classica, sul quale si esibivano sette ballerini della slovena MN Dance Company. Pubblicare il video di una canzone nuova senza i membri del gruppo fu una scelta alquanto audace nell'industria del K-pop. Ma servì a dimostrare come *Black Swan* si muovesse liberamente tra l'industria musicale e l'arte, cancellando il confine che le divideva.

——Era molto difficile.

Dice j-hope riguardo alla singolare coreografia di *Black Swan*.

——Mi sono approcciato a questa coreografia cercando di imparare il più possibile, e ho provato a capire cosa potevo fare io per la canzone. In realtà, mi chiedo cosa ne pensassero gli altri *(ride)*. Jimin è specializzato nella danza e riesce sempre a esprimersi bene, ma mi chiedo cosa hanno pensato gli altri mentre imparavano la coreografia... non era per niente facile.

Jimin parla invece così della coreografia della canzone:

——Mentre lavoravo a questa canzone ho pensato: "Perché non abbiamo mai considerato le nostre canzoni, i nostri video, le nostre performance come delle opere d'arte?". *Black Swan* mi ha fatto sentire come se ne avessimo davvero creata una.

Per Jimin, *Black Swan* è stata anche una canzone che gli ha fatto guardare in modo diverso le proprie capacità sul palco.

——Quando abbiamo ricevuto la bozza della coreografia, ero forse il più

•

••

> elettrizzato di tutti. Perché ho pensato: "Posso farla alla grande". Sentivo che era un ballo come non ne avevamo mai eseguiti, e questo mi ha molto emozionato. Ero felice, perché sentivo che stavamo sperimentando sempre più generi di danza. Forse i ballerini professionisti di danza moderna penseranno che la nostra non è davvero danza moderna, ma incorporare alcuni elementi di danza artistica ci aiuta ad ampliare ciò che esprimiamo attraverso le nostre canzoni… io ero molto grato del fatto che potessimo farlo.

Jimin era stato uno studente di danza moderna e aveva imparato l'hip hop per debuttare come idol, era salito su innumerevoli palcoscenici espandendo sempre più le sue abilità e conoscenze, e ora, arrivato all'apice del successo commerciale, era riuscito a concentrare tutto quello che aveva fatto fino a quel momento in una sola e unica opera d'arte.

Nell'album *MAP OF THE SOUL : 7*, ogni singolo membro dei BTS ha guardato indietro al suo percorso e alla sua personalità in quanto idol, e ha accettato la sua vita di artista.

Da questa prospettiva, la canzone *Friends*[•], anch'essa contenuta in *MAP OF THE SOUL : 7*, si pone sul polo opposto rispetto a *Black Swan*, riportando in qualche modo l'album in equilibrio. Unit song di Jimin e V, *Friends* parla di quando i due si sono incontrati la prima volta in una "Seoul particolarmente splendente", e del loro essere "amici un giorno e nemici l'altro", di come la loro amicizia si sviluppò nel tempo fino a "sapere tutto l'uno dell'altro".

•

A detta di V, *Friends* nasce proprio dalla sua sincera e personale amicizia con Jimin. V racconta com'è nata la canzone:

———Volevo semplicemente fare una canzone con Jimin. Jimin mi piace molto come persona, soprattutto il Jimin che si esibisce sul palco. E quindi ho pensato: "Se facciamo una canzone insieme, magari potrei provare a essere un po' come lui". Ho anche pensato di fare una canzone che richiedesse una performance molto potente. Ma Jimin mi ha detto: «Ne abbiamo passate tante insieme, e abbiamo la stessa età, quindi che ne dici di fare una canzone sulla nostra amicizia?». Poi è venuto da me con un abbozzo della traccia, che a me piaceva tantissimo. Allora gli ho detto: «Ehi, perché non la finisci tu?» *(ride)*. Jimin si è esaltato così tanto che l'ha resa ancora migliore di quanto non fosse già.

Considerando il loro primo incontro, c'era da meravigliarsi di questo avvicinamento. V ha sempre pensato che Jimin fosse, tra i membri della band, il suo esatto opposto.

———Io e Jimin siamo davvero diversi. Quando eravamo trainee, Jimin non vedeva l'ora di debuttare, e io ero più tipo: "Se vengo eliminato, vuol dire che è il mio destino".

Secondo V, *Friends* è una canzone su come due persone totalmente diverse sono riuscite ad accettare le proprie differenze.

———All'inizio non riuscivo a capirlo. Poi certo, allora ero ancora troppo giovane per capire davvero gli altri, non avevo conosciuto poi così tante persone... Ma ero comunque molto curioso, e mi chiedevo: "Perché lavora così duramente?". Perché Jimin davvero ce la mette tutta in ogni canzone. E poi ho capito. "Per questo ragazzo stare sul palco è una cosa serissima. E ha sempre paura che le persone rimangano deluse dalla sua performance." Ho riflettuto a lungo su che tipo di persona fosse, e anche lui mi ha confessato di aver fatto lo stesso. E una volta che ho realizzato che ci sono cose in cui io ero più bravo e cose in cui lui era più bravo… allora ho iniziato a comprendere. Per me è affascinante che due persone completamente diverse dicano: "Wow, non ci assomigliamo per niente", ma riescano poi a migliorarsi a vicenda, a riconoscersi e a guardarsi provando ancora più ammirazione l'una per l'altra.

Due persone completamente diverse che accettano reciprocamente le proprie differenze e diventano amiche: potrebbe sembrare un cliché da film o da serie TV, ma se i protagonisti sono i membri dei BTS, allora diventa un blockbuster.

E così *Friends* è diventata una delle canzoni più famose al mondo a descrivere l'amicizia tra due persone.

Allo stesso tempo, *Friends* rappresentava il percorso che Jimin e V avevano affrontato per riscoprire, l'uno attraverso l'altro, le proprie qualità artistiche. Se il desiderio di Jimin era quello di fare del suo meglio sul palco, quello di V, invece, era immergersi nella musica ed esprimere i suoi sentimenti. V dice:

——Non ho bisogno di uno studio. Se potessi scrivere canzoni solo in studio, allora ne avrei chiesto uno all'agenzia. Ma io riesco a scrivere delle buone canzoni solo quando ne ho voglia… Le melodie che mi piacciono di più, per esempio, sono quelle che mi sono venute più naturali.

Parlando della sua solo track, *Inner Child*•, V dice:

•

———Questa canzone originariamente doveva essere una canzone "da performance". Qualcosa che mi sarebbe piaciuto mostrare ai fan sul palco[9].

Inner Child è finita per diventare la cronaca dei sentimenti che provava in quel momento:

———Ho cercato di catturare la mia sofferenza e di riversarla nella canzone. È una canzone molto allegra, ma il testo è molto triste.

Il te di ieri
Ora vedo tutto
Così tante spine su una rosa che sta per sbocciare
Voglio abbracciarti

Inner Child, in base a chi la ascolta, può essere vista come una canzone dedicata agli ARMY che hanno sostenuto i BTS sin dall'inizio, o potrebbe essere interpretata come una canzone sul tenero bambino che V ha ancora dentro di sé, proprio come suggerisce il titolo. Quel che è certo, è che con questa traccia V è riuscito a confortare e incoraggiare tutte le persone che l'hanno ascoltata.

Nella sua solo track *Moon*[•], inclusa nell'album *MAP OF THE SOUL : 7*, Jin ha voluto racchiudere i suoi sentimenti per gli ARMY.

9 A causa della pandemia da Covid-19 l'esibizione dal vivo di *Inner Child* non è stata possibile. Ma è stata poi trasmessa durante i concerti online BTS MAP OF THE SOUL ON:E tra il 10 e l'11 ottobre 2020.

•

———Volevo che fosse una canzone allegra a qualunque costo. E che parlasse direttamente ai fan. Quindi ho pensato a "Orbiterò attorno a te / Starò al tuo fianco" come testo per il ritornello. Quando abbiamo discusso della canzone, ho insistito che venisse inclusa questa parte. Erano parole che esprimevano sinceramente quello che provavo, quindi volevo davvero che ci fossero.

Jin descrive i suoi sentimenti verso gli ARMY paragonandoli alla Luna che orbita costantemente attorno alla Terra, e assicura di voler trasmettere la gioia di questa canzone anche nell'esibizione[10].

———Se c'è una canzone che mi ha fatto pensare: "Per una volta voglio ballare un assolo di danza" è questa. Quindi ho preparato anche la coreografia.

Jin aveva delle idee ben precise sulla coreografia. Come gli altri ragazzi, era esausto a causa dei loro infiniti impegni, e non mancavano occasioni in cui era attanagliato dai dubbi. Ma ancora una volta scelse l'amore per i suoi fan, volendo esprimere la sua gratitudine per loro.

RM si interrogava costantemente sui limiti che gli erano stati imposti come idol e come superstar nell'industria della musica pop. Jin, invece, rifletteva su come riuscire a trasmettere i suoi reali sentimenti ai fan. E forse i BTS sono proprio questo: idol e artisti che scavano nel profondo di loro stessi, parlano onestamente di ciò che provano e, fatto questo, ritornano a raccontare la loro storia ai fan.

MAP OF THE SOUL : 7 è l'album che, in termini di composizione, rappresenta il più vario e complesso tra tutti gli album dei BTS. *Intro : Persona*, *Interlude : Shadow* e *Outro : Ego* hanno guidato i membri del gruppo lungo il cammino verso la ricerca di sé, mentre le solo track e

10 Anche questa canzone è stata trasmessa live durante BTS MAP OF THE SOUL ON:E.

le unit track contenevano i loro pensieri e le loro storie personali, servivano a fare il punto su dove si trovavano e da dove erano venuti, e a trovare una risposta alle loro domande sulla vita che stavano vivendo.

Il viaggio di sette idol, sette artisti, tanto vario e colorato quanto i generi che attraversano – hip hop, rock, EDM, pop – e le combinazioni con cui si esprimono. In *MAP OF THE SOUL : PERSONA*, e *Black Swan* ne è un esempio, tutti questi elementi vengono messi insieme al fine di interrogarsi su cosa significhi vivere come artista, mostrando allo stesso tempo i passi attraverso i quali si arriva alla risposta.

In *Interlude : Shadow*•, SUGA racconta la storia di qualcuno che desidera il successo, ma dopo aver esaudito quel desiderio, inizia a vedere "l'ombra sotto i suoi piedi" e si rende conto che "il suo balzo in alto può diventare una caduta". Per lui l'ansia è sempre stato un problema difficile da affrontare sin dall'esplosione dei BTS. Ma SUGA affronta questa paura in *Interlude : Shadow* e inizia a liberarsi dalla sua oscurità interiore:

——Ho scritto questa canzone in un momento in cui avevo completamente accettato la situazione. Volevo che fosse una sorta di guida. In futuro ci saranno altri artisti di successo, e non vedo l'ora, ma forse anche loro proveranno ciò che provo io in questo momento. Questa paura. Quasi nessuno però ti dice prima: "Avere successo fa paura" *(ride)*.

SUGA ha iniziato ad accettare sia la gioia sia il dolore che la musica dà, e ha provato a conciliare tutte queste emozioni attraverso la musica.

——Se ho iniziato a studiare psicologia è stato principalmente perché

•

> mi era stata di grande aiuto con la musica. Ho imparato molto studiando le definizioni delle emozioni. Io ho due sogni: uno è salire sul palco e suonare la chitarra quando sarò vecchio e avrò i capelli grigi, e l'altro, invece, è ottenere un'abilitazione come psicoterapeuta. Perché voglio aiutare chi verrà dopo di me e farà un lavoro simile al nostro. Ho fatto qualche ricerca e ho visto che ci vuole molto tempo, so che non sarà facile, ma un giorno ci riuscirò. E dal momento che queste sono le mie aspirazioni, non penso che avrò tempo di adagiarmi sugli allori in futuro.

E come nella solo track di j-hope, *Outro : Ego*•, nonché ultima canzone dell'album, tutto si conclude nel momento presente, quando nulla è ancora deciso. Nel pezzo, j-hope ripensa a tutto ciò che ha vissuto insieme ai BTS sin dal debutto e dice:

> *Sì, non mi interessa, tutto è*
> *Deciso dal mio destino, quindi siamo qui*

j-hope ha accettato il presente, e giura di percorrere la strada che si stende davanti a lui.

Anche se nella vita non si possono conoscere in anticipo le risposte, questa sua determinazione ad andare avanti al ritmo dell'energico sound EDM che si ascolta nel brano rappresentava esattamente l'approccio che i BTS avevano avuto fino a quel momento, nei loro quasi sette anni di attività. Dice j-hope a proposito di *Outro : Ego*:

•

———Volevo creare una canzone come soltanto io potevo crearla, un brano che rispecchiasse le mie sensazioni e il mio modo di fare.

La sua voglia di fare e la sua metodicità sono tratti distintivi anche della sua vita come membro dei BTS. Per esempio, j-hope dice di avere una routine ben precisa da seguire prima delle prove di danza:

———Ora che ballo da un bel po' di tempo, ci sono cose che il mio corpo capisce da solo. E cose che devo fare io per il mio corpo. Per avere abbastanza energia prima di ballare, mangio e poi faccio stretching. Le mie gambe sono un po' deboli, perciò ho bisogno di riscaldarmi per bene. Sapendo queste cose, mi preparo meglio. E dopo l'allenamento, per rilassarmi, mi immergo dalla vita in giù nella vasca da bagno. Per me è diventata una routine.

j-hope ha questa visione della ripetitività della sua vita:

———Non vuol dire che io sappia già tutto prima di iniziare a lavorare. I risultati sono importanti, certo, ma anche il processo lo è, e cerco di mantenere un equilibrio basandomi sulla mia esperienza diretta. Lo stesso vale per la danza. Tendo a coordinare i miei movimenti coinvolgendo tutto il corpo. Bisogna trovare il modo di farcela.

ON, e...

ON[•], title track di *MAP OF THE SOUL : 7*, sembra concentrare la vita di tutti i membri dei BTS in un unico punto. Se i loro pensieri indi-

•

viduali, le loro preoccupazioni, i loro percorsi artistici e la risposta alla domanda su ciò che i BTS dovrebbero fare dovessero essere compresse in un'unica canzone, sarebbe questa. *ON*, quindi, ha catturato l'esatta situazione di chi deve portarsi tutto sulle spalle, ma continua comunque ad andare avanti.

——Questa canzone dice: "Dateci tutto il dolore che volete, noi sopporteremo tutto!", ma la verità è che quel dolore può essere piuttosto difficile da sopportare *(ride)*.

j-hope ride, ma in realtà è questo che lui e gli altri hanno vissuto da quando fanno parte dei BTS.

Se dovessimo osservare l'album da una prospettiva narrativa, per i BTS questa canzone sarebbe potuta bastare se si fosse trattato solo di superare tutte le difficoltà e diventare eroi per sempre. Ma in realtà quello che *ON* dice è:

Là dove giace il mio dolore
Lasciami prendere fiato

Questa canzone parla del loro presente, che sia pieno di gloria o di dolore.

Ha rappresentato un momento importante per i BTS, un punto di svolta. Con l'album *MAP OF THE SOUL : 7*, e in particolare con la title track *ON*, i BTS non sono diventati i protagonisti di qualche storia mitica, ma un gruppo che parla delle situazioni che si trovano ad affrontare nel presente.

Come in passato, ma soprattutto con questo album, la storia che vi è raccontata diventa la loro realtà. Il metodo di trasmettere in maniera così sincera il proprio messaggio agli ARMY ha permesso ai BTS di inserire la loro storia del momento nei testi. Gli album successivi, come *BE* o *Proof*, raccontano delle realtà vissute dai BTS nel momento della produzione, e lo fanno senza alcun filtro.

ON, diciamo, non trae alcuna conclusione sulla vita né attraverso il testo della canzone né attraverso la performance, ma si limita a rappresentare la loro determinazione nell'affrontare la vita e continuare ad andare avanti. Al ritmo del tamburo di una grande banda musicale, i ragazzi, dall'inizio alla fine, marciano energicamente eseguendo movimenti complessi e intensi passi di danza.

La performance di *ON* è una sfida artistica estrema, che spinge e innalza ancora più in alto la loro già studiatissima presenza scenica, e considerato il messaggio di resistenza e determinazione espresso dalla canzone, pare una sorta di rituale per inviare il loro messaggio al cielo.

E infatti l'*ON Kinetic Manifesto Film : Come Prima*•, pubblicato pochi giorni prima dell'uscita del video musicale della canzone, non è stato girato su un normale set o su un palcoscenico, ma in una vasta spianata. La loro esibizione, tenutasi in uno spazio che si estende a perdita d'occhio e sembra infinito, non ha solo l'obiettivo di mostrare agli spettatori una coreografia eseguita perfettamente, ma esprime il vero messaggio della canzone, ovvero la volontà dei BTS di vivere a pieno ciò che la vita tiene in serbo per loro.

———È stata una faticaccia *(ride)*.

Jimin riassume così i suoi pensieri sulla performance di *ON*.

•

———Alla fine non riuscivamo quasi a respirare. Prima ancora, anche *IDOL* era stato una bella sfida. I movimenti erano ampi, c'erano molti salti e una coreografia molto elaborata. Ma questa canzone è ancora più maestosa, con ancora più blocchi repentini, e ogni movimento doveva essere nettissimo e coordinato alla perfezione. Questa è *ON*. Quindi sì, è stato difficile, ma il risultato è stato davvero incredibile. Ero molto orgoglioso del nostro team per aver realizzato un'impresa del genere.

E infatti, la performance di *ON* viene ricordata come un punto apicale nella carriera dei BTS. L'esibizione aveva un respiro troppo ampio per essere portata negli studi dei normali programmi musicali televisivi, e, nel caso di un'esecuzione al di fuori degli stadi, erano loro a dover provvedere all'allestimento dei palchi separati. E questo fu possibile solo grazie allo status dei BTS nell'industria musicale e alla loro capacità di realizzare una performance di questa portata.

La prima performance di *ON* ebbe luogo al "Tonight Show Starring Jimmy Fallon" della NBC il 25 febbraio 2020. Il network dovette affittare l'intero Grand Central Terminal di New York allo scopo. Nella più grande stazione ferroviaria del mondo e simbolo architettonico di New York, i BTS, attraverso la performance di *ON*, non solo mostrarono al mondo la loro posizione nell'industria musicale statunitense, ma fecero capire a tutti perché meritavano di stare su quel palco•.

Come si vede nel video della trasmissione, quando il conduttore Jimmy Fallon corre da loro dopo la fine della performance i membri

•

dei BTS sono così esausti da non avere più fiato e a malapena riescono a stare in piedi. Jimin ricorda quel momento:

———Ballare su un pavimento liscio non è molto comodo. Inoltre penso ci siano posti dalle perfette dimensioni per noi, ma se lo spazio è troppo grande, ci sentiamo un po' sopraffatti, impieghiamo più energia nei nostri movimenti e ci stanchiamo di più.

Jimin va avanti, spiegando perché l'esibizione al Grand Central Terminal è stata particolarmente difficile:

———Era così grande. Sapevamo che la stazione era grande e cosa significasse esibirsi lì, ma quando siamo arrivati e abbiamo visto quanto effettivamente fosse immensa, fantastica, eravamo intimiditi. E poi il pavimento era molto scivoloso, quindi era normale che fossimo molto nervosi.

Ma ogni volta che incontravano delle difficoltà come questa, i BTS facevano comunque del loro meglio e si esibivano con tutte le forze, fino a commuovere gli spettatori. Alla fine della loro esibizione, Jimmy Fallon corse verso il gruppo e presentò il nuovo album, abbracciando ciascuno di loro mentre continuava a esprimere il suo stupore per la performance a cui aveva appena assistito.

ON era destinata a diventare una canzone simbolo nel repertorio dei BTS. La title track del loro nuovo album stava suscitando l'interesse di tutti, avevano travolto gli spettatori con una performance maestosa. Esibirsi con *ON* in televisione fu un evento speciale, e fece nascere nei fan l'attesa febbrile di vedere il pieno impatto che avrebbe avuto una volta presentata sul palco durante un tour negli stadi. Lo stesso Jimin non vedeva l'ora di esibirsi con questa canzone:

———*ON* è una di quelle esibizioni che ero davvero ansioso di mostrare al pubblico. Quando abbiamo partecipato ai Grammy Awards nel 2020[11] continuavo a pensare: "Se solo avessimo potuto esibirci con *ON*, li avremmo fatti svenire tutti"… *(ride).*

Jimin sta per dire qualcosa, poi la sua espressione cambia. Il suo sguardo sembra rilassato. O, piuttosto, impenetrabile.

———Ma, ovviamente, non è stato possibile.

11 I BTS sono stati i primi cantanti coreani a partecipare ai Grammy Awards nel 2019. Nel 2020, durante la 62ª edizione, si sono esibiti sul palco insieme al rapper americano Lil Nas X.

CAPITOLO 7

Dynamite

BE

Butter

Butter

Proof

WE
ARE

NOI SIAMO

3.99
4.99
5.00
4.80
2.80
3.00
3.99
HES 4.50
R 5.00
.50
.50
.60
.75
.75
.75
STAFF ONLY

SUPERSTAR
BREAK IT DOWN
We don't need
to worry.

JIN

WE ARE

"Tagliato via"

30 novembre 2021. V è al settimo cielo quando inizia l'intervista in un hotel di Los Angeles.

——I concerti stanno andando alla grande!

Questo è il suo commento sulle esibizioni. A circa due anni dalla fine del BTS WORLD TOUR "LOVE YOURSELF: SPEAK YOURSELF" del 2019, il 27 e il 28 novembre e l'1 e il 2 dicembre 2021 i ragazzi si esibirono nel BTS PERMISSION TO DANCE ON STAGE - LA•, una serie di quattro concerti a Los Angeles durante i quali incontrarono i fan dopo tanto tempo[1]. Di solito V risponde sempre in modo pacato alle domande, ma questa volta è particolarmente euforico.

——È come risvegliarsi da un sonno durato due anni, è bellissimo. È un po' come tornare alla nostra "normalità", rivivere queste sensazioni mi rende felicissimo.

Tra l'inizio del 2020 e la fine del 2021, il periodo di tempo in cui i BTS non poterono incontrare direttamente i fan, la loro fama e il loro status continuarono a crescere. *Dynamite*, il singolo uscito il 21 agosto 2020, occupò la prima posizione della Billboard Hot 100 per tre settimane, di cui due consecutive, e *Butter*, pubblicata il 21

1 Il primo concerto del tour BTS PERMISSION TO DANCE ON STAGE si era tenuto il 24 ottobre 2021 allo Stadio Olimpico di Seoul ed era stato trasmesso online. Inizialmente era previsto che si svolgesse con i fan presenti ma, considerando la situazione della pandemia in Corea in quel periodo, si optò per farlo online.

•

maggio 2021, restò in cima alla stessa classifica per dieci settimane, di cui sette consecutive. Tra l'uscita di *Dynamite* e quella di *Butter*, il 20 novembre 2020 uscì l'album *BE*, che si piazzò al secondo posto della Gaon Chart degli album più venduti, con 2.692.022 copie in un solo mese. Il primo posto della stessa classifica fu occupato da *MAP OF THE SOUL : 7*, uscito il 21 febbraio 2020, che registrò 4.376.975 copie vendute.

——Se escludiamo l'inizio del concerto, i momenti in cui le urla dei fan erano più forti coincisero con *Dynamite* e *Butter*.

RM ricorda così l'atmosfera dei concerti di BTS PERMISSION TO DANCE ON STAGE - LA, il che dimostra il livello di fama che i BTS avevano raggiunto dopo l'uscita dei due singoli. Non è un'esagerazione dire che la pubblicazione di queste due hit a livello mondiale non solo rafforzò la loro reputazione di artisti con il fandom più appassionato, ma li rese le superstar più famose del pianeta. Durante questi concerti ci furono due ospiti a sorpresa, ovvero la rapper americana Megan Thee Stallion e Chris Martin, frontman dei Coldplay[2]. In quattro giorni i BTS si esibirono di fronte a più di 210.000 persone.

Jin descrive così la sensazione di essere di nuovo davanti al pubblico:

——Sono elettrizzato! Forse perché sono un tipo che non pensa troppo al passato o alle cose tristi, ma dopo aver fatto questi concerti mi sembra di essere ritornato a due anni fa. Come se non ci fossimo mai fermati. Incontrare di nuovo i fan è una grande emozione. Prima di salire sul palco per la prima data ci siamo detti: «E se

2 Megan Thee Stallion fu ospite nella seconda data, quella del 28 novembre, nella quale si esibì con i BTS con *Butter* (*Feat.* Megan Thee Stallion), mentre Chris Martin fu ospite nella data del 2 dicembre, la quarta, e insieme ai BTS si esibì con *My Universe*.

dovessimo piangere quando parte *ON*, la canzone d'apertura?». Ero proprio curioso di vedere se gli altri avrebbero pianto davvero, ma per fortuna non è successo *(ride)*.

Né Jin né gli altri piansero, anche perché convinti che un artista debba avere un certo contegno sul palco. Continua Jin:

——Mentre sono sul palco cerco di non lasciarmi andare troppo alle emozioni. Ero contentissimo di rivedere i fan dal vivo, ma prima di tutto mi sono concentrato sulla performance. E poi i ragazzi hanno iniziato a parlare con il pubblico e ho ceduto. "Ah, è incredibile… sembra un film. Ecco, è questo ciò che mi era mancato." Ma se mi lasciassi sopraffare troppo dal sentimentalismo, non riuscirei a esibirmi in modo professionale, quindi mi sono sforzato di non pensare alle mie emozioni.

Tuttavia, prima di salire su quel palco, i ragazzi avevano vissuto nell'ansia. L'angoscia di non poter incontrare i fan in seguito allo scoppio della pandemia all'inizio del 2020 era un sentimento che non poteva essere spazzato via solo guardando i loro incredibili risultati nelle classifiche. Jimin descrive cosa ha significato per lui rivedere i fan:

——Non mi sono reso conto di cosa significassero le posizioni in classifica fino a quando non mi sono ritrovato il pubblico davanti. E poi, più che delle buone vendite, ciò che mi importava di più era rivedere i fan. Quindi durante il concerto il mio unico pensiero era: "Che bello rivedervi!".

Successivamente, parla dell'impatto che la pandemia ha avuto sulla sua vita.

——Mmm, non ricordo tanto di quel periodo. Come se fosse stato "tagliato via" dalla mia memoria. Mi sembrava che il tempo passasse e basta. È stata dura a volte, ma l'abbiamo superata.

Dynamite

DIGITAL SINGLE
21.08.2020

TRACK

01 Dynamite
02 Dynamite (Instrumental)
03 Dynamite (Acoustic Remix)
04 Dynamite (EDM Remix)

VIDEO

Dynamite
MV TEASER

Dynamite
MV

Dynamite
MV (B-side)

Dynamite
MV (Choreography ver.)

Guardare indietro a quei momenti mi fa riflettere. Abbiamo raggiunto buoni risultati in classifica, è vero, ma non è mai stata quella la nostra priorità. Siamo sempre stati soddisfatti e grati per l'amore e il sostegno ricevuti anche prima di ottenere quei risultati. Ma è veramente stato un peccato. Sono successe anche tante cose belle in quel periodo, quindi mi dicevo: "Non è stato tempo sprecato", eppure è come se non fosse esistito.

200417 RM

——Possiamo fare una diretta su YouTube senza preoccuparci di niente? È una cosa che possiamo fare? Noi? *(ride)*

Questo il commento di RM il giorno successivo alla prima diretta sul canale YouTube dei BTS svoltasi il 17 aprile 2020•; ancora immerso nell'atmosfera del giorno precedente, parla di come i BTS si fossero addentrati in un ambiente a loro sconosciuto.

——Quando dicemmo a Bang Si-Hyuk che ci sarebbe potuta scappare qualunque cosa durante la diretta, lui ci rispose: «Non c'è problema, fate pure». La prima diretta dovevo farla io, quindi pensai: "Massì, proviamo a dire qualcosa", e parlai della preparazione dell'album. Fu davvero divertente.

Durante questa diretta, RM fece due promesse alle persone che lo stavano guardando. La prima, che a turno i membri dei BTS avrebbero

•

Prima di tutto mi sono concentrato sulla performance.

E poi i ragazzi hanno iniziato a parlare con il pubblico e ho ceduto.

"Ah, è incredibile... sembra un film. Ecco, è questo ciò che mi era mancato."

—Jin

tenuto delle dirette almeno una volta a settimana, nelle quali avrebbero parlato della loro quotidianità. La seconda, che sarebbe uscito un nuovo album, dal titolo *BE*.

Entrambe le cose non erano mai accadute prima. Per ogni album i ragazzi sceglievano e sviluppavano un tema nel dettaglio, i contenuti – quali video e foto – erano ben coordinati tra loro e con ogni nuova uscita i modi in cui condividevano il messaggio dell'album erano in scala sempre più grande e sempre più diversificati. Con *MAP OF THE SOUL : 7* raggiunsero il punto più alto. Attraverso quest'album i BTS continuarono a guardare dentro loro stessi e nel contempo collegarono il loro lavoro a progetti esterni, quali il progetto di arte contemporanea chiamato *CONNECT, BTS*.

E ora quello stesso gruppo, a soli due mesi dall'uscita di *MAP OF THE SOUL : 7*, prometteva che avrebbe fatto dirette improvvisate su YouTube parlando di vari argomenti e, addirittura, aveva annunciato l'uscita di un nuovo album. Era tutto così spontaneo. Dopotutto, nessuno poteva prevedere quello che sarebbe successo al mondo dopo la pandemia. La promozione di *MAP OF THE SOUL : 7* si era interrotta, la data di apertura del BTS MAP OF THE SOUL TOUR prevista a Seoul[*] per il mese di aprile venne cancellata e, ovviamente, anche il tour all'estero era stato temporaneamente sospeso. In quel momento tutti gli artisti del mondo, compresi i BTS, non avevano idea di cosa sarebbe accaduto. Queste le parole di j-hope durante il picco della pandemia:

———Il mio unico desiderio è vivere la mia vita, anno dopo anno, con

[*]

gratitudine per la fortuna che ho ricevuto. Ma… caspita, perché quest'anno dev'essere così terribile?

All'inizio non c'era proprio niente da fare. In un periodo in cui il tempo sembrava essersi fermato, diversamente dalla sofferenza, non c'era nessun progetto per il futuro né un messaggio da mandare al mondo. Tutto ciò che i ragazzi potevano fare era accendere la telecamera e aspettare che i fan, ovunque fossero, accorressero a guardarli. Proprio come quando si preparavano al loro debutto.

Una raccolta di mattine

Le dirette su YouTube erano una novità sia per i BTS sia per gli ARMY. SUGA accendeva la telecamera e dipingeva, senza dire niente[•], j-hope mostrava la sua ora di allenamento, dal riscaldamento alla coreografia vera e propria[••]. In queste dirette, nelle cui descrizioni comparivano gli hashtag #StayConnected e #CarryOn, i BTS condividevano la loro quotidianità in tempo reale e mostravano ciò che facevano, come si sentivano e come cercavano di vivere le loro giornate dopo lo scoppio della pandemia.

Il rito di j-hope prima di iniziare a ballare è il risultato di un percorso di scoperta di se stesso, nel quale ha investito tanto tempo e fatica, e condividerlo era un modo per raccontare agli altri, senza usare le parole, chi era lui come persona. Lo stesso valeva per la pittura di SUGA.

• ••

——"Cosa cavolo dovrei fare durante una pandemia?" era l'unica cosa a cui riuscivo a pensare. Quando ero in tour avevo un programma da seguire, ma in quel momento era andato tutto in frantumi. "E se per caso non potessi più fare concerti, che ne sarebbe di me?" mi dicevo. Pur di fare qualcosa, ho iniziato a dipingere. Dipingere mi fa smettere di rimuginare almeno per un po'. Era un modo per distaccarmi anche dai pensieri negativi.

Il titolo[•] che SUGA diede alla sua creazione quella volta racchiude ciò che voleva esprimere e condividere con i fan.

——Il titolo era *Mattina*, ma anche *Ansia*. Quando ripenso ai momenti in cui mi sentivo in ansia, mi rendo conto che di solito capitavano intorno alle cinque del mattino. Ed è per questo che uno dei colori che odio è quel blu spento che ha il cielo poco prima che il sole sorga... Comunque, quando ho dipinto quel quadro, non avevo un'idea chiara in mente. Ho fatto tutto seguendo l'istinto, non mi aspettavo che venisse fuori quel blu scuro.

"Esprimere le emozioni della quotidianità, senza che l'artista sappia fin dall'inizio come sarà la sua opera." Il modo di dipingere di SUGA ha presupposti molto simili al processo che ha portato alla creazione di *BE*. Durante la pandemia, i BTS prepararono l'album condividendo pubblicamente le loro discussioni riguardo alla direzione del disco e alla sua produzione. Le emozioni dei ragazzi durante la pandemia diventarono delle canzoni, e tra queste furono scelte solo le migliori. A ciascuno di loro, poi, venne assegnato un ruolo preciso all'interno della produzione dell'album.

•

Proprio come ai vecchi tempi nel Cheonggu Building, il gruppo di maggior successo al mondo iniziava a creare un album "prodotto in casa".

Ma c'era qualcosa di diverso, ovvero il motivo della sua creazione. Quello a cui aspiravano, riuniti nel piccolo studio e nella sala prove del Cheonggu Building, dove alcune volte si allenavano anche per più di dieci ore, era la conferma del loro successo. Erano convinti che una volta raggiunto l'obiettivo, il mondo avrebbe mostrato loro chi erano. Ma anche dopo aver ottenuto il successo, i BTS volevano fare di più attraverso la loro musica. j-hope dice:

——Sono seduto nello studio a fissare il vuoto e penso: "Che canzone scrivo adesso?". Facevo su e giù tra casa e studio chiedendomi: "Come ho vissuto finora?", e a volte guardavo le nostre vecchie esibizioni in TV e mi dicevo: "Ah, è vero. Ecco cosa facevo", oppure: "Com'era vivere così?", e sentivo una specie di determinazione crescere dentro di me mentre le guardavo. Mi sono detto che dovevo provare a catturare ed esprimere le emozioni che potevo sentire solo e soltanto in quel momento, come una specie di diario, nelle canzoni. "Non importa se il risultato finale è buono o meno, prima di tutto ci provo. Provo ad avvicinarmi a chi mi ascolta condividendo e mostrando delle parti di me che sono rimaste un po' nascoste finora."

Fly To My Room

Qualcuno mandi indietro quell'orologio
Quest'anno ci è stato tolto
Sono ancora nel letto

BE

20.11.2020

TRACK

01 Life Goes On
02 Fly To My Room
03 Blue & Grey
04 Skit
05 Telepathy
06 Dis-ease
07 Stay
08 Dynamite

VIDEO

Life Goes On
MV TEASER 1

Life Goes On
MV TEASER 2

Life Goes On
MV

Life Goes On
MV : on my pillow

Life Goes On
MV : in the forest

Life Goes On
MV : like an arrow

La canzone *Fly To My Room*[•], tratta dall'album *BE*, contiene le emozioni provate dai ragazzi durante la pandemia. Il tempo sembrava scivolare dalle loro mani, e la situazione non accennava a migliorare. Jimin ricorda il momento in cui si rese conto che quel periodo non sarebbe finito così presto:

——Pensavo a tantissime cose. So che è un po' estremo, ma sono anche arrivato a chiedermi: "Ho lavorato sodo per essere parte di questo gruppo, e se ora scomparisse...?". Era davvero un momento difficile.

Il brano *Fly To My Room*, tuttavia, parla anche del tentativo di cambiare prospettiva e pensare positivo nel momento in cui è impossibile modificare le circostanze intorno a noi.

Be', non c'è niente da fare questa stanza è tutto ciò che ho
Quindi devo provare a farla diventare il mio mondo

Creare *BE* era un modo per rispondere ai cambiamenti che stavano mettendo sottosopra la loro vita. Se non avessero reagito così, allora sarebbe diventato davvero tutto insostenibile. Come aveva detto Jimin, essere un membro dei BTS significava fare concerti e incontrare gli ARMY. Un'altra traccia estratta da *BE* è *Dis-ease*[••], nel cui testo compare questa frase: "Adesso anche se dormo tutto il giorno no problem", perché effettivamente con l'arrivo della pandemia i ragazzi avevano più tempo libero a disposizione. Tuttavia, il non lavorare diventò presto

• ••

motivo di ansia e nervosismo. Subito dopo la frase precedente, nel testo di *Dis-ease* troviamo: "Sento di dover far qualcosa che mi mandi il corpo in pezzi / Ma sono solo un idiota che mangia tre volte al giorno"[3], che descrive bene la loro sensazione di frustrazione.

Jin usa queste parole per esprimere ciò che provava in quel periodo:

——C'erano cose che avrei sempre voluto fare prima, tipo andare a pesca o giocare ai videogiochi tutto il giorno o incontrare i miei amici. Quando tutti i nostri impegni sono stati cancellati, ho passato circa tre settimane a fare questo. Ma anche allora mi sentivo piuttosto in ansia, mi chiedevo: "Posso davvero continuare a non fare nulla?", era una situazione in cui non riuscivo veramente a riposarmi. Pensavo continuamente che dovevo fare qualcosa. D'altro canto, anche il lavoro che faccio ora sembra diverso. Forse è perché non siamo in tour, ma anche mentre lavoriamo, ci sembra di riposarci.

Dal debutto con *2 COOL 4 SKOOL* e fino a *MAP OF THE SOUL : 7*, i risultati dei BTS nel corso di sette anni sembrarono quasi seguire la narrazione delle imprese di un eroe classico. La storia di un gruppo di sette ragazzi ignorati da tutti oppure guardati dall'alto in basso, che dovettero affrontare varie difficoltà e che ripagarono tutti coloro che li avevano sempre amati e supportati con affetto. Tuttavia, non solo la loro storia era andata avanti anche dopo il trionfo da eroi, ma la realtà continuava a metterli davanti a sfide e difficoltà inimmaginabili. *BE* racconta la storia della loro vita, come artisti e come persone, "Goes On", cioè andò avanti, in modi del tutto inaspettati.

3 Qui c'è un gioco di parole nel testo originale tra 세끼 (*sekki*, tre pasti al giorno, colazione, pranzo e cena) e 새끼 (*saekki*, idiota). (*NdT*)

———All'epoca mi lamentavo spesso di quanto fosse tutto così difficile. Ci sono tantissime persone a cui sono grato per essermi state accanto quando ero depresso: ovviamente gli ARMY, ma anche i membri del gruppo e tutti i miei amici. C'è anche una canzone che ho scritto per ringraziarli, un brano molto triste che abbiamo aggiunto a *BE*.

La canzone triste di cui parla V, contenuta in *BE*, si chiama *Blue & Grey*[•], e racchiude perfettamente quei suoi momenti difficili. Durante la produzione dell'album, V stava anche lavorando al suo mixtape. *Blue & Grey* è una canzone che, insieme ad altre, è nata in uno dei periodi più bui e difficili per lui, e che descrive le sue emozioni come membro dei BTS, dal debutto sino al periodo della pandemia.

Tutti sembrano felici
Puoi guardarmi? Sono blu e grigio
Il significato delle lacrime riflesse nello specchio
Sono i colori che si nascondono dietro al mio sorriso, blu e grigio

Non so da dove tutto è iniziato ad andare storto
Un punto di domanda blu nella mia testa, sin da quando ero bambino
Forse è per questo che ho vissuto in modo così intenso
Ma quando mi guardo indietro e resto qui, immobile
Quell'ombra blu e minacciosa mi divora

•

Ciò di cui scrive V in *Blue & Grey* è probabilmente ciò che provò durante la creazione di *BE*.

——È una canzone che… l'ho scritta sperando che attraverso di essa la gente ci capisse meglio, sapesse cosa avevamo dentro. Tutti attraversano momenti difficili, ovviamente, ma volevo catturare e condividere la sofferenza e le sensazioni che avevamo provato nel nostro percorso di crescita per arrivare al successo. In altre parole, volevo dirlo più esplicitamente. Volevo che la gente capisse ciò che provavo. Non sono un tipo che parla apertamente delle sue emozioni, ma ho pensato di farlo con una canzone. E ho scoperto che non era niente male come metodo.

Blue & Grey diventa un punto di svolta all'interno di *BE*. Con *Life Goes On*• i ragazzi esprimono la determinazione di volersi lasciare alle spalle la pandemia, il che è possibile soltanto se si è disposti a cambiare prospettiva, come viene detto in *Fly To My Room*; questo ulteriore passo, a sua volta, è possibile solo dopo aver analizzato la propria tristezza, con *Blue & Grey*, appunto. Queste tre tracce compongono la prima parte di *BE* e scavano a fondo nelle emozioni e negli eventi provati dai BTS dall'inizio della pandemia. Una volta superata la solitudine di *Blue & Grey*, le prime parole del testo di *Skit*•• cambiano l'atmosfera.

Congratulazioni!
Fate largo agli artisti in vetta alla classifica di Billboard!

•
••

Be Dynamite

Se non fosse stato per la pandemia, forse i BTS non avrebbero mai cantato *Dynamite*. Nell'ultima scena del video ufficiale di *ON*, la title track di *MAP OF THE SOUL : 7*, compare la scritta "no more dream" dalla quale svaniscono lentamente le parole "no more", per lasciare solo "dream"[•]. Così come *Boy With Luv* e *Boy In Luv* (*Feat.* Halsey), *ON* e *N.O* sono collegate tra loro, "dream" doveva essere la risposta a *No More Dream*, title track dell'album di debutto.

Quei ragazzi, che al loro esordio avevano urlato un sonoro "NO!" a quel mondo che li voleva ingabbiati in sogni altrui, alla fine del video di *ON* erano diventati delle superstar, in cima a un posto altissimo, talmente alto da non riuscire a vedere la terra sotto. E proprio in quel momento i BTS decisero di cantare la canzone che racchiudeva le difficoltà che avevano attraversato nel costruire il loro sogno.

Tuttavia, come accadeva per tutti nel mondo, l'arrivo della pandemia stava spingendo i BTS verso direzioni impreviste e inaspettate. Se *BE* era il resoconto dei cambiamenti avvenuti dopo la pandemia, allora *Dynamite* parlava della nuova sfida che avrebbero dovuto affrontare dopo la sua fine.

Iniziò tutto da una sensazione di Bang Si-Hyuk. Pensò all'effetto che la pandemia avrebbe avuto sui BTS, si preoccupava in particolare del "jetlag" che i ragazzi avrebbero potuto provare in termini di esposizione mediatica. I BTS erano un gruppo che si era già esibito in tutto il mondo con un tour

•

negli stadi quando uscì *MAP OF THE SOUL : 7*. A quasi sette anni dal loro debutto, erano al culmine delle loro capacità ed erano diventati più maturi dal punto di vista artistico. Allo stesso tempo, stavano per dare vita a un nuovo, sensazionale evento. I media erano concentrati sulle reazioni entusiaste degli ARMY alle serie di *LOVE YOURSELF* e *MAP OF THE SOUL*, il che portò i BTS ad avere un'incredibile esposizione mediatica negli Stati Uniti come dopo la loro performance al "Saturday Night Live". Il mondo stava finalmente prestando loro attenzione.

Per tutti coloro che seguivano il K-pop attraverso YouTube et similia, i BTS erano già delle superstar, ma per le persone da tutto il mondo che li vedevano per la prima volta in TV ospiti di "SNL", o che leggevano articoli su di loro nei giornali, i BTS erano qualcosa di totalmente nuovo che era spuntato all'improvviso dalla Corea del Sud.

Forse, se non ci fosse stata la pandemia, i BTS avrebbero potuto superare più facilmente questo "jetlag", questa grande differenza di esposizione mediatica. Far uscire più album e fare più tour negli stadi avrebbe giustificato e dato un senso alla loro popolarità, le reazioni entusiaste dei fan in ogni città avrebbero dato loro l'opportunità di dimostrare che gruppo erano, di che pasta erano fatti. A causa della pandemia, invece, i BTS non ebbero né modo di incontrare i fan né l'occasione di mostrare al mondo la loro fama, il loro talento e la loro storia.

Per quanto fossero imbattibili su YouTube, senza concerti era impossibile farsi conoscere da un pubblico più ampio. Soprattutto per un gruppo come loro, che aveva un fandom già così esteso a livello mondiale, serviva una spinta in più.

Bang Si-Hyuk aveva previsto questo problema, e decise due cose: innanzitutto, avrebbe partecipato meno alla produzione di *BE* per far sì che fossero i ragazzi ad avere un ruolo maggiore nel decidere la direzione dell'album. Invece di seguire un programma ben preciso, l'album avrebbe racchiuso le sensazioni e le emozioni dei ragazzi durante la pandemia. In secondo luogo, decise di lanciare una "dinamite" a tutti coloro che si avvicinavano ai BTS per la prima volta. Una canzone che potesse piacere al maggior numero possibile di persone, pubblicata proprio nel momento in cui gli occhi dell'intero pianeta erano puntati su di loro. Una canzone che desse alla gente l'opportunità di diventare fan dei BTS.

Cantare in inglese

——La prima volta che ascoltai la canzone mi piacque molto. Ma essendo il nostro primo brano in inglese, per di più scritto da qualcun altro, ero un po' preoccupato. Mi chiedevo: "Il pezzo piacerà?".

RM era un po' preoccupato per *Dynamite*[•], che uscì il 21 agosto 2020. Sin dal debutto, i BTS avevano sempre pubblicato canzoni in coreano, a eccezione delle promozioni in Giappone, e il fatto che avessero raggiunto la fama mondiale cantando solo in coreano era motivo di grande orgoglio sia per loro sia per gli ARMY. Non c'era una legge scritta che vietasse di cantare in inglese, ma cambiare qualcosa alla quale si è abituati porterebbe chiunque a essere un po' titubante. Tuttavia, il motivo per cui i BTS dovevano cantare *Dynamite* era chiaro. Commentando la reazione degli ARMY di tutto il mondo alla canzone, RM dice:

•

———Probabilmente i nostri fan la stavano aspettando più di quanto pensassimo. Era un periodo in cui le emozioni di tutti erano represse a causa della pandemia, quindi forse questo è parte del motivo per cui la reazione online fu così esplosiva. E probabilmente era anche più facile approcciare la canzone per un pubblico straniero, visto che era in inglese. Quindi mi resi conto che mi ero preoccupato inutilmente. Gli ARMY sono sempre più incredibili di quanto pensiamo.

L'album *BE* venne pubblicato il 20 novembre 2020, a circa sette mesi dall'inizio della produzione. Se i BTS non avessero pubblicato *Dynamite* quell'estate, non avrebbero avuto nessuna possibilità di mettere piede su un palco, essendo i concerti dal vivo cancellati. In una situazione in cui la maggior parte delle attività all'aperto era vietata, l'assenza di esibizioni dal vivo per i fan sarebbe stata ancora più insostenibile. Jin ricorda:

———Fino a poco prima dell'inizio della promozione di *Dynamite*, per tre o quattro mesi non avevamo avuto quasi nessuna occasione di mettere piede su un palco. Arrivai a pensare che stare sul palco non fosse neanche più il nostro lavoro.

Dynamite, seppur opposta all'atmosfera di *BE*, in qualche modo fu il pezzo mancante che completò l'album. *BE* è un resoconto onesto delle esperienze e delle sensazioni dei ragazzi durante la pandemia, mentre *Dynamite* è una canzone disco-pop che descrive la felicità di poter passare del tempo fuori casa, come se la pandemia fosse finita. Nella conferenza stampa del 21 agosto 2020 per l'uscita di *Dynamite*, Jimin descrisse il brano così:

———Volevamo salire sul palco… Essendo un gruppo che deve incontrare i fan e comunicare con loro, credo che ci sentissimo molto vuoti e impotenti. Ci serviva un modo per superare queste sensazioni, e allo stesso tempo abbiamo pensato che potesse essere una bella opportunità, una nuova sfida.

BE rappresentava la realtà della pandemia, *Dynamite* la speranza di tutti che sarebbe finita presto. Pur essendo l'opposto di *BE*, *Dynamite* era comunque una canzone collegata alla pandemia, e aggiungerla come ultima traccia dell'album diede a quest'ultimo un twist finale. Partendo dal primo brano, *Life Goes On*, passando da *Fly To My Room* e *Blue & Grey*, l'atmosfera del disco cambia rapidamente con *Skit*, che si apre con una frase dei ragazzi che, in maniera vivace e chiassosa, si autocelebrano per aver raggiunto il primo posto nella classifica di Billboard Hot 100. A seguire, troviamo *Telepathy*[*], traccia in cui SUGA parla della mancanza di qualcuno che non può incontrare e della speranza di poterlo rivedere di nuovo prima o poi, una luce in fondo al tunnel della pandemia. j-hope si lascia andare nella sua *Dis-ease*, nella quale sono racchiuse le emozioni complicate vissute durante quel periodo in cui si era ritrovato a non poter lavorare, e, a seguire, Jung Kook con *Stay*[**] immagina un momento futuro nel quale incontrare nuovamente gli ARMY, dando a *BE* un senso di speranza e determinazione. Con l'aggiunta di *Dynamite* a chiusura del disco, l'album diventa un resoconto del periodo pandemico, dalla situazione iniziale fino al futuro momento di vittoria e fine dell'emergenza sanitaria.

> *Essendo il video dei BTS e non solo il mio, volevo che al suo interno ci fossero le situazioni vissute da ogni singolo membro del gruppo, in modo da poterle mostrare direttamente. Volevo che guardandolo le persone capissero che anche se ognuno ha*

[*] [**]

i propri pensieri e le proprie idee, anche noi proviamo ciò che provano gli altri e che siamo tutti nella stessa situazione•.

Jung Kook parla così, su "Weverse Magazine", della direzione che voleva dare al video di *Life Goes On*. Curiosamente sia questo video sia quello di *Dynamite*, rispettivamente prima e ultima canzone di *BE*, mostrano l'interno della stanza di Jung Kook••. Se *Life Goes On* ha un'atmosfera più cupa perché legata all'inizio della pandemia, *Dynamite* è più leggera, con Jung Kook che nel video balla felicemente nella sua camera. *BE* passa dalla realtà di *Life Goes On* per arrivare alla speranza di *Dynamite*. Come aveva detto Jung Kook, i BTS avevano creato quelle canzoni nella consapevolezza che la realtà che stavano vivendo non era diversa da quella del resto del mondo, e avevano scelto di concludere il disco con una nota di speranza, cioè *Dynamite*. Questi due brani racchiudevano il resoconto del primo anno di pandemia per i BTS.

Fuochi d'artificio in un mondo silenzioso

A prescindere dalle reazioni che avrebbe suscitato *Dynamite*, la produzione del brano era stata diversa dal solito, un po' meno stressante. Jin la descrive così:

———Le altre volte avevamo lavorato sodo, con regole e tempistiche molto rigide, ma in quel caso ci sembrava di lavorare a una bonus track.

I BTS erano nel bel mezzo della preparazione di *BE*, e questo tempo libero inaspettato – e non voluto – aveva dato loro più spazio per lavorare a *Dynamite*. Erano le circostanze perfette per prepararsi a dovere all'uscita del brano, in maniera più spensierata del solito.

——Eravamo tutti bravissimi *(ride)*.

j-hope, che si occupava di gestire le prove per la coreografia, ricorda così gli allenamenti per quella di *Dynamite*:

——Eravamo maturati tantissimo. Ognuno di noi sapeva perfettamente come adattare l'esibizione al proprio stile, come farla propria. Eravamo diventati dei veri esperti *(ride)*. Quindi non ci fu nessun tipo di difficoltà dal punto di vista della coreografia. Sembra semplice da fare, ma in realtà la precisione nell'esecuzione dei passi è cruciale, quindi ci impegnammo tantissimo a lavorare su quell'aspetto.

Il video di *Dynamite* metteva insieme passi di balli da discoteca con una base di musica disco[•]. Era una coreografia che chiunque poteva divertirsi a ballare. All'interno di quest'atmosfera gioiosa e libera, i BTS diedero alla performance un'aria dinamica, sincronizzando perfettamente i loro gesti in diverse parti della coreografia. In particolare nel ritornello, composto da passi di balli da discoteca, i ragazzi si esibiscono con movimenti decisi e precisi, trasmettendo la loro inconfondibile energia.

Dynamite era la canzone perfetta per chi voleva avvicinarsi a loro. Il brano segnò un nuovo inizio per il gruppo, che aveva già radunato un fandom di dimensioni enormi nei sette anni precedenti:

——Avevamo ipotizzato che ai nostri fan *Dynamite* sarebbe piaciuta

•

tanto. Ma eravamo curiosi di sapere se sarebbe piaciuta anche a coloro che non erano ARMY, in America e all'estero.

Come dice Jung Kook, era impossibile prevedere la reazione del pubblico. Considerando che la title track di *MAP OF THE SOUL : 7*, *ON*, si era piazzata al quarto posto della Billboard Hot 100 nella prima settimana dall'uscita, ci si aspettava che *Dynamite* ottenesse dei risultati simili. *ON* era una canzone in coreano, pensata per i grandi concerti negli stadi, il che la rendeva difficile da ascoltare per caso. Nonostante ciò, aveva conquistato la quarta posizione nella classifica, il che faceva sperare bene per *Dynamite*. Ma nessuno poteva prevedere nulla.

La prima settimana dopo il lancio di *Dynamite*, quando uscì la classifica della Hot 100, j-hope andò a dormire senza aspettare di vedere il piazzamento del brano. Solo una volta sveglio, scoprì che il mondo era cambiato.

——Quando ci fu l'annuncio io stavo dormendo *(ride)*. Quindi non lo vidi subito, e quando mi svegliai la mattina dopo ero scioccato: "Siamo al primo posto. Abbiamo davvero fatto qualcosa di straordinario".

V ricorda le reazioni dei ragazzi alla notizia:

——Eravamo felicissimi, tutti noi. C'era chi piangeva, chi rideva, era tutto un... come dire... rendersi conto che: "Ah, tutto ciò che abbiamo fatto non è stato invano". Capire che il nostro percorso ci aveva portati da qualche parte, che non stavamo provando a fare qualcosa di impossibile. "Abbiamo avuto un'opportunità e una possibilità di farcela, seppur piccola" pensai.

Per ironia della sorte, però, non riuscirono a godersi quella sensazione per molto tempo. A causa della pandemia si era creato un nuovo ambiente di lavoro per loro, totalmente diverso dai precedenti. j-hope ricorda così quel giorno:

———Subito dopo aver ricevuto la notizia del primo posto, arrivarono nuovi impegni *(ride)*. E noi rispondemmo subito con: "Sì, arriviamo!".

Per i BTS raggiungere la prima posizione nella Billboard Hot 100 fu un evento così straordinario che tutti si misero a piangere. Purtroppo, però, a causa della pandemia, non potevano né andare negli Stati Uniti né esibirsi con *Dynamite* davanti a un pubblico. Anche per questo era difficile per loro capire la portata del successo del brano all'estero. Jin spiega:

———Raggiungere il primo posto nella Hot 100 era un nostro sogno. Ci dicevamo: "E se ci arriviamo davvero, che succede?", e provavamo a immaginare come sarebbe stato. Il fatto che fosse accaduto durante la pandemia lo rendeva un po' surreale. Eravamo contenti, certo, ma dopo un po' non ci rendevamo davvero conto di cosa significasse davvero.

Lui stesso prova a spiegare la differenza tra quel risultato e gli altri premi che avevano ricevuto in passato:

———Tra tutti i premi e i risultati ottenuti finora, è stato quello più surreale. Per tutti gli altri riconoscimenti, compreso quello ai BBMA, ci rendevamo conto di essere lì e di aver vinto, ma per questo no. Al punto che ci chiedevamo: "Davvero possiamo accettarlo?". Credo sia stato così anche perché eravamo isolati dal resto del mondo.

Un gruppo di artisti coreani aveva raggiunto il primo posto nella classifica americana Billboard Hot 100 direttamente dalla Corea e, nonostante non potessero andare fisicamente negli States per promuoverla, la popolarità della canzone continuava a crescere. *Dynamite* mantenne il primo posto nella Hot 100 anche nella seconda settimana, lo riconquistò nella quinta e in totale restò per tredici settimane di fila nella top 10.

L'industria degli idol coreana – BTS compresi – mostrò di saper gestire brillantemente le piattaforme su internet, YouTube per esempio, per promuovere i propri artisti, e anche in quel periodo difficile tutti i responsabili delle attività culturali sfruttarono al massimo questi mezzi per mettere in campo varie iniziative. Questo fu anche il motivo per cui i BTS riuscirono a ricominciare a lavorare subito dopo l'annuncio del primo posto in classifica, come aveva detto j-hope. Il modo in cui lo avrebbero fatto questa volta era nettamente diverso dal passato, e questo cambio di rotta aveva investito non solo loro, ma tutta l'industria a livello globale.

——Ci sentivamo come dei novellini, perché ci esibimmo con la stessa canzone per tanto tempo[4].

RM ricorda come le attività promozionali legate a *Dynamite* avvennero in modo molto diverso rispetto a ciò a cui i BTS erano abituati, visto che si esibirono con quel brano per circa due mesi dalla sua data di uscita. Fu il periodo di promozione più lungo per una loro canzone dal debutto, in cui non fecero concerti e nessun altro tipo di live. Tuttavia, per ogni performance di *Dynamite* dovevano registrare un'esibizione diversa, in un luogo diverso, e rendere ciascuna di esse in qualche modo unica, come se girassero tanti video musicali che venivano poi caricati su varie piattaforme, tra le quali YouTube.

Per "America's Got Talent", famoso talent show americano, registrarono una performance in stile musical dal gusto rétro in un famoso

4 Solitamente i gruppi giovani o che hanno appena debuttato promuovono la loro canzone per varie settimane partecipando a tanti show musicali e programmi; i gruppi con più esperienza alle spalle solitamente promuovono i loro nuovi album o brani per molto meno tempo, a volte anche solo una settimana. (*NdT*)

parco divertimenti in Corea[•]. Registrarono anche una performance in un negozio di dischi di Seoul per il canale YouTube di NPR[5], come parte della loro Tiny Desk Concert Series, dal titolo *Tiny Desk (Home) Concert*[••]. E ancora, per la première dell'esibizione con la coreografia andata in onda durante gli MTV Video Music Awards del 2020, Seoul e New York diventarono un tutt'uno grazie all'utilizzo degli effetti speciali[•••], mentre l'esibizione trasmessa durante i BBMA del 2020 fu girata all'aeroporto internazionale di Incheon[••••]. Registrare queste performance senza un pubblico per i ragazzi era indubbiamente un limite, ma era anche un vincolo che costringeva tutte le parti coinvolte a provare qualcosa di nuovo, qualcosa che non era mai stato fatto prima nei programmi televisivi o nelle cerimonie di premiazione. Era un peccato che non potessero esibirsi di fronte ai fan, ma nonostante questo i BTS diedero sempre un tocco originale a ogni performance.

Il fatto di registrare la canzone ogni volta dandole un'aria sempre diversa aveva un che di avventuroso. La performance degli MTV VMA era stata il risultato di due mesi di incontri e discussioni tra i BTS e MTV per capire come presentarla al meglio usando le nuove tecniche a disposizione. Nel caso dell'esibizione per i BBMA, ci volle un mese per organizzare il tutto in modo da coordinare la band che suonava a New York e i BTS che si esibivano nell'aeroporto di Incheon. Il culmine di questo periodo fu raggiunto durante la *BTS Week* al "Tonight Show

5 Canale YouTube gestito da una stazione radio americana, la National Public Radio.

Starring Jimmy Fallon", un programma americano che va in onda in seconda serata. I BTS dovettero esibirsi ogni sera per una settimana durante il popolarissimo show, e ogni volta in modo diverso, il che fu un modo perfetto per consolidare la loro popolarità negli Stati Uniti.

In occasione della *BTS Week*[•], i ragazzi si cimentarono in due versioni di *Dynamite*: la prima in cui i BTS, Jimmy Fallon e i Roots (la band che suona live durante il "Tonight Show") cantarono a cappella con vari effetti sonori, e la seconda dall'atmosfera più rétro, registrata su una pista di pattinaggio a rotelle. Oltre a *Dynamite*, si esibirono anche con *HOME*, tratta da *MAP OF THE SOUL : PERSONA* e *Black Swan*, tratta da *MAP OF THE SOUL : 7*. La performance di *IDOL* venne registrata nella Geunjeongjeon Hall del Palazzo Gyeongbokgung e quella di *Mikrokosmos* nel Padiglione Gyeonghoeru dello stesso edificio. L'Amministrazione del Patrimonio Culturale coreana, che aveva supportato i BTS nella registrazione di queste esibizioni all'interno del palazzo, scrisse sui suoi canali social che quell'evento era l'incontro tra la grandezza del patrimonio culturale coreano, rappresentato dal Palazzo Gyeongbokgung, e i BTS, un gruppo di artisti amati in tutto il mondo. Quelle due performance lasciarono un grande impatto anche su Jung Kook:

——Abbiamo fatto tantissime versioni di *Dynamite*, ma quelle che più mi sono rimaste impresse sono quella all'aeroporto di Incheon e quella al Palazzo Gyeongbokgung, perché sono due luoghi simbolici.

In quel periodo i BTS erano sulla bocca di tutti grazie alle loro

•

performance sempre innovative e creative, e la loro popolarità continuò a crescere con ogni esibizione. C'era una storia, un simbolismo nell'esibizione nell'aeroporto: se non fosse stato per la pandemia, quel posto sarebbe stato pullulante di persone, il luogo di collegamento tra la Corea e il resto del mondo. In quelle circostanze, però, il contatto tra gli artisti e i loro fan avveniva attraverso i media.

I BTS e *Dynamite* divennero il simbolo dell'industria musicale pop nel periodo della pandemia. Dimostrarono che, nonostante fosse un momento in cui gli artisti e i fan non potevano incontrarsi di persona, era possibile rendere una canzone una hit mondiale anche soltanto attraverso programmi TV locali o piattaforme di streaming online, quali YouTube e Netflix. *Dynamite*, una canzone pubblicata e promossa solo con attività realizzate in Corea, aveva raggiunto il primo posto nella Billboard Hot 100, e, l'anno successivo, "Squid Game", una serie TV coreana, divenne popolare in tutto il mondo: questi due eventi sembrarono essere segnali dell'inizio di una nuova era.

——Registrammo la performance indossando gli *hanbok*, e mi venne l'idea di fare l'inchino tradizionale, perché ho pensato che sarebbe stato carino visto che eravamo vestiti così *(ride)*.

Jimin spiega il motivo per cui durante l'esibizione di *Dynamite* al Palazzo Gyeongbokgung[6]• avevano fatto qualche inchino. Era il loro modo

6 La performance di *Dynamite* nella Geunjeongjeon Hall del Palazzo Gyeongbokgung è stata pubblicata sul canale YouTube di BANGTANTV.

•

di salutare i fan, dal momento che non potevano vederli direttamente. Nonostante le reazioni entusiaste del pubblico internazionale, sia Jimin sia i compagni erano frustrati all'idea di non poter essere fisicamente insieme agli ARMY.

———In un certo senso, le promozioni così lunghe di *Dynamite* erano il nostro modo di compensare quella situazione; era il massimo che potevamo fare, visto che non potevamo esibirci di fronte ai nostri fan. Registrare senza averli davanti a noi è stato mille volte più difficile che esibirsi dal vivo.

Promuovere per più di due mesi lo stesso brano era un'esperienza totalmente nuova. La canzone era una hit internazionale, ma non riuscivano a rendersi conto del livello di popolarità che aveva raggiunto. Nonostante ciò, ogni giorno lavoravano sodo, registrando performance dopo performance per mostrarsi al mondo. Il loro ritmo di vita passò da "album, tour, album, tour" a "album, registrazione, album, registrazione".

Ecco cosa disse Jin quando le attività di promozione di *Dynamite* volsero al termine:

———Questa volta abbiamo lavorato sodo e abbiamo fatto un sacco di cose, ma stranamente non ci è sembrato di essere davvero "attivi". Stavo guardando la TV un giorno e ho visto un gruppo che diceva: «Abbiamo debuttato a febbraio ma non ci siamo mai esibiti di fronte a un pubblico». Mi sono chiesto come si sentissero. Anche noi abbiamo registrato diverse performance di *Dynamite* da mandare a varie emittenti televisive, ma è stato come fare delle dirette su V LIVE. Tutto il periodo di promozione del brano è stato così: non ci sembrava di essere davvero a contatto con il pubblico perché avveniva tutto tramite i cellulari. Ci siamo impegnati tanto e i risultati si sono visti, ma ci sono stati pochissimi momenti in cui

In un certo senso, le promozioni così lunghe di *Dynamite* erano il nostro modo di compensare quella situazione; era il massimo che potevamo fare, visto che non potevamo esibirci di fronte ai nostri fan.

—Jimin

abbiamo sentito quel "brivido". E anche per questo mi rattrista pensare a quegli artisti che hanno debuttato durante la pandemia e che quel brivido non l'hanno mai provato.

Mentre *Dynamite* conquistava il primo posto nella Hot 100 per la terza settimana di fila e diventava una hit planetaria, i ragazzi erano impegnati a capire come interpretare i risultati di quel successo piuttosto che a godersi le reazioni entusiaste provenienti da tutto il mondo. Le parole di SUGA:

——Credo che la pensassimo tutti allo stesso modo. Era un risultato che non avevamo mai raggiunto, ma siamo sempre stati abituati a ritornare con i piedi per terra… lo facciamo senza accorgercene *(ride)*. Non che la notizia ci lasciasse indifferenti, era più un: "Sì, sono felice, ma facciamo ciò che dobbiamo fare". Ci sono stati innumerevoli bei momenti, ed è stato importantissimo viverli tutti, da artista. Ma nel farlo, mi sono reso conto che era meglio tornare con i piedi per terra il prima possibile. Che non c'era motivo per restare lì così, appesi per aria, anche perché né io né gli altri siamo quel tipo di persone.

Come dice SUGA, i ragazzi facevano ciò che dovevano a prescindere dalle reazioni che ricevevano, e andavano in studio tutti i giorni. Dopo *Dynamite* ci furono due altre uscite: la prima fu *Savage Love (Laxed - Siren Beat) (BTS REMIX)*, di Jawsh 685 e Jason Derulo, al remix• della quale parteciparono Jung Kook, SUGA e j-hope, e la seconda fu *Life Goes On*, la title track di *BE*; entrambe raggiunsero la prima posizione della Hot 100. Così, i BTS iniziarono a conquistarsi il titolo

•

di artisti più famosi del mondo. In più, *Dynamite* si piazzò al secondo posto durante la prima settimana di apertura di due nuove classifiche, la Billboard Global 200 e la Billboard Global Excl. US. I BTS erano un nuovo paradigma, il simbolo di un'era in cui l'industria musicale americana, rappresentata da "Billboard", era costretta a prestare attenzione al mercato musicale globale. Molto probabilmente fu questo il motivo che spinse la Federazione Internazionale dell'Industria Fonografica a conferire ai BTS il premio di Global Recording Artist of The Year, un riconoscimento riservato agli artisti che vendono il maggior numero di copie. Era la prima volta che a ricevere il premio non era un artista occidentale. j-hope riassume così il 2020, un anno difficile per tutti:

———È stato una pioggia continua di premi. Eravamo profondamente onorati, avevamo provato a fare cose nuove, e per quanto sia stato a tratti frastornante, è stato un anno pieno di momenti significativi. Dal punto di vista personale, lo scoppio della pandemia mi ha permesso di ripensare al mio lavoro, mi sono reso conto di quanto sia importante. E ho scritto una canzone proprio su quello. Pur essendo stato un po' traballante, credo sia stato un anno in cui i BTS hanno fatto un altro, enorme, passo avanti.

Persone che pregano

Il 3 novembre 2020, SUGA subì un intervento alla spalla sinistra per trattare una lesione causata da un incidente d'auto avvenuto quando era ancora un trainee.

———Ero molto preoccupato dopo l'operazione. Non era facile muovere il braccio subito dopo l'intervento, quindi pensai che fosse meglio concentrarmi sulla terapia riabilitativa prima di ricominciare a lavorare.

SUGA aveva bisogno di tempo per curarsi, quindi decise di non partecipare agli eventi di fine anno, proprio per concentrarsi sulla riabilitazione. Restò fuori dalle promozioni per poco meno di due mesi, dall'inizio di novembre fino alla fine di dicembre. Questo fu un evento molto significativo per lui, un punto di svolta. Il problema di SUGA alla spalla rappresentava il periodo della sua vita durante il quale aveva desiderato disperatamente il debutto, e l'operazione segnava una rottura, un distacco da quella parte di sé. Quel qualcosa che si era portato dietro per tanto tempo, pian piano iniziava a scomparire.

SUGA parlò nel dettaglio del suo problema alla spalla il 24 marzo 2021 durante il programma di TVN, "You Quiz On The Block". Gli ARMY sapevano bene o male di cosa si trattava, e SUGA stesso l'aveva brevemente menzionato in *The Last*•, una traccia del suo mixtape *Agust D*, ma quella fu la prima volta in cui parlò dell'incidente in pubblico e in maniera così dettagliata. Nella stessa trasmissione, Jimin si aprì riguardo al periodo prima del debutto, durante il quale era sempre in ansia a causa della necessità di dover continuamente dimostrare le sue capacità. Jimin spiega il perché di tanta onestà in quel programma:

———Quando ero un trainee, una persona che ora non lavora più in agenzia mi disse: «Forse è arrivato il momento di fare le valigie». Mi chiedo ancora perché *(ride)*. Comunque sia, ero andato a Seoul senza niente, sembrava improbabile che riuscissi a de-

•

buttare nei BTS e l'agenzia stava preparando anche un gruppo femminile. Mi chiedevo: "Che ne sarà di me...?", ero molto preoccupato. Però nel dormitorio erano tutti così gentili, facevo tante domande agli altri ragazzi. Chiesi a RM come fare a sembrare carismatico *(ride)*. Lui mi rispose: «Eh, non è che io lo sia. Forse lo diventeremo quando cresceremo un po'» *(ride)*.

Quando gli viene chiesto di rispondere al Jimin di allora, ridendo dice:

——No, non ne ho idea. Gli direi di non pensare a queste sciocchezze e concentrarsi a fare il trainee *(ride)*.

Jimin, così come tutti i BTS, poteva parlare degli avvenimenti del passato con un sorriso. Durante la pandemia avevano raggiunto un successo senza precedenti e fu in quel momento che iniziarono a pensare al loro futuro, come artisti e come persone.

SUGA cominciò a riflettere su cosa avrebbe fatto da lì in poi:

——Onestamente, penso che ormai non abbia molto senso parlare dei nostri obiettivi per il futuro o cose del genere. A volte mi chiedo: "Che altro dobbiamo fare?". L'obiettivo più grande che ho è continuare a essere parte dei BTS per molto tempo. Mantenere questa squadra e continuare a fare musica anche quando diventeremo più vecchi, credo sia l'obiettivo di tutti noi. Pensiamo molto a come poterci godere di più il palco, a come esibirci con ancora più entusiasmo.

Durante i MAMA del 2020, i BTS si esibirono con *ON* al World Cup Stadium a Seoul•. Per adattarsi alle dimensioni dell'arena, alla performance parteciparono molti più ballerini del solito e alla coreografia

•

Butter

DIGITAL SINGLE
21.05.2021

TRACK

01 Butter
02 Butter (Hotter Remix)

VIDEO

Butter
MV TEASER

Butter
(Hotter Remix)
MV

Butter
MV

Butter
(Cooler Remix)
MV

Butter

SINGLE ALBUM
09.07.2021

TRACK

01 Butter
02 Permission to Dance
03 Butter (Instrumental)
04 Permission to Dance (Instrumental)

VIDEO

Butter
MV TEASER

Butter
MV

Permission to Dance
MV TEASER

Permission to Dance
MV

originale vennero aggiunte delle parti, nonché una banda. Questa versione di *ON*, con cui si sarebbero esibiti se ci fosse stato il tour negli stadi, sembrava più una preghiera che una performance. La speranza che la pandemia a un certo punto sarebbe finita e che tutti sarebbero riusciti a incontrarsi di nuovo. Forse fu quello il primo passo dei BTS per diventare un gruppo "che si gode il palco e si esibisce con ancora più entusiasmo".

Nella primavera del 2021, quando nessuno sapeva fino a quando sarebbe andata avanti la pandemia, Jimin spiegò ciò che il gruppo voleva condividere con le persone:

——Vogliamo che la gente si diverta e sia felice quando ascolta le nostre canzoni, no? Ottenere buoni risultati in classifica, la fama e i soldi che ne derivano non hanno grande importanza per noi. Quello che voglio è fare al più presto un altro concerto, interagire con più persone possibili. Anche se non posso parlare con tutti singolarmente, non posso chiedere a tutti direttamente delle loro vite, voglio interagire con loro guardandole negli occhi e cantando a squarciagola insieme a loro. Sono queste le cose importanti, secondo me.

Trovare la speranza

Dopo il successo mondiale di *Dynamite*, c'era una serie di cose che i BTS dovevano fare affinché il sogno di Jimin diventasse realtà. Il 21 maggio 2021 uscì *Butter*[•], singolo che conquistò il primo posto nella

•

Billboard Hot 100 e ci rimase per dieci settimane, di cui sette di fila. E fu così che i BTS entrarono a far parte, insieme ai Beatles, dei sette artisti nella storia di Billboard – fino ad allora – a conquistare quattro primi posti in un anno.

Tuttavia, la portata del fenomeno BTS non era evidente solo per i risultati nella classifica di Billboard. Il 27 maggio dello stesso anno, a pochi giorni dall'uscita di *Butter*, McDonald's rilasciò il BTS Meal, che restò nel menu per circa quattro settimane, in cinquanta Paesi del mondo. I BTS diventarono sempre più famosi non solo per essere un gruppo che pubblicava una hit dopo l'altra, ma anche per essere uno dei pochi a dare il nome al menu di una catena così famosa a livello mondiale.

Il brano rilasciato dopo *Butter*, *Permission to Dance*•, coronò la serie di grandi successi di quell'anno, raggiungendo la prima posizione in classifica dopo la sua uscita il 9 luglio 2021.

Già dal titolo, la canzone racchiude l'essenza dei BTS: il testo fa riferimento al passato del gruppo ed è un messaggio di determinazione a lasciarsi definitivamente alle spalle la pandemia.

Non abbiamo nulla di cui preoccuparci
perché sappiamo come atterrare quando cadiamo
non ci servono le parole, stasera pensiamo solo a divertirci
perché non ci serve il permesso di nessuno per ballare

•

Proprio come dicono i ragazzi in *Permission to Dance*, anche se fossero caduti da quel punto così alto in cui si trovavano, non sarebbe stata una caduta bensì un atterraggio, e loro sapevano come gestirlo. Questa loro abilità derivava dall'aver attraversato con speranza e determinazione numerose difficoltà. Inserirono questo messaggio in una melodia che chiunque poteva divertirsi ad ascoltare, rappresentando tutti coloro che avevano deciso di andare avanti nonostante le difficoltà della pandemia. La coreografia conteneva dei messaggi espressi nella lingua dei segni internazionale (ISL), e finalmente riuscirono a eseguirla sul palco di fronte al pubblico durante la serie di concerti BTS PERMISSION TO DANCE ON STAGE - LA. Jung Kook descrive così le emozioni provate quel giorno:

——Eravamo felicissimi, ma anche esausti. Quando arrivò il momento di esibirci in *Permission to Dance* non avevo più forza nelle gambe, ma non riuscivo a smettere di ridere. "È stata proprio un'ottima idea finire il concerto con questa canzone" pensai. Cantare tutti quanti insieme nell'ultima parte è stato bellissimo.

Il messaggio di *Permission to Dance* era finalmente completo, ora che i ragazzi avevano avuto la possibilità di trasmetterlo direttamente al pubblico dal vivo. Inoltre, questo brano divenne un conforto non solo per chi lo ascoltava ma anche per i membri stessi del gruppo. Un conforto necessario, non solo dopo il periodo della pandemia, ma anche dopo tutte le innumerevoli difficoltà che avevano affrontato e superato in passato. Jimin spiega come si era sentito a esibirsi con *Permission to Dance* dal vivo:

——È una performance così piena di gioia, ma... il secondo giorno mi vennero le lacrime agli occhi durante il concerto. Era la canzone con cui chiudevamo le nostre esibizioni, quindi alla fine ci mettevamo tutti in fila e facevamo un inchino per salutare i fan, e quella volta scoppiai a piangere. Forse perché sentivo le emozioni della canzone dentro di me. È davvero un pezzo meraviglioso.

Mentre lavoravano alla produzione di *BE* nel 2020, i BTS avevano parlato della situazione di staticità nella quale vivevano a causa dell'emergenza sanitaria globale, e allo stesso tempo avevano trasmesso un messaggio di speranza attraverso *Dynamite*. L'estate dell'anno dopo, dedicarono una canzone alla voglia di divertirsi nonostante la pandemia. Queste canzoni, rilasciate nel corso di due anni, racchiudevano i pensieri e le emozioni di tantissime persone in tutto il mondo, unite tutte sotto lo stesso nome. Quello dei BTS.

Morbido come il burro, duro come i BTS

La serie di hit recenti che comprendeva *Dynamite*, *Butter* e *Permission to Dance* introdusse un sacco di nuovi stimoli per i BTS. La prima sfida riguardava il loro modo di cantare e di ballare. Jimin racconta:

——Mentre registravamo *Permission to Dance*, mi sono reso conto che non era facile trasmettere pienamente le mie emozioni. Ero preoccupato che cantando in inglese sarebbero arrivate in modo un po' diverso. Ma poi è stato bellissimo quando è uscita la canzone.

Sebbene *Permission to Dance* fosse stata scritta per essere un brano allegro, i BTS dovettero fare un grande sforzo per ottenere il risultato che volevano. Cantare in inglese per RM, SUGA e j-hope significava che avrebbero dovuto focalizzarsi molto di più sul canto che sul rap. Era ovvio che la canzone richiedeva una serie di sfide per tutti.

In particolare, il processo di composizione di *Butter* al momento della registrazione mostra su cosa i BTS dovevano concentrarsi mentre cantavano le tre canzoni in inglese. Quando *Butter* venne realizzato per la prima volta, non c'era la parte rap nella seconda metà del brano. Mentre registravano, però, RM la aggiunse e così si arrivò a quella che è la versione attuale. RM ne spiegò il motivo su "Weverse Magazine"[•]:

> *Sarebbe un peccato se non ci fosse (quella parte). Ho pensato che fosse necessario farlo. Perché siamo diversi dalle pop star americane. Il nostro DNA è differente.*

Nella parte aggiunta da RM ci sono questi versi:

> *Ci sono gli ARMY dietro di noi quando diciamo questo*
> *Quindi andiamo*

Con questi versi aggiuntivi, *Butter* evoca la gioia dell'estate, quella che si prova ballando tutti insieme all'aperto, ma al tempo stesso descrive il motivo per cui i BTS possono ora salire sul palco avendo l'attenzione del mondo su di sé. Con la parte rap, *Butter* non è solo un brano evocativo dell'estate, ma la dimostrazione di un altro obiettivo raggiunto dal gruppo in un momento di cambiamento. Inoltre, questa parte aggiunge l'energia tipica dei BTS a un brano che sarebbe altrimenti "morbido come il burro".

Dal 2013 al 2021, la popolarità dei BTS crebbe a tal punto che neppure la corsa del tempo riuscì a star loro dietro. Da un certo

•

punto in poi i ragazzi cercarono di non perdere la propria identità nel rispondere a questo rapido cambiamento.

Uno di questi sforzi si può vedere nel video della performance di j-hope, Jimin e Jung Kook, il cosiddetto "3J"[7], che ballano al ritmo del rap eseguito da Megan Thee Stallion•. Jimin dice che questa esibizione nacque da un'idea di j-hope:

——— j-hope propose: «Non sarebbe bello se facessimo qualcosa per i fan?» e Jung Kook coinvolse anche me nel progetto. «Mettiamoci d'impegno e mostriamo ai fan qualcosa che non vedono da un bel po'.» Eravamo molto entusiasti all'idea.

Jung Kook spiega la ragione dietro questa performance:

———Quando j-hope ce ne parlò, non esitai nemmeno un istante. Quando vogliamo davvero fare qualcosa, i risultati sono sempre grandiosi e lo scopo di questa performance era splendido, così pensai che sarebbe stato divertente. Mentre provavamo, sentivo le stesse emozioni di quando ero un trainee, di provare e imparare la coreografia. Era molto diverso dal preparare un album.

Poiché era un progetto improvviso e che non era in programma, non avevano molto tempo per portarlo a termine. I tre si impegnarono moltissimo però, tanto da raggiungere un ritmo di lavoro intenso. j-hope ricorda l'atmosfera delle prove:

———Terminati gli impegni provavamo nel tempo che rimaneva, e non

7 Soprannome derivato dal fatto che i loro nomi d'arte iniziano tutti e tre con la lettera "J".

•

ce n'era mai abbastanza. Così, sebbene fossi dispiaciuto, chiesi agli altri due di continuare a provare ogni volta che c'era un momento a disposizione. Era un progetto iniziato spontaneamente e l'atmosfera era quindi molto diversa. Ma in ogni sua singola parte la passione che ci mettevamo era incredibile.

Come si può vedere dal video[•] del dietro le quinte, i tre decisero di prendersi un altro giorno per rifilmare quello che avevano già girato. Jimin racconta i retroscena della situazione:

———Non eravamo riusciti a provarlo neppure per una settimana. E ogni volta che ti butti a capofitto in un lavoro ci tieni a raggiungere la perfezione. "Ancora una volta", "Solo un'altra volta" e così facendo fissammo un'altra data per le riprese. Con tre persone che ballavano, se una (nel video) era venuta bene e un'altra no, dovevamo girare di nuovo. Se la coreografia per una parte veniva bene, ma per quella successiva non altrettanto, rifacevamo da capo.

Questa performance si tradusse in un breve video ideato e filmato in completa autonomia, ma per loro non fu soltanto una cosa divertente. Jimin spiega che fare le prove e le riprese lo aveva aiutato a risolvere alcuni problemi di ansia che lo affliggevano dalla pandemia.

———Durante la pandemia, per noi era normale filmarci mentre cantavamo o ballavamo per poi mostrare il video ai fan. Mi preoccupava che continuando così, senza uno scambio con i fan nella vita reale, alla fine la comunicazione sarebbe continuata in una sola direzione. Per questo quell'opportunità fu preziosa e sono molto

[•]

grato a j-hope. Se non mi fossi sfogato in quel modo, probabilmente me ne sarei rimasto zitto tenendomi tutto dentro come sempre. Ma mentre mi preparavo per quella performance la mia motivazione tornava a crescere.

Più ripetevano la registrazione, più i tre si sentivano immersi nella danza, alla ricerca della direzione che volevano prendere. Mentre si preparava per questa esibizione, Jung Kook analizzò il suo ruolo nel dettaglio.

———Fu divertente, ma al tempo stesso mi fece pensare: "Ah... tutto qui quello che so fare?" *(ride)*. Non è facile iniziare a ballare subito dopo aver imparato la coreografia. Anche se razionalmente l'avevo capita, guardandomi allo specchio sembravo rigido e scricchiolante *(ride)*. Così mi dissi: "Devo proprio esercitarmi di più". Fino a quel momento avevamo fatto tante coreografie diverse, ma non mi ero mai concentrato su un particolare stile di danza studiandolo separatamente. Ma grazie a questa opportunità ho sentito che dovevo imparare a ballare. Le prove delle coreografie di solito vengono ripetute in modo costante, così il mio corpo si abitua. Ed è il motivo che mi ha spinto a lavorare sodo a questa, in modo che il mio corpo potesse seguirmi e consentirmi di imparare una nuova coreografia in men che non si dica.

Fu lo stesso anche per Jimin. Anzi, mentre loda i meriti di Jung Kook, sottolinea i propri rimpianti.

———Ho avuto davvero molte difficoltà a farlo. j-hope in pratica balla tutti i generi di danza a un livello al di sopra della media. E anche Jung Kook è stato molto bravo in questa coreografia. Io mi sono esercitato tre giorni consecutivi per memorizzarla, Jung Kook l'ha imparata il giorno stesso, dopo averla vista una volta già la eseguiva... *(ride)*. Era uno stile diverso da quello a cui ero abituato, quindi era così difficile per me che non mi piaceva come lo facevo. È una coreografia flessibile e leggera, ma richiede molta energia... quindi non era per niente facile.

Jung Kook spiega perché i tre erano così assorbiti da una coreografia che durava meno di un minuto. Le sue parole dimostrano l'evoluzione artistica dei BTS fino a quel momento.

——Una volta decisa la versione finale e completate le riprese, continuavo a rimuginare sul risultato che non mi soddisfaceva appieno. C'erano diverse piccole cose che non andavano bene e pensai: "Non possiamo farlo uscire così". Quindi adattammo un po' gli impegni, facemmo più prove e poi filmammo di nuovo. Altrimenti avrei avuto il rimpianto di non averlo fatto. Se ci si impegna un po' di più, si possono ottenere risultati migliori.

I BTS non avevano fatto più nulla solo per avere approvazione dagli altri o per mettersi alla prova. Erano concentrati su un percorso di autovalutazione per poter poi fare meglio e sentirsi soddisfatti di sé.

Era anche l'unico modo in cui potevano superare le difficoltà che stavano attraversando in quel momento. La pandemia aveva reso impossibile interagire con i fan attraverso esibizioni dal vivo e, di conseguenza, sondare le loro reazioni. Potevano vederle online, ma era comunque difficile non poterle sentire direttamente dal pubblico durante uno spettacolo live.

Il concerto online BTS MAP OF THE SOUL ON:E• tenutosi il 10 e 11 ottobre 2020 acuì questa realtà. Al tempo, Jimin parlò in questi

•

termini della drammatica difficoltà di esibirsi davanti a un pubblico invisibile:

———Imparo molto quando siamo in tour. Raccolgo tutte le reazioni dirette dei fan e le cose che mi hanno deluso e poi mi esercito tenendole a mente. Chiedo consiglio anche ai miei compagni e tengo sotto controllo le mie parti cantate... Ma ora non è possibile fare tutto questo. In questi giorni provo parecchio, e quando registriamo cerco di divertirmi e mi chiedo: "Come dovrebbe essere la mia voce quando canto in inglese?", ma non ho un riscontro.

Durante la pandemia era difficile per i BTS giudicare il loro lavoro e avere la misura di quanto bene stessero andando le loro performance speciali di *Dynamite*, *Butter*, *Permission to Dance* e *Butter* (*Feat.* Megan Thee Stallion), così come il concerto online BTS MAP OF THE SOUL ON:E.

Tuttavia cercavano di giudicarsi in modo obiettivo e di scoprire cosa significasse essere attivi come BTS senza poter incontrare i propri fan di persona. La parole pronunciate da V in questo periodo sono la prova del perché i BTS sono i BTS:

———Abbiamo solo provato a superare la cosa per il momento. Non possiamo essere arrabbiati per sempre. In questi giorni, be'... sto sfogando queste emozioni, mi sono sentito un po' meglio solo componendo una canzone su ciò che provavo e su come mi sentivo. Mi si potrebbe chiedere se non sia dispiaciuto di non poter mostrare tante cose di noi ai fan, ma non lo sono più ora. Non importa anche se non possiamo mostrare tutto il nostro repertorio, mi basta... be', il mio desidero più grande è poter vedere gli ARMY al prossimo concerto. Credo di poter aspettare sereno fino a quel momento.

BTS UNiverse

Lo scalpore globale che i BTS avevano suscitato durante la pandemia continuò per tutta l'estate del 2020 e nell'autunno 2021. Non è esagerato dire anzi che le cose più grandi arrivarono proprio da quel momento in poi.

Il 20 settembre 2021 i BTS dichiararono la propria posizione sui giovani e le generazioni future alla sessione di apertura dell'SDG Moment•, evento speciale della 76ª Assemblea generale delle Nazioni Unite, tenutosi presso la Sala dell'Assemblea generale della sede ONU a New York, USA. Il 24 settembre uscì il singolo *My Universe*•• in collaborazione con i Coldplay. Questo brano raggiunse di nuovo il primo posto della Billboard Hot 100. Non solo erano diventati artisti in grado di collaborare con leggende viventi come i Coldplay, ma vennero anche ufficialmente nominati dal presidente sudcoreano "Inviati speciali presidenziali per le generazioni future e la cultura", permettendo al gruppo di parlare delle loro speranze e della loro visione del futuro per le nuove generazioni all'Assemblea generale delle Nazioni Unite.

I BTS ormai non avevano più bisogno di aggettivi o di dimostrare alcunché, bastavano le tre lettere che ne compongono il nome a conferire loro il potere che meritano. In poche parole, ogni loro più piccola osservazione fatta su V LIVE si diffondeva in tutto il mondo attraverso i media stranieri, così come in Corea.

• ••

L'evento speciale all'Assemblea generale dell'ONU e la collaborazione con i Coldplay• furono quindi significativi per i BTS, a prescindere dalle reazioni del pubblico, perché in questo modo riuscirono a trovare un senso in quello che facevano, anche per il tempo avuto durante la pandemia per maturare come artisti.

——Chris Martin è uno degli artisti stranieri più "autentici" che ho incontrato.

RM parla di ciò che ha provato lavorando con il frontman dei Coldplay a *My Universe*.

——Abbiamo incontrato diversi tipi di artisti stranieri. Per esempio, ci sono quelli che dicono: «Siete famosi in questo periodo. State lavorando sodo, eh? In bocca al lupo», e sembravano guardarci un po' dall'alto in basso; e altri che invece ci vedono come un'opportunità e dicono cose come: «Voglio davvero fare un pezzo con voi!». Poi c'è un terzo gruppo a metà tra questi due. Chris Martin però non appartiene a nessuno dei tre, è un'eccezione.

I membri dei BTS hanno sempre apprezzato i Coldplay, in particolare Jin, che li considera il suo gruppo preferito. Anche V aveva menzionato Chris Martin come una delle persone che prendeva a modello. Quando i Coldplay proposero di collaborare a *My Universe*, non c'era alcun motivo per cui i BTS non avrebbero dovuto accettare. Tuttavia, l'atteggiamento mostrato da Chris Martin per tutta la durata della loro collaborazione superò le aspettative del gruppo. RM approfondisce l'impressione che ha avuto del frontman britannico:

•

———Nonostante la pandemia, insistette per venire di persona. Disse che non aveva mai lavorato a distanza. Poi aggiunse: «Voi non potete venire? Allora verrò io». Fui molto sorpreso. All'epoca chi veniva in Corea doveva fare la quarantena, e la cosa doveva rappresentare un enorme spreco di tempo per lui, ma venne davvero. Così finalmente lo incontrammo ed era molto più alla mano di quanto immaginassi.

Anche Jung Kook rimase molto sorpreso dal comportamento di Chris Martin e questo gli offrì un nuovo spunto per pensare al proprio lavoro di artista.

———Mi colpì molto che avesse deciso di venire in Corea a dirigere la parte vocale. Pensai: "Ah… ma quanto deve amare la musica per fare una cosa del genere. Io ho mai fatto qualcosa di simile…?".

Chris Martin partecipò in qualità di ospite al concerto BTS PERMISSION TO DANCE ON STAGE - LA, offrendo il suo supporto per ogni aspetto della collaborazione. L'anno seguente, il 2022, i Coldplay parteciparono anche alla composizione del singolo da solista di Jin, *The Astronaut*[•], e Jin volò fino a Buenos Aires, in Argentina, dove i Coldplay tenevano una tappa del loro MUSIC OF THE SPHERES WORLD TOUR, e cantò quel brano con loro[••].

Jimin parla dell'influenza che Chris Martin ha avuto nel suo lavoro:

———Pur essendo una leggenda, ha fatto tutto questo per noi… Quell'energia positiva mi ha travolto. Poiché ha molta esperienza nel settore musicale, abbiamo imparato davvero molto da lui. Per

•

••

esempio, il modo con cui approcciarci ai fan. È un cantante straordinario, certo, ma non solo, il suo atteggiamento nei confronti della sua band quando sale sul palco è fantastico.

In un contenuto originale di YouTube, i BTS dialogano con Chris Martin e RM racconta come a volte si chiedessero: "Può un brano come questo cambiare il mondo?". I BTS riflettevano sul loro ruolo e il loro scopo come artisti, e incontrare il leader dei Coldplay è stata una delle opportunità per riorganizzare le proprie idee in merito. RM descrive il contesto in cui avvenivano queste conversazioni:

——Questa musica... speravo che la musica in questo file potesse rimanere valida a lungo, ma siccome il mondo cambia velocemente, spesso pensavo: "E se fra uno o due anni dovesse venire cestinata?". Per questo sono passato all'idea di darle più universalità o longevità. La nostra musica può giocare o meno un ruolo importante per qualcuno... ma io pensavo che sarebbe stato fantastico se fosse stata un po' più... senza tempo.

Se l'incontro con Chris Martin è stato per i BTS un'opportunità per riflettere sul loro atteggiamento come artisti, la partecipazione alla sessione di apertura dell'evento speciale dell'Assemblea generale delle Nazioni Unite, la "Conferenza di alto livello sugli obiettivi di sviluppo sostenibile" (SDG Moment), ha mostrato loro come debbano interessarsi al mondo in quanto giovani appartenenti a questa generazione. Nel loro intervento, i BTS parlarono della necessità di definire le nuove generazioni non come una "Lost Generation" che ha perso la strada e l'opportunità di crescere e progredire, ma come una "Welcome Generation" che avanza con fiducia e che crede nelle sue possibilità, e si soffermarono sulla questione ambientale e sull'urgenza della vaccinazione contro il Covid-19.

Jung Kook esprime così i suoi sentimenti di quando, circa tre anni dopo, visitò di nuovo la sede dell'ONU, in rappresentanza delle giovani generazioni:

———In realtà sentivo molta pressione *(ride)*. È stata una bellissima esperienza e poi non è che sia un posto in cui sia facile poter andare a fare una cosa simile solo perché lo si vuole. In sostanza pensavo: "Le mie sono probabilmente opinioni comuni, è giusto farlo solo perché me ne è stata data l'opportunità?".

Le parole di Jung Kook mostrano il ruolo che soltanto i BTS potevano svolgere e ciò che compresero attraverso l'esperienza di quel giorno. Jin spiega il significato di quella presentazione:

———Non abbiamo fatto niente di troppo elaborato. Pensavamo che sarebbe stato bello se, attraverso di noi, le persone si fossero interessate di più a questo genere di argomenti. Erano temi piuttosto spinosi, quindi speravamo di poter contribuire a far sì che diventasse più facile parlarne.

Che il più grande gruppo di idol del mondo potesse collaborare con i Coldplay e addirittura salire sul podio dell'Assemblea generale delle Nazioni Unite stava a significare che poteva diventare un punto di riferimento in tutto il mondo per tante questioni. Attraverso la presentazione all'ONU, i BTS sperimentarono ancora una volta come potevano usare la loro influenza. A proposito di quest'ultimo aspetto, SUGA dice:

———Ci sentivamo abbastanza sotto pressione nel dover rappresentare le nuove generazioni. Come potevamo parlare a nome di tutti i giovani? La nostra vita è anche molto diversa da quella della maggior parte di loro. Prima di allora non avevamo riflettuto molto sul cambiamento climatico o sui problemi ambientali, avevamo un'idea vaga tipo: "Con lo sviluppo della tecnologia tutto si risolverà". Quando però comprendemmo che si trattava di un problema molto serio, ci chiedemmo se non saremmo stati capaci di svolgere un piccolo ruolo nel far cambiare idea alle persone... Se fossimo riusciti a portare la gente a interessarsi anche solo un po' a questi argomenti, perché non usare la nostra notorietà anche a questo scopo?

Jimin parla nello specifico delle emozioni mentre preparavano la presentazione:

——Avevo una strana sensazione. Forse perché il tempo di inattività dovuto alla pandemia si era allungato, ma mi sono voltato dall'altra parte rispetto a certe cose, dicendo: «Ah, ma che ne so». Ero meno interessato a molte questioni del mondo... Mentre preparavamo il discorso, a tal proposito, mi ha colpito molto il fatto che la generazione più giovane sia più interessata alle questioni ambientali di quanto non lo siamo noi. Dopo aver esaminato i materiali, mi sono chiesto: "Ma è vero?". Ho fatto un po' di ricerca su internet e mi ha molto sorpreso scoprire che era proprio così. Mi sono anche un po' vergognato. "Ci sono persone, giovani come noi, che lottano disperatamente per salvare la vita di tutti, come posso starmene così tranquillo senza far niente? Non possiamo dare per scontato tutto ciò di cui godiamo ora." È stato un vero shock, ma ne sono grato.

La performance di *Permission to Dance* che i BTS eseguirono sullo sfondo del Palazzo di Vetro dell'ONU e della Sala dell'Assemblea generale• fu anche un'opportunità per vedere questa loro crescita interiore. L'esibizione in sé fu insolita, dal momento che si svolse all'interno del

•

quartier generale delle Nazioni Unite, ma anche la registrazione non è stata una passeggiata. Poiché le riprese dovevano avvenire di notte quando la sala era vuota, i BTS iniziarono a prepararsi per filmare subito dopo l'arrivo a New York e registrarono dall'1 di notte fino all'alba. Il secondo giorno erano previste scene principalmente all'aperto, ma bisognava fare i conti con le molte limitazioni imposte dalle norme anti-Covid. Jimin parla delle difficoltà di quelle riprese:

——A dire il vero le condizioni per le riprese non erano buone. Quando cantavamo il microfono non funzionava e inoltre le disposizioni anti-Covid erano estremamente rigide (era persino vietato bere acqua nell'edificio). Ero molto preoccupato di come sarebbe venuto il video, ma il giorno dopo – dovevamo filmare con i ballerini all'aperto – fu davvero divertente. Le loro espressioni erano così allegre che mi hanno messo di buon umore e confortato al tempo stesso. E dire che era un nostro pezzo *(ride)*.

L'esibizione alla sede centrale della Nazioni Unite fu la prima all'estero dei BTS dall'inizio della pandemia e il gruppo ne ha apprezzato non solo il significato, ma anche il fatto che si stavano esibendo in un posto nuovo. Sapevano già come concentrarsi sulla gioia della performance più che sulle condizioni per le riprese. j-hope racconta:

——Avevamo un'idea chiara di cosa mostrare nella performance, ed eravamo fermamente convinti che sarebbe uscito un video molto bello se l'avessimo filmato secondo i piani. Per questo ognuno di noi fece del proprio meglio nella parte che gli competeva per ottenere la miglior performance possibile. Credo che il risultato sia stato buono perché avevamo tutti ben chiaro il significato di questa esibizione.

Come spiegato da j-hope, i BTS sono diventati degli artisti che riflettono profondamente su ciò che devono trasmettere sul palco e sanno come ottenere il risultato migliore in ogni situazione. In un momento in cui ogni singola mossa influenza l'intera industria musicale globale, i BTS sapevano cosa dovevano fare. Il canale YouTube delle Nazioni Unite ha caricato il video della performance di *Permission to Dance* dei BTS scrivendo quanto segue nell'introduzione del video:

> *I BTS, fenomeni del K-pop, eseguono il loro successo* Permission to Dance *in un video prodotto presso le Nazioni Unite. Il video accompagna il discorso tenuto dal gruppo all'SDG Moment, con lo scopo di mobilitare il pubblico e motivare l'azione sull'importanza degli obiettivi di sviluppo sostenibile.*

Nel video, i ragazzi cantano e ballano nel piazzale, nel parco e nelle sale del quartier generale dell'ONU, realizzando una performance quasi surreale ma utile a diffondere un messaggio importante. Un ottimo utilizzo del loro successo che li ha resi ancora più popolari. E in un momento così apicale della loro carriera, riuscirono finalmente a incontrare di nuovo le persone.

Artista dell'anno

Agli AMA tenutisi al Microsoft Theatre di Los Angeles il 21 novembre 2021, i BTS vinsero nelle categorie Favorite Pop Duo/Group, Favorite Pop Song e si aggiudicarono il premio più ambito, quello di Artist of the Year. SUGA ricorda le emozioni al momento di ricevere il premio.

——Quattro anni prima avevamo fatto il nostro debutto americano proprio su quel palco, e in quel momento stavamo ricevendo, sempre lì, il premio Artist of the Year...? Riuscivo solo a pensare: "Ma seriamente?", "Ma il mondo ci sta prendendo in giro?".

Per SUGA, però, c'era qualcosa di molto più importante:

——Innanzitutto è stato fantastico incontrare di nuovo il pubblico. Molti erano venuti apposta per noi. Era stato così anche quattro anni prima, in realtà, ma era una sensazione diversa. Pensavo: "Sarà perché c'è effettivamente qualcosa di diverso, o perché è da tanto che non vediamo il pubblico...".

Agli AMA del 2021, i BTS si poterono finalmente esibire davanti a un pubblico per la prima volta dopo quasi due anni dall'inizio della pandemia. E lo fecero sullo stesso palco dove, quattro anni prima, tra una premiazione e l'altra si erano esibiti per la prima volta in territorio americano. Questa volta però da veri protagonisti accolti da urla molto più forti di allora.

Ma non si trattò soltanto di questo, essere premiati come Artist of the Year per *My Universe*, in collaborazione con i Coldplay, e *Butter*•. Quell'anno erano stati invitati agli AMA anche i New Edition e i New Kids on the Block per un'esibizione congiunta: la performance di queste due boy band fece da apripista alla premiazione dei BTS come Artist of the Year, rendendo la boy band l'elemento centrale dell'evento. Fu a tutti gli effetti il passaggio del testimone da parte di quelle leggende nella storia delle boy band americane ai BTS.

Non sarebbe esagerato affermare che i BTS hanno scritto una pagina importante nella storia della musica pop non solo in Corea, ma anche negli Stati Uniti, e il pubblico, che era stato accanto al gruppo

•

durante la sua ascesa ed era la ragione per cui si esibiva su quel palco, finalmente riunito ai ragazzi dopo la pandemia, assisteva alla loro incoronazione. RM parla dell'atmosfera che sentì in America in quel periodo.

———In passato eravamo degli outsider o anche degli outlier, ma adesso era diverso. Questo non significa che siamo entrati nel mainstream in America, ma ci sentiamo ben accetti rispetto a prima.

Quando i BTS vinsero il loro primo riconoscimento durante una cerimonia di premiazione in Corea nel 2016, non riuscivano a trattenersi dalla felicità. Ma, arrivati a questo punto, mentre si godevano appieno la gioia, avevano anche raggiunto una maturità tale da comprenderne a fondo il significato. Dice Jin:

———Quando abbiamo vinto il premio Artist of the Year agli AMA eravamo felici come quando ci è stato assegnato il nostro primo riconoscimento importante in Corea. Questa volta, però, prima dell'annuncio avevo un po' di aspettative *(ride)*. Pensai: "Che farò se riceviamo il premio?". Se prima non riuscivo a trattenere le mie emozioni in queste occasioni, ora ovviamente sono felice, ma credo di riuscire a controllarmi un po' di più.

A partire dalla serie di *LOVE YOURSELF*, i BTS registrarono un'inarrestabile ascesa anche oltreoceano. Ma negli anni hanno imparato a rimanere in cima mantenendo il brivido della salita. Quasi non avevano ancora ricevuto il premio Artist of the Year agli AMA, e già si stavano preparando per i passi successivi. V racconta cosa abbia significato per loro questa vittoria:

———Siamo consapevoli di quanto sia importante per noi questo premio, quanto sia meraviglioso. Finora abbiamo sempre corso senza mai fermarci e siamo diventati un gruppo che riceve molti riconoscimenti, e questo potrebbe farci dimenticare il valore di ogni singolo premio. Credo che invece dovremmo sempre prestarci attenzione. Dobbiamo sentire appieno il loro valore e sapere sempre a che punto ci troviamo. Soprattutto perché non siamo riusciti a vivere in modo tangibile la nostra popolarità durante la pandemia.

Nel suo discorso alla consegna del premio, Jung Kook ha affermato che quello sarebbe stato "l'inizio di un nuovo capitolo" . I BTS stavano già pensando a cosa avrebbero potuto fare dopo aver ricevuto il premio, non al suo peso. Jung Kook fornisce un resoconto dettagliato dei suoi pensieri al riguardo.

——Chi avrebbe mai pensato che saremmo stati premiati come Artist of the Year in una manifestazione musicale americana? È stata davvero una sorpresa. Mi fece venire la pelle d'oca. Dissi che era "l'inizio di un nuovo capitolo" ed è stato il momento in cui ho pensato che potesse accadere davvero. Allora non avevamo ancora chiaro quale sarebbe stato il nostro obiettivo seguente, ma sentivo che "ce ne sarebbero stati altri".

Incontrare gli ARMY di persona per la prima volta dopo circa due anni con lo spettacolo BTS PERMISSION TO DANCE ON STAGE - LA pochi giorni dopo gli AMA sembrò l'inizio di un nuovo capitolo. Per i BTS, cresciuti parecchio durante la pandemia, esibirsi davanti al pubblico non segnò soltanto l'inizio di una nuova era, ma diede anche al pubblico un'idea di quanto fossero maturati. Se ai BTS era rimasto qualcosa da dimostrare, era ciò che potevano trasmettere al pubblico dal palco. RM spiega quale fosse l'idea dietro lo spettacolo di Los Angeles:

——Dato che non ci esibivamo davanti al pubblico da due anni, abbiamo pensato di presentarlo come un pacchetto regalo completo. Dalle cose che non avevamo potuto mostrare prima a quelle che pensavamo avrebbero voluto vedere, solo a un livello molto, molto, molto, molto più alto.

Lo spettacolo BTS PERMISSION TO DANCE ON STAGE - LA prevedeva esclusivamente esibizioni di gruppo con i sette ragazzi sempre tutti sul palco senza pause, né performance da solisti. SUGA racconta:

——Era una scaletta che ci faceva pensare: "Saremo in grado di farlo?", e io mi dicevo: "Se lo facciamo moriamo, moriamo veramente...!" *(ride)*. Ma visto che non ci esibivamo da due anni... Decidemmo di concentrarci su noi sette dall'inizio alla fine, senza chiederci cosa comportasse in termini tecnici e di regia. Era una scommessa. Durante le prove ci dicevamo: «Può farla chiunque una cosa simile?», o: «Penso che avremo la risposta quando saremo sul palco».

Come dice SUGA, la scaletta per il concerto era molto impegnativa dal punto di vista fisico, ma avevano bisogno di un progetto ambizioso come quello. Jin ne spiega il motivo:

——La scaletta era stata composta con l'idea di provare a fare uno spettacolo con solo le nostre canzoni più rappresentative.

La setlist del concerto era composta da tutto il repertorio di maggior successo dei BTS. Dopo un inizio esplosivo in cui mostrano il loro talento sul palcoscenico con brani come *ON*, *Burning Up (FIRE)*, *Dope* e *DNA*, la parte centrale dello spettacolo conteneva hit più recenti come *Boy With Luv* (*Feat.* Halsey), *Dynamite* e *Butter*. Nella seconda metà si concentravano brani con performance di forte impatto come *I NEED U*

Dissi che era "l'inizio di un nuovo capitolo" ed è stato il momento in cui ho pensato che potesse accadere davvero. Allora non avevamo ancora chiaro quale sarebbe stato il nostro obiettivo seguente, ma sentivo che "ce ne sarebbero stati altri".

—Jung Kook

fino a *IDOL*, intervallati da altri dell'album *BE*. A tutto ciò si aggiunse l'*encore*[8] con *Permission to Dance*, che completava il riassunto della storia dei BTS dal passato al presente. Jin spiega in modo più dettagliato la configurazione della scaletta:

———In un certo senso è come una biografia dei BTS. Un concerto di solito è la vetrina dell'ultimo album pubblicato. Ma questo è una raccolta di tutte le nostre canzoni fino a quel momento *(ride)*. Ci sono probabilmente molte persone che ci hanno conosciuto attraverso brani come *Dynamite*, *Butter* o *Permission to Dance*; ma per noi ci sono anche canzoni come *Dope*, *Burning Up (FIRE)*, *IDOL* e *FAKE LOVE*. È per questo che abbiamo inserito anche quelle e lo show complessivo è diventato una specie di scaletta di title track. In questo modo è più facile da apprezzare e le persone diventate fan dei BTS solo di recente potevano conoscerci meglio attraverso questo spettacolo.

Certo, c'era un po' di preoccupazione sul fatto di riuscire a portare a termine una scaletta del genere, ma Jung Kook spiega perché avevano dovuto fare questa scelta:

———Volevamo dare il meglio di noi nei limiti di tempo e spazio concessi e soprattutto volevamo farlo mostrandoci sempre tutti e sette insieme sul palco per tutto il tempo. Ero preoccupato. Anche se noi sette fossimo stati sempre sul palco insieme, non avremmo comunque potuto sapere quanto la gente ne sarebbe stata contenta.

Contrariamente alle paure di Jung Kook, la reazione del pubblico fu

8 Potrebbe essere paragonato al "bis", che però in Corea di solito consiste nella performance di un brano non eseguito durante il concerto quindi, tecnicamente, non è un vero e proprio bis.

esplosiva. Per la prima volta nella storia del SoFi Stadium, dove si tenne il concerto, i biglietti andarono subito sold out e grida e applausi furono ininterrotti per tutta la durata dello spettacolo. La forza del concerto, durante il quale tutti i ragazzi hanno irradiato senza sosta energia dal palco, si intensificava a mano a mano che la performance andava avanti. SUGA parla del senso di fiducia in se stesso che ha provato durante questo spettacolo:

——Nella seconda parte il concerto correva via veloce da *Airplane pt.2* a *IDOL*. Quello era il momento più bello. Mi sono perfino chiesto che motivo avrebbe potuto avere la gente di venire ai nostri concerti se non l'avessimo fatto bene. La prima parte dello spettacolo era incentrata soprattutto sulle coreografie, ma la seconda era studiata per interagire con il pubblico. E questa è la parte in cui ci sentiamo più sicuri. Credo che le nostre emozioni siano venute fuori lì. Correvo qua e là senza un percorso prestabilito e davo tutto quello che avevo. Ci sono spettacoli un po' folli in cui fai cose che non ti saresti mai aspettato di fare *(ride)*. Credo che l'unicità dei nostri spettacoli stia proprio nell'includere quella parte.

IL BTS PERMISSION TO DANCE ON STAGE - LA si aprì con *ON*, title track di *MAP OF THE SOUL : 7*. I BTS furono finalmente in grado di presentare quella spettacolare performance in uno stadio pieno di spettatori. In quel momento tutto sembrava tornato alla normalità e i BTS si buttarono anima e corpo nel concerto. Jimin ricorda le emozioni nel momento in cui è iniziato lo spettacolo:

——In apertura sulle note di *ON*, quando lo schermo LED si solleva, noi usciamo sul palco. Prima di uscire, si potrebbe vedere la reazione del pubblico da dietro lo schermo, ma il primo giorno non ci siamo riusciti. Abbiamo continuato a riscaldarci e prepararci e ho ripercorso a mente la coreografia e i movimenti per tutto il tempo. Quando è iniziato lo spettacolo mi sono sentito un po' agitato e spiazzato. Durante la pandemia ci eravamo abituati ad avere sempre le telecamere puntate addosso. Poi il secondo giorno dallo spazio tra gli schermi LED ho visto tutta quella gente che cantava, urlava e agitava le ARMY Bomb. Solo allora ho pensato: "Sì, ci esibiamo per poter vedere queste persone". E poi: "Siamo tornati".

Non fu un'impresa facile portare a termine uno spettacolo in cui tutti i membri del gruppo riversavano le loro energie dall'inizio alla fine. Una performance del genere, davanti al pubblico, dopo due anni, poteva essere considerata un azzardo dal punto di vista fisico. V afferma però che a volte la felicità va oltre i limiti fisici:

——Già prima del concerto avevo dei problemi a una gamba e per questo avevo molta paura. Ero preoccupato, mi dicevo: "E se peggiora?", o: "E se mi infortuno di nuovo?". Ma quando iniziò lo show e vidi i fan, ero così... così felice. Davvero, ero talmente felice che iniziai a correre e saltare senza pensare al dolore. In quel momento guardavo la felicità davanti ai miei occhi e non sentivo altro. Dopo il concerto, rientrato in albergo, feci una seduta di fisioterapia *(ride).*

V, che non ha ancora smaltito l'eccitazione per quello spettacolo, continua raccontando i suoi sentimenti riguardo alla prima esibizione dal vivo dopo due anni:

——In *IDOL* c'è una parte in cui ci scateniamo ed è stata davvero emozionante. Ci sono così tanti momenti entusiasmanti in questa performance, mi è davvero piaciuta. Sono riuscito a trasformare tutta quella felicità in energia. Le esibizioni a distanza dovevano essere rese con espressioni del viso o gesti verso la telecamera, ma stavolta sono partito già "felice" e ho dato il massimo. Non ho dovuto calcolare ogni movimento, mi veniva naturale. La pandemia è stata davvero dura, ma è diventata un'occasione per comprendere quanto sia preziosa la preparazione di un album e l'esibizione dal vivo. Davvero, vorrei rivivere quei concerti anche nei miei sogni.

Al contrario di V, j-hope cercava di controllare le proprie emozioni durante il concerto. Per quanto avesse desiderato esibirsi dal vivo, dice di essersi concentrato su come creare uno spettacolo che soddisfacesse il pubblico.

——Anche io volevo prenderla con leggerezza, dire: «Ma sì, divertiamoci!», però non riuscivo. Poiché era uno spettacolo molto importante per me e anche per il pubblico, ho pensato che avremmo dovuto prestare maggiore attenzione a rendere la performance perfetta. Quel pensiero era scolpito nella mia mente. Dissi che volevo essere il più professionale possibile. Per questo il mio atteggiamento mentale: "Non eccitiamoci troppo, cerchiamo di esercitare un po' di autocontrollo al primo spettacolo" si intensificò parecchio.

Aggiunge ancora:

——Sinceramente, se non avessi fatto così, non sarei stato capace di controllarmi.

Questo sono i BTS. Abbandonarsi alla felicità dopo aver in qualche modo superato la pandemia e mettere alla prova i propri limiti fisici alla prima esibizione, ma anche trattenere le emozioni e le lacrime per poter offrire il miglior spettacolo possibile. La combinazione di questa appassionata energia con una estrema professionalità è ciò che ha consentito al gruppo di salire di livello.

Ciò che j-hope ha detto della sua esperienza all'Assemblea generale dell'ONU corrisponde al viaggio che i BTS hanno percorso e continueranno a percorrere, così come all'atteggiamento che li accompagna in questo cammino:

——In conclusione, è davvero un onore per noi accettare una simile responsabilità. Però è anche piuttosto impegnativo. Io sono un essere umano come tanti. Sono solo un ragazzo di Gwangju, cresciuto in modo ordinario, quindi mi ci vuole un po' per accettare queste cose. Però il mio motto è vivere sempre con gratitudine ciò che mi viene dato, quindi che stia facendo musica come BTS o un discorso alle Nazioni Unite, so sempre cosa devo fare in quella situazione e cerco di prepararmi al massimo delle mie possibilità. Vivo il mio lavoro come se fosse una sorta di missione.

Grammy Awards

Gli spettacoli continuarono anche nel 2022. Il 10, 12 e 13 marzo si tenne allo Stadio Olimpico di Jamsil lo spettacolo BTS PERMISSION TO DANCE ON STAGE - SEOUL•, seguito da BTS PERMISSION TO DANCE ON STAGE - LAS VEGAS•• l'8, 9, 15 e 16 aprile, presso l'Allegiant Stadium di Las Vegas, negli Stati Uniti.

•

••

I BTS poterono finalmente incontrare i loro fan coreani[9] e gli spettacoli a Seoul erano un segno che la pandemia stava ormai finendo anche in Corea. I programmi musicali in TV ricominciarono a ospitare il pubblico in studio e gli artisti ripresero a fare le tournée. Si aprì una nuova era per gli artisti K-pop, BTS inclusi.

La 64ª edizione dei Grammy Awards, tenutasi il 3 aprile 2022 presso l'MGM Grand Garden Arena di Las Vegas, a tal proposito assunse un significato diverso rispetto agli anni precedenti; la cerimonia di premiazione, prevista inizialmente per il 31 gennaio, ebbe luogo circa due mesi dopo a causa della pandemia: dopo due anni ci sarebbero stati di nuovo il pubblico e le esibizioni dal vivo. I BTS avevano partecipato all'edizione precedente, il 14 marzo 2021, con un video dalla Corea della loro esibizione di *Dynamite*•; in questa occasione si sarebbero esibiti sul palco con *Butter*. Per il secondo anno consecutivo erano stati nominati nella categoria Best Pop Duo/Group Performance.

Tuttavia, come quando avevano vinto il premio Artist of the Year agli AMA nel novembre 2021, j-hope afferma di non voler attribuire troppa importanza ai premi.

———È un premio a cui non avevo mai pensato e ora mi dico: "Wow, è davvero fantastico"... Ma a essere onesti cerco di non attribuire

9 Erano trascorsi due anni e cinque mesi dal BTS WORLD TOUR "LOVE YOURSELF: SPEAK YOURSELF" tenutosi allo Stadio Olimpico di Jamsil il 26, 27 e 29 ottobre 2019. Tuttavia, a causa di un'altra ondata di infezioni da Covid-19, al pubblico venne chiesto di non gridare o applaudire durante i concerti.

•

molta importanza ai premi di questi tempi. Immagino sia perché credo che se lavoro sodo e apprezzo ciò che mi è stato dato arriveranno dei riconoscimenti, in qualunque forma. E poi, uno dei motivi per cui vinciamo è per il grande amore che riceviamo dai fan. Tutto questo è possibile solo grazie a loro. I premi sono importanti in quanto ci permettono di riconoscere l'amore dei fan.

Una volta liberati dalla necessità di dimostrare qualcosa al mondo, i BTS iniziarono a perseguire obiettivi con valori più profondi anziché obiettivi più facili. *Jack In The Box*, l'album solista che j-hope avrebbe pubblicato in seguito, va proprio in quella direzione. Ricevere premi è sempre stato un grande onore per i BTS, ma non vi hanno trovato o proiettato il significato di ciò che stavano facendo. RM condivide scherzosamente i suoi pensieri su una possibile vittoria ai Grammy Awards.

——Non è che con i Grammy siamo amici… *(ride)*. Tutti continuano a dire: «I Grammy, i Grammy», ma è incredibile anche solo pensare che i BTS siano stati nominati. E che importa se non abbiamo vinto? Quando vinci un premio lo metti su una mensola e per un momento ti puoi dire: "Sono un artista vincitore di un Grammy", tutto qui *(ride)*.

In effetti, nel 2021 i BTS pensavano di vincere un Grammy. In quell'anno furono nominati per Best Pop Duo/Group Performance per la prima volta e il personale della Big Hit Entertainment aveva perfino preparato una torta con la forma del trofeo nel caso in cui avessero vinto. Era una cosa del tutto naturale, perché in tal caso sarebbe stata una grossa vittoria anche per la casa discografica. Tuttavia, a causa della pandemia, i BTS non andarono alla cerimonia di premiazione ma dovettero attendere il responso in Corea, in un crescendo di ansia e agitazione, con il personale che andava e veniva e decine di persone che si erano radunate in attesa del verdetto. Dovettero alzarsi alle 2 di notte quel giorno a causa del fuso orario per la diretta dagli Stati Uniti. V racconta sorridendo l'atmosfera di quei momenti.

——Pensavamo: "Non importa se non vinciamo", ma quando arrivò quel giorno il personale dell'agenzia ci aveva caricato di aspettative! *(ride)* Correvano di qua e di là e ci portarono una torta in caso avessimo vinto, e io pensavo: "Davvero vinceremo...?". Tutti si erano radunati intorno a noi, quindi... *(ride)*

L'atmosfera della 64ª edizione dei Grammy Awards non poteva che essere molto diversa: i BTS erano volati a Las Vegas, dove si sarebbe tenuta la cerimonia di premiazione, con uno staff ridotto, anche perché a causa delle disposizioni anti-Covid-19 solo poche persone oltre a loro potevano accedere al luogo della cerimonia. D'altro canto, i BTS riuscirono a prepararsi per l'esibizione in un'atmosfera più tranquilla rispetto al passato. Inoltre, l'esperienza di aver incontrato il pubblico in occasione del premio vinto agli AMA e degli spettacoli BTS PERMISSION TO DANCE ON STAGE - LA e BTS PERMISSION TO DANCE ON STAGE - SEOUL li aveva resi consapevoli di avere altre priorità. Vincere premi musicali è fantastico, ma non era più il loro obiettivo. Jung Kook spiega cosa desideravano ottenere ai Grammy Awards.

——Certo, sarebbe stato bello ricevere un premio, ma non credo che fosse quello l'obiettivo. Il solo fatto di esibirsi lì è stata un'esperienza molto preziosa, eravamo davvero grati ai fan. Più che di vincere, il mio desiderio più forte era quello di lasciare un segno con la nostra performance. Ovviamente ero emozionato all'idea di ricevere il premio, ma ero molto soddisfatto già solo di esibirmi sul palco.

Anche solo esserci, su quel palco, comportò una serie di problemi. In più sapevano che avrebbero dovuto mettere in scena un'esibizione all'altezza della loro reputazione. Poco tempo prima della cerimonia, Jung Kook e j-hope erano risultati positivi al Covid-19 ed erano quindi in isolamento rispettivamente negli Stati Uniti e in Corea; una volta usciti dalla quarantena, avevano davvero pochissimo tempo per provare con il resto del gruppo.

L'esibizione di *Butter* che i BTS avrebbero dovuto eseguire ai Grammy Awards era probabilmente la più difficile tra quelle che avevano mai fatto a una cerimonia di premiazione. Come venne svelato in seguito, in uno dei momenti salienti della coreografia• i membri del gruppo si dovevano riunire al centro del palco per poi sfilarsi le giacche e intrecciare le maniche tra loro. Altre performance erano complicate, ma provandole e impegnandosi potevano essere eseguite alla perfezione. Tuttavia c'era il rischio concreto che questo particolare segmento venisse sbagliato il giorno dell'esibizione, indipendentemente dall'impegno dei ragazzi. E purtroppo è quello che accadde fino alle ultime prove sul palco, il giorno prima dello spettacolo.

Ma c'era molto di più dell'intreccio delle giacche. L'esibizione di *Butter* era stata concepita come se fosse un musical, con i membri dei BTS che fingono di essere spie o ladri che si infiltrano in una galleria d'arte. Jin guarda i suoi compagni da una sala controllo[10].

Jung Kook scende dall'alto al centro della scena, appeso a un cavo,

10 Jin si era ferito all'indice della mano sinistra e aveva subito un intervento chirurgico, perciò indossava una protezione alla mano e partecipò all'esibizione nei limiti delle sue possibilità.

•

mentre V, tra gli ospiti in platea, conversa con Olivia Rodrigo, seduta accanto a lui, e si esibisce in un gioco di prestigio facendo comparire una tessera che poi lancia sul palco; Jung Kook la inserisce nel lettore del dispositivo di accesso e a quel punto gli altri cinque ragazzi, Jin escluso, salgono sul palco. Lì schivano dei raggi laser e fanno trucchi con le tessere tra un pezzo e l'altro della coreografia, mentre alla fine tutti e sette si esibiscono in un grande spettacolo insieme al corpo di ballo.

Non solo dovevano discostarsi dalla versione originale della coreografia di *Butter*, ma anche cimentarsi nella recitazione e nei giochi di prestigio: era naturale che fossero molto in ansia prima dello spettacolo. V, che doveva svolgere il ruolo di raccordo tra la parte iniziale e la vera e propria performance, confessò in realtà di non aver sussurrato nulla all'orecchio di Olivia Rodrigo, ma di aver solo fatto finta. Raccontò a "Weverse Magazine" quanto fosse nervoso in quel momento[•].

> *Temevo che se avessi davvero intavolato una conversazione poi mi sarei perso il momento giusto per lanciare la tessera. Nella mia mente continuavo a tenere il conto, "Uno, due, tre, quattro", non pensavo a nient'altro. In quel momento indossavo entrambi gli auricolari e non ero in grado di sentire cosa stesse dicendo Olivia Rodrigo, quindi le dissi solo quello prima di salire sul palco. Ero molto preoccupato per la performance perché l'avevamo provata solo il giorno prima.*

•

Portare a termine quell'esibizione ai Grammy Awards fu per i BTS proprio come eseguire una *Mission: Impossible*. Il pubblico cominciò a mostrare entusiasmo nel momento in cui V lanciò in aria la tessera e Jung Kook simulò di afferrarla al volo con un gioco di prestigio, e a mano a mano che i vari componenti del gruppo salirono sul palco gli applausi scoppiarono in un crescendo. Poi nella parte puramente coreografica all'interno della "galleria d'arte" evitarono i raggi laser e si esibirono in giochi di prestigio con le tessere, portando la tensione al massimo. A quel punto si tolsero le giacche.

Tutti sanno cos'è accaduto. Le giacche si intrecciarono. Fu un momento degno della fama dei BTS. Da prima del debutto fino al momento in cui salirono sul palco dei Grammy Awards avevano vissuto molte esperienze di ogni genere, ma sul palco avevano sempre dato il massimo, in ogni momento. Se esisteva un dio, aveva deciso di guardare verso di loro in quel momento. O, meglio, i componenti del gruppo, con la forza di volontà e l'impegno, erano volati così in alto da raggiungere la divinità.

"Billboard" definì la performance di *Butter* come la migliore della 64ª edizione dei Grammy Awards. "Rolling Stone" la classificò al 13° posto tra le esibizioni di tutti i tempi ai Grammy. Il riconoscimento da parte di queste due autorità nel giornalismo della musica popolare americana potrà non avere valore assoluto, ma dà un'idea di ciò che i BTS avevano fatto su quel palco. SUGA, a proposito della sua esperienza ai Grammy Awards e del mercato musicale americano, dice:

——Dato che quello americano è il mercato musicale più grande al mondo, all'inizio ne ero un po' impaurito. Ma, ripensandoci ora, mi chiedo: "Perché ero così spaventato?". D'altra parte, ora il nostro obiettivo è di continuare a essere i BTS il più a lungo possibile, come altri gruppi leggendari, piuttosto che vincere premi. Non ci sono molti artisti che rimangono sulla cresta per tanto tempo. Ma questo non significa che gli artisti smettano di far musica dal mattino alla sera o che i gruppi improvvisamente scompaiano. Pensiamo spesso a come poterci esibire ed essere felici facendolo a lungo.

INTRO : We're Now Going to Progress to Some Steps

Uno dei momenti più memorabili per i BTS durante la pandemia fu la partecipazione a "In the SOOP BTS ver."[11], un programma di intrattenimento nel quale gli artisti trascorrono alcuni giorni di riposo in mezzo alla natura, lontano dalla città. I BTS hanno girato due stagioni, nel 2020 e nel 2021. Le riprese ovviamente erano un impegno di lavoro, ma qualcosa in questa avventura la rendeva diversa dalle altre attività legate al gruppo. SUGA ricorda la prima partecipazione alla serie.

——In un certo senso era arrivato il momento di fare un viaggio insieme. È stato quando abbiamo iniziato a parlare di preparare varie cose, tra cui *Dynamite*. È un bellissimo ricordo. Cucinare, mangiare e parlare, anche facendo battute stupide. Il tempo che possiamo trascorrere così tra noi è davvero prezioso e credo che tutti volessimo

11 Venne trasmesso su JTBC e su Weverse; la prima stagione andò in onda a partire dal 19 agosto 2020, per un totale di otto episodi, mentre la seconda dal 15 ottobre 2021, per un totale di quattro puntate. Attualmente entrambe le stagioni sono disponibili su Weverse.

godercelo al meglio e non perderne nemmeno un istante. Tutti abbiamo prestato molta attenzione a qualunque cosa dicessero gli altri. Durante le riprese di "In the SOOP" ci svegliavamo al mattino e pensavamo a cosa avremmo fatto quel giorno: "Non ho mai avuto così tanto tempo libero, cosa posso fare?". Ma quando fai qualcosa che desideri fare la giornata passa veloce. Mi sono trovato a pensare che forse una vita come quella non sia affatto male.

C'è stato un tempo, in attesa di debuttare, in cui vivevano insieme in un piccolo dormitorio; in cui parteciparono per la prima volta agli AMA con le mani che tremavano per l'ansia; in cui avvertirono la paura di schiantarsi a terra perché la loro popolarità era volata troppo in alto. Poi arrivò la pandemia. Tuttavia, i BTS affrontarono queste esperienze per trovare la propria strada, e SUGA, con "In the SOOP", è diventato un tipo di persona che si gode una giornata tranquilla con i propri compagni.

L'espressione di Jimin si illumina quando racconta di "In the SOOP" e del suo rapporto con gli altri nel corso del programma.

———SUGA di solito è tranquillo e riservato, ma durante "In the SOOP" con lui e gli altri ci siamo divertiti tanto... Come posso dire? Ho pensato: "Meno male che il nostro gruppo è composto da noi". Ero davvero molto grato. Ci siamo confidati, discutendo dei nostri problemi, anche di quelli di cui non avevamo mai parlato, e abbiamo ascoltato con attenzione le storie di ciascuno.

L'ultimo commento che Jimin riserva a "In the SOOP" riguarda il senso più profondo del rapporto tra i componenti dei BTS.

———Ci siamo divertiti come se fossimo davvero fratelli.

Il 2 aprile 2021 avvenne qualcosa di grosso nell'industria musicale coreana. La HYBE acquisì la società di media americana Ithaca Holdings, che era stata fondata da Scooter Braun – manager di Ariana Grande e Justin Bieber – e comprendeva diverse divisioni aziendali, come lo Scooter Braun Project e il Big Machine Label Group da lui guidato. HYBE investì circa un trilione di won, circa 1 miliardo di euro, nell'acquisizione. E, come sa chiunque abbia anche il minimo interesse per il K-pop, HYBE è il nuovo nome della Big Hit Entertainment a partire dal 31 marzo 2021.

I membri dei BTS sono arrivati a Seoul dalle rispettive città d'origine e hanno debuttato come gruppo di idol con una piccola agenzia, ma hanno raggiunto vette che nessuno avrebbe mai potuto immaginare. Sono saliti sul palco dei Grammy Awards e sono diventati un gruppo che ha pubblicato *Proof*, un album antologia da collezione con quarantotto brani per commemorare i quasi dieci anni dal debutto. E mentre crescevano, anche la Big Hit Entertainment ha continuato a crescere di anno in anno. Ha acquisito diverse società, creato Weverse, una piattaforma pensata per il fandom, e ha integrato il servizio di V LIVE all'interno di Weverse.

Mentre i BTS sono passati da essere dei completi "outsider" a diventare degli innegabili "outlier" nel panorama mondiale, anche il K-pop, compresa la HYBE, e l'industria della cultura pop coreana sono diventati outlier. I BTS e la HYBE non si trovavano più ai margini del panorama musicale, ma non erano ancora abbastanza grandi per essere mainstream. Erano un mondo a sé stante.

Oltre i successi tangibili, però, ciò che di davvero importante i BTS avevano ottenuto era un legame così forte da sentirsi quasi fratelli. j-hope sintetizza cosa significhino i BTS:

——Siamo una famiglia senza legami di sangue, in un certo senso. Negli ultimi dieci anni ho visto più loro che la mia famiglia… e sono diventato empatico: se qualcuno sta male, è felice, è triste, anch'io provo lo stesso. È stato semplicemente così, d'un tratto.

Voglio stare con loro quando devono attraversare un momento difficile, ridere con loro quando sono felici e voglio ascoltarli quando hanno dei problemi... Penso che siamo diventati questo, l'uno per l'altro.

j-hope ha realizzato un poster a partire dalla copertina che "Time"[12] ha dedicato ai BTS; l'ha fatto firmare dal resto del gruppo, l'ha incorniciato e appeso nel soggiorno di casa sua. Sette persone che non si conoscevano si sono incontrate a Seoul e a un tratto sono diventate una famiglia.

All'interno del sistema dell'industria musicale coreana vengono investiti innumerevoli capitali, manodopera, marketing e tecnologia. Ironia della sorte, i BTS sono nati in quell'ambiente e lì hanno creato una famiglia. Il primo verso di *Intro : 2 COOL 4 SKOOL* (*Feat.* DJ Friz)•, il primo brano dell'album di debutto, *2 COOL 4 SKOOL*, è diventato realtà seguendo una direzione che nessuno avrebbe potuto immaginare:

Ora procederemo di qualche passo

E questi passi non sono rappresentati solo da un successo in termini di riconoscimenti e grandi numeri, ma dalla crescita di un gruppo di

12 Con il numero di "Time" uscito il 22 ottobre 2018, i BTS sono diventati i primi cantanti coreani a comparire sulla copertina dell'edizione globale della rivista. "Time" li definì i "leader della prossima generazione" e pubblicò un'intervista al gruppo intitolata "How BTS Is Taking Over the World".

persone che, insieme ai fan, sono diventati una famiglia. Passi compiuti insieme da individui che si uniscono per condividere gioie e dolori, e che costituiscono il passato, il presente e il futuro dei BTS. Arrivato il 24 dicembre 2010 a Seoul da Gwangju con il sogno di diventare un cantante, j-hope parla di ciò che desidera per questo futuro:

———Anche adesso, come dire... Il nostro gruppo si impegna sempre molto. Non ci arrendiamo, e pensando ai fan ci diciamo: "Proviamoci, comunque vada". E in realtà fa paura. Non sai se un giorno tutto questo crollerà. Ma siamo molto orgogliosi l'uno dell'altro. Abbiamo sempre fatto del nostro meglio e continuiamo a farlo. E penso che questo meriti rispetto. Ognuno ha le proprie idee, ma sono tutti buoni e gentili *(ride)*. Come ho fatto a incontrare delle persone così? Certo, a volte non siamo allineati, ma abbiamo sempre superato questi momenti grazie alla comunicazione, quindi è stata davvero una fortuna incontrare queste persone. Ringrazio sempre gli altri membri del gruppo e insieme continuiamo a correre in avanti con un unico pensiero: "Se gli ARMY sorridono e sono felici, allora siamo felici anche noi".

Proof

ANTHOLOGY ALBUM
10.06.2022

TRACK

CD 1

01 Born Singer
02 No More Dream
03 N.O
04 Boy In Luv
05 Danger
06 I NEED U
07 RUN
08 Burning Up (FIRE)
09 Blood Sweat & Tears
10 Spring Day
11 DNA
12 FAKE LOVE
13 IDOL
14 Boy With Luv (Feat. Halsey)
15 ON
16 Dynamite
17 Life Goes On
18 Butter
19 Yet To Come
(The Most Beautiful Moment)

CD 2

01 Run BTS
02 Intro : Persona
03 Stay
04 Moon
05 Jamais Vu
06 Trivia 轉 : Seesaw
07 BTS Cypher PT.3 : KILLER
(Feat. Supreme Boi)
08 Outro : Ego
09 Her
10 Filter
11 Friends
12 Singularity
13 00:00 (Zero O'Clock)
14 Euphoria
15 Dimple

VIDEO

Proof
LOGO TRAILER

Yet To Come (The Most Beautiful Moment)
MV TRAILER

Yet To Come (The Most Beautiful Moment)
MV

CD 3 (CD ONLY)

01 Jump (Demo Ver.)
02 Young Love
03 Boy In Luv (Demo Ver.)
04 Quotation Mark
05 I NEED U (Demo Ver.)
06 Boyz with Fun (Demo Ver.)
07 Tony Montana (With Jimin)
08 Young Forever (RM Demo Ver.)
09 Spring Day (V Demo Ver.)
10 DNA (j-hope Demo Ver.)
11 Epiphany (Jin Demo Ver.)
12 SeeSaw (Demo Ver.)
13 Still With You (Acapella)
14 For Youth

TIMELINE

Principali eventi dei BTS, inclusi album, concerti, premi e altre attività

2013

- Uscita single album *2 COOL 4 SKOOL* — 12 giugno
- Debutto — 13 giugno
- Creazione del nome ARMY — 9 luglio
- Uscita mini album *O!RUL8,2?* — 11 settembre
- Premio Best New Artist ai MMA (Melon Music Awards)

2014

- Premio Best New Artist ai Golden Disc Awards
- Premio Best New Artist ai Seoul Music Awards
- Uscita mini album *Skool Luv Affair* — 12 febbraio
- Cerimonia di inaugurazione del fan club ARMY — 29 marzo
- Uscita full-length album *DARK & WILD* — 20 agosto
- Primo concerto 2014 BTS LIVE TRILOGY EPISODE II: THE RED BULLET

2015

- Evento 2015 BTS LIVE TRILOGY EPISODE I: BTS BEGINS
- Uscita mini album *THE MOST BEAUTIFUL MOMENT IN LIFE PT.1* — 29 aprile
- Rappresentanti per la Corea nella categoria Best Worldwide Act agli MTV EMA (Europe Music Awards)
- Tour 2015 BTS LIVE THE MOST BEAUTIFUL MOMENT IN LIFE ON STAGE
- Uscita mini album *THE MOST BEAUTIFUL MOMENT IN LIFE PT.2* — 30 novembre

2016

- Uscita dello special album *THE MOST BEAUTIFUL MOMENT IN LIFE-: YOUNG FOREVER* — 2 maggio
- Tour 2016 BTS LIVE THE MOST BEAUTIFUL MOMENT IN LIFE ON STAGE : EPILOGUE
- Uscita full-length album *WINGS* — 10 ottobre
- Premio Album of The Year ai MMA
- Premio Artist of The Year ai MAMA

2017

- Uscita special album *YOU NEVER WALK ALONE* 13 febbraio
- 2017 BTS LIVE TRILOGY EPISODE III: THE WINGS TOUR
- Premio Top Social Artist ai BBMA (Billboard Music Awards)
- Uscita mini album *LOVE YOURSELF 承 'Her'* 18 settembre
- Primi artisti coreani a esibirsi con una performance esclusiva agli AMA (American Music Awards)
- Premio Artist of The Year ai MAMA
- Premio Best Song of the Year ai MMA
- 2017 BTS LIVE TRILOGY EPISODE III: THE WINGS TOUR (THE FINAL)

2018

- Uscita full-length album *LOVE YOURSELF 轉 'Tear'* 18 maggio
- Premio Top Social Artist e prima performance esclusiva ai BBMA
- Uscita repackage album *LOVE YOURSELF 結 'Answer'* 24 agosto
- BTS WORLD TOUR "LOVE YOURSELF"
- Primi artisti coreani a tenere un discorso all'Assemblea generale delle Nazioni Unite
- Premio Favorite Social Artist agli AMA
- Primi artisti coreani a comparire sulla cover della rivista americana "Time"
- Medaglia Hwagwan al Merito Culturale durante la cerimonia dei Korean Popular Culture and Arts Awards

2019

- Primi artisti coreani a partecipare alla cerimonia dei Grammy Awards (61ª edizione)
- Lancio di ARMYPEDIA, progetto su scala internazionale
- Uscita mini album *MAP OF THE SOUL : PERSONA* 12 aprile
- Premi Top Duo/Group e Top Social Artist ai BBMA
- BTS WORLD TOUR "LOVE YOURSELF : SPEAK YOURSELF"
- BTS WORLD TOUR "LOVE YOURSELF : SPEAK YOURSELF" THE FINAL
- Premi Favorite Duo/Group - Pop/Rock, Tour of the Year e Favorite Social Artist agli AMA

2020

- Inaugurazione global modern art project *CONNECT, BTS*
- Esibizione in collaborazione con Lil Nas X alla cerimonia dei Grammy Awards (62ª edizione)
- Uscita full-length album *MAP OF THE SOUL : 7* 21 febbraio
- Partecipazione alla cerimonia inaugurale virtuale di diploma "Dear Class of 2020" su YouTube
- Uscita del digital single *Dynamite* —— 21 agosto
- Primi artisti coreani a entrare direttamente al primo posto nella Billboard Hot 100 americana con *Dynamite*
- Discorso alla 75ª Assemblea generale delle Nazioni Unite
- Evento BTS MAP OF THE SOUL ON:E
- Ingresso al primo posto della Billboard Hot 100 americana con il remix in collaborazione del brano *Savage Love (Laxed - Siren Beat)*
- Premio Top Social Artist ai BBMA
- Uscita album *BE* —— 20 novembre
- Premio Favorite Duo/Group - Pop/Rock e Favorite Social Artist agli AMA
- *Life Goes On* debutta al primo posto nella Billboard Hot 100 americana (il primo brano in coreano a ottenerlo nei 62 anni di storia della classifica)

2021

- Primi artisti coreani nominati nella categoria Best Pop Duo/Group Performance ai Grammy Awards (63ª edizione)
- Primo gruppo asiatico a comparire sulla copertina della rivista americana "Rolling Stone"

- Uscita digital single *Butter* — 21 maggio
- Video musicale di *Butter*: record per il video con più visualizzazioni di sempre nell'arco di 24 ore su YouTube
- Premi Top Selling Song, Top Song Sales Artist, Top Duo/Group e Top Social Artist ai BBMA
- *Butter* infrange 5 Guinness World Record
- *Butter* si piazza al terzo posto della UK Official Singles Chart Top 100
- *Butter* si piazza al primo posto della Billboard Hot 100 americana
- Uscita single album *Butter* — 9 luglio
- *Permission to Dance* si piazza al primo posto della Billboard Hot 100 americana
- Nominati "Inviati speciali presidenziali per le generazioni future e la cultura" e discorso alla 76ª Assemblea generale delle Nazioni Unite
- *My Universe*, brano prodotto in collaborazione con i Coldplay, si piazza al primo posto della Billboard Hot 100 americana
- Evento BTS PERMISSION TO DANCE ON STAGE
- Premi Artist of the Year, Favorite Pop Song e Favorite Pop Duo/Group agli AMA

2022

- Nominati nella categoria Best Pop Duo/Group Performance ai Grammy Awards (64ª edizione) ed esibizione esclusiva
- Premi Top Selling Song, Top Song Sales Artist e Top Duo/Group ai BBMA
- Visita ufficiale alla Casa Bianca su invito del presidente Biden in occasione del "Mese dedicato alle discendenze asiatico-americana, nativa hawaiana e delle isole del Pacifico (AANHPI)"
- Uscita anthology album *Proof* — 10 giugno
- Concerto come ambasciatori per la candidatura ufficiale di Busan per l'Expo 2030
- Evento BTS Yet to Come in BUSAN
- Premi Favorite Pop Duo/Group e Favorite K-pop Artist agli AMA

2023

- Nominati nella categoria Best Pop Duo/Group Performance, Best Music Video e Album of the Year ai Grammy Awards (65ª edizione)

Mondadori Libri S.p.A.

Questo volume è stato stampato
presso ELCOGRAF S.p.A
Via Mondadori, 15 - Verona

Stampato in Italia - Printed in Italy

mondadori.it

ISBN 978-88-04-78001-4

Titolo dell'opera originale
Beyond The Story – 10-Years Record of BTS
I edizione luglio 2023